西域四百年

汉匈争夺战

400 Years of Western Regions

李东◎著

新世界出版社
NEW WORLD PRESS

图书在版编目（CIP）数据

西域四百年：汉匈争夺战 / 李东著. -- 北京：新世界出版社，2023.6（2025.10重印）
ISBN 978-7-5104-7642-6

Ⅰ. ①西… Ⅱ. ①李… Ⅲ. ①西域—历史地理—研究—汉代 Ⅳ. ①K928.62

中国国家版本馆 CIP 数据核字 (2023) 第 043082 号

西域四百年：汉匈争夺战

作　　者：李　东
责任编辑：范禄荣
责任校对：宣　慧　张杰楠
责任印制：王宝根
出　　版：新世界出版社
网　　址：http://www.nwp.com.cn
社　　址：北京西城区百万庄大街 24 号（100037）
发 行 部：(010)6899 5968（电话）(010)6899 0635（电话）
总 编 室：(010)6899 5424（电话）(010)6832 6679（传真）
版 权 部：+8610 6899 6306（电话）nwpcd@sina.com（电邮）
印　　刷：天津旭丰源印刷有限公司
经　　销：新华书店
开　　本：880mm × 1230mm　1/32　尺寸：145mm × 210mm
字　　数：360 千字　印张：15
版　　次：2023 年 6 月第 1 版　2025 年 10 月第 8 次印刷
书　　号：ISBN 978-7-5104-7642-6
定　　价：88.00 元

推荐序
FOREWORD

历史是最好的哲学书

90 岁生日那天，李东先生说："汤老，帮我的新书《西域四百年：汉匈争夺战》写个序吧。这是一本关于两汉时期的西域故事的书。"之后，他给我送来了打印好的书稿，30 余万字。

李东先生与我是忘年交。最初认识他时，他是军队的上校，来家里为我庆 80 岁生日。一晃十年过去了，他写了数百万字的历史文章。在我看来，他是当兵的，但比很多搞历史的人更精通西域的历史。

我毕业于北大历史系，是翦伯赞先生的学生，1958 年到新疆从事"少数民族社会历史调查"。之后，我留在新疆工作，做了一辈子的新疆文史资料整理。90 岁的年龄，眼不花耳不聋，早悟清了"历经沧桑，看透人生"的道理，所以此文就算是倚老卖老了。

李东先生写的这段历史，汉匈之间，几百年的争夺战，为土地、财富、人口、权力、利益……结局是"匈奴消失，王朝更替"。

自有人类起，历史就是"斗争史"。对中原民族来说，最大的威胁就是北方游牧民族对中原的掠夺。在此进程中，史书记载了无数英雄、枭雄、奸雄的故事。

看不清未来的时候，我们可以看看历史。

“两汉”时期是帝国时代，“皇权家天下”，自此有了王朝兴衰的周期表。两三百年一轮回，成为一个规律。王朝初年，轻徭薄赋，生产恢复，然后就会有一个兴盛时期。再之后，开始走下坡路，最终是“奸人得势、宦官当道、土地兼并”。然后是战争，来自外部和内部的。

“两汉”时期的外患，主要是匈奴。之前，秦的外患也是匈奴。为防匈奴而修长城，耗尽了民脂民膏，没能阻挡匈奴的入侵，反而使秦走向了灭亡。

汉朝建立后，外患并没有消失，朝廷只能采用“和亲”的办法。张骞出使西域，原本是出于军事联盟的目的，却在无意间启动了汉帝国开疆拓土的征程。

正是有了这种在斗争中融合的历史，千百年后，来自北方的匈奴、鲜卑、契丹、柔然、女真……诸多游牧民族融入了中华民族的大家庭中。

这便是战争的结局，人有逆天之时，天无绝人之路。

游牧民族的抢掠，既有现实主义又是自然生存之道，这是由生产方式决定的生存方式，历史上一直存在。到了近代，西方崛起，成为“海洋游牧民族”，向世界掠夺，中国也深受其害。

人类需要共同遵守的法则是，在追求自身利益的同时，相迁不相残，相争不相害，这便是“和谐之道”。

从理论上讲，中国的《易经》是万经之祖，体现在“变”。生就是变，生生不息就是变化不停。人道必须与天道协调并进，才会平衡。

刘邦初立汉时，经济凋零，人口流失。为了恢复生产，就必须以“无为而治”作为让步政策，这算是顺势而为。采用“和亲”策略，就是民族的融合，也是文化的交融。这种方式，可以不打仗，不死人，不添加仇恨，这就是应变之道。知进退，方可将矛盾在平衡中化解。到了“文景之治”时，帝国的经济恢复。武帝时代，就又有了董仲舒的“罢黜百家，独尊儒术”的主张，国力强大无比。汉王朝有实力以武力来解决边患，而西域三十六国成为汉之属国。“昭宣中兴”，南匈奴归附，又恢复和平发展……

历史是一本用过去对话未来的哲学书。

英国学者汤因比曾预言：“中华文明将引领世界，人类的未来在东方。”冯友兰先生曾给我们讲过《中国哲学史》，他主张“天人合一”“仇必合而解”，讲“儒释道”三家的合一。中华文明一直传承至今，这些是祖先在历史长期发展过程中总结出来的“道”，直到今天，仍然在起作用。海洋上的“游牧民”，想用强权改变世界，一定会失败。

历史上的改朝换代，只是换了皇帝，没有换百姓，也没有改变中华文明传承的方式。

这个序，就算是读李东先生《西域四百年：汉匈争夺战》的读后感。市面上有专门写匈奴史的书，也有专门介绍西域的资料，更多的是对中原王朝兴替的演绎。李东先生的这本书，将汉、匈奴、西域，放在同一个时代的平面上去叙述，也许这就是亮点。中原王朝的兴衰，直接影响着西域，特别是通过西域连通世界的“丝绸之路”。

借用本书的一个观点作为结束语：**西域无中原，无以为繁荣；中原无西域，无以为屏障。**

原《新疆文史》总编：

2022.6.17

自 序
PREFACE

走进西域

朋友说，每次驾车穿越河西走廊进入新疆，都特别感慨。这是祖先留给我们的土地，在这块辽阔的土地上曾发生多少爱恨情仇的故事！尽管王朝更替，但大汉王朝开辟的丝绸之路如同一根金线，穿起了一个个城邦小国，牵引着，同中央王朝一起走向辉煌。

西域的历史伴随着汉与匈奴争雄的全过程，这些故事被我们的史学家完整地用方块字记录在《史记》《汉书》《资治通鉴》中。如果单独谈西域历史，不与匈奴单于的更替、大汉兴衰及针对西域的策略联系在一起，只能算半部西域史。

历史的真相将会告诉我们：西域无中原，无以为繁荣；中原无西域，无以为屏障。这种血肉相连的关系一直在延续。

我们这个民族，从不主动攻击其他民族，我们的文化提倡守土为安。我们自古就砌长城，免受外来侵袭。但是，长城没有让我们这个民族彻底摆脱苦难。来自北方的威胁，一直让中原百姓惶恐不安。

张骞出使归来，铺在汉武帝案头的羊皮地图上，赫然勾绘了一片未知的领域和众多未知的国度，西域三十六国自此进入汉的视野。汉武帝的目光穿过长安的城墙，越向了大漠戈壁的边缘。为彻底消除王朝来自北方的威胁，开疆拓土，以攻为守，汉武帝关注了两种人，田里辛苦耕种的劳力和战场上披甲带刀的勇士，因为他们共用了一个“男”字。西域沙漠边缘的土地上，第一代屯垦戍边的男人就是披甲带刀的勇士。战胜所有对手后，他们铸剑为犁，成为这块荒野上的主人。

在写有“汉”字的猎猎战旗下，历史不单是英雄个人的凯歌。它是男人的忠勇铸就的一本书，也是女人的柔情编织的一部传奇。历史记录了擂动战鼓的英雄，也记录了用青春和血泪换来和平的巾帼。她们不曾征战沙场，不曾著书立说，但她们的柔情和泪水为大汉王朝写就了为国担当的故事。即使岁月变迁，沧海桑田，终不磨灭。

那些远去的英雄的命运与西域这块土地紧紧连在一起：张骞、解忧、冯嫽、常惠、郑吉、陈汤、耿恭、班超……

历史是无情的，当都护陈睦捐躯高昌壁，己校尉关宠魂归柳中城时，他们都曾遥望着东方，用最后的力气将剑插入敌人的胸膛。他们相信大汉鲜红的战旗将出现在旭日的晨光中，将士的血不会白流。历史是有情的，戊校尉耿恭，坚定地守着疏勒孤城。他相信他的祖国、他的兄弟不会抛弃他，于是有了“十三勇士归玉门”的荣光。

古往今来，华夏民族的韧性极强，在诸多小人物的身上，也能看到耀眼的光芒，这是华夏文明延绵不绝的根源！

“戎马鸣兮金鼓震，壮士激兮忘身命。被兕甲兮跨良马，挥长戟兮彀强弩。”这就是那最初的四百年，在这片土地上发生的故事。

汉军远征时，夜观天象，五星出东方利中国！

李东　2022 年 6 月于新疆

目录
CONTENTS

第一部分　崛起

第二部分　纵横

第三部分　都护

第四部分　沉浮

第五部分　定远

第一部分

崛　起

XIYU

一、西域春秋

“西域”最早出现在中原的史料中，源于一段凄美的黄昏恋。

晋武帝太康二年（公元 281 年），汲郡（今河南省新乡市卫辉市）发生了一起盗墓案。一个叫不准的盗墓贼掘开了一座古墓，墓中并没有多少值钱的物件，倒是塞满了成捆的竹简。对盗墓贼来说，竹简是不值钱的垃圾，于是他随手抓起，用火点燃当作火把用，然后盗走了他认为值钱的东西。

天亮后，村民发现了被掘开的古墓和残余的竹简，于是报官。县官到场后，看见竹简大小宽窄一样，上面有字，字迹工整，每片上有 40 个文字，只是不知道写着什么。于是将竹简收拢在一起，装车运走。后来，晋武帝派人编译整理。没想到，这几车竹简揭开了一段惊世骇俗的历史。这套避过“秦火”的史书被称为《竹书纪年》，约成书于春秋时期（公元前 5 世纪）。

被盗的墓是战国时期的魏国襄王墓。不像人君、缺少威严的魏襄王在历史上留下最宝贵的财富，一是他墓中的大量的竹简，二是《史记·魏世家》中记录的他与孟子的一段对话。这段对话是这样的，襄王问：什么人可以一统天下？孟子答：不好杀戮的君王才能一统天下。

看起来，爱读书的魏襄王并不是昏主。

襄王墓中的竹简中记录了周穆王西征的故事，被整理为《穆天子传》。

周穆王进入西域，大概是从公元前963年至公元前959年。在这五年中，周穆王两征犬戎，进军昆仑之地。路线图是这样的：周穆王命造父驾八骏之乘，带领西征的队伍，从洛阳出发，向北经过山西北部，折而向西，到达河套地区，再一路向西，越过阿尔泰山中一个山口，到达额尔齐斯河上游。

这里有一片益于游牧的草原，气候温凉，牧草茂盛，居住着一个名为鄄韩氏的部落。一位叫无凫的部落头人送给周穆王很多犬马牛羊，周穆王也赐给头人很多金银珠宝。之后，周穆王又经过玄池，不知道是不是现今的喀纳斯湖，在这里休整了三天后，继续向西到达苦山。“苦”指一种可以食用的草，也就是说这座山上长满这种草。之后又经过黄鼠之山，旱獭多的地方，半草半荒。又几日，到达了西王母的领地。

这一路走了多久？西征开始时是甲午，到达之日为癸亥，大约一年半，500多天，这个时间足以从中原到达西域。

西王母长什么样呢？竹简中记载：“西王母如人，虎齿，蓬发戴胜，善啸。”意思是说，西王母长得跟人一样，有一对小虎牙，披发戴玉，爱叫。“啸”可能是当时部落首领呼唤部众的一种方式。

周穆王看到西王母穿着兽皮，兽皮后还坠着豹尾，就送给西王母中原的锦绣丝绢。西王母很高兴，两次向周穆王行礼。

中原与西域之约就此开启。

周穆王与西王母日日欢歌，直到一个叫祭父的官报告，徐国叛乱，天子必须返回，两人才依依惜别。分手这一天是乙丑日，双方在瑶池之上话别。

西王母先啸了一首歌："白云在天，丘陵自出，道里悠远，山川间之，将子无死，尚能复来。"歌词大意是：天子这一走，如天上的白云一样可望不可即，路途遥远，高山大河相隔，如果干掉徐国后，你还活着，能再来吗?

面对西王母的盛情邀请，周穆王也附歌一首："予归东土，和治诸夏，万民平均，吾顾见汝，比及三年，将复而野。"这大意是：我回到东方的国土，和平地处置华夏的内乱，让人民安居乐业之后，还会来见你。三年之约，我将回到这里。

然而，三年之后，周穆王爽约了。

《列子·周穆王》当中是这样说的：周穆王回到华夏之地后，很快平定了叛乱。当他准备再赴西域与西王母相会时，大臣们对周穆王"不恤国是，不乐臣妾，肆意远游"的行为很有看法。周穆王只好打消了再去相会的念头。于是对大臣长叹道："我是天下之主，不提高自己的德行而追求享乐，后人一定会指责我的过失呀！"

西王母等得急了，回访过周王朝一次。周穆王又送了西王母很多礼物，还在昭宫款待了西王母。这年，是周穆王十七年。穆王 50 岁登基，此时他已是一位 67 岁的老人了。而西王母有多大，不得而知，只知道她是帝女。

这段记录在史典中的故事，在汉武帝时代已被后人传为神话，也许这是真实存在的。从故事中，我们可以看出一些西域当时的生活状况。

西王母是母系社会的首领，穿着兽皮，住在洞穴之中，而昆仑山产的玉已被雕琢成佩，成为装饰品。在这段故事中所描述的地势、山形也基本与西域的地貌相同。

瑶池之约八百年后，西汉一位叫张骞的郎官将以官方的身份踏上西域这块土地。

那么张骞进入西域之前，西域是什么样子的？

《汉书·西域传》：西域以孝武时始通，本三十六国，其后稍分至五十余，皆在匈奴之西，乌孙之南。南北有大山，中央有河，东西六千余里，南北千余里。东则接汉，厄以玉门、阳关，西则限以葱岭（今帕米尔高原）。其南山，东出金城，与汉南山属焉。其河有两源：一出葱岭山，一出于阗（tián）（今新疆于田境内）。于阗在南山下，其河北流，与葱岭河合，东注蒲昌海。蒲昌海，一名盐泽者也，去玉门、阳关三百余里，广袤三四百里。其水亭居，冬夏不增减，皆以为潜行地下，南出于积石，为中国河云。

《汉书·西域传》中所列的三十六国，只相当于如今新疆的南部和东部，如果加上乌孙人所占的伊犁河流域，则是历史学家笔下狭义的西域，一说就是现今新疆全境。如果加上安息（即帕提亚帝国）、康居、大宛（yuān）、月氏（zhī）等地域范围，就进入了中亚腹地，这便是历史学家笔下广义的西域。《新疆的若干历史问题》白皮书："从汉代至清代中晚期，包括新疆天山南北在内的广大地区统称为西域。自汉代开始，新疆地区正式成为中国版图的一部分。"这里指的是狭义的西域。

西域特殊的地理环境，我们叫作“三山夹两盆”。乌孙在天山以北，那里青山叠翠、水草丰美、湖泊点点，适于游牧。三十六国在天山以南，大漠孤烟、长河落日、绿洲片片，便于耕作。

不知道从哪个年代开始，来自高纬度的塞人（《史记》中的大夏人）部落越过山川，由北向南迁徙，进入西域开阔的南部，开始了半耕半牧的生活；来自中纬度的羌人部落蹚过大漠，由东向西迁徙到西域空旷的南部，开始了半牧半耕的日子；而在中原地区，还有一部分华夏部落为逃避灾难、战乱、徭役，也开始西迁。于是，这些人开始在西域杂居。

在与春秋战国同一时期，西域的土著居民与中原人一样，掌握了冶炼、制陶、碾毡、种植、建筑等技术。匈奴势力没有进入西域之前，这里曾是世外桃源，各城邦和睦相处。

塞人、羌人、华夏人形成的西域城邦的土地上，连接各城邦关系的还有一种以交换劳动产品为生的商人集团。这些人“善商贾，好利，丈夫年二十，去傍国，利所在无不至”，这些人不畏艰险地游走于各绿洲之间，在西域城邦之间进行易货贸易，妇女、儿童、奴隶也在经营范围之列。也有人将西域的玉石、珠宝、黄金饰品带到中原，再从中原带回丝绸、茶叶、漆器。西汉官方的“丝绸之路”未开通之前，这些商人在民间已走出了一条商道，由西向东的“玉石之路”，由东向西的“青铜之路”。

西域南部这块土地，远离海洋，高山阻隔，形成了温带大陆性气候。日照充足，冬季不冷，夏季不闷，河流纵横，分割出块块绿洲、湿地。千百年前，天山南部的蒲昌海近 1.5 万平方千米，从天山、昆仑山、喀喇昆仑山汇集的高山冰雪融水形成数条河流，汇入今天我们称为罗布泊的蒲昌海。当时的蒲昌海中游弋着巨大的罗布泊土著弓鱼，水面飞翔着各类水鸟。沿着水边，一片片高山河流冲击形成的绿洲上居住着土著或游牧部落，楼兰、婼（ruò）羌、且末、于阗等国临蒲昌海而居。而在博湖周边的绿洲上，同样分布着焉耆（qí）、危须、尉（yù）犁等国。沿塔里木河中上游分布着姑墨、龟兹（Qiūcí）、温宿等国。那时的西域南部也是多水草之地。甚至两千多年前，古人认为蒲昌海水平面长年不增不减，水一定是沿地下流到中原，形成黄河的源头。这就是《汉书》中所说“冬夏不增减，皆以为潜行地下，南出于积石，为中国河云”的本意。西域中原，原本一脉相承。中原的河流均是由西向东流可能是依据之一。

三十六国中至少有两个是中原华夏人因避难在西域建立的，西域成了避难者的世外桃源。借用《桃花源记》中的一段话：“自云先世避秦时乱，率妻子邑人来此绝境，不复出焉，遂与外人间隔。问今是何世，乃不知有汉，无论魏晋。”直到张骞第二次出使西域，副使到达这些城邦。

西域诸国是国家吗？如果从现代意义来分析当然不是，因为它根本就不具备国家所需的等级、政权层次和行政区划。站在两千年前的视角上看，算国吗？也不算，只能算个城郭。那么张骞为什么回长安后向武帝介绍，称西域的这些部落城邦为国？因为按古代的封建等级，国是天子分给诸侯的封地。

按中原的礼制，王室分为天子、诸侯、大夫、士。天子辖九州，即当时的天下之君；诸侯有封土，即当时的封国；大夫有采邑，即有供养的土地；士有才能，为诸侯、大夫服务。除此之外，没有更多。

诸侯这个层级由天子分封的爵位还分为五等：公、侯、伯、子、男。到了西汉，公、伯、子、男四个爵位已被取消，采用军功爵制。刘邦与群臣的“白马之盟”约定，一是“国以永宁，爰(yuán)及苗裔”；二是“非刘氏而王者，天下共击之”。

王、侯两个爵位为最高和次高，分封的诸侯国的君可称为王，分封的列侯可以称为侯国，列侯的封地为一县，户数为一万左右。到了东汉时期，列侯细分为县侯、乡侯、内乡侯、亭侯、内亭侯。大致来说，县侯的封地是一个县，乡侯的封地是一个乡，亭侯的封地是一个村；至于内乡侯、内亭侯，只是个爵位，没有封地，只有食户，可以收租，食租税。

我们再来看西域诸国的首领，他们在张骞的叙述中被称为王。事实上，西域诸国就是独立的城邦或者部落，他们的首领对应为王。有些小国，其实质类似于占山的大王，只是这些国将商人的买路钱称为“赋税”，有了收费的标准。

汉代，西域诸国最多时为50余国，其中最大的国是乌孙。在张骞眼中，乌孙是一支可以作为同盟者的重要力量，地位要高于其他小国，可以采取“结为兄弟，妻于公主”的办法进行笼络。其次是龟兹，有6970户,81317人,21076兵。最小的国是单桓国，有27户,194人,45兵。其次是乌贪訾（zī）离国，有41户，231人，57兵。按等级来说，乌孙与汉是兄弟国，地位与汉平等，直到解忧公主和亲乌孙，汉室干预乌孙王的废立，乌孙才臣服于汉。二类国人口不足10万的有10个，相当于诸侯王；三类国人口不足一万的有7个，相当于县侯；四类国人口不足五千的有24个，相当于乡侯；五类国人口不足一千的有7个，相当于亭侯。

如果以西汉的王侯爵位来对照，西域南部最大的龟兹国，人口户数不及中原的万户侯。要知道，仅武帝时代封的各种列侯就有253个。

在这50余国之外，还游离着一些未被称为国的游牧部落，比如精绝人常受苏毗（pí）人的袭击，而婼羌人也常遭受赤水羌人的攻击。

在汉时西域，有一片绿洲，聚集一群居民，就可能称之为国。因为绿洲之间相距太远，人口少，很难发动统一战争、形成统一的政权，所以久分久合，有时30余国，有时50余国。

在广义的西域中还有几个域外之国，如大宛、康居、月氏、安息等。为什么这些在中亚、西亚甚至欧洲的国家政权势力没能进入西域呢?

最早的时候，是以自然沟壑、河流、湖泊、山脉作为不同部族的生息地的境、界。今天，我们说新疆自古是中国不可分割的领土，不管是从境还是界来说，是因为中原的政权很容易回到西域，统治这一块区域。天佑中华，这是天赐形成的区域。因为葱岭不单挡住了热湿气流，也有效地挡住了外来势力的入侵。

那个时代，在葱岭以西的国度也并不太平。

首先是月氏西迁，进入中亚的月氏人于公元前145年焚毁了大夏（即巴克特里亚王国）的首都。这个大夏是亚历山大大帝东征的产物，希腊化的国家。为迎合太阳神阿波罗的喜好，其堡垒为圆形，位于帕米尔高原以西，东亚与中亚的贸易之道上，这里有阿姆河与肥沃的费尔干纳盆地。

其次，在这个时间段，古印度孔雀王朝的阿育王去世，帝国开始衰退，帝国分裂愈演愈烈，各方势力你争我夺。主要有三股势力：控制恒河以及布拉马普特拉河下游的巽伽王国，控制德干高原的百乘王朝，以及南部的潘地亚和羯陵伽国。以至于羯陵伽的国王在痛苦中让人在石头上刻下了当时社会的真相："土地上到处充斥着战象和战车，随处可见掠夺和杀戮，世界陷入自相残杀中无法自拔。"

公元前 2 世纪到公元 1 世纪，在汉帝国与匈奴的西域争夺战中最重要的几件事是汉帝国的崛起、孔雀王朝的瓦解和贵霜帝国的建立。匈奴驱逐月氏，月氏进入中亚，击败大夏，进逼古印度。孔雀王朝在阿育王及后人的王权下信奉了自我完善与解脱的佛法，不崇尚武力，王朝彻底崩溃。月氏荡平恒河流域后，贵霜帝国建立，为之后的"丝绸之路"做好了贸易的准备。

葱岭以西的帝国无力东进还有一个因素，就是葱岭的艰险和头痛山的存在，不便于大兵团作战。

按史料描述的路线，从皮山出发进入蒲犁国，再入葱岭，要翻越大、小头痛山。这些地方终年积雪，平均海拔在 5000 米左右，穿越达坂会产生高原反应，致人恶心、呕吐、头痛。如果不小心感冒，则可能死于肺气肿。古人认知不够，认为山中有恶龙吐毒气，毒气夏天散发，冬天如同草木一样枯歇，所以要冬天才能过大、小头痛山。今天，用科学很容易解释，这是因为夏季日照时间长，空气膨胀，单位体积含氧量低，而冬季寒冷，空气凝结，单位体积含氧量高。

过了大、小头痛山，还有三池盘、石坂道，有 30 多里长。窄的地方只有不到二尺，边上就是悬崖，人与马匹得用绳索相互扶持牵引，一旦失足，还没到谷底就被山石划拉得没个形了。再走千里，要通过一个叫"悬度"的天险之地，这个地方没有路，以绳索为桥，要攀爬而过。

如果葱岭以西的政权和军事力量想进入汉之西域，就得逆行这条路，力所不能及。如果走欧亚大草原，也就是月氏西迁之路，道路不会如此艰险，但是匈奴人、乌孙人刚好盘踞在这一线。

从中原进入西域很方便，出阳关300里就可达蒲昌海，沿蒲昌海周边有绿洲居民的存在。当年皮山国的先民就是沿这条道西迁。

“皮山国，王治皮山城，去长安万五十里。户五百，口三千五百，胜兵五百人。左右将、左右都尉、骑君、译长各一人。”皮山国的先人说来话长，周武王灭商后，大封诸侯，皮氏的先祖是周公旦之后，姬姓，封地在鲁国，公爵。

公元前827年，鲁献公派次子仲山甫辅佐周宣王，被任命为大夫，封地在樊，其后人以樊为姓。到了周惠王时期，大概公元前665年，周惠王的贪婪与霸道引起诸侯国的叛乱，此时仲山甫的后人樊仲皮任大夫，因不满周惠王做法挂印跑路，回到封地樊国。这便是《左传》记录的“樊皮叛王”。周惠王大怒，派军队出击樊地，抓回樊仲皮，折磨致死。于是樊仲皮的家族和封国人为避难开始西迁，并以皮为姓，逃离西周领地，向西迁往犬戎，到达羌人所在的今甘肃天水一带。之后家族意见不合，一分为二，一支东返，一支西迁。西迁的皮氏后人与羌人结合，一路向西，游牧到达西域境内喀喇昆仑山下，在一片绿洲上定居下来，建立了皮山国。

人类的迁徙也许百年一里，也许一日百里，生存永远比土地和牛羊重要。

在皮氏族人西迁之后，还有一支西迁部落在西域建立了危须国。

尧主政时期，有四个部落头领是坏家伙：共工、欢兜、三苗、鲧。当时天下大水，欢兜举荐共工治水，尧没同意，共工就发动叛乱。后来又举荐鲧去治水，尧依然认为不行。鲧还是坚持去治水，采用堵的办法，治水不成，劳民伤财。而此时共工、欢兜、三苗、鲧开始作乱，尧发兵征讨，作战于丹水，打败三苗。于是尧将共工流放到幽陵，其后人为北狄；把欢兜流放到崇山，其后人成为南蛮；把三苗迁至三危山，其后人为西戎；把鲧流放在羽山，其后人为东夷。北狄、南蛮、西戎、东夷的中心部位被称为中国。

三苗在史料中被认为是蚩尤为君的九黎部落后裔。秦击西戎，迫使三苗一部西迁，在水草丰美的博斯腾湖边上定居，建立危须国，并以危为姓。

值得一提的是，危须国筑方城，城内风格与秦汉时的长安建筑相同，以飞檐廊壁为特色。因为与焉耆国相邻，这里又是当时西域龙马的故乡，故兵强马壮。

在西域这块土地上，西迁的羌人占据了很多块绿洲，组建的西域城邦比塞人多，而羌人在史料中是黄帝的后裔。

在一本叫《展望二十一世纪》的书中，作者池田大作与英国历史学家汤因比都对以中国为代表的东方文明在人类未来命运中的作用充满信心。池田曾这样问：如果可以选择出生的时代与地点，您愿意出生在哪个时代？汤因比说：愿意出生在公元 1 世纪的中国新疆，当时那里处于佛教文化、希腊文化、儒家文化等多元文化的交汇地带。

汤因比所说的公元 1 世纪的新疆是什么样子的呢？

车师王在交河城上与大汉的使臣握手言欢；精绝王手捧着“五星出东方利中国”的精美织帛赞叹不已；于阗王站在新建的佛塔上远

眺着昆仑山下一路向西走向王国的驼队；且末国的玉、康居国的汗血宝马通过阳关、玉门关进入中原大地；操着梵语、希腊语、拉丁语、波斯语的学者、商人、传教士翻越葱岭，一路向东，沿着丝绸之路进入中原，随身带着胡萝卜充饥，手提胡琴，吹着唢呐，穿过茫茫的风沙……

二、匈奴称霸

公元前 3 世纪，一个搅动亚欧的草原民族出现在中国的史典中。到公元 4 世纪，这个叫匈奴的民族来无踪去无影，如同一阵飓风，天昏地暗地跨越 700 年之后，消失在史料中。

俄国学者说匈奴是斯拉夫人种，法国学者说匈奴是雅利安人种，日本学者说匈奴是突厥人种，蒙古国学者说匈奴是蒙古人种……这些学者判断的依据主要来自中文史典中个别词汇的汉译音，以及发掘出的古匈奴墓的下葬方式和头骨。

给两千年前的骷髅设计一个蓝眼珠、红胡须、黄头发的模型，就说成是高加索的白色人种，自然是不靠谱的。因为“屠耆王”的发音类似“突厥王”就认定匈奴是突厥，更不可靠。匈奴的历史是由汉字记录，自然以汉史为依据。

《史记》中记录，商汤灭夏，夏桀之子淳维带族人逃亡北方，与北方的山戎融合成匈奴。这说明中国北方的游牧民族一直存在，尧舜时代叫獯鬻（Xūnyù，也作熏粥），夏时叫山戎，商时叫鬼方，周时叫猃狁（Xiǎnyǔn），汉时叫匈奴。

匈奴无文字，与汉交往的书信是降匈奴的汉人所代笔，这一点毋庸置疑。从不同朝代的不同称谓中，可以看出中原华夏人对北方的游牧民族既恨又怕，还有一点看不起："熏粥"，烧煳的粥；"山戎"，山中的强盗；"鬼方"，没人性的族群；"猃狁"，脸上长毛的狗；"匈奴"，包藏凶心的奴仆。

第一个出现在史书中的匈奴头领叫头曼，含义大概就是"万人之长"的意思，第一个与头曼作战的中原人是秦将军蒙恬。

事出有因。秦始皇三十二年（公元前215年），嬴政北巡至上郡，也就是现在的榆林地区。之前派出寻找长生不老药的卢生归来，仙丹自然是没找到，于是卢生就编了一个谎言，说是在蓬莱仙境的神仙处看得一书，上面一句谶语是"亡秦者胡也"。当时，燕、赵等地常受北方游牧部落的劫掠，匈奴也被称为胡人。

听完卢生的话，嬴政错误地认为亡秦的"胡"就是北面的匈奴。为铲除这个大患，以卫咸阳城的安全，他命太子扶苏和将军蒙恬率30万大军，北上驱逐匈奴。同时将原各诸侯国边境的城墙连接起来，拉出一条与匈奴的分割线，这便是长城的雏形。

第二年，蒙恬的大军将位于河套地区的头曼部落驱逐到黄河以北的鄂尔多斯高原。于是，秦王朝在黄河以南的河套地区设了44个悬，迁民居住。"悬"的意思是这些地方还没定好级别，先悬在那里。这个"悬"字，之后成为一级行政机构"县"。

在蒙恬的打击下，头曼带部众向北逃亡，到达内蒙古中部，一部分没来得及跑的留在了漠北。那时候，头曼的部落还没有形成王朝。之后多年，匈奴部落都不敢南下掠夺，甚至南下牧马都提心吊胆。

在刘邦统一中原的征战中，头曼部落也开始了草原地带的角逐，先后击败、收拢了其他游牧部落，头曼自立为单于。单于大概就是“天之骄子”的意思。当时，匈奴还有另外两支劲敌：一是西边的月氏，以游牧为主；二是东面的东胡，以游猎为生。

这段时间，匈奴曾臣服于月氏，头曼单于的长子冒顿（Mòdú）在月氏做人质。

司马迁在《史记·匈奴列传》中文学化地记录了他听来的关于匈奴发展的一段历史，其中有“鸣镝弑父”的故事。简单概括，就是冒顿用一种会发出响声的箭射杀了父亲头曼，之后自立为单于。

这个故事与赵武灵王的经历有点相似。赵武灵王喜欢小老婆，在枕边风的吹拂下废长立幼。后来又想将赵国一分为二，关键还提前退位，于是赵国大乱，赵武灵王被困死宫中。

头曼也准备废长立幼，他将长子冒顿送到月氏后，派兵攻击月氏，准备借刀杀人，但是冒顿夺得骏马逃回匈奴。于是头曼觉得愧对冒顿，分给冒顿一万骑兵。

冒顿发明了一种带响声的箭，要求士兵，他的箭射向哪儿，士兵也必须射向哪儿，违令者斩。于是冒顿先射杀了心爱的坐骑，又射杀了心爱的女人，然后用鸣镝把父亲头曼射成了刺猬，又杀死了后母和后母所生的兄弟，之后自立为单于。这个故事从另一个角度反映了冒顿的军队纪律严明。

冒顿即位，对付东胡的办法分三步走。东胡王要匈奴最好的骏马，给他！东胡王要冒顿单于最爱的女人，给他！但当东胡王要匈奴与东胡之间的一块飞地时，冒顿杀死赞成给东胡土地的下属，率兵灭了东胡。此时的冒顿，已经有了与其他部落争夺草原霸主的实力。

行国的创始者冒顿单于在位 36 年，为后代子孙开拓了一片广阔的生存空间。在行政布局、发展战略、攻防战术上，始终影响着匈奴之后生活在漠北高原上的游牧民族。

匈奴人被一些历史文献描绘成残暴、嗜杀。但冒顿单于在位时，降于匈奴的赵信、陈豨（xī）、卫律、卢绾等西汉人，不但没有被杀，还被重用。他们与归降中原的匈奴人一起开启了汉匈民族的大融合。

冒顿单于曾与汉高祖刘邦有过一次对决，这就是历史上有名的“白登之围”。

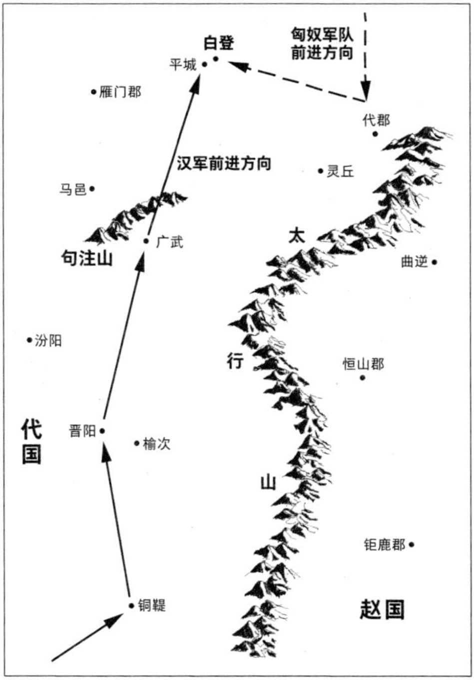

白登之围示意图　李东绘制

冒顿杀父自立是公元前 209 年。三年后，楚汉战争有了结果，刘邦称帝。统一了草原的冒顿与统一了中原的刘邦，他们在那个时代的碰撞似乎是一种必然。

刘邦称帝后，对原本六国的诸侯后代加以任用，以笼络人心。韩襄王的孙子信，被分封为韩王。刘邦派韩王信驻守晋阳。这个韩王信到达晋阳后，发现晋阳城破败不堪，无险可守，于是要求去驻守马邑。马邑的位置在今天的山西省朔州市，直接面对着匈奴。

刘邦很高兴，认为这是一举两得的事。如果韩王信能抵挡匈奴入侵则是上策；如果韩王信抵挡不住匈奴被杀了，也算除去了自己心中的一个大患。可是这个韩王信没有守住马邑，也没被杀，而是投降匈奴了。

在韩王信投降这件事上，刘邦犯了疑人之错。原本匈奴入侵，韩王信抵挡不住，向朝廷求援。同时，他想了一个缓兵之计，派信使向匈奴诈降以拖延时间。结果援军到达晋阳后停滞不前，并派人质问韩王信。韩王信生气了，就真的投降了匈奴。韩王信在楚汉相争时就是个摇旗呐喊、首鼠两端的角色。他打开马邑城门，迎冒顿单于入城，并作为向导，带匈奴军队挥师南下，直逼晋阳。

晋阳离长安很近。这时候，刘邦急了，率 30 万大军御驾亲征。

草原战法与中原战法有明显的差异，中原的攻城略地源于天时、地利、人和与以往战争的经验教训。草原游牧民族的战术则来自狼群围攻猎物的动物生存本性。刘邦似乎并未把匈奴放在眼中，而此时的冒顿单于已给刘邦设下了一个局。先是韩王信一触即败，撤军马邑，然后匈奴左、右贤王的军队打了败仗撤退。汉军一路凯歌冲向平城。

当时，已是农历十月。北方飘雪，汉军并未携带御寒之物。到达平城附近的白登山时，刘邦所率的先头部队被匈奴的 40 万大军围住。

刘邦的军中有一个小人物叫刘敬，本是汉军中的一名车夫。他原本姓娄，赐姓刘。此人在汉初立国的大政方针确立中起到了三个关键性作用：一是定都长安，二是和亲匈奴，三是迁户关中。在平城之围时，刘敬随刘邦出征，为郎中，算是皇帝身边的参谋人员。

汉军初胜匈奴时，刘邦派出人员到前方侦察匈奴的动态。回来的人都说匈奴之地无强兵，可战。为了慎重起见，刘邦派刘敬再跑一趟。

刘敬回来后报告说："两国相争，正常情况下是炫耀武力，以威慑对方。但是此次前往侦察，发现匈奴地都是老弱病残，未见年轻人。匈奴如此暴露弱点，其中必有阴谋。现在不宜出兵。"

但当时汉军初胜，30 万军队已集结，依序向平城开进。一扫匈奴，消除汉北方之祸势在必行。

听了刘敬的言论，刘邦很生气，大骂刘敬，说他靠口舌当官，竟然妄言军事行动。于是，以扰乱军心为由，刘邦下令将刘敬撤职查办，发配广武。

匈奴是骑兵，机动性强，而汉军是步兵，行动缓慢。刘邦心急，只带了一部分人先行，被困白登山时，刘邦才后悔没能听刘敬之言。

匈奴军队从四面而来，西面都是白色马，东面都是青色马，北面都是黑色马，南面都是棕色马。而当时，给刘邦拉车的四匹马都找不到一色的。这让刘邦真实地看到了汉匈之间军事实力的差距。

在白登山，汉军被困七日，陈平出了一个见不得人的计策，方得解围。

作为帝王，这一计策说出来太丢人，所以《史记》《汉书》并无记载，但是根据后来的和亲政策，在《资治通鉴》中有一种猜测的说法。说是陈平让画工画了一群美女，派说客去见冒顿单于的阏氏（Yānzhī，汉代匈奴称君主的正妻）。对她说："你看，汉地的美女都长这样，汉帝准备送给单于。"冒顿的阏氏怕失宠就收了贿赂。于是，在枕边风的作用下，冒顿开了一个口子，刘邦乘机突围。

其实，历史走向根本不会因为阏氏的枕边风而变，外因通过内因起作用。两军对垒，剑拔弩张，如果没有冒顿单于的允许，说客怎么可能见到单于的阏氏？

也许，真实的原因是，匈奴是信鬼神的，信鬼神者多猜疑。

当时还有这样一个情况：韩王信投降后，他曾经的一群部下——赵利、王黄等人聚集韩王信的散兵，拥立赵利为王，形成了一股有规模的军事力量。这些人已派信使给冒顿单于上书，要投降匈奴，并约定会合时间，共同击汉，且正在向平城合围中。但是约定合围的时间已过，汉军也被困了七天，这帮人也没见来，倒是汉军的后继部队不断在向平城开进。于是，冒顿怀疑其中有诈，怕被夹击，加之威胁刘邦的目的已达到，阏氏也收了重礼，估计还有很多撤兵的条件和今后的承诺，入主中原也不是冒顿的理想，于是引兵而去。

汉匈之间数百年的大征战大融合就此开始。

对汉帝国来说，居高位者未必是爱国者，一个小士卒的眼光也未必不能左右历史的走向。

刘邦白登山解困后，灰溜溜地引兵南返，路过广武时，立马释放了娄敬（即刘敬，下同），封为关内侯，食邑两千石。

刘邦原本是二流子出身，以一县之精英打下天下，其格局、胸怀并非汉后世君主可比。娄敬是个小人物，按刘邦的说法，齐国的半吊子，靠口舌之巧为官。历史真相果真如此吗？这个小草般的人物其实改变了西汉王朝的走向。在汉匈争霸时期，娄敬起了决定性作用。

当初刘邦原本想定都洛阳，因为洛阳是东周的国都，历时数百年，而长安只秦二世就亡国了，风水不好。在刘邦决定建都洛阳时，那些依附刘邦的官员都敷衍“皇上圣明”。那时候娄敬只是被遣往边境戍边的小卒。路过洛阳听到这事，就托人引他见刘邦。破衣烂衫的娄敬见到刘邦时，直言劝谏，说刘邦应该建都长安。

项羽进关中时，谋士韩生就曾建议项羽建都长安：“关中阻山带河，四塞之地，肥饶，可都以霸。”但是项羽想着衣锦还乡，建都长安不就是锦衣夜行嘛。提出建议未被采纳的韩生出门小声嘟囔了一句：“沐猴而冠。”结果韩生被项羽煮了，肉分给下属吃掉了。

刘邦听了娄敬的话，犹豫不决，于是问张良的意见。张良更透彻地告诉刘邦：关中，东有潼关，西有散关，南有武关，北有萧关。长安、咸阳、宝鸡等地物华天宝，人杰地灵，而洛阳方圆不过数百里，土地贫瘠，灾荒不断，无险可守，不是建都的好地方。于是，刘邦决定建都长安。也因此事，娄敬被赐姓刘。白登之围，刘邦并未杀刘敬，更在侥幸解围之后重用刘敬。

回到长安的刘邦面对匈奴的军事压力，问计刘敬：下一步该怎么办?

刘敬建议：一是每年给匈奴急需的黄金、酒、粮、帛以换取中原的平安，降低匈奴人南下掠夺的频率；二是与匈奴和亲，远嫁公主，这样公主所生的孩子就有可能被立为接班人，汉匈融合，成了亲戚，则汉室就有了安全的保障，以利发展；三是战乱之后的关中地区，人丁稀少，为充实关中，可将六国后裔、豪门名家等十几万人移民关中，既可防止他们造反，又可防备匈奴入侵。

看来刘敬的计谋不是为了改造冒顿，而是寄希望于冒顿的后代，利用亲情达到共存。但在利益面前，亲情未必可靠，最好的办法就是铆足劲儿，迅速发展，壮大实力。

从汉匈和亲这件事来看，《资治通鉴》中推测，当年白登之围，陈平使画工画美女图，借此贿赂阏氏之事并不靠谱。匈奴阏氏既然可以制止战争，当然也可以挑起战争。既然当初汉使答应不送美女，现在又送公主和亲，这不是失信吗？

当然，第一位和亲的并不是刘邦之女鲁元公主，因为吕后不愿意，只是一位宫女而已，所以也就没有留下姓名。

那么，汉匈之争，匈奴方面是怎么看的呢？

白登之围后，对于匈奴来说，已无南忧。冒顿单于将主要精力放在了经营西域上。西汉已屈服于匈奴，每年定期提供匈奴地所不产的物资。而西域则有更大的利益，掌握西域，可使匈奴的势力范围进一步扩大。

早在西汉之前，中原与广义范围内的西域就有贸易往来。当时，西域与中原的贸易之路控制在月氏人手中。

冒顿单于早年曾在月氏当质子，在月氏期间可能并不受待见。月氏的势力范围在敦煌、祁连山之间，西域的东端。而月氏也是一个人口众多的大国，曾控制匈奴。冒顿单于决定经营西域，必将与月氏有一场大冲突，也必须积蓄力量。于是，西汉已不是匈奴单于的假想敌。

白登之围至吕后掌权第五年（公元前 182 年），十几年间，汉匈之间并没有发生重大的军事冲突。因为这时候，匈奴还没有实力同时面对西汉与月氏两大政权集团。

到了公元前 181 年，冒顿已在位 28 年，他成功地从北面控制了西域诸国。于是，匈奴军队立刻南侵西汉边境的狄道（今甘肃省定西市一带）。此战，匈奴俘获了两千多当地居民北上。对于匈奴人来说，他们需要汉地的能工巧匠和可以耕种的农民。

冒顿单于在位 33 年时，刘邦已驾崩多年，汉地经历了汉惠帝、前少帝、后少帝、汉文帝四任皇帝。汉文帝刘恒，刘邦的第四子，此时 25 岁。吕后死后，汉文帝刘恒在周勃、陈平的支持下诛灭诸吕势力，此时西汉的军事实力还无法与匈奴抗衡。此时，曾与刘邦以兄弟相称的冒顿单于 57 岁，相对西汉皇帝他已是长辈了。在攻灭东胡，西击月氏，北服浑庾、屈射、丁令、鬲（gé）昆、薪犁后，冒顿单于开辟了匈奴最强盛的时期。

南侵中原，又列入了冒顿单于的议事日程。

汉文帝三年（公元前 177 年），匈奴右贤王越过黄河，入侵河套南地。原本汉文帝准备派丞相灌婴率兵从高奴攻击匈奴右贤王，不料此时济北王刘兴居叛乱。为避免腹背受敌，朝廷只得先平刘兴居之乱。汉匈之间暂时避免了一场战争。汉文帝的上策也只限于派使者前往匈奴问责扰边之事。

白登之围后，对冒顿单于来说，统一草原地带、向西发展的第一个障碍就是在西域与漠北之间的月氏。

打击月氏不仅因为草场之争，还因为月氏占据着西域与中原之间的交通要道，而这条道上的贸易有着巨大的利益。这个利益就是贩卖玉石的巨大利润。

在游牧部落看来，玉石就是好看的石头而已，没什么用。但在中原的文化中，玉是一种“德”的代表。有文字记载，从商代开始，玉就成了祭祀、王权的象征。春秋时期，人德与玉德开始对应。玉德是天然形成，质地坚韧、光泽莹润、色彩柔和。君子之德是仁、义、礼、智、信。于是，就有了“君子无故，玉不去身”之说。既然人人都想当君子，君子就得有玉，中原人口众多，对玉的需求量就大。小小的一块玉籽，其价值可能要大于牛羊。

月氏人当时控制着昆仑山到中原的玉石贩卖之路。

月氏人不知是什么时间段游牧到这一带。在中国的史典中，并没有说月氏人与华夏有什么渊源。

那时，月氏的势力非常强大，权威远达匈奴。王城在现今新疆哈密东部天山下的巴里坤草原一带，控制范围在阿尔泰山至祁连山的牧场。于阗国的玉如果要进入中原，必须经月氏所在地。

冒顿单于在夺取匈奴王权之后，开始谋划吞并月氏之战。首战便是“西击走月氏，南并楼烦、白羊河南王”。这一次作战其实只是把月氏人从与匈奴接壤的敦煌一带赶跑，匈奴控制了西域进中原之道，也有效地限制了月氏人东进的势头。

与第一次战争相隔 20 多年后，匈奴第二次西击月氏是在汉文帝四年。冒顿单于给汉文帝的国书中称匈奴右贤王“以夷灭月氏，尽斩杀降下之。定楼兰、乌孙、呼揭及其旁二十六国，皆以为匈奴。诸引弓之民，并为一家”。

说到这里，我们有必要了解一下匈奴的行政体制，这是一种与中原汉帝国完全不一样的设置。单于是匈奴的最高首领，下设左、右贤王，之下各设左、右谷蠡王，之下各设左、右大将，之下各设左、右大都尉，之下各设左、右大当户，之下各设左、右骨都侯。这些都是单于直管的机构。往下再分设二十四长，千长、百长、什长、裨小王、相、封都尉、当户、且渠。不同于汉朝的行政机构，匈奴的这种机构是纯粹的作战序列。

匈奴以左为贵，所以左贤王居东，管辖的土地在上谷以北，东接朝鲜。而右贤王居西，管辖的土地在上郡以西，与月氏相接。出兵驱逐月氏的就是右贤王的人马。

匈奴与月氏都属于游牧民族，习俗相近。游牧民族并没有常备军，而是全民皆兵，成年男子都是战士。因为游牧，所以人口分散，不群居，战争动员需要的时间长。

今天我们可以试着推测一下匈奴驱逐月氏的过程：

按当年匈奴人的习俗，五月的某一天，冒顿单于召集众王在龙城会集，祭祖、祭天、祭地、祭鬼神之后，单于对右贤王下达了出击月氏的命令。

于是，回到属地的右贤王下达战争动员令。这种动员其实就是抢劫令。杀敌一人，奖酒一壶，谁抓获的月氏人归谁为奴，所有缴获归个人。

于是匈奴右贤王部的人马在兴奋中迅速地集结……

在诗经《小雅・采薇》中有这样一段："采薇采薇，薇亦作止。曰归曰归，岁亦莫止。靡室靡家，猃狁之故。不遑启居，猃狁之故……"这是一首3000年前的军旅民谣，大意是：在漫长的边防线上，我们看着野草从发芽到开花，为了跟猃狁去厮杀，没得一点空闲。眼看一年又要过去了，年初想，打胜就能回家，但如今，有家难回呀。心里郁闷，满腔愁绪。沙场多变，家书难捎。转眼年底要到了，作战令再次下达，唉！

这里的“猃狁”也叫“犬戎”，是指当时北方的游牧民族。匈奴和乌孙都被归为“犬戎”。

在汉代之前，祁连山的草原上，东边生活着月氏人，西边生活着乌孙人。乌孙人的草原部落间断地延续到了伊犁大草原上塞人的草场，蒙古草原生活着匈奴人，呼伦贝尔大草原则属于东胡人。数千年前，这些原始草原居民在这块土地上发生了什么故事，我们并不知道。他们从哪里来，又去了哪里，至今也无法厘清。乌孙人就是生活在古老的中国大陆边缘的游牧民族。这个民族出现在中国史料中，是源于汉武帝刘彻与博望侯张骞的对话。

张骞给刘彻讲了一段关于乌孙人的故事。那时候，张骞已在匈奴地生活了 12 年。在这 12 年里，张骞没有忘记自己的使命，他不但精通了匈奴语言，而且了解了匈奴帝国所有的运行体系、实力、生活习惯以及西域诸国的名称、人口、风俗……

在大汉的边境，通往西域的道路上有一段极为狭长的地带，我们称之为“河西走廊”。沿着这条走廊，那里有座绵延的山脉，高不可攀，常年积雪，匈奴人称为祁连，就是“天”的意思。在祁连山一带，之前生活了两个部族，一个是月氏，另一个是乌孙。大汉的对手冒顿单于就曾在月氏人那里做人质，在冒顿弑父自立为单于之后，一直视月氏为仇敌，于是派兵攻杀月氏。月氏被击败，大部分民众开始向西迁徙，称为大月氏；小部分民众向南逃亡进入羌人地域，称为小月氏。

向西迁徙，就必须要越过乌孙人的领地。于是，月氏人攻杀乌孙部。乌孙人来不及集结，于是大败。月氏人就杀了乌孙人的首领难兜靡，并占有了乌孙人的牧场。难兜靡当时有一个孩子叫猎骄靡，乌孙人四散逃难时，这个孩子的老师布就翎侯将他抱着逃出。看没有追兵时，布就翎侯就将这个孩子用布包好，放置在深草中，去给孩子找食物。当他回来时，发现乌鸦在给这孩子喂肉，母狼在给这孩子喂奶，布就翎侯非常惊讶。于是，他抱着孩子投奔了冒顿单于，把明显是编排出的故事告诉了冒顿单于。乌孙人以乌鸦为图腾，而匈奴人以狼为图腾。匈奴单于也非常惊讶，认为这孩子有天神保佑，就安排人好生地抚养他。那个时间段应该是文帝三年，匈奴大举西征驱逐月氏人，势力进入西域。正是在这一战中，乌孙败于月氏，民众降于匈奴，而月氏占领了塞人的草原。

后来，这个叫猎骄靡的孩子长大了，他率军作战，屡有战功。在文帝后元三年（公元前 161 年），匈奴再次对月氏的驱逐之战中，这位已成长为匈奴少年将领的猎骄靡成了主帅。他跟随右贤王，带领着当时已归降匈奴的乌孙民众出击月氏，将月氏人驱逐至大夏。乌孙人占领了月氏人的草原地带。

乌孙人的风俗与匈奴相同，随水草而居，他们的天性就是掠夺，善于马上的争斗，有利时就不惧生死，不利时则四散奔走。从首领到民众，以食用腌制风干的畜肉为主，用皮革做衣服，用毛皮做被褥。吃饭时并没有老幼尊卑之分，年轻人先吃好吃饱，老年人吃剩余的食物。他们没有姓氏，只有名字。为了保证家族的财产完整，父亲死后，儿子可以娶后母为妻；兄长死后，兄弟可以娶嫂为妻。

当初月氏人西迁进入了塞王的地界，月氏人的突然袭击让塞人措手不及，于是塞王带人败走。乌孙人攻杀月氏之后，占有了西域之北的草原地带，猎骄靡后来自称昆弥，也就是乌孙王。此时冒顿单于已死，昆弥带着自己的部落占有了月氏人的地盘，击败了周边的小部落，远离匈奴的领地。因为路途遥远，于是昆弥不再朝贡于匈奴。

继位的老上单于曾多次派使者质问，也曾派军讨伐。但是进入西域的乌孙人已将未随大部远迁的月氏人、塞人和部分匈奴人纳入了自己的管辖范围，士兵达数万。匈奴多次进攻，但乌孙人越战越勇，并自立复国，不愿再屈从于匈奴。

在张骞与汉武帝的对话中，乌孙只是祁连山下河西走廊西端的一个小国。任何一个古代民族，都有其相对稳定的并为与其相邻的民族或部落联盟大致承认的活动地域。汉以前，月氏与乌孙分居于河西走廊的东西两端，西为乌孙，东为月氏，大致以今天的张掖与酒泉间为界。而月氏也并非小国。乌孙昆弥率其众远迁，西迁的路线应该是这样的：从敦煌西北行进入哈密绿洲，然后再循天山山脉西进。离开河西走廊西行，有两条道路：一是沿疏勒河西行至罗布淖尔，至汉代楼兰；二是由敦煌斜向西北，穿越一段戈壁，进入哈密绿洲，自哈密循天山西进，天山北麓或山谷中都不缺少水足草茂的牧场。往西南翻越天山，可以通往伊犁河上源裕勒都斯河和特克斯河流域。那里将成为乌孙人活动的重要中心之一。

张骞所言小国，只是相对于当时的大汉王朝而语。当年汉王朝的任何一个诸侯国，人口及实力都大于西域众城邦国。乌孙或许是单一民族，乌孙国则是多民族。猎骄靡初占天山之北的游牧地时，骑甲数万，而到武帝时期，乌孙人口已迅速增长，成为西域第一大国。乌孙西迁复国是西域史上的一次大事件。或许乌孙人原本就游牧于这一带，只是过于分散，败于月氏。

那么乌孙的地域有多大？政治中心在哪里呢？苏联考古学者认为，当年乌孙的政治中心赤谷城在伊塞克湖附近，也就是现今的吉尔吉斯斯坦伊塞克湖州伊什提克，并认为建城时间为公元前 161 年。伊犁河流域至伊塞克湖，这是大致的一个范围。

从地理角度上来说，乌孙人并没有“天子守边防”的信念，所以不会将政治中心放在国境边与康居为邻。而且，游牧民族并没有建城的传统。赤谷城应当建于解忧公主和翁归靡时代，也就是公元前 101 年至公元前 64 年之间。因为在解忧公主之前的细君公主的《黄鹄歌》中，细君还住在草原的毡房中，看着大雁思念故乡呢。游牧民族有冬、夏牧场，这个政治中心要建定居的城，就必是在冬夏牧场之间。

我们再看史料中对赤谷城的描绘：“发温宿国，从北道入赤谷，过乌孙，涉康居界，至阗池西。”“入、过、涉、至”是一条漫长的线。从中也可见中国文字的奇妙之处。

温宿城至赤谷城的距离在史料中是 610 里。汉代的 1 里相当于现在的 415.8 米，也就是说温宿至赤谷城约是 254 千米。从破城子出发，那里有一条穿越天山的峡谷叫“夏塔古道”，从都护府出发，翻越天山后，先到达赤谷城，然后过乌孙的领地，到达康居的边界，至阗池。这里的“阗池”是指今天的伊塞克湖。

背靠巍峨的天山为障，面对广袤草原为生，旁有丰沛的河流为源，这符合中国建城的基本方略。于是，今天我们仍可以在地图上找到这个位置，就是特克斯河流域昭苏、特克斯一带。考古发现那里存有大量的南北走向的乌孙贵族墓地。昭苏、特克斯一带有一座山，我们今天依旧称之为“乌孙山”。

除此之外，还有一种可能，就是走现今的乌什别迭里口岸，穿越此道抵达赤谷城。

在中国史典中，乌孙人是长这个样子的：男人青眼，红胡子，也就是说乌孙男人长着络腮胡子；女人深目，黑肤。跟中原人不一样。

乌孙人和匈奴人也明显长得不一样。

在汉代与匈奴频繁作战时期，史料中没有对匈奴人外貌的记录。也许，那时候匈奴人已大量进入中原，汉匈开始混血，除了服饰、发型的差别外，匈奴人与当时的汉朝人并没有大的差别。因为以肉食为主，匈奴人明显比汉朝人粗壮。

汉武帝与张骞关于“西域之问”长达数年。史料记录武帝之前的乌孙，内容不过三四百字。公元前 119 年，也就是元狩四年，武帝决定派张骞第二次出使西域。月氏是靠不住了，联合乌孙共抗匈奴成为战略。这次出使就是著名的“断匈奴右臂”之策的具体体现。

这一年，乌孙王猎骄靡 58 岁，汉武帝刘彻 37 岁，博望侯张骞 45 岁。

三、和亲之痛

对于老上单于来说，大汉王朝在文帝时代逐渐强大，但尚未对匈奴造成直接利益的伤害。汉地的物产多，显然是匈奴最大的假想敌。如果要让大汉王朝低头，必先控制西域，而西域最大的一个与匈奴同性质的行国是月氏。冒顿单于在位时，曾派右贤王将游牧于敦煌一带的月氏一部赶向西域，月氏进入西域后占有了塞王的大片草原。匈奴人对草场的渴望要远大于对庄稼的需求，要想从汉地获得更大的利益，让汉人屈服，必须彻底控制西域，这便是战争的筹码。

在又一年五月的龙城大会上，老上单于带领匈奴贵族们祭天、祭地、祭鬼神后商议匈奴的来年计划，他们在“先攻汉”还是“先占西域”的选择上发生了争议。争议的焦点是，有迹象表明，西汉王朝开始通过西域开展贸易。从劫获的物品上看，有来自遥远的不可知产地的碧琉璃杯。匈奴人将这种早期的玻璃制品认为是玉。需要说明的是，在民间，中原与西域的贸易一直存在，要远远早于官方的“丝绸之路”。在周穆王时代，玻璃就经西域传入了中原。

好吧，在匈奴人看来，这事肯定是月氏人干的。因为月氏人不单游牧，还在西域与中原之间进行贸易往来。进行贸易的商品主要是玉器，一块石头可以换一群羊。这对匈奴来说是一本万利的事。西域至中原的道路，虽然已被匈奴的势力控制，但是匈奴人少，进入中原的路线又不止一条。偷渡边境的商人多了去了，匈奴人必须控制大汉与西域的贸易，才能从中获利。

匈奴对汉与西域采取了两线作战的方略，对汉实行掠夺政策。

于是，公元前 166 年冬，老上单于挥师南下，攻陷彭阳、萧关，纵兵北地郡。都尉孙卬（áng）率兵迎战，战死。匈奴掠走大量牛羊、百姓。匈奴的前锋部队过镇原，进陇县，将秦始皇时代兴建的回中宫洗劫一空并焚烧。前锋部队到达了雍县和甘泉，入侵的马蹄距长安不过 200 里。战报传来，整个长安震动。汉文帝亲自到达长安军营劳军，部署反击，备战车千辆，步骑 10 万，准备亲征。可是汉军一出动，匈奴人就带着战利品跑了。汉军也只是随匈奴人到达边塞便撤回了。在萧关阻击战中，汉军队伍中出现了一位作战英勇、杀敌颇众的少年英雄，他的名字叫李广。

老上单于在位的那 14 年里，匈奴如同跟汉朝玩捉迷藏游戏，每年都纵兵越过边境抢掠一番。云中郡与辽东郡的损失最为惨重，被屠杀和掠走的民众每郡都上万。这些匈奴军队，中部的由老上单于亲自率领，东部来自左贤王，而西部的右贤王也开始不停地攻击西域。

汉文帝刘恒很无奈。匈奴人来无影去无踪，加强城防很重要，但解决问题更重要。于是，他派出使者议和，恢复和亲政策，重申“长城以北，引弓之国，受命单于；长城以内，冠带之室，朕亦制之”，并下令边塞军民：匈奴不入塞，汉人不出关。

汉文帝跟老上单于通了几封信。皇帝的信叫国书。以下翻译部分内容：

单于，你的来信已收到。你说：“两国已和亲，那就刀枪入库，马放南山，世代友好，让百姓老有所养，幼有所长，平安度日。”其实，我与单于的想法是一样的，都是使百姓安居乐业。汉与匈奴是邻国，不应为敌。匈奴地处北方，天冷得早，所以以后每年给单于送粮食、美酒、金帛、丝絮等所需之物。现在天下太平，我与单于都是民之父母，之前的误会都是谋臣失策，挑拨了我们兄弟之间的感情。但，天地之间有杆秤，对任何人都公平，所以请放弃前嫌，共谋长远，让两国人民如同一家。天地之道，就是连动物都懂得趋吉避邪，而人也如此。之前，互逃至汉、匈双方的官员和百姓都不再追究罪过。古人从不毁约，希望我们也不背弃，和亲之后，汉朝不会负约。

至此，汉匈之间已是第五次和亲。之前，汉宗室有三位翁主嫁给了冒顿单于。公元前 174 年，老上单于登基时，汉朝远嫁了一位和亲翁主。这里解释一个概念。在西汉，皇帝的女儿叫公主，诸侯王的女儿叫翁主。后来的解忧是因为册封才成为公主。那么，为什么与老上单于和亲的 14 年里，匈奴入侵得如此频繁呢？因为在那次和亲的队伍中出现了“汉奸”。

公元前 162 年，汉匈之间达成和议，迎来了暂时的和平期。匈奴便把精力用在了对付西域上。于是，在匈奴的支持下，乌孙人在昆莫猎骄靡的率领下，开始攻击西域草原上的月氏人。草原民族的战争很容易一边倒，其中一个主要的原因是游牧民并没有常备军，平时均在分散游牧。如果没有事先得知消息，一时很难集结作战军队。

于是，在月圆之夜，匈奴右贤王军队和猎骄靡的乌孙军队冲进了月氏人的王庭。月氏王被杀，他的人头被砍下送往匈奴王庭。老上单于很高兴，把月氏王的人头齐眉切开，用皮革包裹、黄金镶嵌制成了酒碗。

月氏贵族在慌乱中继续西迁，并将途中遇到的部落一并带走。月氏并不是小部落，而是人口众多的大族群。或许在乌孙没有入侵前，月氏的一部分军队就开始向西寻找新的领地，因为他们知道匈奴人还会再来。

匈奴对月氏的连年进攻，把原本的塞人和月氏人打散了。大部分塞人、月氏人随大队走了，还有一部分没来得及跟着走的部落四散而去。

大月氏人在逃亡中集结自己的军队，军队由成年男子组成。他们集中在一起，在新的月氏王的带领下，沿着塞人路线，过大宛西，涉锡尔河，到达阿姆河北。又过了一些年，月氏人再次蹚过阿姆河，征服大夏，以大夏的巴克特拉为都城，即蓝氏城，位于现今的阿富汗。

汉文帝时代，大汉内部的争斗渐渐平息。到了公元前 174 年，大汉已建国 28 年，曾与刘邦以兄弟相称，但从不行兄弟之义的冒顿单于死了。老上单于继位，统治了匈奴。新王登位，匈奴发来国书告知，大汉总得送些礼物，礼轻了肯定不行。

为了保证与匈奴的友好，就再送一位“公主”和亲吧。这位和亲的“公主”是大汉建国以来的第四位，在史料中没有留下任何记录，不知道是哪位诸侯王的女儿。也许这个无名者根本不是皇室成员，毕竟有哪个王爷愿把女儿送到苦寒之处呢？

“公主”出发前，朝廷在人员配备上经过了严格选拔，专门给远行的“公主”配了一位宦官做老师，让他作为助手解决“公主”在匈奴遇到的紧急事件，这位老师叫中行说（Hángyuè）。此人便是中国历史上第一个“汉奸”。

“中行”是一个复姓。这个氏族曾辉煌一时，祖上是随晋文公重耳流浪的谋臣之一。春秋末年，晋国六卿轮政，之后相互攻伐，最终韩、赵、魏三家分晋，战国开始。中行氏被打败，族人四散而去，有一支去了燕国。人常说“瘦死的骆驼比马大”，中行氏虽败落，但贵族的传统就是注重子弟教育。中行说算是初通文字、略晓算数的人物。他从小在燕地长大，而燕地与匈奴接壤。他的成长经历不详，为人性格怪异，且多阴谋。

西汉时的官员选拔有三种途径，一是世袭，二是军功，三是察举制，即推荐贤良、孝廉或者征召（指朝廷慕名而委任官员）。对于没落贵族的中行说来说，想通过以上途径成为“人上人”，几乎无望。

中行说是怎么进宫的，史料没有记载。但是从后期的表现看，他是个能人，能说会道且有心计，诡辩逻辑强，并非庸才。

我们很多人认为古代官员就是靠文章写得好，其实并不是这样。儒家的“六艺”是指礼、乐、射、御、书、数。礼法、乐舞、射箭、驾车、书法和算术，这是官学要求学生必须掌握的基本技能。可以肯定的是，中行说掌握了这些技能。老上单于继位改变了中行说的命运。能陪“公主”远嫁，并被任命为老师，这说明中行说在汉文帝身边的宦官中也是出类拔萃的，且得到了充分的信任。

要强调一下，西汉时，宦官并不都是阉人，而中行说可能就不是阉人。

“公主”远行，中行说被任命随行。中行说很不满，不愿去，大哭求情，无果。于是他擦干眼泪并在心里放下狠话：如果非要我去，我将来必成汉朝之大患！在燕地长大的中行说，当然知道匈奴所在的苦寒之地，根本没有长安的繁华安逸。

伟大的爱国者司马迁在愤慨中记录下了这个卖国者的行径。

中行说一到草原，就设法接近匈奴单于，并对老上单于说出了大汉的国家机密。因为他是皇宫的服务人员，所掌握的内幕远多于一般官吏。

老上单于很高兴。中行说还告诉单于，汉室远嫁的阏氏并非公主。于是，这位假公主马上凤凰变成鸡，不再受宠，更无法左右单于的对汉策略。

当时，匈奴人非常喜欢汉朝的丝绸、布匹和农作物。中行说出面告诉老上单于：咱匈奴人的数量还达不到汉朝的一个郡，之所以比汉强大，就是因为衣食可以自给，并不仰仗于汉室；现今，匈奴人喜欢汉朝的物品，汉人只要给咱十之一二的物产，咱匈奴人可就完全汉化了。

为了证明草原上匈奴人的服装、饮食优于中原，中行说当众做了对比试验。他让人分别穿上丝绸、布衣、皮衣，骑着马在草棘丛中奔跑穿行。结果，穿着中原丝绸、棉布的实验者的衣物全都被挂破，匈奴人的皮制衣物则毫无损伤。为了证明汉地的农作物不如风干肉和奶酪顶饿，中行说安排了两组人，分别吃汉地的农作物和牛羊肉后做抗饥饿对比。实验结果："四十里莜面，三十里糕，二十里荞麦饿弯腰，吃了牛羊窜一天。"这个实验证明，吃了莜面可以走40里，吃了米才能走30里，吃了荞麦走20里就爬不起来了，但吃饱牛羊肉可以顶一天。

匈奴人当时没有掌握算数，一个部落有多少个人、多少头羊，部落头领根本说不清。所能表达的概念是"多得很"，有三个山沟的羊呢！

于是，中行说开始教单于身边的人按条目计数，也就是把民、兵、牛、羊、马、驴分科目计数，然后汇总。普及数学常识也就算了，中行说还怂恿匈奴轻视汉朝皇帝。

汉朝的国书，用的木简长度是一尺一寸，问候语是：“皇帝敬问匈奴大单于无恙……”而中行说教单于回复的木牍则长一尺二寸，印封也比汉朝国书的大。内容很傲慢，问候语变成了“天地所生，日月所置，匈奴大单于敬问汉皇帝无恙……”这些事传到汉朝后，文官们很是生气，所以每次出使匈奴的汉使见到中行说，都想质问一下他。

汉使甲：匈奴人不尊重老人，贱老贵壮，算人吗？

中行说答：我问你，汉人出远门或戍边时，家里的老人是不是把最好的东西给孩子吃并带足，还不断地把自己舍不得吃穿的好东西托人带给孩子？匈奴人马上得天下，以抢掠为主业，年老者不能参加战斗，所以好食物先让年轻人吃，他们好去骑马杀敌，保卫家园，让老人安度晚年，难道这是不孝吗？

汉使甲无语以对。

来年，汉使乙不服，再问：匈奴父子同居一屋，父死，子娶其后母为妻，兄死，弟娶嫂为妻，没有冠带作为尊卑之分，这算人吗？

中行说答：不要用汉人的礼教来衡量匈奴人的德行和草原上的风俗。匈奴人吃畜肉，饮其乳，衣其皮，逐水草而居。至于管理政务，顺其自然。在你们汉人的礼教下，表面上仁义道德，难道背地里鸡鸣狗盗、衣冠禽兽的人少吗？匈奴人在紧急时，人人可以上马扬刀。平日里他们悠然自得，没有束缚，自由自在。君臣间也不存在烦琐的礼节，简单方便。匈奴人是天之骄子，不需要制定烦琐的规矩来虚伪做事，自寻烦恼。匈奴人在草原上不停地迁徙流动，他们善于骑射，体魄健壮，虽粗但真，虽散却强。至于子娶后母，弟续兄嫂，在你们汉人看来是乱了伦常，但是在匈奴人看来，这保证了家族的不分离。而你们汉人，虽然不这样做，可是亲情关系越来越远，甚至相互残杀，你们的改朝换代，难道不是这样的吗？你们汉人，耗尽民力去修宫殿、建宅院，为衣食享乐辛苦劳作，修建城池以图一劳永逸。战时，不善骑射；平时，劳民伤财。好了，你们这些住在土屋里的汉人不要多说了，人前喋喋不休，人后窃窃私语，戴上官帽，就觉得自己了不起了吗？在我看来，匈奴爽直，而失之粗，汉人文雅，而失之伪。粗自然比伪好。但习惯成自然，汉人的心里就像河流那样的曲曲弯弯，而匈奴人的心像草原一样宽广。

汉使当然大怒，再想辩论，中行说却不愿聊了。他总结道："汉使不要多嘴了，只需要保证你们的贡品数量足、质量好就可以了，何必多言。如果贡品有问题，那么等到秋收时，我们的铁骑将踏碎你们的家园。"

中行说已不认为自己是汉人了。

中行说死得早，没有看到五单于并立时兄弟血刃的那种残忍与无情，也没能看到不久之后汉军的虎贲之师马踏匈奴！但是，中行说活着的时候，逢机就给老上单于和后任的军臣单于出诡计，等待有利的进攻时机和地点，于是就有了公元前 166 年那次匈奴的大举入侵。

四、强汉崛起

从公元前202年至公元前133年，汉军被动挨打长达69年，其间北方的匈奴共有10次挥鞭南下掠夺汉地的记录。

刘邦出身农家，竟开创了大汉基业。他也想摆平匈奴，但实力不够，曾被困白登山。

平城之战后，汉匈和亲，给大汉王朝带来了一段和平发展的时间。刘邦采用了太中大夫陆贾的建议，以“黄老之术”无为而治、重农抑商、轻徭薄赋，使百姓清静休养。吕后、汉文帝、汉景帝均采用了这种方式。

在匈奴不断地骚扰边塞的情况下，汉文帝意识到了加强军备的重要性。于是，他采纳晁错的建议，开始了军事备战的准备：一是强化训练，二是改良兵器，三是鼓励养马，四是扩充军队，五是迁民屯边，边塞互市。

晁错当时是太子刘启的“管家”，一位坚定的政治家、敬业的文学家、睿智的战略家，“不得善终”的忠君者。一心为国、为君、为民的官员很容易伤及权贵的利益。于是，汉景帝年间的《削蕃策》成为“七国之乱”的借口，晁错被腰斩。其所作的《言兵事疏》《守边劝农疏》《论贵粟疏》等作品，在今天还有着重要的启示作用。

古文艰涩难懂，下面用通俗的文字简单介绍一下晁错的理论体系。

《言兵事疏》：

1. 只有必胜的将领，没有必胜的百姓，用人很重要。

2. 战场交锋，有四要：地形好、兵势强、兵器利、兵法熟。

3. 汉匈的势力对比：

汉军劣势三项：山地作战，军马不如匈奴、骑射不如匈奴、死缠烂打不如匈奴。

汉军优势五项：平原作战，战车突袭、骑兵突击，匈奴不如汉；强弓硬弩、十面埋伏，匈奴不如汉；坚甲利刃、长戟远攻，匈奴不如汉；战阵队形、严明军纪，匈奴不如汉；短兵相接、平地相搏，匈奴不如汉。

优劣对比，五比三。

结论：战争惨恶，胜败瞬间。利用降汉的匈奴人，有效组织边防部队。山地作战用匈奴兵，平原作战用汉兵，扬长避短，方是万全之策。

《守边劝农疏》：

用罪犯谪戍守边的办法不可取。匈奴人的特点是不依赖土地，来去随利，而汉人不能离开土地。边境驻军轮守，劳民伤财，运粮、养兵的成本太高。建议在边境地区，政府出资，兴建要塞、城池、住宅，移民实边，划拨土地，开荒种地，自给自足，免除赋税，提高福利，配置医巫，祭祀祖庙。当发生战事，边民熟悉地形，自会冒死以赴，互相增援，保护家园、骨肉、亲邻、好友的安全，激发人之斗志。将边民军事化编组，选拔贤能组织管理，农时种地，闲时练兵，战时充军，屯垦戍边，胜于轮调守边、不熟情况、心存畏惧的军队。

《论贵粟疏》：

实质就是重农抑商。教导民众耕田亩、种桑麻、养家畜，使府库充盈，以防水旱天灾。民追求利禄，如水，向低流时并不选择方向。金银财宝，饥饿时不能果腹，但可以使臣子背叛、贼盗动心，民众趋利。而黍米稻谷、布匹绸缎，都由土地而出，投入人力方有收获，一日不劳作，就有饥寒之虞。而商人，大商放贷，小商买卖，赚取利益，游荡享乐，天灾人祸，乘人之危，哄抬物价，男不耕地，女不纺织。美食佳肴，毫不节俭。拥有财富者易结交权贵，贪赃枉法，结党营私，扰乱国家。建议提高粮价，保护农家利益，鼓励民众纳粮，粮多减税，“损有余，补不足”，让利于民。开放边贸，以粮换马成为国策。

提出这些建议，是因为晁错敏锐地预测到匈奴来年定会掠边。结果公元前 166 年，匈奴就真的抢掠了一把，还差点打到长安。

于是，这些建议，汉文帝全部采纳，并下诏开荒种地，种桑养蚕，减免税赋，募民戍边，设立耕桑礼仪，废除“秘祝”（一种将过错推给下属的神秘诅咒活动）。

对汉代的百姓来说，他们自我生存、自我修复、自我发展的原动力非常强。官府只要不扰民，决策宽松，民间很快就会发展起来。于是，大汉的财富迅速地积累起来。

汉初的时候，给刘邦拉车的马，都找不到四匹体形毛色一样的，王公大臣只有牛车。经过“文景之治”，汉建国 70 年时，国泰民安。

汉武帝初年，各郡县府库充盈，存银巨万，以致串钱的绳子都断了，粮仓中的粮食多得堆在户外，腐烂不可食用。田野中，马骡成群，长安街市上处处马粪。参加宴席要是骑个母马都上不了席，因为母马会造成公马的骚动，马群打架，让客人不得安生，所以把骑母马的人赶走是最好的办法。

汉军的实力，可以从北军军事长官的称谓上看出：中垒校尉、屯骑校尉、步兵校尉、越骑校尉、长水校尉、胡骑校尉、射声校尉、虎贲校尉。

财富的提升，为大汉王朝远击匈奴、经营西域奠定了坚实的经济和军事基础。

公元前 141 年正月，刘彻登基，成为大汉王朝的第七位皇帝，史称汉武帝。此时，大汉建国 61 年。汉帝国开疆拓土的时代正式开启。

刘彻登基后，做的第一件事就是选拔人才。品德要贤良方正，性格要直言极谏，策论的题目就定为“古今治国之道”。可以理解为，人品端正，敢说真话的人才可讨论治国之道。最精彩的论文作者叫董仲舒，这一年 38 岁，时任宫廷博士，主讲《公羊春秋》。

孔子去世 339 年，孟子去世 149 年后，董子将“仁、义、礼、智、信”的人格标准和“君权神授、天人合一、经济一统、政治集权、和而不同、天下一家”的“大一统”治国理论推上了政治舞台。

“天子至上的政治认同、华夷之辨的民族认同、尊尚礼乐的文化认同”成为治国之策。但受制于当时主张“黄老之术”的外戚专权，羽翼未丰的刘彻暂时不用。

在当时的认知观念中，南蛮和东夷并不影响政权的稳定，伺机而一统便可，而北狄和西戎给帝国带来了威胁。击破匈奴是当务之急。汉武帝接见降汉的匈奴人时，听说了冒顿和老上单于曾向西驱逐大月氏并以月氏王头为酒碗的故事，萌发了联合大月氏攻击匈奴的想法。于是，他招募勇士出使西域，郎官张骞应募，奉命出使西域。这一年是建元二年（公元前 139 年）。

公元前 135 年的秋季，司马迁出生。这一年有一个外交事件，就是军臣单于再次要求与汉朝和亲。军臣单于已娶走四位汉室“公主”，平均每五年要求和亲一次。这一次是否答应和亲，朝议时，出现了两种意见：

王恢认为，与匈奴和亲所换来的和平最多几年，匈奴就又会兵扰边塞，不如拒绝，起兵攻打。此建议无人支持，因为王恢官职太小，只是大行令（负责礼宾的官员）。

韩安国认为，匈奴人漂移不定，很难制服，劳师远征，得不偿失，以一女子的命运换帝国的平安，何乐而不为？此建议得到多数人支持，因为韩安国是御史大夫，位列三公。

反正嫁的也不是自家女儿。

此事暂时搁浅，汉朝给匈奴的答复应该是择良辰吉日，因为没有这段时间和亲的记载。

到公元前 133 年，张骞已离开长安 6 年，生死不明，杳无音信，寻问匈奴，查无此人。这一年，对匈奴的攻与和再次引发了朝议。

此次讨论源于一个商人的建议。今天的山西雁门在汉代时称为马邑。马邑县有一位富商叫聂壹，做边贸生意起家。当时，汉地的粮食不值钱，而匈奴的牛、羊、马也多得不值钱，于是，通过易货贸易，赚取差额，聂壹就发达了。

聂壹生意做大了，与匈奴贵族和大汉官员都有往来，尤其是搭上了王恢这条线。于是，聂壹就给王恢提了一个建议：利用匈奴人的贪婪，引诱他们入关，然后十万汉军埋伏，打匈奴人一个措手不及，以一战换和平。当然，聂壹的出发点没问题，但这一“妙计”最后要了王恢的命，聂壹本人也是人财两空。得罪了匈奴，生意做不成了，闯了大祸，功名也得不到了，于是改姓张隐匿起来。他的后代出现过一个名人，三国时代的名将，雁门马邑人张辽。

关于战与和，再次朝议，针尖对麦芒。王恢说：从前代国，北有匈奴，南有晋、燕，他们都能养老育幼、耕田种桑，府库充实。而今大汉威望远播四海，匈奴之所以不停南下，只是对汉轻视，毫无畏惧之心，我们应该主动出击。

韩安国说：平城之围，高祖回归，以天下为重，所以才派刘敬出使推动和亲，至今已 70 余年，我认为不该采取战争，应当以和亲为重。

王恢说：当年，高祖时代，国困民乏，百姓无隔夜之食，现今国富民强，而边境骚扰不断，士兵死伤累累，仁人志士，无不痛心，何不痛击匈奴，换取长久的平安。

韩安国说：圣人之道是不战而屈人之兵，是以逸待劳，是养精蓄锐，是以不变应万变。匈奴之地，地荒人稀，大军一旦突入匈奴腹地，粮秣不继，人困马乏，这将犯兵之大忌。

王恢说：我的策略并不是深入匈奴腹地，而是利用单于的贪心，引诱他们进入马邑，汉军十面埋伏，利用地势和要塞围歼匈奴，生擒单于，则一战定胜负……

当时，汉武帝毕竟只是一个 20 多岁的年轻帝王，争强好胜，壮志满满，于是拍板，打！

战略计划开始制订。汉武帝任命韩安国为护军将军，李息为材官将军，李广为骁骑将军，公孙贺为轻车将军，率领骑、步兵和战车部队 30 万在马邑附近的山谷埋伏。军队如此大规模的调动，不可能不泄密。边防的军士都知一场大战一触即发。“车辚辚，马萧萧，行人弓箭各在腰。耶娘妻子走相送，尘埃不见咸阳桥。”（杜甫诗句）长安民众也知道将有一场大战爆发。

聂壹的任务就是忽悠匈奴单于参战。计划是这样的，由聂壹告诉单于，他将杀掉马邑的县令、县丞，把人头挂在城头，然后打开马邑城门，迎匈奴大军入城。聂壹按计划，将两个死刑犯的头挂在了城头上，匈奴线报已看见。

马邑之地，当年应当是汉对匈奴的贸易集散地，聚集了大量财富，且是进入汉地的要塞，如果只是牛羊之利，匈奴不会感兴趣，更不会劳师远征。从地势上来说，马邑易守难攻。有雁门关为咽喉，有长城为防线，北、西、南三面环山，山势高，中间是桑乾河域的冲积平原，水流充沛，战略地位重要。

军臣单于率十万大军来了，越过长城防线后，直扑武州塞。距马邑百余里时，他发现遍山牛羊无人看管，这与以往抢劫的情形不太一样。于是，军臣单于派人攻下一个汉军哨所，抓了雁门郡的一个尉史，一番恐吓，这个小官就道出了汉军伏击的内幕。于是，这个小官马上升为匈奴的天王。匈奴大军立即撤出了长城要塞。

历史往往因为一个小人物、一个小事件、一个小偶然而改变走向。

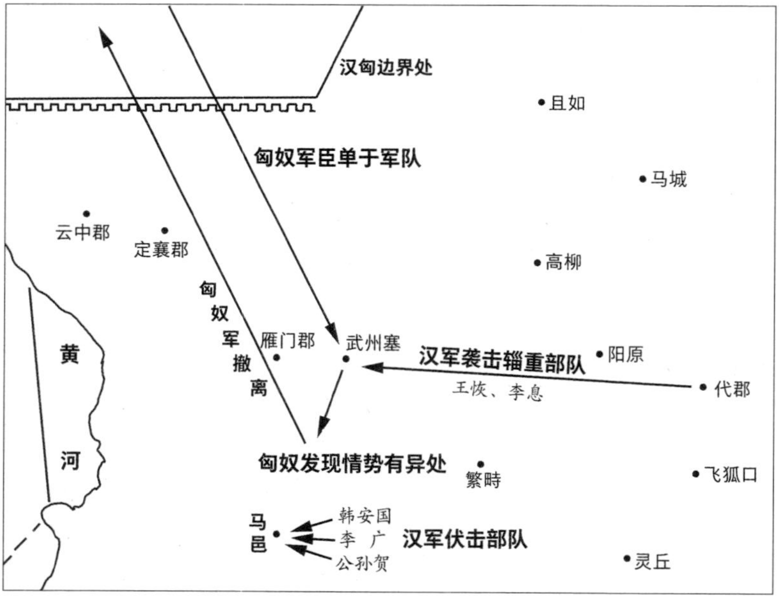

马邑之谋示意图　李东绘制

30 万大军等了几天，方知匈奴已退回草原，再追到长城边上，不见匈奴人影。大军无功而返。刘彻很愤怒，让王恢给个说法。王恢的辩解词是：我的任务是匈奴进入马邑后，从代郡袭击匈奴的辎重部队，但是匈奴撤退了，我只有 3 万人，力不能行，所以没有攻击。我知道回来是死罪，但为陛下保全了 3 万军队。

王恢并不想死，他用重金贿赂了宰相田蚡，但田蚡不敢为他说情，就找到了自己的姐姐王太后，也就是刘彻的母亲。于是，王太后就对刘彻说，王恢是事件的策划者，如果杀了王恢，就等于给匈奴除去了一个心腹大患。而刘彻则认为，大军远征，即使不能打胜仗，也要做做样子，攻击一下匈奴后队。兹事体大，如果不杀王恢，没办法向天下人交代。

汉文帝时代曾采用贾谊的建议，培养高级官员的廉耻之心。皇帝用礼义廉耻来要求高官，百官则以为人臣的节操回报。身为官员，只问是非，不讲利害，严守规矩，遵循仁义，这种官员可以授以权柄。官员是民众的榜样，要留面子，保证民众对官府信任，比如高级官员犯了贪污罪被罢免，一般说“锅碗不净”；犯了奸淫罪而处罚的，一般说“帷薄不修”；昏庸无道、欺压百姓的，一般说“不能称职”。有上述问题的高官，一旦被上级问责，立刻改穿丧服，端一盆水，盆上放上佩剑，自行前往针对高官的“请室”谢罪。水盆中的水表示朝廷执法公正。对于犯罪的高官，不会有狱吏用绳子套脖子，把他们当众抓走。当判决死罪时，只需告诉他：你犯了重罪，罪不可赦，愧对朝廷众望，请检讨吧。

这些高官会立刻明白，于是他们面北叩头谢恩，下跪自杀。这就是“刑不上大夫”的真相，并不是说高官犯罪不受刑法处罚。正因如此，“七国之乱”的诸侯王都是自杀的。

当王恢得知了刘彻的真实想法，没等廷尉的判决书到达，就自杀了！

马邑之谋，成了分水岭，自此汉匈反目，匈奴开始不断地攻击汉朝边境。而汉军开始大规模地组织军队进行反击。卫青、霍去病、李广走上了对匈作战的历史舞台。

当时，汉与匈奴最近的地区是河套地区。其中，黄河以南称为“河南地”，秦代蒙恬开拓的垦区“新秦中”在楚汉相争时被匈奴人复占。夺回失地是抗击匈奴的第一步。在收复河南地的战役中，年轻的将领卫青初露头角。

元光六年（公元前 129 年）春，匈奴人来了，数万铁骑突入上谷郡抢掠一番。这次匈奴的大举入侵，挑战了刘彻的底线。于是，他下令反攻。车骑将军卫青，从上谷郡出发。骑将军公孙敖，从代郡出发。轻车将军公孙贺，从云中出发。骁骑将军李广，从雁门出发。每人率骑兵一万。

这一仗，公孙贺没找到匈奴。公孙敖被匈奴打败，损失 7000 骑兵。李广不仅被打败，还被匈奴人生擒，全军覆没，最终他抢了一匹战马逃了回来。而卫青首战告捷，兵锋抵达龙城，斩杀俘虏 700 人。这个结果令刘彻大怒，李广、公孙敖被判死刑，后交纳赎金免于死罪，被贬为平民。

西汉时，只要不是犯了十恶不赦的罪，都是可以用钱赎命的。之后，犯罪之人还可以被再度起用。

卫青被封关内侯。这个关内侯是一个荣誉称号，是没有封地的爵位。

这年冬天，匈奴人侵入上谷、渔阳。来年秋季，匈奴骑兵 2 万，又侵入辽西。辽西太守战死。匈奴由辽西打到渔阳，在渔阳驻守的韩安国被围攻，千余骑兵几乎尽没。汉军撤至右北平。之后匈奴由渔阳入雁门，杀百姓 3000 余人。大汉整个东部边境，让匈奴的骑兵践踏了一圈。

刘彻再度征召李广，让他出任右北平太守。李广在匈奴人中名声很大，被誉为“飞将军”。有李广驻守右北平，匈奴避开了东部战线，开始从中部和西部战线进攻。

此时，侵入雁门的匈奴军团再往西进，就可直接威胁长安。于是，卫青率 3 万骑兵出雁门，李息出兵代郡，两路大军驱逐匈奴。此次，卫青又获得胜利，斩俘匈奴数千人。来年，再战！

元朔二年（公元前 127 年），匈奴大军冲入上谷郡、渔阳郡，抢掠屠杀官吏百姓千余人。至此，汉匈战争进入了白热化阶段，刘彻决定收复河南地，给长安留出战略缓冲带。

汉军出动，卫青、李息，东自云中郡，西到陇西郡，在漫长的边防线上分别出兵。卫青的军队由云中出击，沿黄河北岸西进，到高阙，然后沿黄河南下，前锋直达陇西郡，集中力量攻击位于河南地的匈奴楼烦王和白羊王部。

战斗的结果，楼烦王和白羊王向北逃亡，汉军俘虏匈奴数千人，牛羊百万只，顺利收复河南地！

自秦末匈奴侵入占据此地，已 80 多年了！卫青因此役再次加封爵位，成为长平侯。部将苏建封平陵侯，张次公封岸头侯。

收复河南地之战是大汉在抗击匈奴战争中获得胜利的开始，亦是大汉对匈奴采取主动进攻的开端。中大夫主父偃建议：河南地，北有黄河为天堑，蒙恬曾筑城屯垦，现在重归大汉，可以筑城，作为驱逐匈奴的根据地。这个城就是后来的朔方城。但在朝议时，各方意见并不统一。

公元前126年，汉刘彻元朔三年，长安皇宫内的一场大辩论，决策着大汉版图。

主持人：31岁的刘彻

正方官员：中大夫朱买臣

反方官员：御史大夫公孙弘

听众：朝廷众官员

辩论题目：要不要建立朔方郡

辩论的背景：大将军卫青已荡平河套地区，要不要在地图上黄河的“几”字形左上角建一座城。

建城的提议招致群臣的反对，公孙弘是反对派的代表。刘彻找来了中大夫朱买臣反驳公孙弘等人的短视。

这个朱买臣出身不好，是个樵夫，会稽郡吴县（今江苏省苏州市）人。40多岁时还吃了上顿没下顿。但是他胸怀大志，每日口若悬河地大谈治国之道。吃着百姓的饭，操着帝王的心，老婆觉得他丢人，和他离了婚。朱买臣50多岁时，经老乡推荐，被刘彻重用，留在身边。

公孙弘，山东寿光人。“公孙”在那个年代成了姓氏。按封建礼制，贵族分四种：天子、诸侯、大夫、士。天子的嫡长子叫太子，太子的兄弟叫公子，公子的儿子自然叫公孙。所以公孙弘家族曾有着显赫的贵族身份。到了公孙弘这辈，自小家境败落，在海边养猪。他当过狱吏，没当好，被开除。此后他立志读书，40岁开始研究《公羊春秋》。

这是一场贵族眼光与平民视角的大辩论。公孙弘等人的意见是，国家正在东方建立沧海郡（一说为今辽宁省大连市普兰店区），现在又要耗费巨资建立朔方郡，没必要把钱浪费在偏远的不毛之地。何况，对西南蛮夷的战争已打响，建立朔方郡可能带来财政危机。

大辩论的激烈程度堪比2000年后大清王朝的“海防与塞防之争”。公孙弘并不知道朱买臣是受刘彻之意来反驳他的。不然，他已过耳顺之年，根本不会有任何意见。朱买臣认为，帝国多年的威胁来自北方，在与匈奴的边境上建立一个进攻匈奴的军事基地，以保河套的安全，这个钱得花。朱买臣的“边塞十问”，让公孙弘无言以对。

这场大辩论，实质上是一次刘彻安排好的对匈奴持久作战意图的展现。辩论结果，朱买臣胜。因为他站在了帝国君主和国家安全的思维方向上。于是，大将军卫青的副官校尉苏建率十万军士修建朔方城。朔方没有平原腹地那种宜人的春秋之景，只有冬春的风雪茫茫和夏秋的黄沙漫漫。当年蒙恬没有修完的长城，因朔方城而连成一片。这里只有手持盾矛、长年竖立的汉家子弟。

这一年，刘彻一直等待的一个人回来了，他就是张骞。13年前，离开长安时百余人的豪华阵营，归来时只剩主仆两人——张骞与堂邑父（亦称甘夫）。

从元朔三年向前推13年，也就是建元元年，当时17岁的刘彻派出了25岁的张骞，让他持汉节寻求军事联盟。刘彻没有想到的是，在朔方城开建时，他等来了这个已38岁的中年人。

这13年中，为了帝国的梦想，此百余人，黄沙埋骨。张骞所走过的道路，今天我们称之为“丝绸之路”。丝绸之路所穿越的土地，称为“西域”。因为不久后，从朔方北城门出发的士兵，要把这块土地变成大汉的西部疆域。

简单地回顾一下张骞的惊险旅程。张骞，陕西汉中人，出使前是武帝的警卫人员。身边人，绝对值得信任。张骞出使的目的本是联合大月氏打击匈奴，一劳永逸地解决帝国的北部威胁。西域在当时还是一个未知的疆域，是远在天边的神秘地域。这次出使要穿过匈奴的实际控制区，凶多吉少。这是生与死的考验，更是勇气与意志的考验。张骞的这一次西部探险，打通了亚欧的通道。

张骞和他带领的使团，在河西被匈奴的游骑兵抓获。知道张骞他们要去大月氏后，军臣单于很生气：大月氏在匈奴西边，汉朝怎么能穿越匈奴之地与他们交往？如果匈奴派使节去南越国，汉朝准许吗？

于是，张骞的使团被禁止出境，全部的财物被没收。

任何民族都会崇尚英雄，张骞是一个英雄。匈奴单于感于张骞的胆略，所以大汉的使团被俘虏后，匈奴人没有杀害这些汉使，而是很友好地给每个人娶妻安家，让他们在匈奴之地安居乐业，放弃西行的计划。

在匈奴之地的10年间，张骞穿胡服，学匈奴语，并有了两个儿子，俨然成了匈奴人，但张骞并没有忘记自己的使命和皇帝的信任。在匈奴已不再关注这些汉使时，张骞取出珍藏的汉节，逃跑了。他并没有逃回大汉，而是继续自己最开始的使命——一路向西。

13年间，大汉与匈奴的军事实力已发生了逆转，进入了战略相持阶段。

大将军卫青、“飞将军”李广，已成为战无不胜的“神”。

出使前，张骞并不知道月氏人又受到乌孙人的攻击，迁到了妫（guī）水流域，并征服了大夏。在匈奴的日子里，张骞不断地打探关于西域的消息并记录下来，这才得知大月氏人早就被驱逐出了伊犁河流域。

张骞出逃后，放弃了原有计划，没有向伊犁河流域进发，而是直达大宛，进入费尔干纳盆地。此一行，张骞等人风餐露宿，干粮吃完，就靠射杀猎物充饥。一路上过沙漠，翻达坂。在大宛，张骞向国王说明了出使大月氏的使命。汉使的到来，感动了早已风闻东方大汉富庶的大宛国王。于是他热情地款待了张骞，并派人护送张骞到达康居（今塔吉克斯坦和乌兹别克斯坦境内），康居王又派人将汉使送至大月氏。

但是，月氏国王对远离匈奴和乌孙后所占领的新土地很满意，已不愿冒险与大汉共击匈奴了。无奈之下，张骞抵达大夏的蓝氏城，准备动身回国。为了避开匈奴，越葱岭后，张骞等人沿昆仑山北麓的南道，从莎车、于阗、鄯善（今若羌）进入青藏高原。但是此时羌人区已被匈奴征服，张骞等人又被抓了，再次被送入匈奴王庭。虽然与妻儿团聚，但这并没有动摇张骞回归大汉、完成使命的决心。

一年后，元朔三年，在汉朝讨论是否建朔方城时，匈奴内乱。张骞带着堂邑父和妻儿再次出逃。今天人们在记住张骞的同时，也应该记住这个匈奴人堂邑父，此人在 13 年间充当了张骞的向导、翻译、护卫。如果没有他，也许张骞将与他的随从一同丧生荒漠，玉门关以西的世界，对于汉武帝刘彻来说，可能一直都会是一片空白。

五、凿空西域

张骞带给汉武帝的是另外一个世界，这个世界在万里之外，他们拥有同样先进的文明和技术。张骞写给汉武帝的报告被司马迁整理成了《大宛列传》，部分内容如下：

大宛国，属于农业国，当地人以耕田种地为生。产葡萄酒，特产是马。马在奔跑时，汗水是血色的，这便是“汗血宝马”。城市里建有城墙和民居，大宛国有大小城池七十多座，人口数十万，军队使用弓、矛……

大月氏国，居阿姆河以北，随畜迁徙，与匈奴同俗，有军队一二十万……

康居国，行走中的游牧国，与大月氏同俗，有军队八九万……

奄蔡国，与康居国同属行国，该国在一个无边的湖泊（今咸海）边，无山脉，有军队十余万……

安息国，属于农业国，种植水稻小麦，产葡萄酒。建有数百座城市，地域数千里，是西域最大的国家。靠着阿姆河，居民用车或者船经商，与周围各国均有贸易往来。用白银铸圆钱，上有国王头像。用皮革记事……

条支国，靠着西海（今波斯湾），气候炎热潮湿，主要种水稻。该国有一种大鸟，生的蛋大如瓮。那里的人善于杂耍。据说西王母就住在条支国的弱水……

大夏国，有城有屋有邑长。军力弱，怕打仗，善于做生意。有人口百余万，市场商人多，货物全……

于阗国，西边的河向西流，注入西海（今黑海），东边的河都向东流，注入盐泽（今新疆维吾尔自治区罗布泊）。盐泽的水由地下潜流，南面的出口就是黄河之源，那里盛产玉石……

乌孙国，与匈奴同俗，有数万军队，战斗力极强……

中亚国家，处于亚欧的交通要道和路口，处于中国与罗马之间，所以他们所创造的文明极容易被草原民族所毁灭。而在张骞的时代，亚欧大陆并存着三个强大的国家：西汉、安息、罗马。

按张骞的路线图，重点介绍一下安息国。

在《史记·大宛列传》中提到的安息国，就是西方史书中的帕提亚帝国，本土位于伊朗东北部和里海东南一带。“安息”是当时帕提亚帝国国王“阿尔萨息斯”的转音。

亚历山大东征时，这个地方成为亚历山大帝国和塞琉古王朝（即条支国）的一个行省。之后，中亚的巴克特里亚（史书中的大夏）、索格底安那（粟特）、马尔吉安那和帕提亚地区掀起反抗塞琉古王朝统治的斗争，之后，安息国建立。

张骞出使西域那几年，是安息国最为强盛的时期，巴比伦尼亚并入安息版图。在东方，安息从大夏手中夺取了木鹿，建立了一个东起中亚西南部、西至两河流域的庞大帝国。

安息向西扩张后，以农业为主，拥有悠久历史文化的两河流域成为安息的经济中心。中亚的草原和山区形成的游牧经济也占有相当重要的地位。安息的官方语言是希腊语，但使用最广泛的是帕提亚语。当时的建筑多数是希腊样式，并进行了安息化改造——在建筑材料上，东部多用土坯，西部则用砖石。受希腊化的影响，建筑以柱形构架为主，这种柱形撑顶建筑，我们今天称为“罗马柱”。

在张骞被困匈奴的那10年，安息国在与中亚游牧部落的塞人作战。张骞到达大宛时，安息国作战的对象已不是塞人，而是吐火罗人、阿西人和帕西安人。其实这些人就是中国史料中的大月氏。

在张骞回到汉朝的第二年，安息国战败，游牧部落洗劫了安息的大片土地，然后退回中亚草原。

《后汉书·西域传》记载：安息的城市管理是“为置大将，监领诸小城”。其实，安息在政治上实行君主制，王权属于阿尔萨息斯家族。王位按父系继承，但无定性，既传子侄，也传兄弟，受希腊文化影响。国王的继承要经过氏族贵族会议和祭司会议共同选举来确定，王权也受这两个贵族会议制的限制。地方行政机构较为复杂，如同汉王朝有封国一样，安息国有很多附属国，如波斯、埃里迈达、埃德萨、赫卡尼亚等。国内划了四个行政区，长官为大将军。之下设行省，行省最高长官为总督。行省之下划分为区，区之下为村。城市的风格分两类：一类希腊式，设有议会和人民大会；一类东方式，没有民选官员和自治权，人事由中央任命。赋税主要有土地税、人头税、住宅税、买卖税、牧场税、手工税等。

而另一个大国罗马，一直没有停止扩张。罗马势力逐步侵入西亚，目的有二：一是两河流域为西亚政治、经济、文化中心，财富和资源聚集；二是占据高加索山以南的亚美尼亚就可以钳制安息。这是一场旷日持久的战争，时间跨度不亚于汉与匈奴的争锋。

由大月氏人组建的贵霜帝国也在悄悄地崛起，成为那个时代亚欧地缘上的第四个强国。

张骞回归后，与刘彻交流的内容当然不止《史记》中挑选保留的部分。刘彻对张骞经历的苦难有所感动，但作为伟大的政治家，他更关注的是外域的人文、地理、兵要等。至于希腊化的雕塑、大宛人的肤色、安息人的王权，只能算是国事之外的闲谈内容而已，所以史料并未详细记录，很多内容一笔带过。

张骞回归后的报告，至少有三点引起了刘彻的高度注意，并激起了他的征服欲。

一是张骞说在大夏的市场上，曾见到了由蜀郡经身毒（今印度）出品的商品——细布和竹手杖。那必有一条道路可由蜀郡通身毒至大夏。

原本刘彻已下令征发大批民夫修筑通向西南夷的道路，由于工程巨大，耗费人力物力太多，已经停止。听到这个消息，此筑路工程重新启动，刘彻还派出大批人员寻找由蜀郡通往大夏的路径。

二是张骞说大宛所产的良马身高体壮，可日行千里，其品种远优于匈奴马。马匹是军事装备，必须得到。但是苦于匈奴、氐人挡北道，羌人、夷人挡南道，无法通行而获取此良马。

三是张骞说西域诸国物产奇特，人口众多，城邦林立。最奇妙的是其武力脆弱，国人喜爱中原货物。假如不经战争而通过贸易使其臣服，大汉的版图将大幅扩张，那时的“天子”，才是“天之骄子”！

北抗匈奴、经略西南、打通西域成为国家战略。

在汉代的历史上有两次著名的对话：一是刘邦与韩信的《汉中对》，其目的是一统天下；二是刘备与诸葛亮的《隆中对》，其目的是三分天下。

相比较上面的两次对话，并未让学者著文论说，但历史与现实意义也极为重要的是汉武帝刘彻与张骞的“西域对”，其目的是开疆拓土。

中国文化博大精深，文典史料汗牛充栋，如果不了解过去，就很难看清未来。在张骞的眼中，“天下”的概念远不只黄河和长江流域，目光还可以越过高山、丛林、草原和荒漠。张骞回归大汉后，有3年的时间消失在了史料中，因为他承担了汉武帝交给他的另一项任务——探索由西南打通经身毒至大夏的路。

张骞推测，大夏国都经大宛国到长安得12000里。如果走羌人地域，地势险要，而羌人仇视汉人，偏北又是匈奴人地界，皆不可通行。如果可从蜀郡向西南经身毒，距离是最近的。通西域，征四夷，可使汉之威德远播四海。于是，汉武帝决定寻找这条“蜀身毒道”。

这条路寻找了多年。最初3年，主持探路工作的正是张骞。张骞奉命去了犍（qián）为郡（今四川宜宾一带）。当时蜀地西北部有很多羌人、越人部落。在这里，张骞派出了四支秘密探路队，以商人的身份进入夷人区。四路探路的汉使向不同的方向各前行了一两千千米。向北方受阻于氐、筰（zuó）部落，向南受阻于嶲、昆明部落。

特别是在昆明地带，部落多、强盗多，杀汉使的都不知道是哪帮人。进入贵州西部的密使，被土著所阻。虽然这支探路队没有找到通往身毒国的路，但为后人贡献了一个成语——“夜郎自大”。在一个自称夜郎国的地方，国王热情地迎接了汉使，并亲切地询问使者，汉朝大还是夜郎国大呢？

这些探路的汉使并非无功而返，他们详细地记录了大汉西南部的兵要地志、山脉河流、人口物产。

探寻去大夏的道路，靠使节无法完成，得先用武力排除西南的障碍。鉴于西南部落不断斩杀或秘密或公开探寻“蜀身毒道”的使节，汉武帝打算攻击西南。因那里有滇池阻道，于是下令在长安西南开挖“昆明池”，训练水军。之后，汉武帝广征士卒，举兵攻打南越国、西南夷、夜郎、滇国以及众多部落。当地夷人的头人、酋长为了垄断利益颇丰的过境贸易拼死抵抗，但最终这里都变成了大汉的郡、县，“蜀身毒道”终于打通。

事实上，从中国西南川西、滇西和滇西南经身毒到大夏的民间商道是通的。早在公元前 4 世纪，孔雀王朝时期大臣考底利耶所著的《政事论》就提到过产于秦的丝绸，而那个时间段正是秦灭巴蜀、开拓通向云南五尺道的时间。印度古书中提到的成捆的丝绸很有可能由于某种事件，通过川、滇、缅进入印度。乘象国，也就是今天的腾冲，那时是交易点，蜀商到达那里交易，再由身毒的商人转运到身毒和大夏。现在，这条道路被称为“南丝绸之路”。这条道路的存在也证明张骞在大夏所见蜀郡物产是真实存在的。

公元前 121 年的两次出击，是汉匈间两场最重要的决定性战役。

匈奴军队的失败，让伊稚斜单于大怒。他要追究浑邪王和休屠王的责任，于是征召他们到王庭，准备趁机诛杀。得到消息的浑邪王劝休屠王投降大汉，未果，于是杀死休屠王。走投无路，缺衣少食的匈奴浑邪王带领 4 万多人主动投降大汉。接受投降的是骠骑将军霍去病，那一年他 19 岁。

没有投降的匈奴人继续向西北奔逃。逃跑的匈奴人唱着一首催人泪下的歌，歌词：失我祁连山，使我六畜不蕃息，失我焉支山，使我嫁妇无颜色。如今我们熟知的“胭脂”一词即由“焉支”谐音而来。

在河西的庆功宴上，酒不够喝，于是霍将军命人将酒倒入泉水中，飘着酒香的泉水流过数里的营帐，士兵与将军一同舀起泉水豪饮。为了纪念将士的豪迈，大汉西部一个新的地名诞生了，这个地方叫“酒泉”！匈奴浑邪王所献的狭长领地被命名为“河西走廊”，置陇西、北地、武威、张掖、酒泉、敦煌六郡。

公元前 119 年初，大将军卫青、骠骑将军霍去病各率精锐骑兵 5 万，再次远击已逃往漠北的伊稚斜单于。在这次大规模的作战中，两年前与张骞同时被贬为平民的公孙敖再次担任校尉，跟随大将军卫青出征，并替代李广成为先锋。可以推测在这一次跨越荒漠的长途作战中，张骞也在远征的队列中，因为他知水道，卫青不可能不带上他。

卫青兵出定襄，目标：伊稚斜单于本部。汉军越过大漠，斩俘 19000 人，出塞 1000 里，抵达赵信城。在这次作战中，李广迷路，延误战机，不堪受辱，自杀。霍去病兵出代郡，目标：左贤王部。汉军大获全胜，斩俘 7 万余人，其中高官 83 人。出塞 2000 里，到达狼居胥山的霍去病，回望瀚海大漠，豪气冲天，在此祭天神，又在姑衍山祭地神，这便是历史上著名的“封狼居胥山，禅姑衍”。部将多人封侯受赏。

匈奴人口原本就少，此战中伤亡惨重，于是向北逃亡。汉军也损失惨重，出兵时 14 万匹战马，只回来了 3 万匹，人员伤亡不详。至此，从浑邪王投降到伊稚斜单于率众北逃，从盐泽以东到河西走廊的边塞地带成了一块飞地，没了匈奴踪迹，西域之门洞开。

由西南通身毒的路暂未找到，于是汉武帝刘彻召见了张骞，目的是派其开拓西域，断匈奴右臂。张骞针对乌孙的建议是“可厚赂招，令东居故地，妻以公主，与为昆弟，以制匈奴”。

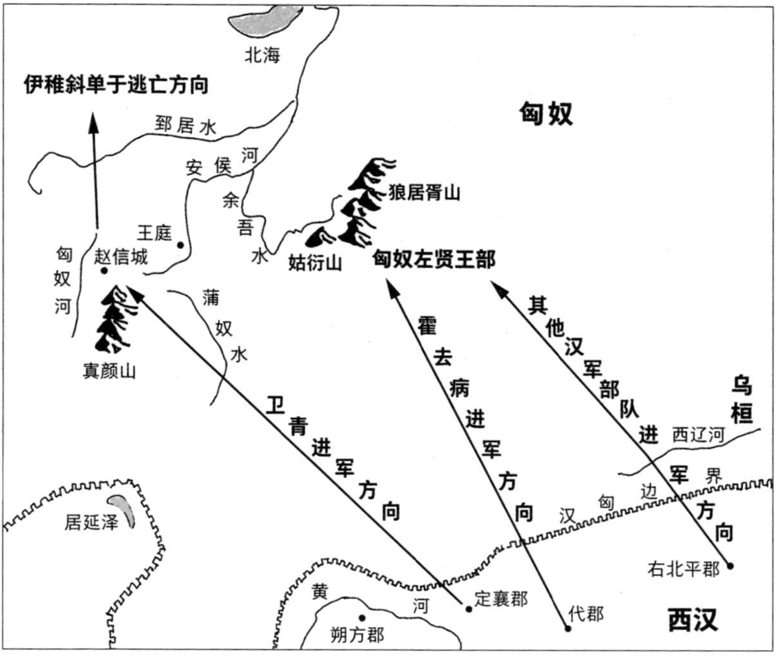

公元前119年，卫青、霍去病等进军示意图　李东绘制

元狩四年，也就是公元前 119 年底，张骞被任命为中郎将，率

300 人的使团第二次出使西域。这一次出使规模庞大，每人两匹马，牛羊数以万计，另携带大量黄金、珠宝、绸缎。副使多名，准备持节出使西域其他国家。

张骞第二次出使西域，史料并没有记录路线。其路线图似乎可以认为是沿阿尔金山北麓西进，抵达罗布泊西南的楼兰，顺楼兰北上，到达西北的姑师，沿孔雀河西进，取西域北道，经龟兹过温宿，翻越天山山脉别迭里达坂，到达乌孙境内。

张骞出使乌孙碰了一个软钉子，与当初出使大月氏的情况基本相同，乌孙王对张骞态度冷漠且傲慢。这其中有五个主要原因：

一是时任乌孙王的猎骄靡是冒顿单于养大的，老上单于又给了他复国的机会，匈奴人的抚育之恩总不能忘记吧。虽然这两个单于都死了，但匈奴人的恩情不能忘！

二是乌孙若回故地，离匈奴和汉都近。战略缓冲带还是要有的吧，何况汉朝的实力尚不清楚。

三是当时乌孙国内正在搞分裂。乌孙王所立的太子死了，准备让太子的儿子军须靡作为继承人，但太子的弟弟大禄不愿意。当时，大禄手握兵权，准备起兵谋反，杀掉自己的侄子军须靡。乌孙王为了保护自己的孙子不被小儿子所杀，便给了孙子军须靡 1 万骑兵，让孙子自立门户。其他的人马则掌握在小儿子大禄手中。

四是当时乌孙王猎骄靡 50 多岁了，娶个年轻的大汉公主，对他来说，诱惑力不大。

五是结盟不行，帮忙可以！

张骞并没有得到乌孙王的回复，最主要是乌孙王已年老，当时国内又有分裂危机，乌孙王正处于烦躁中，无暇顾及。不过收了汉使的礼物，还是要出点力的。于是，张骞的副使各持汉节，在乌孙向导、翻译的陪同下分头去了大月氏、大宛、康居、大夏、安息、身毒、于阗以及西域的其他城邦。

乌孙王派出数十名使节随张骞一同返回长安，顺便考察一下大汉的实力。这些草原上的游牧民进入大汉的首都长安时，都惊呆了。农耕民族的家园，原来如此之繁华，着装如此之华丽，建筑如此之华美，市场如此之繁荣，官员如此之华贵。这些不可想象的景象随着返回使者的口传给了乌孙国人。

张骞返回后，被任命为大行，也就是当年提出“马邑之谋”的王恢的职务，掌管王朝对少数民族之接待、交往等事务。乌孙不愿回归故里，于是，在浑邪王献出的土地上，大汉再设立酒泉郡、武威郡，移民实边，用以断绝匈奴与南部羌人的联络。

我们来详细说说张骞第二次出使西域的更多细节。

张骞带着他的使团出发了，目标：乌孙。张骞也只是听说了乌孙西迁的故事，此时的乌孙在哪儿，多远，怎么走，使团中无人知晓！

史料记录，张骞此行的使团成员是300人。我们可以理解为编制，也就是朝廷所给的名额是300人，这些人都是有正事要做的。实际上远不止这些人。携带大量财宝，途中一定有军队护送，也有车夫、马夫、伙夫等编外人员随行。在汉境内，沿途守军会接一站送一站。那时候，长城和烽燧还没有修到边塞，所以也没有阳关和玉门关的概念。虽然河西走廊已归汉之领土，但是位于青藏高原的南部羌人也常有组织地冲下高原抢劫一把。所以，张骞的队伍中有一定数量的武士随行，以保证使团的安全。还得有一些懂地理、天文的军事参谋随行，记录沿途的兵要地志。数以万计的牛羊也不可能从长安“吆喝”着赶往西域，应该是由距西域门户最近的陇西郡、北地郡提供，于是又多了一群牧羊人……

如果我们假设牛羊是在酒泉集中，那么从长安到达乌孙要走多久？因为携带了大量物资，张骞的使团如同一个商队，而不是卫青、霍去病那类的突击部队。为了防止迷路、牲畜受伤和野兽攻击，西行之路不能走夜路。当时也没有什么道路可言，平坦处，一天走 20—30 千米就非常不容易了。进入沙漠和戈壁地区后，行走的速度更慢，一天可能只能走 10—15 千米，再加上后来数以万计的牛羊跟着向西走，牛羊要逐水草，会更慢。

《汉书·西域传》中记载：“乌孙国，大昆弥治赤谷城，去长安八千九百里……西至康居蕃内地五千里。地莽平。多雨，寒。山多松樠（mán）。不田作种树，随畜逐水草，与匈奴同俗。”

据此，从长安到乌孙，可能需要走 10—15 个月。

这一路并不顺利，因为西域属于匈奴日逐王的地盘，常年设有僮仆校尉，常驻焉耆、危须、尉犁。校尉是军职，也就是说在西域是驻有一定数量的匈奴军队的。至少在一定时间段内，匈奴人需要跃马扬鞭向西域诸国来收赋税。

在张骞的使团中应该还有一个人，这个人就是奉使君堂邑父。堂邑父是汉文帝十四年（公元前 166 年）汉匈作战时，少年李广俘虏的一位匈奴士兵。汉文帝将他赏赐给堂邑侯陈午当家奴。堂邑父武艺高强、为人忠厚，随张骞第一次出使西域时，百余人的使团，只有他们两人平安归来。如果没有堂邑父的护卫，也就不会有张骞的回归。按被汉军俘虏时堂邑父 15 岁计算，到公元前 119 年时，他至少也有 62

岁，比张骞年长很多，故被称为堂邑父。如果他活着，那他一定在张骞的队列中。十多年来，这位匈奴人与张骞生死相依、生死相托，亲兄弟也不过如此。

张骞到达的第一个西域国是楼兰。有可能到达楼兰后，张骞就开始派出副使，分出一部分财物，让他们沿着南道去了其他国，比如婼羌、且末、小宛、精绝、扜（yū）弥、渠勒、皮山等小国。张骞的大队人马过盐泽而至楼兰，沿孔雀河及塔里木河西北行进，至龟兹，从这里翻越天山有两条路。

那么《汉书·西域传》中提到的乌孙国都赤谷城，到底在哪儿？

一种说法是在伊塞克湖东南。这种说法主要是一个叫乔坎·瓦里汉诺夫的人提出的。这个人是沙俄时期的参谋军官，参加了俄国远征队对中亚和新疆地区的军事、地理调查，为沙俄提供了侵略新疆的一手资料。在此人的书中称，在伊塞克湖东南发现了古城遗迹，有汉瓦、汉字和汉物题铭，这个地方位于今吉尔吉斯斯坦的伊什提克城。现在多数学者论文中都认为这位俄籍哈萨克人说得没错，赤谷城就在那儿。如果赤谷城在那里，路线应该是这样的：走安西道，也就是现今的乌什别迭里口岸，穿越此道可到达伊塞克湖。

根据中国古代书籍的描述，还有一种说法是赤谷城在今天伊犁的特克斯湖流域的昭苏一带。过龟兹就可越天山，走 137 千米到达大小龙池，再走 120 千米就进入了巴音布鲁克大草原，那里就是乌孙人的游牧地了。

一位著名的日本作家井上靖写过一本书叫《楼兰》。在这本书中，作者写道：“楼兰人第一次看见汉军，是在张骞第二次出使西域之时。

那一日，罗布泊湖畔楼兰小城城墙环绕，汉人进犯的消息传来，顿时上下大乱。城外数千马匹、骆驼全被赶入城内，七扇城门紧闭，男人们全副武装地在城墙各个要塞严阵以待。……登上城墙的楼兰人望着远方道路上如豆大小的人畜组成长长的队伍从林中出来，三个眼力超群的人站在城墙上眺望，他们看清队伍有三百人、六百匹马、上万头牛羊。一半的马匹驮着行李箱。楼兰人表情松弛下来，知道自己看到的汉军不是来打仗的。”这个日本作家认为汉人没有进城，绕过城走了。

张骞不进城是不可能的，他来的目的就是外交。何况，张骞第一次从西域返回时，也经过了楼兰。在大宛时，张骞曾向大宛王许诺，汉使一定会重谢大宛王的帮助，那么他也肯定对楼兰王有过相同的许诺。张骞的“宽大信人”便源于此。大队人马未到时，必有信使提前到达。那么信使应该如何介绍张骞呢？张骞是以中郎将的身份出使的，中郎将是什么官不好解释，博望侯好解释。于是，在第二次出使西域的过程中，被削去侯爵的张骞，仍以博望侯的名号遣使各国。因为“侯”就是小诸侯国的国君，张骞曾经的封地是博望侯国。在西汉，侯国就是一个县，最高长官与西域小国的王是同一级别。但在中原，任何一个县都比西域诸多小国大得多。所以，因为有了张骞带队出使，各国所获礼品繁多，博望侯的名声也就在西域传开了。

张骞时代，出使西域是军事外交之行，并不是贸易之行。张骞离开长安，出使乌孙，四年之后，回到长安。这四年中，张骞的一半时间可能都在路上。史料并没记录他去了西域其他哪些小国，但是往返肯定途经了不少小国，并拜访了这些小国的国君，送上了贵重的礼物。

在张骞出使前，汉所掌握的西域诸国的数量是26个。这还是源于冒顿单于曾写给汉文帝的一封信，信上说：匈奴右贤王已将楼兰、乌孙、呼揭及其旁二十六国，并为匈奴所属，引弓之民，成为一家。这是公元前177年的事情。从这一年直到张骞第一次出使返回长安的半个世纪中，汉对西域的情况一无所知，也并不知道西域到底有多少国。

公元前115年，张骞带着乌孙和西域部分城邦答谢汉朝的使臣返回长安，确定西域共36国。司马迁虽然没有给张骞单独立传，但是在《史记》其他人的传记中提到过张骞，是一段有关告状的故事。

汉武帝刘彻有一个小弟弟，叫刘舜，被封为常山王，封地在今河北中南部。张骞第二次出使回来时，刘舜死了，嫡子刘勃继位。这个刘舜骄纵、懒惰、多情，有很多妃子。刘舜的长子刘棁（zhuō）是不受宠的妃子所生。刘勃是太子，王后所生，所以继位。但这家伙与他爹一个德行，继位后也没给其他兄弟封赏。于是，大哥刘棁就把已当了常山王的刘勃告了。告状信的内容是：刘舜病重时，王后和太子不照顾，死后也不守孝。刘舜去世才六天，这个新王刘勃就私下奸淫、酗酒、赌博、玩耍、击鼓，还带着不明身份的女人驾车兜风，还到牢房看望他犯罪的朋友。西汉时，以孝作为人臣的标准。这样看，这个新任常山王就犯了大逆不道之罪，违反了当时的伦理道德。于是，汉武帝刘彻安排大行张骞去调查此事。调查中，张骞的随从与常山王的随从还打了一架。张骞带过兵打过仗，在西域与各色人等周旋了十多年，对付一个纨绔子弟，易如反掌。

最终，张骞圆满完成调查，并上报汉武帝说刘勃这小子无法无天，理应杀掉。但是武帝念旧情，只把刘勃和其母流放到房陵。常山国被撤销，成为郡。至此，五岳均在中央王权管辖之内。之后，刘舜其他两个妃子所生的儿子——刘平被封为真定王，刘商被封为泗水王。

张骞办案这一年是武帝元鼎三年，即公元前 114 年。这一年春季，汉景帝刘启墓地阳陵发生火灾，匈奴第五任单于挛鞮（dī）伊稚斜病故。这一年夏季，天降冰雹。这一年秋季，函谷关以东颗粒无收，十几个郡和封国严重饥荒，人相食。这一年冬季，伟大的张骞病故，魂归故里汉中城固。这一年，挛鞮乌维继任匈奴汗国第六任单于。

西域争夺战将要开始！

张骞从乌孙归来的第二年就去世了，他所派出前往大月氏、安息、大夏等国的使者，在他去世之后陆续返回了长安。

这时候，汉武帝刘彻知道了西域有 36 国，一个城就是一个国：婼羌国、楼兰国、且末国、小宛国、精绝国、戎卢国、扜弥国、渠勒国、于阗国、皮山国、乌秅国、西夜国、子合国、蒲犁国、依耐国、无雷国、难兜国、大宛国、桃槐国、休循国、捐毒国、莎车国、疏勒国、尉头国、姑墨国、温宿国、龟兹国、尉犁国、危须国、焉耆国、姑师国、墨山国、劫国、狐胡国、渠犁国、乌垒国。

需要说明的是，这 36 国都在今天山以南。与其说是 36 国，不如说是 36 城。天山以北的大草原上，是游牧的乌孙。越过葱岭，今天的帕米尔高原以西还有：安息、大月氏、康居、奄蔡、条支、大夏、罽（jì）宾等国。有些国名只在史料中出现过一次，没有留下任何遗迹和故事。

张骞的副使到达了安息，安息国王很高兴。这时的安息王是米特里达梯二世。得知汉使要来的消息，他派兵迎接，收下贵重的礼物后，给汉使送了好多鸵鸟蛋，还送了一群“吞刀吐火”的魔术师。西域的其他小国如姑师、扜弥、康居等国也派使节入长安朝见汉武帝。

汉武帝看着诸国来贺很是自豪，自己出游时也将这些使节带上，并给予重赏，以显示大汉的富饶与宽厚。他还安排各国使节到处参观大汉的仓库和宝物。汉朝的接待官员最常用的语句已成为：见过没？有没有？要不要？

出使大宛的使节带回了葡萄干、苜蓿种，并告诉汉武帝大宛有天马，好吃苜蓿。于是，武帝行宫附近开始大面积种植苜蓿，为天马准备食物。

张骞不知道，在他身后，他的副使们带回了那些奇奇怪怪的物种、乐器……这些副使自然得到了朝廷的重赏。

汉朝廷开始频繁地遣使到西域各国，一个使团多则数百人，少则百余人，所带的礼物跟张骞当年相似。一年内，出使的次数多则十余次，少则五六次。远道的人要几年后才能回来。随着时间的推移，中原对西域越来越了解。

西域各国得了赏赐，与大汉往来不断。大宛以西诸国的使者，骄傲放纵，安逸自适，汉朝用礼仪约束时他们很不配合，很难使他们顺从。乌孙以西直到安息诸国，因为距匈奴比较近，匈奴使者拿着单于的手令，这些国家就得提供食宿、马匹，丝毫不敢怠慢。而汉朝使者到达时，这些城邦国从不主动接待。汉使不拿出贵重礼物，他们就不供给饮食；汉使不出钱，他们就不提供坐骑。这些小国的国君认为，汉朝遥远，有钱有物，所以得出钱购买，而匈奴邻近，不能得罪。

巨大的利益诱惑，致使各地的小吏、壮士开始争先向汉武帝上书要求担任使节出使西域。西域远在天边，山高路远，常人不敢前往。所以只要有人上书请求出使，汉武帝就赐予符节。招募使节团时，也不论出身。汉武帝为他们准备礼品，遣送出使。汉武帝希望借此激发民众的探索与冒险精神。不过他最大的愿望还是有人能带回大宛的良马。

由于不加筛选，使节团的质量出现了问题。很多浮夸之徒和亡命的无赖也争先加入使团。这些人大部分出身贫寒，想借出使谋得一官半职。很多人将出使的礼品私藏变卖，不按规定赐予西域各国。于是就出现了乱象，使节前后对各国说的话不一致，语言上又蔑视众小国，行为乖张，惹是生非，引起了西域各国的反感。一些西域小国开始抵制汉使，拒绝给他们提供饮食。这些使节开始抱怨、愤怒，甚至在这些小国闹事。特别是处于西域门户的楼兰、姑师国君更是忍无可忍，不断阻挠汉使的西进东归，并抢劫他们的财物。逃回来的汉使纷纷向汉武帝告状，说西域小国无视大汉天威，且与匈奴沆瀣一气。这些小国与匈奴不同，他们有固定的城堡，武装力量微不足道。

为了震慑匈奴和西域诸国，大汉做着出兵西域的准备。在公元前112 年的时候，发生了几件与西域有关的事情。

年初，汉武帝北出萧关，率领数万骑兵外出狩猎，然后到汉匈的边境示威。返回时经过陇西郡，汉武帝发现已属大汉领地的广袤土地上竟没有设立亭障、碉堡、烽火台。武帝大怒，下令杀了北地郡长和相关官员。这之后，这一地区开始修建长城，北建玉门关，南建阳关。

在帝国的另一方向，探索“蜀身毒道”的使节并未停下脚步。

此时南越王及王后打算归汉，设计在宴席上由汉使诛杀反对派领导人宰相吕嘉。但是汉使胆怯，不敢动手。听闻这件事，原济北国宰相韩千秋上书汉武帝，称其认为征服南越国是小事一桩，派兵两千足够平息。结果南越国发生政变，汉军被伏击，全军覆没。探索之路被阻。

在武帝决定“丢掉幻想，准备斗争”时，齐国宰相卜式上书汉武帝，要求带着儿子和齐国熟悉水性的士兵血洗南越国。汉武帝很感动，将此事公告天下，想以此激发诸侯们的战斗意志。但这事儿让刘彻很失望。当时朝廷分封的侯爵有一百多人，他们受国家供养，享尽荣华富贵，但国家有难时，却没有一个人请求率兵出征。刘彻借祭祀太庙的机会，以诸侯所献黄金的数量、成色不足，定罪“不敬”，撤除了 106 个侯的爵位。这其中有一个侯叫赵破奴。

这之后，汉朝五路大军出击南越国，会师番禺，将这里变成了大汉的九个郡。

帝国的西部也并不平静，羌部落 10 万人与匈奴汗国结盟，羌人攻击河西故安、枹（fú）罕，匈奴攻击五原，五原郡长战死疆场。将军李息率军出征，击败羌匈联军，打通了西行之路，消除了通往西域的最大障碍。

是时候亮剑西域，展现大汉雄威了。这时，汉武帝想起了那个曾跟随霍去病转战漠南、漠北，战功卓著，被削爵的原从骠侯、鹰击将军赵破奴。

汉王朝首次对西域用兵，赵破奴将亮剑天山！

作为一位军事指挥官，赵破奴出征前的功课之一，就是了解西域的兵要地志。

我们从现代地理学的角度来看一下西域的山川水系。

在中原的西部，有一山脉，向西连着中亚大草原，南接兴都库什山。这里是分水岭，由于山上长有野葱，汉使将此地称为葱岭，欧洲的地理书称为伊摩斯，因为伊摩人居于山的东西两侧。这里在西域三十六国中被称为休循国，主体应该是塞人，与乌孙人同种。

沿葱岭向东，为喀喇昆仑山。印度河发源于山之西，河水向西南流。叶尔羌河发源于山之北，古称为葱岭南河，河水向东流。喀什噶尔河发源于帕米尔高原与北部天山支脉，东流入疏勒境，古称葱岭北河，与叶尔羌河汇流东行，再由北注入阿克苏河，由南汇入和田河，再东流，与由北而来的库车河（古称龟兹水）交汇，再向东，汉代时注入罗布泊（古称盐泽、蒲昌海、泑（yōu）泽），现注入台特玛湖。这就是今日之塔里木河的主流，这条中国最长的内陆河古时有一部分支流汇入焉耆河，流入博斯腾湖（古称敦薨浦）。疏勒河源于祁连山，向西流入盐泽为敦薨水。

发源于天山的焉耆河流入博斯腾湖，从博斯腾湖又出一河，为孔雀河，向南汇入塔里木河。

越向东，昆仑山脉越高，无穿越的可能。此山脉中发源了喀喇喀什河、玉龙喀什河。

西汉之初，人们认为于阗河为黄河源，河源之山被命名为昆仑。山脉至于阗，分为两支，南支主脉向东南接冈底斯山，东南走向，围绕柴达木盆地。东北走向，为巴颜喀喇山。东走向，位于塔里木盆地南部，为昆仑山外部达坂。趋东，转向东北走向，为阿尔金山脉。车尔臣河发源于阿尔金山北，向东北流，注入罗布泊。

与昆仑山平行，中隔盆地，沙漠之北，东西走向为天山山脉，古时也称为凌山。该山北至疏勒，西为喀苏拉特，是费尔干纳盆地与塔里木盆地的分水岭。天山山脉绕伊塞克湖东，有冰川，名汗腾格里山，是天山山脉的主峰。阿克苏河发源于其西，焉耆河、伊犁河发源于其北，库车河发源于其南。沿河谷可以穿越天山南北。

自汗腾格里山向东，有平行山脉多条，东行为博格达山，东北走向没入今哈密（古称伊吾卢）之戈壁中。天山为塔里木盆地与准噶尔盆地界山，南北气候、物产相差大。山北气候湿润，多雨雪，水草丰美。山南气候干燥，沙漠占大半，终年少雨水。山北自古为游牧民族所居，他们常越过天山侵入山南城郭诸国。

天山北麓多水，昌吉河、呼图壁河、玛纳斯河北流，灌地而没。奎屯河、博尔塔拉河、精河流入艾比湖（古称博尔塔拉淖尔）。

伊犁河有三源，特克斯河、巩乃斯河、喀什河汇流，终流入巴尔喀什湖。

克孜尔里亚山与天山平行，起吐鲁番之西。其南有库鲁克塔格岭，如弓形，蜿蜒于吐鲁番与罗布泊之间，北与天山对峙，形成盆地。南与阿尔金山对峙，成罗布泊洼地。向东绵延于疏勒河床之北，与阿尔金山一同蜿蜒于疏勒河之南，东西骈行，形成走廊，为汉通西域要道，即为“阳关大道”。

阿尔泰山向西、东、南三面延伸。山势先西南走向，包围准噶尔盆地的东北两面，后东南走向，经科布多向南没于贺兰山北。其东部支脉为唐努乌拉山。鄂尔浑河、色楞格河、图拉河发源于其岭。古游牧民族的都会、王庭所在——鄂尔浑河畔，亦邻近阿尔泰山。

发源于阿尔泰山的另一条河叫额尔齐斯河，也是由多河相汇，流入斋桑泊。

在天山之北，北路之东，众山环绕之中，有平川，其间有湖，称为巴里坤湖，汉时称为蒲类海（今新疆巴里坤湖），当时为匈奴呼衍王所控。

在三山之中夹有两盆地，塔里木河流域被称为塔里木盆地，多为沙漠与戈壁。准噶尔部游牧地被称为准噶尔盆地。

从地形上说，西域三十六国多数在今天山以南、昆仑山以北的塔里木盆地，而乌孙在天山以北、阿尔泰山以南的准噶尔盆地。

从河西进入西域，有一块地历史上称为“白龙堆”，是沙地，无水草、居民。经罗布泊北岸有两个方向是卡脖子的口，一是楼兰，二是姑师。

汉武帝要保汉土之安全，打通西域，必须按计划三步走：一是隔绝南羌与匈奴的交通，使两股势力不能联盟，河西走廊就是隔离带；二是通西域，“断匈奴右臂”，与乌孙联盟，让匈奴向西、向南不能相顾；三是有效地控制楼兰与姑师的通道，这是进入西域的必经道路之一。

楼兰与姑师南北当道，如果在匈奴的干预下合二为一，以阻汉道，那么汉与西域的交通会立即中断。蒲类海周围的游牧地是匈奴呼衍王的领地，距姑师与楼兰都近，所以楼兰和姑师最容易成为骑墙派，出兵西域的目标就是先控制此二地。

公元前 111 年，为扫清障碍，汉武帝刘彻命浮沮将军公孙贺带兵一万五，匈河将军赵破奴带兵一万，分别从五原（今内蒙古包头）、令居（今甘肃永登）向西搜索两千里，寻找匈奴的小股骚扰部队，但是两军都没遇到。这说明，河西和漠南没有匈奴人，也就是说从河西进入西域是安全的。鉴于此，汉武帝下令把各地的地痞流氓、土豪劣绅抓起来，将其举家迁往河西四郡，充实边塞。

汉军在河西走廊设立四郡，今天，我们从这四郡霸气的名称可感知汉字的魅力：武威——武功扬威，张掖——张国之掖，酒泉——美酒如泉，敦煌——盛大辉煌。

这时候，从西域只身逃回来一个叫王恢的使节。他告诉汉武帝，西域各国都有城邦，人口不多，兵力不强，绝不是汉朝的对手。国王中以楼兰王和姑师王最坏，联合匈奴人劫杀了汉使团。

此王恢非彼王恢，并非“马邑之谋”时期的大行令王恢。此王恢，史书上出现的次数不多。从记载的内容上分析，此人极可能是个武士，估计以前也没什么正名，为了出使，他起了“马邑之谋”时已故将军王恢的大名，充当汉使，虚张声势。出使东归时，他不仅不被楼兰王和姑师王待见，还受到了匈奴人的攻击，所以他向汉武帝建议出击西域这两个首站，以威慑西域各国。

汉元封三年（公元前 108 年），近 50 岁的汉武帝派赵破奴率兵出征楼兰、姑师。王恢因为熟悉西域情况，作为赵破奴的副手随同出击。

为什么汉武帝选了赵破奴出征西域呢？也许是因为赵破奴秉承了霍去病的作战思路，单刀直入，速战速决。

赵破奴沿着河西进入西域。此战，赵破奴成为汉军第一个率兵进入西域征伐的将军。他曾是骠骑将军霍去病的军中司马，相当于现代军队的参谋长。赵破奴是山西太原人，在匈奴地界讨过生活，也许会匈奴语言，后来投军。

就赵破奴这个名字来说，应该不是他的本名。汉代的普通百姓并没有正规名号，也就是张三、李四之类。赵破奴的名字极有可能是因为其在霍去病麾下作战勇猛，霍去病给起的官名。因为霍去病有句名言，叫“匈奴未灭，何以家为”，所以他给麾下能打的悍将，赵大或者赵三起一个响当当的官名，很有必要。霍去病为人仗义，所以他的手下多人因他的战功得以封侯。

卫青、霍去病时代，汉武帝手下有 12 员大将，赵破奴排名十二。前面的几员大将，在赵破奴西征西域时，或者死了，或者老了。赵破奴曾在河西的战斗中被封为从骠侯，意为跟从骠骑将军的侯爵。

原本出征的大军是 2 万，但王恢报仇心切，也知道楼兰的防御水平，于是让大军随后，与赵破奴一道只带了 700 骑兵就先行出发了。

过瀚海，击楼兰。楼兰国在今若羌县境内，西距若羌县城有 220 千米，东距罗布泊西岸 28 千米，距长安 2500 多千米。当时，楼兰共 1570 户，人口 14100 余，兵士 2900 余。楼兰是一个小国，人口体量仅相当于汉朝的一个乡。

在考古发现中，楼兰国有一圈城墙，是边长 330 米左右的正方形，城墙用红柳和黏土筑成。这个地方是交通要道，主要产业是畜牧业，有驴、马和骆驼。

楼兰国周围尽是胡杨、芦苇、红柳、芨芨草，是典型的沙漠边缘的居民区。这个小国的主要财政收入是关税，南来北往的都要过楼兰的一座桥，桥头就是税卡。离楼兰最近的城邦也得 200 千米以上，所以这里还是一个重要的补给站。因为于阗、婼羌的玉可以通过这里进入中原，所以进入中原的第一关在此次征战后建成，就叫玉门关。

事实上，很多贸易团队就在楼兰和姑师与中原人交易。按理说，楼兰不应该得罪汉朝，但是楼兰当时还是匈奴的实际控制区，小国寡民，实在身不由己！

王恢很熟悉楼兰的城防，所以根本不用进攻，700 骑兵直接冲入了楼兰王的宅子，把楼兰王抓了。再把译长找来，告诉楼兰人：放下武器，若敢抵抗，大汉两万大军随后赶到，屠城！

楼兰的士兵哪里见过大汉骑兵！这是一群把匈奴人赶得到处躲的久经沙场的勇士，根本没有把楼兰那些士兵当回事。

把楼兰王抓了，怎么处置呢？押回长安审判？太远了。楼兰王说愿意投降归汉，并献出一个儿子当人质，随汉军去长安。

于是一部分人押解楼兰王子返回长安，其他人继续向北，去抓姑师王。这条线路是沿罗布泊边沿走。当时的罗布泊浩瀚如海，风光旖旎。出楼兰至土垠（补给站），沿孔雀河折向北，过辛格尔、破城子，走银山道（库米什至甘沟）至山国（今新疆托克逊），然后再向东进入姑师。

700 骑兵突然出现在交河城下，根本来不及通报，姑师王也被抓了。

姑师国（今吐鲁番的交河故城）在一个两河相交的高台上，易守难攻，如果正常地进攻，很难进入交河城。今天，我们已无法知晓赵破奴采用了什么战术冲入了高台上的交河城。被抓的姑师王吓坏了，也同意投降大汉，不再与匈奴来往，立下契约，送质子去长安。同时，姑师国改名为车师国（今新疆吐鲁番盆地）。

车师国都人口更少，700 户，人口 6000 多，兵士 1800。这个小国的主要优势是占了一个险要的地势。车师的地理位置很重要，是通向乌孙、楼兰、焉耆、阳关等地的交通要道，是多种文化的对撞点，也是西域重要的贸易地和屯田地。正是因为车师无比重要的战略位置，才导致了汉与匈奴之后几十年中的“五争车师”之战。

历史的巧合与往复是一种规律。大约又过了 500 年，北凉政权的沮渠无讳、沮渠安周兄弟两人先后率兵攻交河城，耗时 8 年未果，最后引柔然大军合攻才拿下车师。由此可见，汉军当时进攻车师，勇猛只是一方面，智谋才是第一位的。

降伏楼兰和姑师后，汉武帝很满意。此时他也意识到了汉使的素质问题，于是再次派人出使西域。这些汉使打着博望侯张骞的名号，不敢再嚣张了。

赵破奴则带着军队耀武扬威地给周边的小国敲边鼓，在西域诸城武装巡视一圈，之后班师回朝。西征回来的赵破奴被封为浞（zhuó）野侯，王恢被封为浩侯。碉堡、亭障开始从酒泉修建，一直延伸到玉门关。

从西域战场回来，这个王恢还参加了远征朝鲜的战争，率军围困了平壤城。这一年（公元前 107 年），卫氏朝鲜王国被灭，变成了大汉的四个郡。

六、丝路密码

我们永远无法真正地去探秘两千多年前发生的故事。史料的记载，语焉不详，只是轮廓。如今，科学家们只能用考古的方式来揭开历史的真相。

民族的形成，自然交往、交融，跨越的时空太长，而战争所造成的强制移民、杂居则是一种“短平快”的方式。虽然这样的时空跨越同样很长，但在千万年的民族形成和发展过程中起到了积极作用。

西域这块土地在张骞探索之前，生活着什么人种？如何变迁？有无文字？

《史记》中记载，月氏与乌孙分别游牧于敦煌、祁连间。当时的地名与现今的地名略有不同，汉代祁连山和阿尔金山一带被称为南山。祁连山下的草原不可能同时容下月氏和乌孙两个几十万人的游牧部落。最大的可能就是月氏人的地盘在今东天山至蒙古草原间，甚至曾统治过西域多地。匈奴崛起，月氏人被攻击，退出今祁连山一带，向西域收缩，之后西迁又攻击了乌孙，一些没有随大队迁徙的月氏部落，进入羌人所在的青藏高原和西域诸国，形成小月氏。

西域特殊的地理环境，让数千年前的古墓保留下来。北天山一带发现的古墓与伊犁河流域发现的古墓形式和陪葬品类同，所以乌孙人进入伊犁河流域后应该生活在今乌苏、玛纳斯河流域的草原。玛纳斯以东至巴里坤草原再向东至祁连山草原，则是月氏人的游牧地。武帝元狩二年（公元前 121 年），霍去病攻击匈奴至折罗漫山，这里其实就是投降于匈奴的月氏人一部，这些人有一部分被俘后被强行迁往张掖，成为史料中的“义从胡”。

元封三年（公元前 108 年），赵破奴攻击楼兰、姑师时，属于匈奴汗国的蒲类国（今新疆巴里坤一带）毫无作为。于是，匈奴单于大怒，将蒲类国 6000 余户迁往匈奴右部阿恶地，大致为今阿尔泰山北麓的牧场。这次事件直接导致游牧于吐鲁番盆地的两位小月氏王降汉，共 2660 户。两位小月氏王被汉朝封侯，其一被安置在琅琊（今山东临沂），其二被安置在河东（今山西夏县），而他们的部落，被安置在酒泉郡。

考古学家为了断代，习惯用“文化”将不同地域的古墓进行区分。各种不同文化依据青铜、彩陶、岩画等遗物或遗迹来区分与联系。讲吐火罗语的月氏人在西域留下了阿尔泰山南麓克尔木齐文化、苏贝希文化，焉耆盆地形成察吾乎沟口文化、新塔拉文化，哈密盆地形成焉不拉克文化、姑师文化……

但考古的局限性在于对当时人种的判别。

草原民族文化的特征之一就是抢婚、通婚，所以在草原民族中一种多源是极为正常的现象。所以，同一时期的乌孙贵族墓、月氏贵族墓会出现不同的人种，挖出高鼻梁古尸的西方学者认为墓主是欧罗巴种，而挖出宽脸庞古尸的西方学者就认为墓主是蒙古种。有人认为西方学者对西域古国人种的鉴定目的很明显，意在割裂西域与中原的关系，因为考古发现证明西域出土的苏贝希文化、焉不拉克文化与中原有着极为密切的联系。比如，从西域出土的单乳突环首刀与安阳殷墟妇好墓的鹿首刀如出一辙。

既然张骞是第一个冷眼向西看世界的中原人，那么这些明显具有联系性的物件是谁带到西域，或者由谁从西域带到了中原呢？

《周易》中“既济”和“未济”两个卦象提到了同一件事情。

《周易》相传是孔子注解的，是中国古代自然科学发展的朴素原理。它本不是用来算命的，而是告诉人们事物发展的趋势和规律。《周易》是儒家学说的理论基础，一共 64 卦，384 爻（yáo），其中“既济”“未济”两卦均由水、火组成，在水火不容的这两个卦象中都提到了匈奴。匈奴在孔子时代被称为“鬼方”。

先说“既济”，这一卦象的结构是上面是水（坎），下面是火（离）。《象》曰：“水在火上，既济。君子以思患而预防之。……思患者虑乎其后，预防者图之于先，能如此，则未雨而彻桑土，未火而徙积薪，天下事，莫不皆然。”大概意思是凡事要防患于未然，要做好防备工作。但是，这个卦象可没那么简单。挑一爻，解释一下。九三爻的爻辞说：“高宗伐鬼方，三年克之，小人勿用。”这是一段历史故事，当年商王武丁发动了对鬼方之战，鬼方是哪里？就是来自北方的匈奴人、月氏人的先祖所在地。每遇雪灾，来自高原的游牧民族会闯入中原抢掠。商王武丁时期，曾有 3 次大征，鬼方之征战列首位。当年武丁任用贤臣傅说为相、妻子妇好为将率队出征。这场战争打了 3 年，解决了商来自北方的威胁。商的实力大增，开疆拓土，一度兴盛。

再说“未济”，这一卦象的结构是，上面是火（离），下面是水

（坎）。《象》曰：“火在水上，未济。君子以慎辨物居方。”大概意思是要明辨各种事物，看到事物的本质，确定好方向，努力使事物的变化趋向好的方面，这样做则万事可成。也挑一爻解释一下，九四爻的爻辞说：“贞吉，悔亡；震用伐鬼方，三年有赏于大国。”这一爻的释义又说了商代的一段故事。还是和鬼方打仗，不过这回是在商纣王时期。周文王姬昌的爵位是伯，当时商有三公，鄂侯、九侯和姬昌。九侯有一个女儿嫁给了纣王，但这个女儿不满纣王和妲己的淫乱，于是被纣王找了个理由杀掉了。九侯有意见，纣王就把九侯剁成肉酱，在宴会上分食了。鄂侯只是说了几句公道话，也被纣王杀了，尸体被晾成了肉干。文王姬昌知道此事后，长叹一声，什么也没说，也被纣王抓起来了，关在羑（yǒu）。周文王坐牢时没闲着，他一直在反思，于是画就了《周易》。后来，鬼方入侵，纣王派文王率军出征，历时三年，打败了鬼方。于是纣王大赏文王并放他回到封地。文王贤能，其他诸侯都聚到他的麾下，这为武王伐纣打好了基础。文王在牢中演画的最后一卦就是“未济”卦，火在上，水在下，意思是不能灭火时，就要顺从而积蓄能量，伺机待发。此卦喻示着万物皆在变化中，此消彼长。

卦象与西域跟中原间的物件交流有什么关系呢？一方面，战争是提高生产力的最快捷手段，人类自古最先进的技术都是用来发动战争和制止战争。两个卦象都提到了用时“三年”，这里的“三年”应该是指多年的意思。有战争就一定有胜负。于是，被俘虏的人可以将先进的技术带到敌对方，而缴获的物品也可以成为仿制品。另一方面，不发生战争的时候，可以贸易。

西域最大的贸易商就是月氏人，他们可以将西域的物件带到中原，也可以将中原的技术带回西域，于是产生了交流。交流的结果是，在安阳妇好墓中发现了和田玉和大量来自西域的物件，而在西域的古墓中也出现了“五星出东方利中国”的织锦。张骞只是第一个以官方身份接触西域的汉朝人，并不代表张骞之前中原与西域没有交流。

考古发现，汉时西域三十六国中，有些是有文字的。当时西域的语言有多种，但是可以相互交流，这可能相当于我们今天的方言。位于塔里木盆地南部的是楼兰、且末、精绝、于阗、莎车、疏勒等国，以于阗为中心。古典中记载，于阗人长得不像胡人，他们的语言类似中原话语。考古发现的于阗古文字文书属吐蕃语系，所以古代于阗一带的人种极有可能有一部分是汉藏人。《佛国记》（亦称《法显传》）对他们的着装是这样记载的：“俗人衣服粗与汉地同，但以毡褐为异。”也就是说，从楼兰到于阗，这些人的衣服与中原相似，不同的是戴了个毡帽。

史料记载，于阗国王头戴金冠，插了很多野鸡毛，冠后下垂长二尺宽五寸的没上过色的绢。这里的风俗是女人穿短衣长裤，骑马代步，与男人没什么区别。普通人死后火化把骨灰埋了，然后建个塔，类似于佛教的土葬方式。守丧的人剪去长发，用刀在脸上划个口子，以示哀悼，头发长到四寸时，守丧结束。但是，国王死后不火化，而是装进棺材，葬于野外，建庙作为祭祀场所。这一点与中原相似。当时于阗国实行的明显是东方人的习俗。

战国时期，位于今甘肃西南部有一个部落被称为大夏，后来迁至青海。再后来，大夏人出阿尔金山到达罗布泊附近，建立了楼兰国。我们今天所说的“塔克拉玛干”并不是“死亡之海”的意思，而是吐火罗语“昔日的家园”的意思。在昆仑山谷间有数个小国，《汉书·西域传》中标注了他们的种族——婼月氏。羌是西戎的牧羊人，所以婼羌国，其实就是婼人与羌人的交融之国。

西夜、蒲犁、依耐、无雷四国，其人种是氐羌人，逐水草而生。乌秅、难兜、戎卢、小宛等国被古人认为是月氏余种。这里是古羌藏人分布之地，各类人种在此交融。特别是由西而来的雅利安人，对南部诸国的血脉有很大的影响。

那么塔里木盆地以北的诸国人都长什么样？这些人多深目高鼻多须，中原人称其为“胡人”。

焉耆国的风俗是男人剪发，女人穿短衣长裤，这种装束主要是便于骑马。而龟兹国的风俗则是头发留到脖子处就剪断，国君不剪发。疏勒国，语言、人种外貌跟于阗一样，但是不剪发。疏勒国与龟兹国有一点相同，小孩子出生后，用两块板把头夹住，让孩子长成个扁头马脸。康居、安息、波斯、月氏等葱岭以西各国大多数剪发，所以葱岭东西各国风俗都剪发，而昆仑山脉诸国都蓄发。

姑师国人长什么样？这些人的面貌类似高丽人，辫发于背。服装上，男人服饰同胡人，而女人服饰同中原。天山山谷中的诸国，由于与匈奴右部相连，其人种即使不是匈奴嫡系，也必掺杂匈奴血统。那么匈奴人长什么样？眼褐色，斜向鼻，脸颊大，颧骨高，鼻平唇厚，脸圆，胡须少，头顶剃发成马蹄形，脑后发也剃去，其余头发任之生长，辫好垂于脑后。

天山以北先后是塞人、大月氏、乌孙的领地，所以民众相互混血。那么月氏是什么人种？考古发现为高鼻多须之种型，也是胡人的一种。

月氏人的相貌和语言，应该发生过非常大的变化。没向西迁徙之前，应当是蒙古人种，语言类似汉藏语或者匈奴语。西迁至中亚后，被当地人同化，变成了深目高鼻，说吐火罗语。这说明岁月的长河可以改变很多：相貌、文字、语言、基因。疏勒以西北的休循、捐毒、桃槐等国基本与乌孙人相似，为塞种。塞种人在古典中记载为赤发绿眼，所以可能是雅利安人与西域土著的混血。

雅利安人是发源于黑海北岸的古老游牧人种。公元前 5000 年时，雅利安人居住在黑海和里海之间，属印欧部落，之后开始沿着欧亚大草原向东部的草原地区迁移。经过历史资料的整合可以发现，这个人种的攻击性非常强。古埃及、古印度、古巴比伦都是被这个人种所毁灭。

西域是各民族交错之地，汉代时就有汉人、羌藏人、雅利安人、月氏人、乌孙人迭居其中。大略区分的话，羌藏人居于昆仑山脉一带，塔里木盆地以南诸国为杂羌藏人，胡人居于天山西北，塔里木盆地北部诸国为杂胡。匈奴人居于天山东北阿尔泰山一带，故天山东部山谷诸人为杂匈奴种，或叫匈奴别种。葱岭山谷邻于身毒，故杂印欧种，吐鲁番盆地则汉人较多。

于阗国的附近有个皮山国，为中原人所建，带去了中原的农业文明。该国相关的战事较少，这似乎印证了儒家文化所熏陶的中原人并不喜欢战争，更希望通过和亲、贸易来解决冲突。

丝绸之路的伟大之处在于，张骞的出使开通了一条中西文化和人种大交流、大融合的通道。张骞之后两千多年的历史中，西域这块土地上开始热闹起来。西来的文字、语言、人种和东去的风俗、技术、人伦开始对撞，先后出现了 18 种语言文字，虽然不同的历史时期汉语使用的范围、程度不同，但是，汉语始终是唯一贯穿西域历史每一个时期的官方语言。有一点考古可以证明，西域在张骞之前是黄种人或黄种人与白种人的混血，在东汉之后，白种人沿贸易之路进入西域。“胡人”的概念，西汉与魏晋南北朝有了差异。

印度的孔雀王朝时代，刚好是中国秦汉大一统的时代，两国几乎在同一时代向东、向西开始扩张。孔雀王朝统一了印度大部时，阿育王向东的发展主要是传播佛教，且将上座部佛法传播到距中国很近的缅甸、老挝等地。有传说，阿育王的第三子曾率部至金马、碧鸡两山之间，也就是今天的大理和楚雄一带，传播佛法。

佛教的第一个五百年，小乘佛法开始在东南亚一带传播，但在云南地区，似乎效果不佳。印度王子准备返回时，被哀牢人所困，留居在滇。

孔雀王朝之后灭亡，大汉帝国雄起。汉武帝时代，打通西南至身毒的道路一直就没有停下来过。汉武帝派出的汉使屡屡被阻于昆明。有一天，他们带回了一个消息，说是有一个乘象国，常有蜀郡商人私运货物到那里。这个地方也被称为哀牢国，位置大概在今天的保山盆地，疆域在云南省一部和缅甸及老挝的部分地区。刚好挡住了蜀地通往身毒的路。

在汉代，商人经商并不是我们今天理解的那样，牵着骆驼，从东方一直走向西方，交换货物后，再从西域走回长安。当时，在每个地段都有一个中途交易点进行倒货。所以，汉使想越过西南夷控制的交易点直达身毒，不可行。

《摩诃婆罗多》是一部印度史诗。这部史诗以印度列国纷争时代为背景，时间跨越相当于中国的春秋战国至魏晋时期，描写了婆罗多族的后裔为争夺王位继承权而展开的征战。大战的结果虽然有胜败，但双方将士几乎全部捐躯疆场，是一个历史悲剧。在这部史诗中提到，汉帝国军队卷入了其中的一起军事冲突。这些记载可能是指印度史实中记载的公元前 109 年，柏始昌、吕越人等汉使想通过乘象国打通“蜀身毒道”时受到滇国攻击的历史。

这个柏始昌就是“夜郎自大”成语的创始人，因为他在滇国和夜郎国被国王问到了同一个问题：汉与滇国哪个大？汉与夜郎谁大？

汉武帝对西南夷用兵是元鼎六年（公元前 111 年）平定南越，元封二年（公元前 109 年）灭劳深、靡莫。此后，滇王怕了，投降汉朝。滇国被置为益州郡，滇国国王被汉武帝授予诸侯国的印信，仍做他的酋长。

汉武帝刘彻征服西南夷各部落后，依旧继续寻找通身毒、大夏的道路，每年都派出十多个使节团。使团要经过新建立的郡，实际上这些郡几乎都是自治的状态，并未真心归附西汉。汉使的频繁出使，让各郡不堪骚扰负荷。于是，已被汉朝任命的滇王下令封锁昆明，屠杀汉派驻的官员和使节，抢夺财物。

元封六年（公元前 105 年），汉武帝命拔胡将军郭昌率军南下，远征滇国。滇国反抗的部落数万人被诛杀。可是这个地方民风彪悍，叛乱此起彼伏，使节团始终无法通过，只是打通了蜀郡至洱海的商道。汉使通往身毒之道依旧为哀牢国所阻。

汉武帝刘彻为什么一定要打通西南至身毒的通道呢？此时，西域的通道已开通，特别是赵破奴降服楼兰与姑师后，匈奴人也躲在漠北，不再出击中原，试图与汉重续和亲之路。这之间，还有一段故事。

元封元年（公元前 110 年），汉武帝亲率 18 万骑兵，自云阳出发北上，经上郡、西河、五原出长城，登单于台，到朔方，对匈奴施压。之后派使节郭吉到匈奴王庭告诉乌维单于，如果单于愿战，天子在边境候着，如果不能战，就归顺大汉，不要躲在漠北苦寒之地。乌维单于很生气，将汉使郭吉扣在北海牧羊，但并不敢与汉对抗。

之后的那几年里，汉武帝刘彻一直热衷于两件事，一是求神，二是征伐。

元封元年，汉武帝先后拜祭黄帝陵、太乙神坛，并前往嵩山太室祭祀，派人到蓬莱找神仙。封禅泰山。祭祀天神、地神。将年号改为元封。在外游荡了 10 个月，行程 18000 里。

元封二年（公元前 109 年）春，继续。汉武帝先是到缑（gōu）氏城等神仙接见，神仙当然没来，于是派人进入深山大海寻访神仙，光派出采灵芝的人就有千人。此行的理由：祭祀万里沙神庙。回长安后，汉武帝命南越的巫师用鸡骨卜卦，祭祀鬼魂。听说神仙喜欢住楼房，于是在甘泉宫兴建“益寿观”“延寿观”、兴筑“通天台”，在汶水兴建“明堂”。这期间灭南越、闽越国，设 17 个郡。允许这些郡采用自治方式，保持固有风俗，不征收赋税。

元封三年（公元前 108 年），破楼兰，击姑师，征朝鲜，平氐族，将氐族部落强迁至酒泉郡。

元封四年（公元前 107 年），继续出行。祭祀五帝，祭祀后土神。与匈奴和谈失败。

元封五年（公元前 106 年），继续出行。祭祀虞舜帝，登南岳，擒水怪，走水路达琅琊。祭祀所有名山大川。抵甘泉宫，祭祀太乙神。这一年大将军卫青去世，汉武帝突感人才的重要。

元封六年（公元前 105 年），继续遣使寻找“蜀身毒道”，受阻，于是攻击滇国，大开杀戒。这一年，汉武帝已年过半百，在之后的日子求神寻仙不断！如果说通西域是为断匈奴右臂，是军事目的，那么寻找“蜀身毒道”可能就是为了求长生不老药。

张骞到达大宛时，环印度的周边国家已盛行小乘佛教，张骞自然听说并接触了佛教的故事。所以在《晋书》中有记载，张骞从西域回来，带回《摩诃兜勒》一曲。后人认为是佛乐。我们可以理解为张骞在大宛学会了这个曲子，听起来可能很雄壮，回到长安后，由乐府李延年记录下来，谱写成了汉军的队列进行曲。

佛乐比较舒缓，不适合作为武曲，这个说法有些牵强，但张骞肯定给刘彻介绍过来自西域的佛。

《魏书》记载有二，做一分析：

一、“遣张骞使大夏还，传其旁有身毒国，一名天竺，始闻有浮屠之教。”这一条是可信的。所以，汉武帝知道了身毒的佛教，对他来说，意味着西域有神仙。元封元年，祭祀黄帝陵时，刘彻曾问过属下：听说姬轩辕并没有死，可是怎么会有他的陵墓？属下回答：姬轩辕肉身升天，群臣思念故主，所以建了个衣冠冢。刘彻长叹说：看样子我升天后，你们也得给我建一个衣冠冢。可见当时刘彻已有了自己的宗教观念。

二、“遣霍去病讨匈奴……获其金人，帝以为大神，列于甘泉宫。金人率长丈余，不祭祀，但烧香礼拜而已，此则佛道流通之渐也。”这一条是不可信的。霍去病将匈奴祭天金人运回了长安是实，但武帝时代，大乘佛法还没有盛行，也就是说犍陀罗的雕刻艺术还没有与佛像相结合，这应该是魏人为推行佛教而杜撰的故事。

从西域进入身毒道路太远，而走西南进入身毒的道路却很近。

按张骞的算法，大夏位于汉朝的西南方向 12000 里外，而身毒在大夏的东南方向数千里外，那么身毒到长安的距离自然不会比大夏远。蜀地位于汉朝的西南部，身毒能买到蜀地的产物，说明身毒应该在距离蜀地不远的大汉西南方向。

这也许就是武帝坚持不懈地想打通“蜀身毒道”的另一个原因。

这条路没有军事意义，至于贸易，汉武帝不感兴趣。天朝大国，本就物产丰富。汉武帝求仙拜神似乎并没有什么结果，但是这一年，在张骞去世 9 年后，乌孙的使节团来到长安提亲了！聘礼是 1000 匹乌孙骏马。

第二部分

纵　　横

XIYU

一、公主远行

张骞生前没有实现的理想，在他离世后，一件件地开始实现。

“断匈奴右臂”计划，在汉武帝刘彻寻求“蜀身毒道”未果的第二年开始实施。

元封六年（公元前 105 年），乌孙国提亲的使节团出现在长安的街头。这一年遇旱灾，并闹蝗灾。

之前，随张骞回访长安的乌孙国的使节团已在中原住了较长的一段时间。汉武帝每次出游，都会把在长安的西域使者带在身边。为显示中原的富饶与仁德，使节的任何要求均可满足，金银绸缎的赏赐从不吝啬。这些使节返回乌孙后，向乌孙昆弥汇报了汉的繁华与强大。此时，匈奴对西域的控制力已明显下降，加之 3 年前赵破奴在西域耀武扬威地转了一圈，这对乌孙的震动极大。

匈奴汗国得知了西域诸国对汉的亲善后，扬言要对西域诸国进行大规模的报复。这事在乌孙国引起了强烈反应，联合强汉对抗匈奴汗国的压榨，成为乌孙的国策。于是乌孙派出使节团，请求与汉和亲，娶中国公主，两国结为兄弟之邦。

汉武帝召集高级官员来开御前会议，决定执行 14 年前张骞第二次出使西域时的计划。

出于对乌孙的真诚，刘细君被封为公主，远嫁乌孙。细君公主成为第一个在历史上留下身影的和亲公主。这之前的七位与匈奴和亲的“公主”似乎无所作为，可能是因为宫女的身份低微，并没有留下任何历史痕迹。刘细君留名青史，可见其在融合汉与乌孙的关系中起了很大作用。

我们要感谢中国历史上那些宁可被杀头、遭受宫刑也要如实记录历史的史官。两千多年后，斯坦因拿着一本《大唐西域记》，找到了尼雅、精绝。斯文・赫定捧着《汉书》，找到了沙埋千年的楼兰……这足以证实中国历史记录的真实性。从文明古国的角度来说，华夏文明并不是最早出现文字记事的国度，但是汉字是从没有中断过的文化载体。

我们有必要了解一下细君公主的身世。

“细君”并不是人名，而是汉代对诸侯王妻的一种称谓。刘细君，她的真名叫什么已无从考证，因为在她非常年幼时，她的爹妈就死了。有多年幼？可能她还是襁褓婴儿时。总之，绝对没有到记事的年龄。如此推算，刘细君远嫁乌孙昆弥的时候可能只有 17 岁。

史料中没记录是谁把她养大的。她有五个叔叔，都是侯爵，又是皇室宗亲，由皇家指定一个叔叔将她抚养长大，接受良好教育，这是很顺理成章的事情。

在刘细君父母死后，江都王的封地被撤销变为广陵郡，也就是现在的扬州地区。可以肯定的是，她在江南长大，通音律，会楚辞，面容白皙，是典型的江南美女。

刘细君的爷爷江都王刘非是汉武帝刘彻的哥哥。父亲刘建世袭江都王位，是刘彻的侄子，此人在汉代历史上是一个不值一提的淫棍，荒淫至极。不仅如此，他还热心于生殖学研究，每日思索着如果人与羊交配，可否生出一个人身羊头的怪物。据说，在千百次的生殖试验中，只成功过一次，那一次是将长得比较像的驴和马关在一起，强行交配，结果诞生了一个比驴顺服、比马倔的新物种——骡子。这种杂交的物种，比驴能跑，比马能驮，继承了马和驴的全部优点，驴的大耳朵也没了，缺点是不能繁殖。

江都王刘建的一生，是荒唐的一生。他变态淫乱，与父争妻，与妹乱伦。还诅咒皇帝，罪孽深重。这么一个浪荡的公子竟然还想着谋反当皇帝。原本谋反是一件高度机密的事情，但刘建不一般，他将房子盖成黄顶子，收集汉室兵要地志，私派使节，打制兵器，封官许愿，挂着天子旗出游。还大言不惭地张扬："我是诸侯王，朝廷每年都派人来巡视，人生过得不快乐。勇士不能坐着等死，要做人所不能的事。"这些举动和言论被汉武帝刘彻知道了，于是下令核实。结果，朝廷的官还没到，刘建就吓得上吊了。他的一群妻妾，以谋反罪被处死，尸体被抛在街上，不许人收殓。

这件事发生在汉元狩二年（公元前121年）。

在这一年，张骞和"飞将军"李广出右北平抗击匈奴。结果，李广迷路了，被匈奴军队围攻，差点战死。张骞晚到，被判行军延误，按令当斩。最后张骞被削去侯爵，免死，贬为平民。

张骞这种能文能武的官，在汉代那种举荐的官场体制下是不会被埋没的，加之他又是皇上身边的禁卫军指挥，于是，张骞当了几天自食其力的庶民后，汉武帝又想起了他。

张骞第二次出使西域时，刘细君可能只有 3 岁。但 3 岁的刘细君的命运就在这次出使中被注定了。4 年后，张骞回归时，刘细君 7 岁。又过了 10 年，汉武帝兑现了对乌孙昆弥的承诺，“妻以公主，与为昆弟，以制匈奴”。

自小寄人篱下的弱女子刘细君，承担起了帝国的重任。战争让女人走开，但女人总是以一种柔美的方式解决战争。

这一年，汉武帝封原江都王刘建之女为细君公主，命其远嫁乌孙。这之前，乌孙昆弥以 1000 匹“天马”作为聘礼向汉室求婚，希望迎娶汉家公主。

一纸诏书，从长安到达江南，刘细君奉命出嫁。这是一个在深宅大院受到良好家族教育的弱女子，因无父无母，小心谨慎地生活在亲戚家。她是懂事的，也明白，册封公主是皇帝爷爷对她最大的恩惠。她默默地收拾行装，随使臣去往长安，再远行西域。

此一别，身置异域，颠沛流离，人各一方。西去长安的车队从广陵郡出发，行经安徽灵璧时，细君停车驻足，她在一处山岩前悄然伫立，手抚巨石，东望家乡，黯然泪下，久久不肯离去，以至于在石壁上留下了清晰的手印。为纪念江都公主离家时的无奈，当地官员命匠人摹刻，这就是现今的一处景观“灵璧手印”的来历。

送亲的队伍很隆重，陪嫁的物品也很丰富，但物质永远替代不了精神需求。临行前，宫廷按细君的要求，给她赶制了一种乐器——“秦琵琶”。这种乐器如果将琴脖子拉长，就是今天新疆的一种民族乐器——冬不拉。

细君并不知道，她要远嫁的丈夫是一个老头，这个老头是时任乌孙昆弥猎骄靡。多大岁数，不知道，但有一点是有记录的：他的太子已死，他的孙子军须靡在张骞出使乌孙时，已可以领兵自立，对抗叔叔大禄。

猎骄靡是乌孙历史上一位杰出的政治家、军事家。我们先推测一下他的年龄。汉文帝前元三年（公元前 177 年），西域发生了一场土地争夺战，战斗双方是乌孙和月氏。战前乌孙人已占据伊犁河流域，而月氏人为匈奴所驱也进入伊犁河流域。在经过一番激烈的拉锯战之后，乌孙昆弥难兜靡被杀死。王子猎骄靡出生不久，被傅父（古代贵族家庭的教师）布就翎侯抢出。布就翎侯逃了出来，投奔了匈奴冒顿单于。猎骄靡是在冒顿单于军营中养大的，长大后，他借匈奴兵的支持重新攻入了伊犁河流域，为父报仇，把月氏人从伊犁草原驱逐了出去，迫使月氏人走向中亚抢夺地盘。而乌孙国复国，成为西域北部最大的行国。

细君作为联姻公主远嫁猎骄靡是元封六年（公元前 105 年）。这样看来，在路上用了一年时间的送亲队伍到达伊犁草原时，刘细君 18 岁，猎骄靡可能是 73 岁左右。

匈奴人对猎骄靡有养育之恩，在猎骄靡心中自然以匈奴为重，汉室为轻。对猎骄靡来说，他要创造一种平衡，乌孙、匈奴、汉之间的三角平衡。这种平衡要靠和平、贸易来维持。

匈奴单于得知汉公主远嫁乌孙，也将一名匈奴公主远嫁乌孙昆弥。

匈奴公主为左夫人，细君公主为右夫人。左为上，匈奴公主善骑射，能歌舞，熟悉当地人的生活习性，语言上也可以交流。这一点是细君无法相比的。但汉公主的聪慧、灵气也是匈奴公主不可及的。

匈奴穷，自然匈奴公主也不富裕。汉朝富，自然汉公主也富有。

细君出生在皇室，金银、珠宝、丝绸、漆器等珍品并不放在眼中。汉公主的随从中各类工匠侍从有三百多人，他们在草原上给细君建了一座行宫。这可能就是赤谷城最初的汉式建筑。

猎骄靡老了，难行房帏之事，一年也来不了行宫几次。于是，细君常常利用这座行宫宴请乌孙贵族。酒饭之后，细君出手大度，所以乌孙贵族非常喜欢这位汉公主。

但远行西域的细君并不快乐，她最大的希望就是猎骄靡死后，她可以返回家乡。面对伊犁草原上的乌孙山，细君无奈地弹着琵琶，惆怅地唱着《悲秋歌》："吾家嫁我兮天一方，远托异国兮乌孙王。穹庐为室兮旃为墙，以肉为食兮酪为浆。居常土思兮心内伤，愿为黄鹄兮归故乡。"

这首歌传到了长安，汉武帝听后也甚为伤感。于是，他安排使臣每年携带大量的物品去乌孙看望细君公主。

西域的神马更让汉武帝兴奋，在细君幽怨地唱着《悲秋歌》时，汉武帝则写了一首《西极天马歌》，由李延年谱曲，传遍长安："天马徕兮从西极，经万里兮归有德。承灵威兮降外国，涉流沙兮四夷服。"

细君远嫁这一年，匈奴汗国的挛鞮乌维单于不知道怎么就死了，儿子挛鞮乌师庐继位成为第七任单于。因为年幼，人称"儿单于"。第二年，太初元年（公元前 104 年）初始，汉武帝又去了泰山祭祀，然后又去海边巡查寻求神仙的结果，还是一无所获。这年，一场大火烧毁了长安未央宫的柏梁台。

汉武帝太初元年，这一年发生了很多影响深远的历史大事件。

就在这一年，太史公司马迁带领20余人计算完成了《太初历》，将二十四节气正式纳入日历，确定正月初一为一年的起始，设定一年是365.25天。

西汉初期所使用的历法叫《颛顼历》，农历的一种。以十月为一年的第一个月，所有的闰月都固定在九月之后的一个月，称后九月。九月或后九月是每年的最后一个月。按现在顺序就是十月、十一月、十二月、一月……九月或后九月。

这样说不好理解，用现在的季节排序，就是一年顺序是冬、春、夏、秋。

当时不是用数字表示，而是用10个天干，12个地支进行组合，60天为一个轮回，比如第一天为甲子日，第61天也为甲子日。

十天干：甲、乙、丙、丁、戊、己、庚、辛、壬、癸（guǐ）。甲、丙、戊、庚、壬为阳干；乙、丁、己、辛、癸为阴干。

十二地支：子、丑、寅、卯、辰、巳（sì）、午、未、申、酉（yǒu）、戌（xū）、亥。子、寅、辰、午、申、戌为阳支；丑、卯、巳、未、酉、亥为阴支。

由于《颛顼历》越来越不符合实际天象，汉武帝从各地召集了通晓历法、算术和仪器制造等方面的20多位能人，议造新历，后来《太初历》入选。

交付之日，司马迁认为一个新的时代开始了。于是，他决定收集资料，写一部传世大作——《太史公书》，也就是我们今天看到的《史记》。

这一年的十一月二十八日夜，狂风大作，有风无雨，雷击，未央宫中的柏梁台被大火所焚。

中国古代建筑中的亭台楼榭，唯有台式建筑是帝王所特有，因为此类建筑规模宏大、费工耗时。柏梁台的建造用时 7 年，台高 20 丈，是长安城中最高的建筑。离天近，离神仙也近。自古帝王都怕死，长生不老是理想。

早年间，汉武帝的宠妃王夫人病死。汉武帝有一日梦见王夫人，梦醒后就说了这事。就有人推荐了一个方士，叫李少翁，齐国人，据说可以招魂。汉武帝就召见了这个方士，这人长得鹤发童颜，告诉汉武帝他已经 200 岁了。

汉武帝信了，就让此人设坛招魂。

那天夜里，在这个李少翁所设的帐中，经过一番折腾，烛光摇曳，汉武帝远远地看到一个身影，非常像王夫人，想召近看，人影却消失了。之后，汉武帝就封这个李少翁为文成将军，赏了他很多钱。

之后，文成将军就常在宫中作法，然后说，皇上如果想见神仙，就要改造一下宫室，要按神仙的喜好来布置。于是，文成将军就在宫内瞎折腾，四处画神。后来又在甘泉宫折腾，驱鬼请神，在宫墙上到处涂鸦。搞了一年多，他的花招用完了，神仙没请来，倒来了一头牛。

文成将军就跟汉武帝说，神仙忙着呢，先派一头牛来报信。

牛被杀了祭神，文成将军从牛腹中取出一封信。汉武帝接过来一看，发现字迹熟悉，跟宫墙上的涂鸦非常相似。然后就把这个文成将军拖下去一顿暴揍。这时李少翁才承认这封“天书”是他自己写的，喂到了牛肚子里。这可是欺君之罪，于是李少翁被杀掉埋了。

李少翁有一个同门师弟叫栾大，他连夜把李少翁的尸身挖出来，埋在了另一个地方，然后在原墓中放入一个竹筒。

李少翁被杀一个多月后，有使者从外地回京，说在一个叫槽亭的地方遇到一神人，这人自称是文成将军，让代问汉武帝好。

汉武帝就特别纳闷，让人刨开坟，发现李少翁的尸体没了，只有一个竹筒。难不成真成仙了？汉武帝后悔了，对外称文成将军吃马肝成仙了，不是被杀掉的。

为了继续求仙，汉武帝命人在未央宫的北面建了柏梁台。建造时间是元鼎二年（公元前 115 年），这一年张骞第二次出使西域回归。当时长安城最高的建筑柏梁台坐落在长安城西，适合俯瞰西面的草长莺飞、兔走狗逐，还可以远眺西南昆明池上的壮观景象。那时，汉武帝正在开拓西北、西南的疆域，所以柏梁台的意义重大。

柏梁台主梁用的是柏木，迎风十里香。柱用的是铜，汉代的"金"指的就是铜，可见这座建筑的奢华。柏梁台顶上有一铜质的仙人，这个铜仙人双手举一个铜盘，这铜盘用来接露水，这露水用来掺和着玉粉供汉武帝服用。

柏梁台主要的功能是求仙。柏梁台建了 7 年才完工，建成四年后都没请来一个神仙，倒是李少翁的师弟栾大来了，还当了五利将军，娶了卫长公主。当然，这个栾大最终也没有请来神仙，被处了腰斩。汉武帝又被忽悠了一把。

最终，柏梁台毁于雷击火灾。

汉以前，这类高台建筑毁于火灾的事例不少，比如楚国的章华台、吴国的姑苏台，这些建筑的规模很大，但都远没有柏梁台的名声大。柏梁台的名声比较大主要是因为中国诗词中有一种七言诗叫"柏梁台体"，这种体裁很有意思。柏梁台建成后，汉武帝与群臣在柏梁台上喝酒庆贺时，让一人说一句诗，每句 7 个字。说不上的不但罚酒，还没有座位坐。那次喝酒的一共 26 个人，所以第一首柏梁台体诗有 26 句。

柏梁台毁于大火之前，汉武帝正在泰山、渤海、蓬莱等地找神仙呢。得知柏梁台火灾之后，汉武帝回京，在甘泉宫朝见诸侯，商量治国大计。因为大儒董仲舒在《举贤良对策》中对他说过，灾是上天对帝王执政失策的警告。

一位南越国的巫师对汉武帝说，按照南越国的风俗，发生了火灾，再建宫殿时，要比被烧的更大才能镇住火。并说海中有一种龙叫虬（qiú），尾巴像鸱（chī，一种神鸟），当这种叫虬的龙露出尾巴在水面划行时，就会降雨。如果将这种虬尾做出来，放在宫殿的梁脊上，就能压住火。

于是，汉武帝下令建造规模更为宏大的建章宫。东有凤阙。西有唐中台。北有太液池，池中有渐台，还有蓬莱、方丈、瀛洲、壶梁这些神仙的住所。南有玉堂、壁门。建有五十丈的神明台……在宫殿梁脊两端做出鸱尾。这就是我们在古建筑中常见的两端翘起来的吻鸱造型。

太初元年，方士虞初任侍郎。他用巫术诅咒匈奴、大宛，并以街谈巷语、道听途说作为素材，开始创作中国后世小说之祖——《周说》。这一年，将儒家学说立为治国理论的西汉大儒董仲舒病故家中，享年 75 岁。

二、两征大宛

因为有了与乌孙的和亲，另一个藏在汉武帝心中许久的梦想提前出炉。在这之前，从西域回来的使者告诉汉武帝刘彻，大宛有良马，能日行千里。但大宛人为了不让汉使看见，将马藏在了贰师城。于是，汉朝派出一个使团前往大宛，要求大宛为大汉提供汗血宝马。

马没牵来，汉朝的使臣也没活着回来。

汉武帝任命李广利为贰师将军，率兵远击大宛，拉开了大汉征战西域的战幕。

在当时的历史大背景下看，刘彻不远万里打击大宛，其实是为了获取重要的战略物资——战马。因此，有些史学家评论认为，汉武帝远征大宛致使数万人丧生是为了满足帝王个人的声色犬“马”。

当年对匈奴的漠北之战，虽然汉军大获全胜，但是“杀敌一千，自损八百”。出发时，10 万骑兵，14 万匹战马，归来时只剩下 3 万战马，可见汉军的伤亡之大。

见过汗血马的人，如果再看“蜀身毒道”上的驮马，会认为云南驮马甚至不及西域的驴大。同样是骑兵，骑在驴背上与骑在汗血马背上作战，感觉自然截然不同。骑驴作战本就低人一大截，在战术上已无任何优势可言。优良的战马也是在战争中决胜的关键，所以，汉武帝刘彻要遣使大宛。

像张骞这种能文能武的外交官是不多见的，所以在出使大宛的人选上，汉武帝一再斟酌，试图再找出一位类似张骞的能人。去西域的路途遥远，如果是文官出使，他们有智谋但身体羸弱；如果是武官出使，他们作风武断，但身强体壮、不畏艰险。这次奉命出使大宛的汉使叫车令，武士出身。出行时，他带着千两黄金和一尊纯金铸的马，想以此交换大宛的汗血马。

外交官应该具有坚韧不拔的性格、机智灵活的头脑、软磨硬泡的耐心、广大远博的知识、运筹帷幄的眼光以及谦虚谨慎的态度。在语言技能方面，至少能和大宛人流畅交谈。很明显，车令并不具备这些能力。之前，大宛使节在长安吃喝玩乐，接受重金赏赐时的花言巧语，让汉武帝刘彻在选择汗血宝马的使者问题上欠缺考虑。

车令带着随从出玉门，穿沙漠，过戈壁，翻达坂，越葱岭。用了一年时间，一行人艰难地到达了大宛国。此时，多名随从已病死于途中。

车令见到了大宛国王毋寡，提出了以金马换汗血马的要求。但大宛国王断然拒绝了。毋寡之所以有拒绝的底气，是因为大汉至大宛路途遥远，隔着盐泽，途中草木不生，水又苦又咸，不能饮用，使节在来的路上都死了一半，汉军不可能派兵远征。走沙漠之北，有匈奴挡道。走沙漠之南，无水草，少城堡。况且，汗血马对大宛来说也是重要的战略物资，数量有限，不能随便送人。除此之外，还有一个重要原因，大宛邻近匈奴，如果把汗血马给了汉朝，就有可能遭到匈奴的报复，这对大宛来说得不偿失。

车令是个武士，长于田野，不懂外交辞令，也不具备外交官的能力。大宛使臣到达长安时，汉朝给他们提供好酒好肉，让他们尽情地吃喝玩乐，临行还赠给丝绸、黄金、漆器等珍宝。而车令千里迢迢来到大宛，大宛国王竟然没有好脸，说话时连讽刺带挖苦。

车令恼了，对大宛国王怒目相对，破口大骂。之后，车令一锤子把金马砸了，拂袖而去。

大宛国王也怒了。这是大宛的地盘，汉使竟然如此嚣张，好歹大宛也是拥有 30 万人口、6 万军队的大国。于是，大宛国王下令将车令等人驱逐出境，并派人前往边境的郁成城（今乌兹别克斯坦境内），让郁成王命令守军在汉使返回时将他们全部诛杀，所带的黄金和礼品全部抢回。

我们可以想象，当车令带领随从到达郁成城下被大宛人屠杀时的惨烈场景。此一行人，长途跋涉，无功而返，面对突然出现的反目成仇的大宛士兵，众人拔出腰中的佩剑，拼死以搏。面向东方倒毙时，他们心中一定呼唤着：陛下，发兵吧，灭了大宛。

当时，西域至汉的其他使节得到这个消息，立刻上报长安。汉武帝震怒。屠杀汉使，一个不留，这还是西域城邦第一次对汉使下这么重的手。

汉武帝召来曾出使大宛的使臣询问大宛国的国力。有个叫姚定汉的使臣说：大宛兵力弱，城防差。三年前，赵破奴只带了 700 骑兵就降伏了楼兰、车师，此次大汉只要出兵 3000，强弓硬弩，便可灭了大宛。汉武帝深信不疑。

汉武帝曾将归降的匈奴浑邪王部 4 万人安置在陇西、北地、上郡、朔方、五原这五个郡屯田。于是调兵，汉武帝下令从匈奴屯垦区抽调匈奴士兵 6000 人，各郡街上的地痞、流氓也抓来充军，就这样凑了数万人。他任命李广利为贰师将军，由曾跟随赵破奴进击楼兰的王恢带路，出兵远征大宛。

为什么任命李广利为贰师将军呢？因为据说汗血马就藏在大宛的贰师城，看来大汉这次是志在必得！

但李广利，终将成为笑柄。

此时，汉武帝才发现，边塞上能征善战的武将，朝廷中能治国安邦的文臣，已经寥寥无几。这些人，不是自杀就是被杀了。于是汉武帝下诏给各郡，向全国征招贤才。

汉朝还没有科举取士的制度，官员主要靠举荐。举荐的人出了问题，被举荐人和举荐人同罪。前期的很多能臣、武将死于直谏和官场阴谋，包括主张修建朔方城的朱买臣。

这个李广利原本是一个市井混混，出生于一个戏子家族，没有什么本事，但能歌善舞。李广利有个弟弟叫李延年，不知犯了什么罪，被赐宫刑，在汉宫内负责养狗。后来，李延年因为歌唱得好、曲谱得妙，被当作人才举荐给汉武帝。当时大才子司马相如等人负责填词，李延年负责谱曲演唱。

有一次，李延年唱了一首歌："北方有佳人，绝世而独立。一顾倾人城，再顾倾人国。宁不知倾城与倾国？佳人难再得！"这就是音乐史上有名的《佳人曲》，也是"倾城倾国"这个成语的原出处。汉武帝听着美妙的歌，不禁长叹一声：这世上真有如此美丽的人吗？陪着刘彻一起听歌的平阳长公主说，李延年的妹妹就是这样美貌的人呀！于是，汉武帝召来一见，确实美貌非凡，妙丽善舞，被纳为夫人。李延年的妹妹，原本就是一个舞女。李氏家族因为一首歌而得荣华富贵。

李家因李夫人而成为外戚，李延年被封为乐府协律都尉，佩两千石印绶。

李夫人给汉武帝生了一个儿子之后就死了，临死前她请求刘彻照顾她的兄长。汉武帝重情，原本想给李广利封侯，但李夫人虽然得宠，也只是个侍妾，地位不够尊崇，而封侯必须有战功，“白马之盟”的祖训不能变。攻打大宛是一个立功的机会。于是，李广利被任命为贰师将军出兵了。

柏梁台火灾的那一年，太初元年（公元前 104 年）五月，汉武帝下令征收小官吏和平民的马匹充实西征兵团。这年秋，蝗虫满天，成灾。

李广利率骑、步兵数万人出征。出了玉门关，沿南道进入西域，入楼兰。过了罗布泊，再向西行，途中的小国望着看不到边的汉军卷着黄沙而来，都紧闭城门，不给汉军提供食物。

李广利所带的这些人，并不是正规军，一路上掉队、跑路的人不少，战斗力极差。能攻下一个城，就有饭吃。有时，连个小城也攻不下来，就绕着城走。路途遥远，汉军缺乏粮草，一路上战死、饿死、病死、渴死的人不少。

这次出征，缺乏正规有效的组织。大军出动，所需的军需粮秣、饮水没有准备好。向导王恢估计也就是去过几个西域小国，对道路的艰险没有充分的思想准备。

今天，我们可以从《史记·大宛列传》中了解到当时大宛的一些情况。

大宛国在匈奴的西南，在长安的正西，距离长安大约 1 万里。大宛国与乌孙国不同的是，大宛也是农耕社会，当地人种稻子和小麦，产葡萄酒。那里有城墙和房屋，大小城镇有 70 多座，民众大约有 30 万。士兵善于骑射，用的兵器是弓箭和矛。北邻康居，西接月氏，东北靠乌孙，西南与大夏接壤，东边是于阗和扜弥（今新疆于田东北部）。

李广利本就是只懂街头打架斗殴的混混，并无军事常识，他率领的士兵也多数是市井流氓，个个欺软怕硬，所以这支打着汉军旗号的远征军，实际上就是一群乌合之众。原本西域上万人的城邦就很少，供应能力有限。汉军远征，各国都以为是攻打本国，所以紧关城门。

西征大军晃晃悠悠地到达了大宛的第一个边塞郁成城——车令等人以死殉国的地方。这时，远征军只剩下几千人，而且个个面黄肌瘦，疲惫不堪，毫无战斗力。汉军围攻郁成城，被郁成王击败。李广利原本想绕过郁成城，直攻大宛首都贵山城，但与其他将领商量后认为如果攻贵山城，难免腹背受敌，于是决定撤军回长安。

而此时，匈奴猛攻定襄、云中，击败汉朝驻军。之后，匈奴军一边撤退一边毁坏沿途的汉军军事设施。匈奴右贤王部攻击酒泉、张掖。

西征部队回到敦煌时，距离出发已经过去一年了。出发时雄赳赳、气昂昂的万人大军，只剩下数百人的残兵败将。李广利向汉武帝刘彻上书："道路遥远，缺乏粮草，士卒不怕战斗而怕饥饿。所剩下的士卒不多，难以攻下大宛王都。请求暂且修整，补充兵力后再去攻打。”

刘彻接到上书，大怒，派使者到玉门关，传旨：军队敢有入关者，斩！

汉军第一次远征大宛，因轻敌出师，指挥不利，保障不足，以惨败告终。这一年是汉武帝太初二年（公元前 103 年）。

李广利兵败大宛的消息传到长安城，天子汉武帝刘彻大怒，长安的勇士也大怒。

在中国历史上有一段经典的对话被记录在《战国策》的一篇文章中，名叫《唐雎不辱使命》。讲的是唐雎出使秦国，交涉安陵君的土地，和秦王起了争执。秦王大怒，对唐雎说：你听说过什么叫天子之怒吗？天子之怒，将伏尸百万，流血千里。匹夫之怒，不过摘掉帽子，踢掉鞋子，以头撞地而已。唐雎说，这是庸人之怒，并不是勇士之怒。如果勇士发怒，伏尸二人，流血五步，天下戴孝，今天就是时候。说完，唐雎握剑而起，怒视秦王。

在中国浩瀚的历史长河中，有过天子之怒，也有过勇士之怒。

在李广利兵败时，大汉王朝与匈奴汗国发生了两件意想不到的事。

第一件，汉匈之间连年战争，使双方伤亡都很大，匈奴汗国后期也很少南侵，而是向北扩展，休养生息。同时，匈奴加强军备，又多次派出使节，与大汉交好。于是，汉朝就派北地郡（今甘肃庆阳）的王乌先与匈奴单于接洽。这个王乌在边塞为官，懂匈奴语，去见单于时，他穿着匈奴服装，把汉节放在单于的帐篷外，盘腿与单于聊天叙旧，大谈当年的和亲好政策。单于很高兴，答应送质子去长安，以表诚心。王乌上报朝廷。汉武帝很高兴，又从朝廷派了一个叫杨信的使节出使匈奴。这个杨信出使时趾高气扬，不接受匈奴礼俗。于是，单于生气了，说以前汉匈联姻，汉朝送了很多礼物，我们才相互友好。现在让我们送质子去长安？没门儿！

于是王乌再去匈奴之地周旋，单于答应亲自去长安面见汉武帝，汉匈结拜成兄弟之邦！

汉朝廷在长安城内修建了豪华的单于官邸，单于派了一名最尊贵的高官先行出访长安。但这个高官到长安不久后就病倒了，大汉的名医抢救无效，匈奴高官死在了长安。汉武帝派出公卿级高官路充国，护送匈奴高官的棺柩回匈奴汗国，并带去大量的赔付金和礼金。但匈奴单于认为高官是被汉朝谋杀的。于是，扣押汉使，出兵骚扰边境。汉武帝命浞野侯赵破奴率拔胡将军郭昌进驻朔方城。这件事发生在元封四年（公元前 107 年）。

第二件，元封六年（公元前 105 年），匈奴汗国的单于死了，他的儿子挛鞮乌师庐继位，即“儿单于”。这个儿单于性情狂躁，好杀生灵。匈奴国内的官员人人自危，又加上雪灾，大量牲畜死亡。匈奴左大都尉准备发动兵变，杀了儿单于，然后投降大汉。左大都尉先期给汉朝发来一封密信，谋划兵变之事，提出汉军离匈奴王庭太远，不好接应，如果能派兵到边境，就可以发动兵变。

于是，汉武帝刘彻派将军公孙敖在塞外修建受降城，进驻大军准备接应。在约定的时间，浞野侯赵破奴带 2 万人出朔方，向匈奴边境靠拢。但是，左大都尉还没来得及发动兵变，消息走漏，被杀了。于是，儿单于出动骑兵打击赵破奴，赵破奴向受降城撤退。在离受降城还有 400 里的地方，汉军被 8 万匈奴兵包围。深夜，赵破奴带着几个人去找水源，又恰巧遇到匈奴的设伏部队，被抓了。汉军没了主帅，于是集体投降。汉军本来是接受匈奴投降，结果自己投降了匈奴。这与汉朝的军规有关，如果主帅阵亡或者被俘，下属都是死罪。所以群龙无首后，大军放弃抵抗，投降。不过没关系，几年后，赵破奴带着这些人又跑回来了。这件事发生在太初二年（公元前 103 年）。

李广利兵败，赵破奴投降，汉朝一下损失了数万人马。要不要再次出征大宛，朝野上下议论纷纷。朝中的公卿级官员上书汉武帝，请求停止远征大宛，全力对付匈奴。但天子之怒，覆水难收，于是主和派的官员被定罪下狱。汉武帝在全国下达动员令，赦免监狱的囚犯、流氓、恶少、奸商，强征入伍，规定民间七类人必须参战。同时，募集兵员，愿意参战的自带武器、马匹、粮食到敦煌报到。

今天，我们在读汉史时，不得不钦佩历史上汉人彪悍生猛、争勇好斗和顽强的探索精神。

只一年时间，到敦煌报到的人数就高达 6 万多，这还不包括志愿参加战斗的民众。首征大宛，街坊邻居没回来的，从军报仇；哥们兄弟没回来的，从军报仇；同学故友没回来的，从军报仇！全国陷入了大战前的风暴，大量军需物资——武器、粮秣、牛羊、战马、驮驴从民间集中到了敦煌。50 名有丰富作战经验的战将从边塞部队被抽调，补充到西征兵团中。

在汉武帝看来，西征失利，如果不挽回局势，那么今后西域各国将不把大汉放在眼中，这条西行之路将断送于一次失利的大宛之战。

此时，对一个强大的帝国来说，汗血马已不重要，重要的是帝国不容侵犯的权威。

征召的这些人，还不足以在人数上占绝对优势。为防匈奴趁机偷袭边境地区，汉武帝又抽调 18 万正规军进驻酒泉、张掖以北，并在居延（今内蒙古额济纳旗）、休屠（今甘肃民勤东北部）筑城屯兵。随西征兵团出行的有水利专家，准备沿途取水，围攻时切断大宛水源。此外，还有驯马专家，汗血马势在必得。

此次出动，北道、南道同时进兵，不再怕匈奴袭击。先行的使节通知沿途各国，汉军只为出击大宛，报劫杀汉使之仇，与沿途各国并无关系，各国可视情况提供给养。同时，汉使还给各国带去了大量的丝绸、财物。大军到达车师时停下休整，李广利将老、弱、病、残的军士拢到一起。这些留下来的军士在距车师 90 里的高昌，在一名校尉的带领下就地屯田、休养，保障大军军需。

沿途的西域小国纷纷打开城门迎接。走到轮台国（今新疆轮台县）时，因有过一次闭城让汉军绕道的先例，所以轮台王再次拒绝汉军入城。于是，李广利下令，强攻轮台城。城破后，屠城，一个不留。

汉军血洗轮台的消息很快传开，再路过沿途小国时，无人敢抵抗。

大军到达大宛郁成城，大宛军出城迎战，汉军箭弩齐发，郁成城的守军大败，逃入城内，闭门不出。

汉军不再强攻郁成城，而是直击大宛王都贵山城。擒贼先擒王，此行的目的，是打垮大宛的斗志，并不在于一城一池的得失。

大军到达贵山城后，围城。大宛人不会打井，贵山城内没有水井，于是，水利工程部队切断大宛城的取水地，让河流改道。贵山城被围得水泄不通，外围勤王的部队被汉军打得丢盔弃甲。大宛求援的康居国兵，此时也怕引火烧身，按兵不动。

被围城 40 余天，贵山城内的贵族们的精神先崩溃了。这些贵族认为，汉军长途奔袭，就是为了要汗血马，报汉使被杀之仇。这都是国王毋寡惹的祸。如果把国王杀了，把他的人头交给汉军，危机就会解除。于是，大宛国内发生政变，国王被杀。

而此时，贵山城外围的防线被汉军攻破，大宛最能打的将军被俘。贵山城内那些贵族的精神彻底崩溃了，轮台国被屠城的恐惧传递给了这些国破时人人求自保的贵族。

于是，这些贵族马上派人献上国王毋寡的人头，答应汗血马任由汉军挑选，汉军的战争费用由大宛国承担。只要汉军放弃进攻贵山城，保证城内官员和民众的安全，什么条件都可以谈。

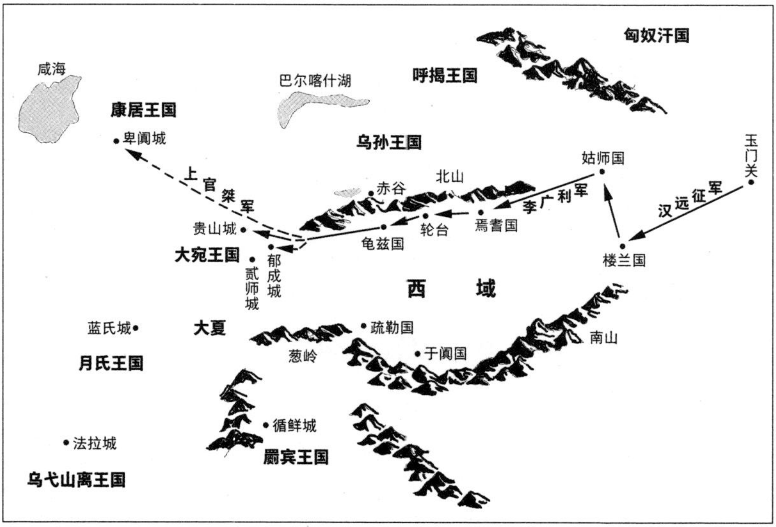

公元前102年，李广利二征大宛形势图　李东绘制

在李广利看来，此行的目的就是杀国王、抢战马、报汉使被杀之仇，现在目的达到了，可以休兵。于是，他接受投降条件，派人去贰师城挑选良马。然后在大宛的贵族中重新选了一个亲汉的贵族当国王，之后班师回朝。

李广利并无军事才能，只是仗着人多势众才得以获胜。在校尉的建议下，他采用蛙跳战术时，并没考虑到可能发生的腹背受敌带来的危险。当时，大军向贵山城挺进，只留了 1000 余士兵在校尉王申生的带领下监视郁成城的守军。但驻守郁成城的郁成王兵多将广，见大军前行，留下的人马不多，便偷袭了留守的驻军。这 1000 将士战死沙场，只有个别人逃出，追赶大军。

得到消息后，搜粟校尉（军需官，负责征集粮草）上官桀带兵返回郁成城，强攻郁成城。郁成王见大势已去，出逃至康居国。上官桀穷追不舍，追到康居国。康居国王知道大宛国已破，就交出了郁成王。

上官桀撤军，返回大宛，途中押解郁成王的上邦（今甘肃天水）人赵弟与校尉王申生是同乡，他越看郁成王越生气，于是，在押解途中挥剑剁下了郁成王的脑袋。

太初四年（公元前 101 年）春，汉军凯旋。李广利被封为海西侯，赵弟被封为新畤（zhì）侯，上官桀升任少府，被授予公卿级别的官员 100 多人，公卿以下级别的官员 1000 多人。战争打出了大汉的尊严，但两次出征大宛，汉朝损失人马巨大。

匈奴原本想趁机攻击回撤的大军，但苦于汉军人强马壮，于是派使臣暗中与楼兰王商议，攻击汉军的殿后部队，封锁西域的道路。刚到达玉门关的汉军西征兵团将领任文得知消息，带兵杀回楼兰，把楼兰王抓到了长安。

汉武帝刘彻亲审了楼兰王。楼兰王说：我们是一个小国，处于两个强国之间，不两边听命，就没有一天平安，请求准许楼兰人迁到中原生活。刘彻觉得楼兰王说得有道理，就给了他一些礼物，把他送回国，要求他协助监视匈奴的行动。这种离间计，让匈奴人不再信任楼兰国。

汉军两次远击大宛，惨败之后又大胜，树立了大汉的威严，巩固了大汉在西域的地位。这正是刘彻作为战略家的目的。

西域各国纷纷派质子入长安，以示修好。为保证西路的畅通，之后，大汉在敦煌与楼兰、车师之间设立驿站，西域之路不再有阻碍。为了保证使节与商旅的安全和便利，汉正式在西域设立校尉领护，武装屯田于轮台、渠犁。

《汉书》中，张骞、李广利的传记合在了一起。从历史学家的角度分析，李广利两征大宛与张骞出使西域同样重要。如果没有两征大宛，西域之路有可能会重新为匈奴所控制。汉军驻守西域屯田，也为后期设置西域都护府、将西域划为大汉版图打下了基础。

一年多后，大宛贵族觉得李广利所立的新国王昧蔡是汉军远征的罪魁祸首，他出使过长安，所以对汉朝使节唯命是从，过度谄媚，才招致汉的轻视，导致大汉纵兵远击。于是，大宛国发生政变，昧蔡被杀，前国王的弟弟蝉被封为国王。新国王怕汉朝的报复，就将政变的情况报告给了长安，并送太子入长安为人质，答应每年入贡两匹汗血马，一公一母。

这是大宛国的内政，汉武帝也不再干涉，并给予了新王赏赐和认可。

当李广利第二次远征大宛时，由于汉与乌孙结盟，乌孙昆弥答应汉使的要求，在乌孙与康居国境陈兵，以防康居应大宛之约出兵。这自然离不开细君公主从中斡旋。

当初，细君到达乌孙时，乌孙昆弥猎骄靡觉得自己活不了多久了，希望细君改嫁孙子军须靡。细君不愿意。改嫁意味着再也无法回到家乡，也违背了中原的人伦道德。于是，细君公主上书汉武帝，希望皇爷爷反对，这样她就可以返回中原故土。但汉武帝回信："从其国俗，欲与乌孙共灭胡。"

猎骄靡死后，孙子军须靡继承乌孙昆弥位。细君改嫁军须靡。

在李广利远征大宛回归那年，细君公主生下一女之后在乌孙山下香消玉殒，时年 22 岁。

细君公主在乌孙的 3 年时间里，匈奴汗国频繁地变换单于，无暇西顾。先是儿单于攻击受降城的赵破奴，汉军投降之后，又命令军队攻击定襄、云中、酒泉、张掖四郡，之后儿单于病死。儿单于的儿子太小，匈奴贵族改立儿单于的叔父右贤王为单于，挛鞮呴（xǔ）犁湖继位。之后呴犁湖没一年又病死了，他的弟弟左大都督挛鞮且鞮侯又继位，成为第九任匈奴单于。

汉武帝对新任单于先祝贺送豪礼，之后写信威胁。

信的大意是说：按中原文化的习俗，君子报仇，百代不晚。当年冒顿单于围高祖刘邦于平城。高祖刘邦病逝后，冒顿单于又写信调戏吕后。此事虽已隔九代，但还没完，这些账都记着，总有一天要清算。

介绍一下乌孙的习俗。当时北方游牧民族实行收继婚制，丧夫之妇由继承者或夫家亲属收继。这种原始的婚配主要是为了保持家族的紧密性、完整性、稳定性。当年，刘邦与匈奴冒顿单于称兄道弟，汉家远嫁公主。后来，刘邦死后，冒顿单于命人写信给吕后称：以己所有，换己所无，向吕后求婚。在汉文化看来，这是在调戏吕后，但是从草原民族的风俗出发，则是表达亲近。

这封信在当年差一点挑起汉匈大战。可见文化基础不同，对同一问题的理解就可能不同。

单于新任，政局不稳，也不愿与大汉为敌，于是且鞮侯回信说：汉天子是我的长辈，我怎么能冒犯？为表诚心，愿意释放历年扣押的汉使，并遣使大汉，送来牛羊。

三、汉之气节

公元前 101 年，生有一女的细君公主去世，乌孙国在向汉武帝报丧的同时，对汉地美女情有独钟的军须靡上书汉武帝，请求汉武帝再次远嫁公主。

再次远嫁的公主叫刘解忧。与刘细君不同的是，解忧公主不是善诗辞、通音律的悲情美女，而是一个杰出的政治家，她与闺蜜冯嫽将驰骋乌孙政坛 50 年，为国解忧。

刘解忧是第九个远嫁的汉公主，其祖上刘交是高祖刘邦的弟弟。刘邦有兄弟四人，老大死得早，老二不成器，老小刘交则是一个儒家学派的文人，且能文能武，与萧何、曹参曾是刘邦的左膀右臂，西汉建国后被封为第一代楚王。

刘邦以布衣起家反秦，不过七八年便奠定了大汉江山。刘交封王，本身就是刘邦平定诸异姓王叛乱后设“白马之盟”的结果。刘交之子刘郢（yǐng）客是在儒家文化氛围中长大的。作为第二代楚王，他结交儒生，乐善好施，大办教育，稳定封国，颇有成效。但解忧的爷爷刘戊，即第三代楚王，却是个败家子。

这个刘戊，爹死得早，从小受宠，本事不大，毛病不少。当年汉景帝正找碴儿削藩，这个刘戊竟然在为太后服丧期间饮酒享乐，乱淫宫女。被人告发后，楚国被削去了两个郡。如果至此他谨慎为王也就罢了，但是之后刘戊参与刘姓王的“七国之乱”，兵败后自杀。

刘戊死后，其家人皆成罪人，楚王位由远在京城做官的平陆侯刘礼接任。于是刘戊的后人迁出楚王府，成为罪臣之后。刘戊的儿女连名字都没有留下来，直到孙子辈出了个刘解忧。

解忧的家境比细君公主好不到哪儿去，但是作为皇族成员，她还是受到了良好的教育，并出落成了美女。解忧生长于楚都彭城，也就是现今徐州。从地域上说，彭城历来是兵家必争之地。这里战争多发，文化多元。不难想象，刘解忧的性格中存在着不屈、好争、敢作敢为的豪爽，这不同于在江南长大的温文尔雅的刘细君。我们倒推解忧的出生，大概是在公元前 121 年。

细君公主在乌孙病逝之后，汉武帝刘彻为了巩固与乌孙的联盟，于太初四年（公元前 101 年）将刘解忧封为公主，远嫁乌孙。解忧能被封为公主，可能与楚王府的帮忙有很大关系。因为第七任楚王刘纯是刘交的五世孙，算是解忧同辈的兄长。

我们无法知道乌孙昆弥军须靡是否有王后，因为左、右夫人都属于妾室。

史料记载左夫人匈奴公主为军须靡生了一个儿子泥靡，细君公主生了一个女儿少夫。解忧公主替代细君公主的位置成为右夫人。右夫人的地位在左夫人之下。解忧公主与军须靡并没有子女。当两个没有血缘关系的女人在同一屋檐下属于同一个男人时，彼此间矛盾形同水火。这很麻烦，解忧的性格绝对不能容忍左夫人。而作为匈奴人的左夫人，也肯定不会喜欢解忧公主。

解忧公主与匈奴公主之争，不是两个女人为得宠而争，而是大汉王朝与匈奴的地位之争。在乌孙人心中，匈奴人的地位是高于汉人的，因为乌孙与匈奴有共同的生活习惯、饮食习惯，语言上也有相通之处。

从民间一段故事中，我们可知匈奴左、右夫人之争的激烈。据说，有次解忧公主病了，吃了随行御医的药后不见效，于是御医们在当地采药。怕匈奴公主身边的人趁机下毒，也因为不了解西域草药的药性，于是御医采用了药物泡脚按摩的办法治好了公主的病。后来，这一疗法变成了西域乌孙人的“濯足治病”的习俗，也就是今天的足浴。

军须靡在世时，解忧公主并不得宠，甚至还备受冷落。好在没两年，军须靡就病逝了。匈奴公主生的儿子泥靡年龄太小，于是军须靡的堂弟翁归靡接任了王位。在备受冷落的几年里，解忧公主顺利地赢得了乌孙民众的爱戴。解忧出身贵族，但成长过程中并没有享受到贵族的待遇。因为是罪臣之后，她在谨小慎微中长大，所以很容易与身份卑微的下层民众打成一片。

如果说细君公主得到乌孙人的尊重，是自上而下的，那么解忧公主得到乌孙人的认可则是自下而上的。放下尊严，与民交往，民间传播的好名声提升了解忧在乌孙国的地位。

在历史文献中，并没有记录解忧公主远嫁之前的生活。她远嫁时近 20 岁，在当时的社会环境下，已是大龄女青年，迟迟嫁不出去最大的可能还是因为她是罪臣之后。在解忧公主远嫁后的近 27 年中，史料也没有记录她在西域的政治活动。我们所能知道的，只是乌孙昆弥军须靡死后，他的堂弟翁归靡继任为乌孙昆弥。

改嫁翁归靡后，解忧生下三男两女。与解忧公主同时改嫁翁归靡的还有解忧的对头匈奴公主，她为翁归靡生了一个儿子，叫乌就屠。

远嫁的解忧公主再次回到史料中则是27年之后。在这27年之间，汉与匈奴、汉与西域诸国之间发生了很多故事。

既然新任的匈奴单于送回了扣押的汉使，汉武帝也命人释放了扣押的匈奴使节。汉匈之间路途遥远，匈奴使节需要人护送，这一重担落在了中郎将苏武身上。大汉气节的故事又将再次上演。

苏武出使这一年是天汉元年（公元前100年），副使张胜，兼使常惠，护送被扣的匈奴使节返回匈奴之地。

苏武带领使团进入匈奴汗国国都（现蒙古国哈拉和林市）时，一个计划正在匈奴内部悄悄酝酿。计划的内容是杀死丁零王卫律，劫持单于的母亲，然后回归汉朝。计划发起人是缑王和虞常，这两人本都是匈奴人，当年跟随浑邪王降汉，成为汉朝军队匈奴兵团的将领。太初二年（公元前103年），赵破奴找水被俘，他的军队2万人集体投降，当时缑王和虞常就是赵破奴手下的将领。

虞常与使团的副使张胜在长安时是朋友，这次在匈奴王庭相见，两人都不胜感慨。

虞常私下拜访张胜时对他说：我的亲人都在长安，当初投降是迫不得已，现在我们准备射杀卫律后回归汉朝。张胜当时可能也想借此事立功封侯，就没有告诉苏武，还给了虞常一笔钱作为资助。

一个月后，匈奴单于外出打猎，缑王和虞常带领70多人准备行动。但是消息败露，匈奴军队包围了缑王府。缑王战死，虞常被擒。

“虞常事件”一出，张胜怕了，就把对虞常私下的承诺告诉了苏武。苏武得知详情后说：虞常被捕，必招出与汉使勾结之事，会殃及使团，那时就辜负了国家的重托。于是拔剑准备自杀，兼使常惠拦住了他。

这个常惠出身贫寒，太原人，主动应募出使匈奴。此人也是胆略过人的英雄人物。

虞常果然供出了张胜，于是单于大为恼火，朝议时，决定诛杀全部汉使。但是，左伊秩訾王是温和派，他提出反对，认为虞常等人的目的是杀卫律，并不是谋反，所以如果汉使投降，可授予大任，决不可因此事与大汉结仇。

那么卫律是谁呢？为什么缑王、虞常、张胜都想杀死他？

这个卫律的父辈是生活在浐水（今陕西省蓝田县）的汉地胡人，卫律自小在长安长大。他与李延年是朋友。卫律能与李延年混在一起，那么两人肯定有情趣相投的一面。后来，李广利投降匈奴，卫律为了利益设计谋杀李广利。

李延年在中国音乐史上的地位极高，但其在《史记·佞幸列传》中是排名第一的靠谄媚而得宠的佞臣。李延年靠汉武帝宠幸妹妹才得协律都尉（二千石的高官）一职。当时，汉武帝也很宠信李延年，甚至到了同起卧的地步。

李延年有个弟弟叫李季，因外戚得势，飞扬跋扈，不可一世。这兄弟俩忘了汉武帝是由于李夫人长得漂亮，爱屋及乌才会宠信他们。李夫人生昌邑王刘髆（bó）后不久就病死了。按理说李延年、李季兄弟俩应该收敛点，但二人依旧放肆如初，李季甚至奸淫后宫宫女。汉武帝盛怒，诛杀了李延年、李季兄弟全家。当时，李广利在塞外征大宛，才没连坐。

李延年曾向汉武帝推荐卫律作为汉使出访匈奴汗国。出访是成功的，但卫律从匈奴汗国回来的路上，得知李延年全家被诛，怕牵连到自己，于是逃亡到匈奴汗国。

事实证明比敌人更坏的往往是叛徒。因为卫律常年生活在长安，对汉朝的官制、官员很熟悉，对长安的布局、城防也很熟悉，所以卫律投降，匈奴单于还是很重视的，封他为丁零王，封地在北海（今贝加尔湖），但长住汗都，与单于共商大事。

匈奴单于命卫律去审问苏武。审问中，苏武拔出佩剑对常惠说：无端地蒙冤，自己的人格和国家尊严受到侮辱，还有什么脸面回长安？言必，苏武拔刀自刎。卫律大吃一惊，抱住苏武，忙找医生抢救。苏武昏死过去，常惠带人哭着把他抬回营帐。

草原民族是一个崇拜英雄的民族，苏武的气节令匈奴单于很震惊。于是，每日早晚派人探问苏武的病情。在单于看来，有气节的人都是有大才的人，于是要卫律劝降苏武。

卫律来找苏武。卫律未曾料想的是，能把生命置之度外的人，是不可能被荣华富贵所诱惑的。每个人的价值观不同，人的一大缺陷就是用自己的价值观去衡量别人的价值观。对卫律来说，好死不如赖活着。但对苏武来说，活着就要活得有骨气。

这是一场血腥的会面。卫律当着苏武的面审问了虞常，并当着苏武的面砍下了虞常的头，然后剑锋指向张胜说：你与虞常密谋刺杀本丁零王，罪该万死，如若投降可免一死。张胜吓得马上下跪，愿意投降。然后，卫律又剑指苏武，苏武面不改色。

卫律与苏武关于价值观的对话，被记录在《汉书》之中。

卫律：降，荣华富贵，封侯升爵，牛羊满山。不降，利剑穿喉，抛尸荒野，无人知晓。

苏武：南越国王杀了汉使，被屠城，其国领地被划为大汉的九个郡。大宛国王杀了汉使，汉军出征，之后长安北门挂着国王的人头。朝鲜国王杀了汉使，亡国亡家，其地变为大汉的四个郡。如果匈奴也想亡国，那就从杀我开始吧！

卫律：张胜是副使，预谋刺杀，正使也该连坐。

苏武：我不是张胜的同谋，也不是他的亲属，为什么要连坐？

卫律：我投降了匈奴，蒙受大恩，尊为王爵，采邑万人，牛马满山，享受富贵。先生，如果你答应投降，明天也可如此！

苏武的目光看着苍天，闭口不言。

卫律：我们以前在长安是朋友，以后还是朋友。如果不降，今后尊卑有别，先生再想见我就很难了。

苏武：你背叛君主、父母，甘心犬马，我为什么要见你？单于既然信任你，让你来辨明是非，你不公平处理，是想用杀汉使的办法挑起两国争端吗？

卫律知道无法劝降苏武，于是向单于汇报，单于因此更加敬佩苏武的人品。为逼苏武投降，将他关在野外的地窖中，断绝饮食。

苏武在地窖中，饮积雪，吃羊毛，竟然没有死。这让单于非常震惊，认为有神帮助他。于是将苏武流放在北海，让他放牧公羊并承诺，公羊生崽，苏武便可回归中原。

拒绝投降的常惠等人也被流放到荒野。

这之后，就有了李陵的兵败投降。

在苏武被流放的第二年，汉对匈奴进行了军事打击。这一年是天汉二年（公元前 99 年）。汉军出塞的目的是打击匈奴右贤王部。3 万大军出酒泉，攻击目标是位于西域东天山一带的游牧地蒲类。

汉军突然出现，匈奴人来不及集结，抵抗的被杀，未抵抗的被俘。这次出击的军事长官是贰师将军李广利。军事行动在于速战速决，特别是对匈奴的攻击，因为匈奴并无常备军，人人可纵马骑射。

很快匈奴人就集结成大军，汉军在回撤途中被困。缺粮短水数日之久，汉军伤亡不断增加，李广利无计可施，面临着可能全军覆没的困境。

李广利并非将才，任用李广利为将，其实是汉武帝征战生涯的一处败笔。

为将之道：智、信、仁、勇、严。智排第一，勇为第四，当两者欠缺时，则为愚将。李广利不是欠缺两者，而是五者皆欠。

在这次西域边缘的交锋战中，凸显出了一位名将——赵充国，时任假司马，以现在的军职对应的就是军队的副参谋长。

赵充国是陇西上邦人，17 岁时全家移民至边塞的金城郡，是戍边屯垦的良家子弟。他为人沉稳有谋略，好习兵法，决断勇敢，长年在匈奴与羌地生活，语言优势不可轻视。

在李广利无计可施时，赵充国组织了百人的敢死队，向匈奴兵团的软肋部发起攻击，打开了一个缺口，贰师兵团随后突出重围。此战，汉军伤亡高达三分之二。

赵充国身负 20 多处刀箭伤，汉武帝刘彻亲自察看伤情。之后，赵充国被任命为中郎将，开启了他的征战生涯。这一年，赵充国 37 岁。

在这一年的征战中，历史上的悲剧将军李陵也在征途中。

李陵是李广的孙子，遗腹子，曾当过刘彻的警卫，后被任为骑都尉，当时他率 5000 兵在酒泉、张掖一带驻防。

当李广利出兵西部匈奴时，李陵的任务是保障贰师兵团的后勤补给线。李陵并不愿与李广利之流为伍，于是要求带自己的 5000 兵向南挺进，分散匈奴的注意力。

汉武帝觉得李陵有李广之风，于是答应了李陵的请求，并告知李陵，由于征用的军队太多，缺少战马。李陵部只是步兵。汉代的步兵是有马拉战车和辎重车队的，并不是一匹马都没有，而且主要将领也是配有战马的。

军队作战，最忌讳的就是将帅不和。原本李陵出发时，壮志凌云。当年霍去病“马踏匈奴”，而李陵的理想是“脚踏匈奴”。但此时，军队内部出现了不同意见。

汉武帝的策略是，李陵部向南搜索，如遇强敌，后撤时由强弩都尉路博德率军出塞接应。但路博德上书说：正值秋季，匈奴草黄马正肥，正是掠夺的季节，这时候应该以守为攻，不宜进入匈奴腹地。李陵兵团应该暂停进攻，等来年匈奴牧马草原、人力分散时再战。

李陵的壮士之行受到质疑。汉武帝认为，李陵胆怯，所以让路博德对自己说出敷衍之词。另外，李陵不愿当李广利的部将也让汉武帝心生不满。于是，汉武帝命令李陵立即出兵，由居延海之北向浚稽山南麓龙勒水搜索前进，如未遇匈奴兵团，就撤至受降城。同时命令路博德从西河郡出塞，与还在草原上游荡的因杅（yú）将军公孙敖会合，掩护李陵兵团。

李陵出发了，步行 30 天后到达浚稽山。他把沿途的山川水势、兵要地志绘成图派人送到长安。

李陵与爷爷李广的命运极为相似。不久后，李陵的部队遭遇了匈奴 3 万人的主力军团，主帅正是挛鞮且鞮侯单于。李陵随即将部队带到两山之间的谷口，用粮秣车在四周布防，命人在车阵外盯控，构筑工事。

匈奴军发现李陵部人数不多，直攻李陵军营。汉军前排士兵迎战诱敌，然后撤回战壕，后排弓箭手万箭齐发，匈奴损失巨大，后撤。汉军击尾，斩杀数千人。当时汉军装备里有连弩，一种可以连续发射箭杆的武器。单于不敢再攻，调兵增援，匈奴围攻兵力增至 8 万。

如果我们还原现场，就是 5000 步兵边战边退，数万匈奴骑兵游离于两侧和尾部，时而攻击，时而休战。

李陵的士兵是楚军，个个武功绝伦，人人力能扼虎，算是“特种兵”，战斗力极强。就这样向边境回撤，走了数日，到达一个山谷，汉军突然回击，再挫匈奴骑兵，但汉军也伤亡较重，于是李陵下令：士兵受伤三次以上的，可以乘战车，受伤两次以上的可以驾车，受伤一次的继续战斗。于是，李陵军团再次回击，斩匈奴 3000 多人，抢夺匈奴战马武装自己。然后，改向东南，沿龙城旧道前行，目的是尽快到达边境。

在匈奴的尾随下，汉军到达芦苇茂盛的大泽时，北风刮起，匈奴从上风放火，准备把汉军烧困在大泽的芦苇丛中。

火借风势滚滚而来，高原湖面上浓烟四起。

李陵下令，在下风放火，烧出隔离带，以绝火势。

火的热气，会改变局部的气象。隐藏在冰泽中的汉军张弓搭箭。

匈奴骑兵待烟尘退去，啸叫着冲锋，准备马踏焦尸。当他们冲过隔火带时，芦林中突然万箭齐发，汉军再胜。

李陵军再折返向南，进入山丘地带的丛林中。此时已是冬季。

匈奴再度攻击。这场丛林战，李陵部再次击杀匈奴数千人。

这支顽强的军队让匈奴单于认为是汉军的诱饵，所以匈奴军团只是尾随，不敢大举进攻。匈奴的指挥官们认为，面对区区几千步兵，如果不能战胜，会让汉人蔑视。如果在山林中不能取胜，再向前就是平原，离边境就近了。于是，匈奴军队决定强攻。

李陵军团被困山林，但战斗力依旧很强，每天数十次交战，又斩杀匈奴 2000 多人。匈奴人认为这是块硬骨头，啃不动，准备撤军。

李陵此次兵败的主要原因是下属军官带兵缺少“仁”与“信”。如此艰难的苦战都扛过来了，却在关键的最后一战出了问题。这时候，李陵军中的一个叫管敢的军侯受到上级校尉的辱骂和殴打，气不过，就投奔了匈奴。

这个军侯到了匈奴军中，马上把李陵部的底儿全盘告诉了单于：李陵军团并没有后援，目前方向也不明确，后退之路上也没有埋伏，且他们的箭将用尽。目前只有李陵的警卫部队和成安侯韩延年的建制还全，约有 800 人。加上其他残部也就 3000 人左右。李陵指挥部的战旗是黄白色，如果集中兵力攻击，可以击败。

此时的李陵军团被困山谷，退路被断。匈奴兵团遍布山顶，向山谷中射箭。箭如雨下，盾牌上“长”满了箭杆。

李陵率部再次突围，到达鞮汗山，这里距汉军边防部队只有 90 千米。

李陵再次率部血战，箭终于用尽，于是放弃辎重。

在连续的强力作战中，弓折戟断。连续的长途行军让士兵们疲惫不堪。士兵砍下车轴当武器，随军的文书握着刻竹简的笔刀。这是一群以死肉搏、视死如归的勇士。

部队退入峡谷，包围圈在缩小，单于率部堵在谷口，两边的山头滚下巨石，双方的杀声震天。李陵部再也无法突围。

如此顽强的对手，让匈奴人很敬佩。匈奴军中的士兵高呼着：李陵、韩延年投降，可得高官厚禄。如若不降，杀你个片甲不留。

黄昏来临，匈奴强攻不下，歇战，谋划着继续招降。

夕阳西下，残阳如血。大漠的寒风下，战旗猎猎，重伤的士兵哀号阵阵。士兵短暂休整，嚼着干粮、啃着冰块。

李陵脱去铠甲，独自出营地侦察四周地形。他想刺杀单于，但现实是他根本无法靠近单于。回营后，李陵召集众将士，长叹一声说：目前败局已定，援兵无望。于是下令砍倒战旗，将值钱的物件埋于谷中。然后李陵再次长叹：苍天呀，如果我们还有箭弩，就可以突围。天明之后，匈奴如果再次攻击，我们将葬身于此。不如趁夜黑之际，各队分散突围，如有人脱险，请将我们苦战的真实情况上报天子。然后分发干粮，约定先到达边境遮虏障的接应后面的人。

那天半夜，李陵命击战鼓，但鼓已破，不得响。李陵、韩延年跨上战马，率 10 余人向南突围，部下分散突围，匈奴骑兵数千人围追。回到边塞遮虏障的将士只有 400 多人，突围处距汉匈边界最近的屯兵点不过百里。

成安侯韩延年战死。韩延年的父亲是韩千秋，曾任济北国相，在攻击南越国时捐躯。武帝感动，封他的儿子韩延年为成安侯。韩延年出兵前是太常卿，位列九卿之首，二千石的高官，匈奴单于想擒服他，但韩延年在匈奴的围追堵截下奋力拼杀，身中数刀，至死不降。相门虎子，相隔十年，父子两代相继为国捐躯。

此战，李陵被俘，朝野震惊。先期送地图回来的李陵部将陈步乐闻讯自杀。

此事很久后汉武帝刘彻才反应过来，认为当初命路博德接应的命令下得太早，这个老家伙认为给李陵打下手掉价，并没有接应。

刘彻下令封赏回归的李陵残部。

原姑师国的小月氏居民被赵破奴、王恢内迁后，匈奴人与盐泽一代的姑师人占据了小月氏人故地，称为车师。

当初，匈奴介和王成娩降汉，被封为开陵侯。刘彻命开陵侯成娩引兵出征，夺回车师、高昌。因为先前有了赵破奴 700 骑破楼兰、车师的先例，这次开陵侯所带的人马并不多。先到达楼兰，将楼兰的士兵集中后，攻车师。此战拉开了汉与匈奴长达 50 年的“五争车师”之战。匈奴得知汉军出兵的消息后，统管西域军务的右贤王派出数万骑兵，千里驰援车师，开陵侯成娩兵败。“始争车师”以汉军失败告终。

当时，汉匈双方频繁作战，互相之间投降极为正常，投降后再回归也很正常，一样能得到重用。比如赵信本是匈奴小王，战败后投降汉军，成了汉军的将军，被封为翕（xī）侯，在卫青手下任前将军，多次立战功。后来又战败，赵信又投降匈奴，因熟悉汉地，被匈奴单于器重，封为自次王，娶了单于的妹妹。再比如，李陵与匈奴鏖战这一年，曾700骑平楼兰、车师的浞野侯、鹰击将军赵破奴，被俘后投降匈奴，损失2万多人。在李陵战败时，赵破奴又从匈奴之地逃回长安，未受处罚。所以，当时李陵只是暂时被俘，只要有机会他还会归来。

公元前97年，20万汉军再次出击匈奴，从朔方、雁门、五原出塞，主帅还是李广利。汉匈两军在余吾水南岸会战，打了10多天，李广利兵败。

由雁门出塞的因杅将军公孙敖受领了一个任务——找到并接回李陵。但是公孙敖部与匈奴左贤王部遭遇，战败。回归后，为推卸战败的责任，公孙敖向汉武帝报告：据俘虏称，战败的原因是李陵投降了匈奴，并指导匈奴军队作战，打败了汉军。

汉武帝震怒，下令诛杀了李陵全家。后来汉朝得到消息，因为匈奴人发音不准，听错了，指导匈奴军的不是李陵，而是另一个降将李绪。

这时候，李陵跟苏武一样，只是被囚困于匈奴之地，并没有投降。而被俘的士兵与他在一起，准备着有机会时返回中原。

得知全家被诛杀的消息，李陵悲痛至极，投降匈奴，并派人刺杀了李绪。这个李绪深得单于母亲的喜爱，被杀后，单于母亲大怒，要诛杀李陵。但是挛鞮且鞮侯单于认为李陵是个军事天才，就把李陵藏在了北方的坚昆部。直至单于母亲去世，李陵才回到匈奴王庭。单于把女儿嫁给李陵，封他为右校王，统率坚昆部。

大文豪辛弃疾曾为李陵赋词：“将军百战声名裂。向河梁，回头万里，故人长绝。”

《报任安书》是司马迁的绝笔信。在写这封绝笔信时，《史记》已完稿。之后，司马迁再未写过文章。任安是一名犯人，给监狱要犯的信一定经过审核，汉武帝刘彻肯定看到过这封信。

大概在写信后不久，司马迁就死了。自杀？病故？意外？诛杀？冤杀？没有记载，不得而知。

这封信中产生了诸多的成语和惯用语。时至今日，我们还常将其挂在嘴边。

这封信对人性做了深刻的分析，对官员的善恶下了精准的定义！时至今日，这些定义依旧深刻、在理。

先说谁是任安以及司马迁为什么要写信给他。

任安是荥阳人，孤儿，生活贫困，以给人驾车为生，当过小吏，民众的口碑极好。后来汉武帝出游路过任安做官的地方，他因为没有浪费民财搞形式主义而被罢官。之后他到大将军卫青的府上当了门客。

任安在大将军府认识了一个朋友叫田仁，两人都家境贫寒，无钱贿赂管家，于是被安排给卫青养马。田仁曾对任安说：大将军府的管家狗眼看人低。任安回答：大将军都有眼无珠，不识人，何况他的管家。

有一次，卫青去平阳公主家做客，任安和田仁作为警卫或车夫随行。吃饭时，两人被安排与平阳公主家的仆人坐在一张席子上共食。任安愤然，拔出配刀，将席子割开，与平阳公主的仆人分席，以示尊严。

后来，汉武帝刘彻派人到大将军府选拔侍从，卫青选了门客中 10 位家庭富裕的人，给他们准备鞍马、服装、佩剑。

卫青是个私生子，也是奴仆出身，所以他内心对权贵有天生的畏惧和敬仰。刚好有一名“酷吏”赵禹来卫青家做客，卫青将准备推荐的人让赵禹审核一下。这 10 人被叫来“面试”，赵禹逐个交谈，结果大失所望。

赵禹就对卫青说：皇上有知人之明，如果这些人去了，就是木头穿着人衣，会让皇上认为物以类聚，人以群分，什么样的官就会推荐什么样的人。这些人有财无能，会让皇上看低大将军。于是，大将军府的百余名门客，依次被唤来让赵禹挑选。赵禹只看中了任安与田仁两位。

汉武帝刘彻是会用贤才的能主，召见任安与田仁两人时，让他俩相互评价一下对方。田仁说：手执鼓槌，傲立辕门，使将士甘心情愿、视死如归，我不如任安。任安说：决断嫌疑，明辨是非，让官员不令而信、百姓爱戴，我不如田仁。此后，两人为官清廉，官誉天下，做到了二千石的高官。后来又都因“巫蛊之祸”被冤杀。

任安在当益州刺史时，给好朋友司马迁写过一封信。这封信的主要内容是请求司马迁利用其在皇帝身边工作的机会，多为国家举荐人才。司马迁时任中书令，也就是皇帝“秘书”的角色。接到这封信后，司马迁并没有回信。几年后，直到任安进了监狱，马上要被押往刑场，司马迁才回了这封信。

在这封信中，司马迁阐明了自己的立场。

一、任安是自己的知音，现在任安为小人所害，将要赴死，如果不把心里的愤懑告诉任安，将留下永生的遗憾。

二、就算自己的才能像和氏璧一样稀缺，自己的品行像圣人那样高尚，可是受了腐刑之人，不可能再度荣光，多言反而被人耻笑，故不愿自取其辱。

三、士为知己者用，女为悦己者容。自己虽然平庸，但保持着气节，处于一个污浊的人情氛围中，每做一件正义的事，总会有人说三道四。想引导事物向好的方向发展，但总是让自己受到伤害。郁闷时，无处述说，两眼茫然。钟子期死了，伯牙一辈子不再弹琴。为什么？知音难觅。

四、一个人的荣辱观可以决定一个人的价值。君子立于世，必须有“五德”。人生最大的灾祸就是贪利，最大的悲哀就是心伤，最大的丑行就是忘本，最大的耻辱莫过于被处宫刑。

五、自己沾了父辈的光，留在京城做了个小官，未做出什么大贡献：一不能进纳忠言，出谋划策，得到信任；二不能拾遗补阙，招纳贤才，推举能人；三不能纵马扬刀，斩将夺旗，攻城略地；四不能谋取高位，积累资历，光宗耀祖。所以只能谨小慎微，保全自己。

六、以前自己位于小吏之列，也曾义愤填膺地发过一些微不足道的牢骚。那时候没有利用机会为国家出谋献言，现在与宦官为伍，若再昂首扬眉、评论是非，就是轻视朝廷。

七、自己并没有卓越不羁的才华，也没有乡亲们的拥戴，能顶替父亲的官位为国家出微薄之力，就不能有太多的奢望。所以，断绝了社会往来，忘掉家中事务，日夜都在考虑如何专心供职，以求得信任。

在这封绝笔信中，司马迁说了受辱的原因。

司马迁说，他与李陵不是一类人，没有什么交集，更不是朋友。但是据他观察，李陵不是庸常之人，他讲孝道、守信用、尊长幼、不贪财，为人谦和，自甘人下，总想着为国赴难，具有国士之风。

李陵出兵，未败之前，朝廷收到捷报，朝臣们兴高采烈，颂扬皇帝的英明决策。李陵战败，那些稳坐朝堂、拥妻抱子、享受荣华富贵之辈，竟群起栽赃构陷。

李陵转战千里，箭已尽，路已绝，救兵无望，将士死伤遍布荒野。然而李陵振臂一呼，将士们立即跃起，眼中含着泪，身上淌着血，强忍疼痛，举着车轴，握着笔刀，冲向寒光的马刀，与敌人血肉相搏……所以，李陵投降只是权宜之计，必会寻机归来。

司马迁只是为一位国士说了几句公道话，便遭宫刑。

按照法律，只要交出一笔赎金，就可以免罪，可是司马迁没有钱。朋友中没有一个人来看他，也没有一个人伸出援手。最亲近的长官、同事、亲信，没有一个人帮他说一句话，像避瘟疫一样远离他。

司马迁说，他的先祖不是开国元勋，家中没有免死的铁券丹书。他的工作是历史、历法、天文星象。外人看来，这属于算命卜卦，等同于巫师之职，毫无尊贵可言。

在狱中，他手脚被捆，戴着刑具，赤裸着身体，任人欺辱。见了狱吏怕被殴打，不由自主地下跪，唯恐狱吏不高兴，大气都不敢出。

为什么？在强权和暴力面前，人哪里会有尊严。韩信、张敖这些曾称王称霸的人进了监狱也是如此。大将周勃率百万之军，面对强敌毫不畏惧，但在狱吏面前也是瑟瑟发抖。

窦婴、灌夫、季布，这些人都曾是王侯将相，当穿上囚衣、戴上镣铐时，不去自杀，维护士大夫的尊严，宁愿偷生于尘埃之中。古今人性便是如此，谁能逃脱？

人之常情，无不贪生怕死，思念亲属，眷恋妻儿。一旦遇到正义公理，又能舍生取义，杀身成仁，这是君子的气节！

司马迁为什么要活着而甘受其辱？因为他的文章还没有写完，他想让毕生的心血流传于世。

司马迁说，生前富贵、死后无名的人多了。但是，有些人能够名垂千古。文王被囚推《周易》，孔子失意修《春秋》，屈原放逐作《离骚》，孙膑剁足留《兵法》，左丘明目盲撰《国语》，吕不韦被贬著《吕氏春秋》，韩非子囚禁写《说难》。《诗经》数百篇，皆为忧国忧民的宣泄。

司马迁说，人心忧郁悲愤，没有申诉的渠道，才追述过往的事，预测发展的规律。著书立说，使人的愤怒得以平衡，借文字以展大志宏才。他将精力投入到被认为“毫无价值”的辞章之中，收集天下遗闻旧事，综合分析，考察本末，梳理兴衰，品鉴成败，查找规律，警示后人。已完成 130 篇的表、书、本纪、世家、列传，用以研究天道人和，了解古今变局，分析与辨别，以史为鉴。这就是他忍辱负重、苟且偷生的原因。

司马迁树立了中国人独特的生死观：“人固有一死，或重于泰山，或轻于鸿毛，用之所趋异也。”

《报任安书》全文 2397 字，字字珠玑。当时是刻在竹简上，如果译成现代文，2 万字也说不完，如果注解成书，20 万字并不为过。

有血有肉、胸怀壮志、忧国恤民但无能为力的司马迁跃然于竹简之中，历经两千多年而不朽。

不知道汉武帝看过这封《报任安书》后，会作何感想？

四、罪己之过

太始元年（公元前 96 年），匈奴单于挛鞮且鞮侯死了。他有两个儿子，长子是左贤王，次子是左大将军。左贤王不在王庭，匈奴贵族以左贤王重病为由，立左大将军为单于。此时，左贤王已快到王庭，听到消息，不敢前进。这个弟弟很仗义，听说哥哥回来了，主动让位。

于是，匈奴汗国第十任单于挛鞮狐鹿姑继位，封弟弟为左贤王，左贤王的位置是王储。单于答应他死之后，传位于弟弟。但左贤王死在哥哥之前，他的儿子就是将要提到的日逐王。

太始三年（公元前 94 年），大汉王朝的继任者刘弗陵出生。刘彻将刘弗陵的母亲钩弋夫人的宫门封为“尧母门”。奸邪小人揣摩武帝的意图，觉得他可能会改立太子，于是开始陷害皇后卫子夫和太子刘据，导致了“巫蛊之灾”。

到了征和四年（公元前 89 年）的三月，汉武帝最后一次对匈奴的反击战开始了。在此之前，边境的和平并没有维持几年，匈奴汗国派兵袭击了上谷郡、五原郡、酒泉郡。于是，汉武帝命贰师将军李广利率七万人从五原郡出塞，秺（dù）侯商丘成率 2 万人从西河郡出塞，重合侯马通率骑兵 4 万人从酒泉郡出塞，全线反击匈奴。

为什么又是李广利领军呢？这次是算卦推理出来的。当时一个小小的军侯弘写报告说：匈奴人把马的四蹄捆住，抛在汉军城下，说：汉人，给你们马。马背上绑着匈奴的国书。于是汉武帝召集朝中官员应对。这封匈奴国书被宰相、御史大夫、郎官传阅，又抄录给各郡、各都尉。大家一致认为：匈奴人捆绑自己的战马，就是“困兽犹斗”，那对汉来说就是“一举广利”嘛，将领的最佳人选就是李广利。这当然是朝中大臣附会汉武帝的结果。李广利是外戚，是昌邑王刘髆的舅舅，刘髆则是李夫人所生汉武帝的第五子。

李广利就在这种情况下再次出兵匈奴。

重合侯马通所率的 4 万骑兵直接进入西域东天山一带，匈奴大将偃渠率 2 万骑兵拦击，发现汉军人多势众，兵强马壮后未战先撤。此时在西域的开陵侯成娩得到命令，为防止马通兵团受车师国的偷袭，提前带领楼兰、尉犁、危须等六国联军，包围了车师国都交河城，俘虏了车师国王。车师王投降于汉。这次对车师的战役史称“二争车师”。

重合侯马通擒获的匈奴人说：“捆住马的四蹄，是匈奴人对汉的一种诅咒。”

此时，得知汉军出兵的匈奴单于坚壁清野，北迁至郅居水以北，左贤王将东方部落全部带到余吾水以北的兜衔山。单于挛鞮狐鹿姑亲率精锐过姑且水。商丘成兵团挺进到追邪径，撤军。李陵率 3 万匈奴兵尾随兵团到蒲奴水，双方并没有交战。此举，李陵明显是放汉军一马。不然以他的军事才能，商丘成兵团不可能顺利回师。

贰师将军李广利的兵团遇到了匈奴右大都尉和丁零王卫律的5000骑兵，在夫羊句山险要处交战，匈奴军败，汉军追至范夫人城。历史记录中几乎没有提到过这位伟大的范夫人叫什么，只知道她的丈夫姓范，是西汉的将领，当时在那里率兵筑城，在工程进行中病逝。范夫人率军士继续筑城，终于完成。

李广利的儿女亲家、宰相刘屈氂（máo）曾与其密谋立昌邑王刘髆为太子。之后，刘屈氂的老婆采用巫蛊的方式诅咒汉武帝的事被举报，刘屈氂全家被杀，其中包括李广利的女儿。李广利全家被抓。

巫蛊是古老的巫术，是暗中加害对手的方法。采用诅咒、针刺偶人和驱使毒蛊进入人体的方法，以达到控制对方的目的。当时的人们认为巫蛊能给敌人或敌国带来灾祸。

贰师将军原本就无德无能，得到全家被抓的消息后更是乱了方寸。他找人商量，有人劝他投降匈奴。李广利想建奇功抵罪，但就算生擒单于又能怎样呢？那只是对国家的贡献，而巫蛊则是谋害皇帝。这不正是即便李广利为国征战在外，刘彻一样怒擒其家人的原因吗？

李广利犹豫不决，还想用战功赎罪，于是开始冒进。而下属已知他的想法。一个将要被处死的将军，哪里还会有威严？下属们不愿送死，准备密谋抓了他，押回长安。但是消息泄露，于是李广利临阵杀了多名准备暗中拘捕他的将领之后回师。此时军心已乱，大军走到燕然山时，匈奴的暗探发现汉军行动不正常，于是单于亲率5万大军阻击，李广利兵团大败。

李广利主动投降，挛鞮狐鹿姑单于非常高兴，封以高官，许以公主，职位在卫律之上。

卫律原本是李延年、李广利哥俩在长安的狐朋狗友，后来投降匈奴。卫律不敢动苏武、李陵这类人。也许，在坏人眼中，正义之人本身是有人格光芒的，而李广利这种人属于国家败类，害他没商量。李广利投降之后，恰巧匈奴单于的母亲生病。卫律指使巫师做法事，装作前任单于附身，下达指令，将汉人李广利杀了当祭品。卫律谎称单于母后的病会因此好转。于是，李广利就被当作牲口一样的祭品杀掉，煮熟，摆在了神坛上。之后，又被当作祭肉分食。

这年春，陕西雍县（今陕西省宝鸡市凤翔区），晴天无云，突然三声巨响，两块陨石从天而降，黝黑如漆。而此时，汉武帝刘彻正在巨定（今山东省东营市广饶县）的田间，为表示重视农业，亲自推犁三次。这时的刘彻已是快 70 岁的老人。归途中经过泰山，祭天神，在石闾山祭地神。

这一刻，刘彻开始反省自己，他对大臣说：自即位以来，朕的很多所作所为想来荒谬至极，连年的征战使人民陷于愁苦。现在后悔来不及了。从现在起，凡是伤害百姓、浪费国库的工程一律停止。此时，大鸿胪田千秋趁机说：那把找神仙的机构和人员一并撤了吧！于是，刘彻下令，把散布在各名山大川等待神仙的使节全部遣散。然后长叹一声：我以前跟傻子一样，被术士欺骗，天下哪里有神仙？都是胡说八道。

“秦皇汉武，唐宗宋祖”，这四位伟大的君主，他们最大的功绩在于将一个个分裂割据的政权，整合成为大一统的中国。

武帝时代，文治武功都有辉煌的成就。

兴太学，修郊祀，改正朔，定历法，协音律，作诗乐，建封禅，礼百神。罢黜百家，表彰六经，盐铁专卖，颁推恩令，畴咨海内，号令文章，焕然可述，举其俊茂，与之立功，此为文治。

马踏匈奴，剑取河西，封狼居胥，以临瀚海，驰骋万里，西出祁连，攻伐楼兰，远征大宛，威服西域；东并朝鲜，南诛百越，剿歼滇国，四夷降服。汉军所至，如犁庭扫穴，化外境皆为郡县，此为武功。

但是，经过连年的征战，帝国的繁荣不再，巨额的战争经费给中原大地带来了灾难。税赋高涨，街市萧条，人口剧减，田野荒芜，山匪四起，暴动不断。

“巫蛊之乱”后，汉武帝刘彻恐步秦皇后尘。晚年的刘彻，面对着夕阳，开始反省自己。于是，中国帝王的第一份检讨书被记录在史册上，这份检讨书叫《轮台罪己诏》。

我们可以对汉武帝的时代做一个总结：

武帝时代，是一个酷吏的时代，全国各郡县的官员基本都属于酷吏。酷吏的特点是：不畏强暴，不避权贵，严守法纪且刻薄寡情。有一点要强调，酷吏并不是坏人，多数酷吏为了职责能守一方平安。造成酷吏大量存在的原因是汉武帝刘彻本身六亲不认，给酷吏的大量存在提供了生长土壤。

以酷吏义纵为例。此人是山西人，年少时是个强盗。他的姐姐是个名医，给王太后看病，与太后有点私交。后来，义纵被王太后推荐做官，在上党郡当县令。当过强盗的管理强盗，路数通，所以上党郡境内的盗贼无容身之处。在全国考评中，上党郡的治安排第一，居民路不拾遗。后来，义纵升任长安令。长安是帝国的首都，权贵云集，子弟门客依仗权势，违禁乱法的事情不断。义纵上任后，对违法者一律严惩。

义纵是王太后举荐做官的，按理说王太后的面子得给，但是有人偏不。王太后有个外孙，仗着是皇亲，有恃无恐，横行京师。义纵知道后，先拿此人开刀，派人抓捕后砍了。他的行动，汉武帝很支持。

汉对匈奴大举反攻时，多次从定襄郡出塞，但定襄吏治败坏，境内秩序混乱，抢劫偷盗军需物资成风，直接影响到了大军行动。汉武帝调义纵任定襄太守。义纵到任后，先把狱中重罪者 200 人定为死罪，再把私自探监的亲属 200 人抓住，一并砍了。于是定襄郡很快得到治理，以至于后来义纵调到哪里，哪里的豪强恶霸、地痞流氓就先跑路了。

当然，武帝时代的酷吏基本没有什么好下场，他们得罪的皇亲国戚、达官贵人太多，这些人在关键时会落井下石，置这些酷吏于死地而后快。

并不是所有的酷吏都能廉洁奉公。武帝时代，官员残暴无情，任性地使用手中的权力，杀伐无度，结果却是犯法的小吏和百姓越来越多。

对于治国，酷刑无法从本质上解决问题。乱是因为在汉朝存在“出身论”，商人及其家族、罪犯及其家族、倒插门的男人等七类人没有社会地位，属于贱民。这些人经常被强征去打仗、屯田。加之当时官僚和豪强争相兼并土地，造成许多失去土地的农民沦为流民。土地问题成为焦点、热点。一些流民无法生存，纷纷铤而走险。

在汉武帝晚年时期，函谷关以东的各地，暴民成群结队地攻打城镇，夺取兵器，阻断交通。他们还劫法场，砸牢狱，杀官吏。于是，汉武帝派出朝廷高官，持虎符分赴各地，调集军队镇压，大开杀戒。但是逃亡后的暴民又会重新聚集在一起，换一个山头与官府对抗。各郡太守无可奈何。汉武帝认为，这是法律不够严苛造成的。于是，又颁布《沉命法》。这个法是针对官员的，规定管区一旦有了盗贼，没能发现或者抓捕力度不够，上至太守下至小吏，只要与治安有关的官员，一律砍头。

朝廷下来的督查官，滥杀无辜，随意定罪，结果“官”不聊生。地方出了事，乡镇的小吏不敢如实报，唯恐上报后，抓捕不利，连累自己及家人。而郡县的官员也盼望这种事别报，以免给自己找麻烦。于是上下官员互相隐瞒，靠“天下太平”的假文书欺瞒朝廷，逃避责任。但事实上，地方上的社会治安越来越乱，甚至很多官员在辖区出事后放弃官位，跟着暴民一起暴动了。

治国的根本是百姓安居乐业，为政当以不扰民为先。这一点，汉武帝直到晚年才意识到！

帝国有内忧时，往往也伴随着外患。就西域而言，其地界比匈奴更为重要。因为汉对匈奴并没有土地上的需求，只要他们不犯边就可相安无事。而西域对中原则意味着重要的贸易之路。

当年，李广利远征大宛，走到现今吐鲁番三堡乡的时候，让一些老弱病残的士兵在沿途留下来，在当地屯垦自养。这些士兵在一处高地搭建草棚，并将此地命名为高昌。经过一段时间的休整，这些人很快恢复了体力。他们多数是流民，在高昌这块土地上自耕自种，两三年的时间就有了一定的规模。

前、后车师国所在地（今新疆奇台、吉木萨尔、阜康、吐鲁番等地），原本就是西域重要的粮食产地，是匈奴重要的粮食补给区域。某一年，匈奴遇雪灾，驻守在蒲类国的匈奴出兵，占领了车师。汉朝官兵在屯田校尉的带领下与匈奴战斗，因为高昌已成为他们的家园，不容丢弃。战败，汉军多数人被俘，只有少数人逃回了长安报信。

车师国都故地，交河城，一个弹丸之地，为什么汉与匈奴要在此地展开拉锯战呢?

原因一：前、后车师国所控制的区域，地理位置很特殊。向北是通往乌孙国的交通路线，向西是通向焉耆、龟兹、疏勒等国的通道，向南可通过控制楼兰进入西域各国。那么，能不能绕开？从地理上来说，绕不开，除此一道之外，都是天山支脉，高不可攀。

原因二：前、后车师王庭所控制的地域是天山以北的绿洲地带，这里土地肥沃、水源充足，是屯田的优良地区。就现在来说，奇台、吉木萨尔等地都还是新疆的产粮大区。

原因三：前、后车师的王庭与匈奴所控制的蒲类国相接，匈奴人抢劫粮食方便。

汉与匈奴都想在车师建立稳固的军事基地，控制西域交通、经济大动脉，联通西域各国的关系。汉与匈奴争夺西域之战，正是河西、漠南、漠北之战的继续。

征和四年（公元前 89 年）六月，汉武帝刘彻返回长安，住在甘泉宫。

桑弘羊等人联名奏报：西域轮台以东，可以灌溉的农田在 5000

顷以上，应派部队去屯田，大量种植五谷。由酒泉、张掖两郡派出骑兵游击，以防匈奴骚扰。设立三个校尉，招募民间壮士，前往耕种拓荒。同时建立城堡、亭障，一路向西，加强对西域各国的军事控制，以联合乌孙一致对付匈奴。

如果是 10 年前，汉武帝一定大笔一挥，准奏！但是晚年的刘彻似乎看透了一切。人老了，坚硬的牙齿没了，柔软的舌头还在，柔性比刚性的持久力更大呀。

于是，汉武帝写下了那篇著名的《轮台罪己诏》，中国历史上帝王的第一部悔过书。这便是汉武与秦皇的最大不同——知错改错。

《轮台罪己诏》的大意如下：

前些时间，有人提出增加赋税，用来填补军费，这种做法明显加重了百姓的负担。如今又有人建议派兵去轮台垦荒。

轮台在车师以西 1000 余里，去年开陵侯成娩攻打车师时，危须、尉犁、楼兰等六国的士兵先后参加征战，运送粮草接应汉军，迫使车师国王归降，取得了战争的胜利。虽然城里的粮食很多，可是兵士无法带足粮食返回，在回归的路上死了几千人。当时，曾派酒泉的驴队、驼队带粮出玉门关接迎军队，但还是有很多士兵没能活着回来。

匈奴长期扣留汉朝使者，所以才派贰师将军兴兵征讨，维护汉使的尊严。贰师将军出征前，各位卿大夫提出倡议，要先求神问卦，选取黄道吉日出征。方士和星象家们都认为“吉兆明显，匈奴必败，机不可失”，还说派贰师将军李广利领兵最合适。可是现实与预言相反，李广利兵败投降。匈奴人说得对，汉朝虽然强大，但汉人耐不得沙漠里的饥渴，为了一匹狼，损失了 1000 只羊。李广利兵败，将士们或战死，或被俘，或四散逃亡。这一切，都让人悲痛难忘。

如今，桑弘羊等人奏请派军队赴轮台屯田，修筑堡垒哨所，这是劳民伤财，不是忧患天下的好建议。故不能采纳。还有人建议招募强悍囚犯，以封侯为奖赏，借护送匈奴使者回国的机会，刺杀匈奴单于，发泄我们的仇恨，这种事连春秋五霸都不屑去做，况且匈奴人会搜身、审查，这会让大汉的壮士毫无希望地去丧生。

当今，国家的主要任务是严禁官员暴虐，不得擅自征税，引导百姓把精力投入到农业生产中。鼓励民间养马，用以填补损失的军马缺额，不能让边塞缺乏战备能力。各州郡都要制订繁育战马和储备军需物资的计划。自今日起，所有损害百姓利益的事，浪费天下钱财的法律，全部废止。

自此，汉武帝不再发动军事行动，从军事征战转向休养生息，重启黄老之道，推行轮耕，改良犁、耙、锄头等生产工具。天下太平。

汉后元二年（公元前 87 年），汉朝第七任皇帝刘彻在五柞宫病逝，时年 70 岁。幼子刘弗陵登上皇位，为汉昭帝。

汉武帝刘彻临终前托孤给三位大臣：霍光、金日磾（mìdī）、上官桀。

霍光是名将霍去病同父异母的弟弟。霍去病是个私生子。他父亲当年是个小吏，在平阳侯家帮忙，认识了侍女卫少儿，因私通致卫少儿怀孕，但他并不愿意娶卫少儿。看着卫少儿的肚子越来越大，这个叫霍仲孺的小吏跑回了山西老家，失联了。之后，他在老家娶妻，生了霍光。

霍去病小时候不知道父亲是谁。元狩二年，霍去病出击匈奴，路过河东郡，得知了自己的身世，于是去见了穷困潦倒的生父霍仲孺，并给他买了田产、奴婢。大军凯旋时，霍去病将已 14 岁的同父异母的弟弟霍光带回了长安，让他做了汉武帝的随从。霍光当过奉车都尉、光禄大夫等职，一干就是 20 多年，从无差错，深得武帝的信任。

金日磾本是匈奴休屠王的太子，因霍去病夺取了休屠王的祭天金人，被武帝赐姓为金。在河西之战后，匈奴浑邪王带 4 万人投降，休屠王因犹豫不决被杀。之后，金日磾无所依靠，与母亲、弟弟降汉，被安置在皇宫养马，那年他 14 岁。金日磾为人谨慎，目不斜视，为武帝看重，成为武帝身边重要的侍从。先后当过驸马都尉、光禄大夫。他对武帝忠心耿耿，曾成功地抓捕了刺杀武帝的刺客。

上官桀，甘肃天水人，力大无比。先后任未央厩令、太仆、侍中等职。此人在李广利第二次远征大宛时作为军需官出征，将大宛国的郁成王追到康居国，并逼迫康居国王交出郁成王。回来后升为少府，位列九卿，负责皇室的财务，也是武帝身边的重要人物。

汉武帝托孤时，霍光官拜大司马大将军，封博陆侯。金日磾官拜车骑将军，封秺侯。上官桀官拜左将军，封安阳侯。时年，汉昭帝刘弗陵 8 岁。

现在来看此三人的关系。霍光的女儿，一个嫁给了上官桀的儿子，一个嫁给了金日磾的儿子。霍光的女儿与上官桀的儿子生了一个女孩，6 岁时嫁给了 12 岁的汉昭帝，成为上官皇后。这样看来，三位辅臣和小皇帝之间，都是亲戚关系。

但是，人一旦进入了权力的旋涡，就如同进入了混乱的十字街头，你不碰人，别人会碰你。朝堂中的争斗，举手投足之间都是陷阱。一面歃血为盟，一面背信弃义；一面誓言旦旦，一面背后一刀。皇权血酬游戏是你死我活，是魑魅魍魉，是各显神通。

金日磾是匈奴人，平时与世无争，辅助昭帝，鞠躬尽瘁。一年后（公元前 86 年），金日磾去世。他没有卷入朝廷内斗，而其子孙也能精忠报国，七世不衰，得以善终。忠君爱国，原本与民族成分没有关系。

但是霍光与上官桀却站在了彼此的对立面，成了政敌。

霍光与上官桀在合作初期关系挺好。霍光外出时，上官桀经常代替他处理国家大事。汉昭帝当时年幼，姐姐鄂邑公主住在宫中，照顾他的起居。公主有一个情人叫丁外人，跟上官桀的儿子关系很好。在立上官家的女儿为皇后一事上，丁外人帮了大忙。上官桀就想把丁外人封侯，然后娶公主为妻。但霍光坚持汉室祖训，即没有军功不得封侯。加上在一些其他事件的处理上，霍光不给上官桀面子，霍光与上官家族的矛盾就此产生。

上官桀父子勾结燕王刘旦，给霍光招揽罪名，上书昭帝，告霍光的黑状。昭帝虽然年幼，但非常聪明，发现了其中的猫腻，于是更加信任霍光。上官父子逐渐恼羞成怒，准备设圈套诱骗燕王来长安杀霍光，再杀了燕王，废掉昭帝，拥立上官桀当皇帝。

人在权力的诱惑下，头脑是会出问题的。刘氏皇族当时遍布全国，一个粗枝大叶的上官桀算老几？

阴谋终归是阴谋，这个阴谋被鄂邑公主的随从知晓，他立马上报给了霍光。于是汉昭帝下旨，上官家族及其同伙诛杀灭族。燕王、鄂邑公主自杀。上官皇后年幼，又是霍光的外孙女，因此才没被废掉。

这一事件发生在西汉始元七年（公元前80年）九月。

经过几年的休养生息，汉朝的经济基本恢复，国泰民安。自此，三位托孤的大臣，两位已死，霍光成为帝国重大事项真正的决策者。

我们再来看看匈奴那边发生了什么故事。在武帝发布罪己诏之后的岁月里，他们似乎格外沉默。

刘彻去世那年的冬季，匈奴汗国侵入过朔方郡，他们的目的很明显，抢劫！

武帝时代，连年征战，在位54年的刘彻跟匈奴打了44年。汉军进入漠南、漠北后，穷追猛打，匈奴人的马匹牛羊也被大量消耗，百姓困苦至极。回想当年，汉匈和亲，边境与市，和平相处，那是一种多么美好的场景。对匈奴汗国来说，他们极力想再续和亲，但是作为战败国，他们没资格。

挛鞮狐鹿姑单于在位后期，匈奴发生了内乱。

挛鞮狐鹿姑同父异母的弟弟，当时是左大都尉。此人较为贤明，极得民心。单于阏氏怕挛鞮狐鹿姑今后传位给弟弟，而不传给自己的儿子，于是派刺客把左大都尉杀了。与左大都尉同母所生的哥哥知道这事后，极为愤慨，从此不再前往王庭。

刘彻去世两年后，挛鞮狐鹿姑也重病不起。临终托孤，他对贵族们说：我的孩子太小，还不能管理一个国家，单于的位子传于我的弟弟右谷蠡王。单于死后，卫律和阏氏秘不发丧，召回阏氏的亲生子左谷蠡王挛鞮壶衍鞮继任第十一任匈奴汗国大单于。

这件事不久被泄露，匈奴右贤王、右谷蠡王大为震惊，极为愤怒。他们原本打算率部投降汉朝，但路途太远，于是准备裹挟卢屠王共同投奔乌孙昆弥国。这个卢屠王与右谷蠡王原本关系就不好，于是将此事密报给新单于。挛鞮壶衍鞮派人审讯，但右谷蠡王不承认，反咬一口，说要叛逃的是卢屠王。于是，卢屠王被杀。右贤王与右谷蠡王瓜分了卢屠王的民众和土地。这之后，他们也不再参加每年五月的龙城朝会。

在皇权的血酬游戏中，人性是一样的，不分种族。

匈奴汗国开始衰落。

冒顿单于创立匈奴汗国，刘邦创立大汉，时间点几乎相同。到了武帝去世，大汉建国 115 年，匈奴建国 122 年，匈奴挛鞮狐鹿姑单于是第十任，而武帝是第七任。如果不算吕后当权时的前少帝和后少帝两个傀儡，刘彻应该是第五任大汉皇帝。

这个数据说明什么？一是，最高统治者变更太快并不是一件好事，会形成不同的政治势力和割据的军事势力。二是，可以看出中原的生活条件好于匈奴，人均寿命长于匈奴。中原早有草药治病，而匈奴依旧是靠巫师装神念咒驱鬼的方式治病。三是，汉地的生产力水平、武器装备水平要高于匈奴。

考古发现，马鞍和马镫出现于东汉末年，因为秦兵马俑中的马没有马具。虽然战国时赵武灵王搞“胡服骑射”，形成了轻骑兵，但这个传统随着秦灭六国，并没有保留下来。因此，也有人认为马具是匈奴人的专利。

匈奴人，游牧民，在马背上长大，有没有鞍具对他们来说并不重要。但对于种地的农民来说，为了保家卫国才骑上战马，鞍具对他们很重要。如果没有鞍具，松开马脖子人就掉下来了，要想战斗，几乎是不可能的事。

战争常常导致两败俱伤，匈奴受到重创，汉朝也损失惨重。武帝时代的大兴土木和常年征战所造成的隐性问题开始突显。连年的蝗灾、旱灾、水灾造成粮食短缺，流民四起。于是，在霍光的支持下，汉恢复“无为而治”的黄老之术，减少徭役、税赋，与民休息，上悦天心，下顺民意，发展经济。

影响中国历史两千年的一次关于国家财政收支的大辩论在昭帝始元六年（公元前 81 年）展开，这是一次关于国家经济命运的“国富论”，比亚当·斯密早了 1800 年。这场辩论的主持人是御史大夫桑弘羊，代表中央政府，辩论选手是来自全国的“贤良文学”之士。如果我们用现代经济学的理念来评价，他们讨论或争论的问题焦点是：

一、应该倡导以法治国还是以德治国？

二、应该走计划经济还是市场经济？

三、“仁义”和“利益”哪个更重要？

四、“现实主义”与“理想主义”哪种更利于国家发展？

五、是否应该平抑物价，保护百姓利益？

六、采用“斩首行动”的可行性，以“利兵行刺”为高还是以“仁义当剑”为上？

七、官方是否应该与民争利？

……

这次会议当然不仅仅是讨论盐铁的价格问题，而是涉及当时的政治、经济、外交、文化、国家意识等重要领域。

御史大夫桑弘羊等官员和来自民间的“贤良文学”，对盐铁专营问题、汉匈战和问题、法治德治问题、仁义权力问题等进行了大辩论。

长安的经济会议期间，有个人悄然归来，感动了长安！

李陵是在苏武被流放之后投降匈奴的。投降后的李陵也承担了劝说苏武的任务。但是，李陵劝苏武是他到匈奴很多年之后的事情，因为他不好意思来见苏武。

苏武还在北海边放羊，他拄的汉节上的毛都已经秃了。北海没有粮食，苏武就挖老鼠洞找吃的。过了五六年，匈奴於靬（Wūjiān）王打猎路过，他被苏武的坚守所感动，给了他一些衣服、食品、用具，给了他马匹和牲畜，还有一顶毡房。但是这年冬天，卫律的属民丁零人偷走了苏武的牛羊。

还在长安时，李陵与苏武都是侍中，他们俩惺惺相惜，关系不错。匈奴单于得知这层关系后，便安排李陵去劝降苏武。

李陵来看苏武的时候带了酒。在喝酒的时候，李陵对苏武说：

“单于很钦佩你的人品，愿许以高官。你已不可能归汉了，这里荒无人烟，有谁能知道你的忠义呢？你哥哥苏嘉做奉车都尉时，有一次，皇帝的车下台阶，车辕断了，你哥被定罪为‘大不敬’，被追责，之后他畏罪自杀。皇上祭祀河神，有个宦官与驸马争船，把驸马撞进了河里，驸马淹死了，宦官逃跑了。你弟弟苏贤负责追捕，但没有抓到，按律应斩，你弟弟不敢回京复命，也畏罪自杀。我离开长安的时候，你母亲去世了。听说你夫人改嫁了。你家中只剩下两个妹妹、两个女儿和一个儿子。这都过去十多年了，他们生死不明。这些年来，单于一直很欣赏你的才干和人品，只要你投降，就可以封土列侯。你在匈奴已有妻儿，你得为他们的未来考虑。如果你愿降，将惠及子孙。

“我自己当初被俘时，精神恍惚，一会发呆一会发狂，痛苦不堪，谴责自己辜负了皇上的厚望。后来，知道我全家被杀，更是万念俱灰。人生如朝露，何必自苦若此呀！皇上年纪大了，法令朝颁夕改。无罪被诛杀的大臣，已有数十家。朝中官员，噤若寒蝉，朝不保夕，一个人犯罪，就会连累全家。很多官员变得畏缩、圆滑、崇拜权势，毫不顾忌礼义廉耻。情况已经这样了，你还打算为谁守节呢？”

苏武说：“我父子何德何能，被皇帝提至列将，封为通侯。我们兄弟三人愿意为朝廷牺牲一切。纵然用刀斧把我剁了，用大锅将我煮了，我也愿意守节如此。效忠君主，就像儿子效忠父母。儿子为父母而死，有什么可遗憾的？请别说了，喝酒吧！”

李陵陪苏武喝了几天酒。临别时，苏武对李陵说：如果单于一定要逼我投降，那么我就死在你面前。李陵见苏武如此坚贞不屈，长叹一声说：我李陵与卫律的罪恶，上可达天。说完掩面而去。

李陵第二次到北海时，对苏武说：边界上抓住了云中郡的一个小吏，说太守以下的官吏都穿着孝服，可能是皇上归天了。苏武听到这个消息，面向南方放声大哭，当即吐血，数月不止。

挛鞮壶衍鞮单于即位时，匈奴汗国的政权已开始分裂。这时候，匈奴怕汉朝趁机进攻，于是采纳了卫律的建议，打算重启和亲之策，与汉恢复友好，互通边市，不再争战。

汉朝的官员没有忘记那些早年间被匈奴扣押的汉使。和谈时，他们提出放归被扣的苏武等使节。但是匈奴人回答，这么多年过去了，这些使节都死了！

苏武最终能回归，得缘于当初与他一起出使匈奴的兼使常惠。常惠回归大汉后，成为稳定西域的栋梁之臣。这与他的足智多谋、当机立断的个性是分不开的。

常惠也一直被流放，但并没与苏武在一起。

常惠夜见汉使，教汉使一个妙计。汉使再见到单于时就说：大汉的皇帝在上林苑打猎时，射下一只南归的大雁，雁脚上绑有苏武的求救信。苏武还活着，就在北海放牧公羊。

匈奴崇拜天神，原本就觉得苏武有神护佑，听汉使如此一说，于是承认苏武还活着。然后释放了苏武、常惠等未降的 9 位使节，放他们与来和谈的汉使一起回长安。

临行前，李陵安排酒筵为苏武等人送行。席间，李陵伤感地说：今日你回中原，历史上所记录的人物，哪个人的忠诚能超越你？我曾身在匈奴心在汉，也曾计划刺杀单于，以报国家。如果朝廷没有杀我全家，我不可能真心投降。现在我成为异国之人，已无家可归，这一别就永世隔绝了。

临别，李陵提剑起舞而歌："径万里兮度沙漠，为君将兮奋匈奴。路穷绝兮矢刃摧，士众灭兮名已隤（tuí）。老母已死，虽欲报恩将安归！"舞毕，李陵泪流满面。

汉始元六年（公元前 81 年）春，苏武一行 9 人回到长安，这里已物是人非。

苏武，长安人，在北海牧羊 19 年。他壮年出使，归来时，须发全白。

与苏武同期回归的还有一位叫马宏的使节，他并不是苏武的随员。武帝期间，有一支高规格的西域使节团出行。楼兰王给匈奴人提供了情报，导致使节团被匈奴的游击部队袭击。使节团成员以死相搏，多人战死，正使马宏被俘，拒绝投降。

苏武、马宏、常惠等汉使所代表的忠君报国的精神成为中国人血脉中永远不可磨灭的文化基因。

公元前 80 年，匈奴汗国动员军队 2 万人，分四路进攻边塞。汉朝边防部队反击，斩杀、俘虏 9000 人，瓯脱王被擒。因为怕投降的匈奴人当向导引领汉军回击，所以匈奴军队向西北撤退。汉军占领了瓯脱王的领地，开始移民屯垦。第二年，匈奴单于又派出 9000 人马南下，为防汉军突袭，留了一条退路——在余吾水搭建桥梁，准备随时撤退。

匈奴单于的目的很明显。匈奴想提出和亲要求，又怕被拒绝，就想用军事压力迫使汉朝主动提出和亲。其实，在前一年的“盐铁会议”上，汉朝也有大臣提出为了规避战争，重启和亲之策。当时，没有形成决议，所以匈奴汗国在接待汉使时时常暗示，而汉使只是保持微笑，不做答复。

苏武的回归让霍光、上官桀又想起了李陵，他俩与李陵曾经是很好的朋友，也知道李陵的为人，于是派李陵的好友去匈奴劝李陵回归。李陵的答复是：“归易耳，丈夫不能再辱。”意思是回去很容易，但回去可能遭受更大的侮辱，所以宁肯老死他乡。

使者去的时候带了苏武的信，李陵在“心如死灰”中给苏武回了信，信中说：

汉武帝对李氏家族三代人——李广、李敢、李陵，舍生忘死、报效君王的行为“负德”，李氏三代人都没有得到好的结局，为此他深感痛心。

投降匈奴之后，他深陷悲痛苦闷和孤独的心情中。面对异族，举目无亲，饮食上也不习惯，风俗不同、环境恶劣让他愁苦不已。每当听到呼啸的北风、凄凉的胡琴声和牧马的悲鸣，他都潸然泪下。自己的老母、妻儿都因自己被杀，无家可归的痛苦日日煎熬着他。

当年出征匈奴时，李广利、公孙敖等人均无所作为，只有他率最少的军士奔赴绝域，在力量悬殊的情况下，将士们依旧“斩将搴(qiān)旗，追奔逐北，灭迹扫尘，杀其枭帅”，何等壮烈！

胜败乃兵家常事。当年刘邦带30万大军，猛将如云，谋臣如林，依然被围7日，兵败平城。而李陵兵败被俘极为正常，朝廷何必如此无情。自己兵败后未杀身成仁，是想寻机报恩于国君，并不是苟且偷生。虚死不如立节，灭名不如报德。可是君主对赴汤蹈火、视死如归的将士是何等残忍与无情，不得不让人仰天椎心而泣血。

李陵反驳了苏武信中“汉与功臣不薄”的说法，并说那些杰出的“命世之才，将相之具”如萧何、樊哙、韩信、彭越、晁错、周勃、窦婴、贾谊等人，都为大汉王朝的壮大与发展竭尽忠诚，但都因小人之谗而受祸败之辱，甚至很多人死无葬身之地。

李陵对苏武回归后汉皇的嘉奖也极为鄙视。他认为苏武回归后无寸土之封，无要职以任，而那些妒贤嫉能之人，尽为万户侯，亲信贪佞之类，皆成廊庙宰。而苏武牧羊19载，持节荣归，竟然居人篱下。

……

这封信的最后，李陵写道：

相去万里，人绝路殊，生为别世之人，死为异域之鬼，长与足下生死辞矣。幸谢故人，勉事圣君。足下胤子无恙，勿以为念！努力自爱。

这封信透露了一个信息，苏武在匈奴有妻有子。但苏武回归时，并没有把他们带回中原。

如果将苏武与李陵相比，李陵有功有过，功过分明，而苏武无功劳有苦劳。如果将苏武与张骞相比，张骞建有盖世之功，而苏武只是忠于君主。在“麒麟阁十一功臣”中，苏武被列为第十一位，其余十位都有卓越的功勋。苏武不仅职务最低，而且无军功可言。在中国数千年的历史长河中，帝王将相你方唱罢我登场，如同一道道流水席。但忠君报国，在任何朝代都是极大的功劳。

苏武归来后的第二年，上官桀与霍光争权。上官桀父子暗中记录霍光的过失，以准备谋反的燕王刘旦的名义上书汉昭帝刘弗陵，告发霍光。其中也以苏武说事，意思是苏武回国后封官太小，而霍光的人并无功劳，却都升任高官。

后来上官桀、桑弘羊、燕王刘旦等人谋反，苏武在长安长大的儿子苏元又是参与者，加之苏武与上官桀、桑弘羊私交很好，廷尉请求诛杀苏武。但霍光感于苏武的忠贞，没有杀他，只是将苏武罢官。之后，苏武因参与拥立汉宣帝，官复原职，封关内侯。

桑弘羊主持的“盐铁会议”中有一场争论叫《论勇》，以荆轲刺秦为例，针对匈奴和西域，参会的儒生们提出，应减少大规模用兵，采取“斩首行动”，也就是直接派刺客或勇士，利用出使机会，寻机刺杀西域诸国和匈奴重要首领，以少胜多，以达控制的目的。之后，这竟成了汉之勇士在西域的常用手法。

针对西域的“斩首行动”，行刺成功并名垂千古的人叫傅介子。

五、孤胆英雄

在西域执行“斩首行动”的第一位勇士是武帝时代一位叫续相如的使节。一时冲动下了手，也许是喝了酒。从此人的结局看，他并不具有傅介子的智谋。

“续”姓起源极早。传说中，舜有七个好朋友，其中就有一位叫续牙，为续氏的先祖。到了春秋时代，晋国有个大夫叫狐鞫居，封地在续，他的后代也以续为姓。这个续相如可能是河东郡或雁门郡人。因为那里与北方的游牧民族常年对立，所以那些地方的汉人普遍外表粗犷，彪悍勇猛。

太始三年（公元前 94 年）五月，续相如被封为承父侯，他的军功就是来自击杀西域的扶乐王。

扶乐是莎车国边上的一个小国，小到《史记》都没有提到过这个地方。

续相如奉命出使莎车国时，听说了扶乐人劫杀过往商旅的事。续相如是个急性子，带着自己的 20 名随从就冲进了扶乐，直接冲到了国王的屋子里，把扶乐王杀掉了。然后续相如把扶乐人集中在一起，将 2500 人带回了玉门关，安置在河西一带。

续相如是否借助了周边莎车或乌孙的兵力，没有找到相关记载。当时，在乌孙的解忧公主可以协助续相如，但路途遥远，需要翻越天山。但莎车极有可能出兵相助，因为扶乐之后便成了莎车的属地。莎车借大汉的势力灭掉自己周边的小国，是一种可以接受的说法。

有了李广利屠轮台、征大宛的过往，大汉帝国在西域威名远扬，这给了续相如充足的行动底气。

续相如封侯 5 年后，因鲁莽杀人，逃入蛮夷之地避难，后被地方官所捕，并被举报诅咒汉武帝，结果被腰斩。

针对西域的“斩首行动”可以规避大规模用兵，减少国力损耗。在中国历史中，很多侠义之士，以勇为剑，以智为盾，步入祸福凶咎难测之域，书写豪壮与悲凉。真正的儒士则临楮（chǔ）走笔，挥毫泼墨，成为豪壮与悲凉的记载者。由于史官的局限性，并不是所有的勇士都能名垂千古。

傅介子与续相如的相同之处是，两人都是北方人，性格都勇猛彪悍；不同之处在于，傅介子是主动请命，受命而为。与续相如的自作主张性质不同，傅介子此行，只能成功不能失败。这便要有相当的勇气与智慧。

傅介子刺杀楼兰王，事出有因。

楼兰的战略地位非常重要，等同于车师，是西行之路上的重要补给站。此地与敦煌郡相交，也是汉与匈奴多次争夺的要地。李广利二征大宛凯旋时，匈奴曾与楼兰国王密谋，趁大军班师时，联合袭击汉军的断后部队，封锁西域道路。当时刚进玉门关的西征兵团军法官任文得到消息，带兵杀回楼兰，把楼兰王抓回长安问罪。

汉武帝觉得楼兰王首鼠两端确实事出有因，于是让楼兰王送太子到长安当人质，并让他写下保证书，承诺不再与匈奴勾结，还要帮忙监督匈奴的行动。然后汉武帝就放楼兰王回国了。楼兰王回国后，又被匈奴威逼，送了另一个儿子去匈奴汗国当人质。

远征大宛的李广利班师途中路过龟兹，顺便把扜弥国送到龟兹当质子的赖丹带回了长安。汉武帝刘彻死后，经过几年的休养生息，大汉国力得到恢复。于是，霍光派赖丹当屯田校尉，带兵前往轮台屯垦。但是龟兹贵族认为，赖丹以前是龟兹的属臣，现在竟然带着汉印回来耀武扬威。他们怕有外患，就派兵突袭了屯垦地，把赖丹杀了。龟兹国王知道后，上书汉朝，主动请求定罪。

公元前 92 年，楼兰国的国王死了，楼兰官员到长安请楼兰太子回国继位。当初在长安当人质的那个楼兰太子，脾气大、毛病多，酒后多有对朝廷不满的言论，干了一些龌龊事，被人告发了。按当时的法律，出钱可以免死罪，可是连楼兰王都穷得抢劫汉使，在长安的太子哪里会有钱？所以楼兰太子就被阉割了，成了宦官。如果扶持这个楼兰太子当国王，难免他以后要报阉割之仇。大汉朝廷后悔不已，朝廷只能应付楼兰官员说，大汉皇帝太喜欢这个太子了，要留他在身边，请另立其他人为国王吧。于是，在匈奴为人质的楼兰王的另一个儿子当了楼兰王。

这个新任的楼兰王将大儿子安归送往匈奴，将小儿子尉屠耆送往长安。

汉昭帝即位不久后，接任的楼兰王就死了。率先得到消息的匈奴将安归送回楼兰当了国王。于是，汉昭帝刘弗陵派汉使赴楼兰，让安归去长安觐见。安归借口政局不稳，拒绝去长安。他知道自己的弟弟在长安，怕自己一去回不来，弟弟抢了楼兰王的位子。

谁养大的跟谁亲，这个亲匈奴的安归杀汉使、劫财物、通匈奴，风光了几年。但不久之后，他将在强势的汉使傅介子的刀下猝然归天。

傅介子，这个名字很像是一剂中药。他是军人出身，北地郡（今甘肃省庆阳市）人，时任平乐监，给皇室养马。

傅介子的祖上可能是设置河西四郡时强制西迁的罪吏或豪强，也或许是汉与胡人混血的后代。傅介子的身上存在着强悍的基因，同时他胆大、心细、沉稳。

傅介子之所以向霍光提出刺杀龟兹王和楼兰王，是因为他出使大宛回到长安后被提升为中郎，也就是皇家的警卫指挥官。对于军人来说，提职是对其战功的肯定，更是再立新功的动力。

之前出使大宛时，傅介子就受命，在路过楼兰和龟兹时，责问两国杀害汉使、劫夺财物的事。两个国王都承认了错误，表示以后不敢再作乱。同时，他们还透露了一个消息：匈奴的使臣刚去了乌孙。傅介子作为一个在皇室管马的官，去大宛自然是采买汗血马。当傅介子出使大宛返回时，又路过龟兹国。龟兹王告诉傅介子，匈奴的使者从乌孙回来了，此时就在龟兹城内休整。于是，傅介子带着他的几十号随从，骑着高头大马，提着刀冲到了匈奴人住的驿馆，把匈奴的使臣全杀了。

首次出使回来后，傅介子将西域各国的情况向霍光做了详细汇报，同时他觉得上次龟兹贵族杀屯田校尉赖丹的事尚未了结，龟兹王宫的防守不严，刺杀龟兹王应该很容易。但霍光认为，楼兰与敦煌郡接壤，进退自如，应先杀楼兰王安归，立楼兰在长安当质子的尉屠耆为王。从长远来看，杀楼兰王比杀数千里之外的龟兹王的政治意义要更大。

于是，傅介子带着金银财宝、丝绸、茶叶等物品，以赏赐西域诸国的名义出发了。

傅介子到楼兰后，楼兰王安归只是敷衍应付，连留下吃饭喝酒的客套话都没提。安归在匈奴当质子，价值观与匈奴人也是一致的。在他看来，汉使过于张扬，来来往往的使团都要让楼兰国提供淡水、食物、翻译、向导等，楼兰国民不胜其烦。

傅介子也不强求，继续西行。出楼兰西城门不远，傅介子让随从打开箱子，露出金银财宝，然后合上，长叹一声说：本来这些都是给楼兰王的贺礼，没想到安归不能礼遇汉使，那我只好去龟兹送给龟兹王了。

送行的官员马上回报楼兰王安归，安归得知傅介子带来那么多财宝后，马上带贵族追上继续西行的傅介子，向他道歉，挽留他吃顿便饭。

楼兰城外的荒野上，帐篷支起来了，篝火燃起来了，地毯铺起来了。楼兰王安归与傅介子映着月光席地而坐，开怀畅饮。席前，摆着傅介子从长安带来的金银珠宝、丝绸、茶叶。安归在匈奴地长大，哪里见过这么精美的物品，他非常高兴。但这世上本就有一种转折叫“乐极生悲”。看着安归酒醉，傅介子说，从长安出来时，大汉皇帝专门交代，有要事相告，请安归到帐中相叙。

于是，楼兰王晃晃悠悠地跟着傅介子进入帐篷。紧接着，两把钢刀从两个方向刺入了楼兰王安归的胸中，抽出的瞬间，血溅数尺。

楼兰官员瞬间惊呆，四散而逃。傅介子大吼一声，镇住了楼兰官员。傅介子说：楼兰王安归背信弃义，屡害往来使臣，皇帝命我来杀了他，将立在长安的质子尉屠耆为王。大汉的军队现在就在边境待命，诸位如果准备反抗，汉军将踏平楼兰，鸡犬不留。

傅介子将带来的物品分给各贵族和大臣，提着楼兰王安归的人头回长安复命了。

朝廷官员都称赞傅介子的果敢。汉昭帝下诏："楼兰国王安归曾经被匈奴人离间，帮匈奴人监视、侦察、拦截汉朝派往西域的使节。之前，出兵杀害卫司马安乐、光禄大夫忠、期门郎遂成等人，以及安息、大宛派来的使者，抢劫汉朝使者带去的节印和安息、大宛所献礼物，违背天理。平乐监傅介子持节奉命出使，诛斩了楼兰王，将人头挂在长安城的北关，用正义来回击仇恨，不动用国家军队。现封介子为义阳侯，赐 700 户人口的封地。刺杀楼兰王的两位壮士提升为侍郎。"

之后，汉朝立安归的弟弟尉屠耆为楼兰王。

尉屠耆长在长安，精通汉律。为什么他对汉律感兴趣呢？可能是因为那个被阉割的前楼兰太子，也就是他的伯父。

我们可以推算出尉屠耆在长安生活的时间。尉屠耆的父亲是公元前 92 年新立，当年就送两个儿子分别去了匈奴龙城和大汉长安。傅介子刺杀安归是公元前 77 年，那么这位尉屠耆在长安生活的时间不会少于 14 年。一个青年在成长的 14 年中所接受的文化会改变其一生的价值观。楼兰的前太子也在长安，自然与这个侄子有过相会，酒后也一定泪流满面、悔不当初。因为楼兰前太子的遭遇，尉屠耆很有可能对汉律感兴趣。

汉地长大的尉屠耆当然明白人性嫌贫爱富、尊贵欺贱的道理。汉朝当权派大将军霍光也不厚道，远嫁匈奴、和亲乌孙的是皇族的翁主，而许配给尉屠耆作为王后的只是皇室的宫女。但汉室扶助他当王，他自然感恩戴德，毕竟这世上爱江山更爱美人的“英雄”少，这个轻重，尉屠耆拎得清。为了感恩汉室的扶助，尉屠耆决定改楼兰为鄯善。在长安生活的尉屠耆是精通汉语汉字的。

“鄯”字在方块字中没有任何实际意义，也没有可与之组合的词汇。从会意词的结构上，可以理解为一副好耳朵。耳朵是用来听话的。这个“鄯”字极大可能就是尉屠耆所创。“善”字在方块字中是一个上好的单体字，一个字可以概括所有仁慈的行为。当“鄯”与“善”组合在一起，成为固定国名时，那么就可以推断出尉屠耆的本意：要长一副好耳朵，多听善言。善言是什么？上善若水，道家的无为。积善成德，儒家的有为。扬善隐恶，法家的作为。最重要的是，要善于听从中央王朝的旨意。鄯善的国名是在长安确定的，并赋印章，所以不可能是吐火罗语的音译，这种语言早已死去！

尉屠耆当了首任鄯善国王之后，鄯善国成为汉室在西域重要的同盟和战略支撑点。汉王朝的战略自然也是鄯善国的国策。

新任国王出长安，大汉宰相率群臣设宴饯行。席间，尉屠耆提出一个请求，说他常年生活在长安，习惯了汉地的生活和习俗，马上要回西域，但是前国王安归的儿子和旧属还在，可能鄯善国不能就此安定。在鄯善国都不远处有一个叫伊循的地方，那里水草丰美，土地肥沃，适合屯田。请朝廷派出军队前往屯垦，积存粮秣，保障往来使节的供应和安全。

汉昭帝同意此建议。于是，与首任鄯善王尉屠耆一同返回的队伍中，多了一支全副武装、屯垦戍边的汉军。

对傅介子来说，龟兹国杀屯田校尉赖丹的事还是没有了结。

不过没关系，马上还有一个记得此事的勇士会出现，这个人就是同苏武一同出使匈奴、被扣19年的兼使常惠。

随尉屠耆进入西域的41名军士被派往一个叫伊循的地方屯田。为什么是伊循？因为这里是鄯善国的边境。在这处边境之外，游荡着西域三十六国之一的婼羌国。

考古发掘，屯田的军士曾在这里建了一座城。这座城呈不规则的方形，处坡地，周长308米，南北均宽56米，东西均长70米。夯土建筑，夯土中夹有红柳。城墙为土坯砌成，有城门，左为官道，右为民道。城内依坡建房，平顶。伊循城地处沙漠边缘，夏季炎热，冬季寒冷，所以建有半地下的住宅，冬暖夏凉。城中设有议事厅，厅中有水井，城南有17米高的烽火台。屯田的军士开挖渠道，引入米兰河水，种植大片良田。人口增加后，汉在此设立了伊循都尉管理这片土地，同时都护游牧中的婼羌国。

婼羌国有多大？非常大，比中原汉室最大的封国代国都大。当时的代国土地有四郡六十二城，而婼羌占据着昆仑山脉、喀喇昆仑山脉、帕米尔高原南北地区，现今的可可西里只是婼羌的一部分。当然，这辽阔的土地上还有其他羌人部落在游荡，相互之间还常有牧场之争。

婼羌国有多少人口、多少兵？

我们先说汉地的一个乡有多少人口、多少兵。

春秋时期，桓公称霸，管仲治齐的管理体制是这样的：五户为一轨，设轨长，十轨为一里，设里长，四里为一连（后来称为村），设连长，十连为一乡，设乡长。当战争需要兵源时，每户出一兵，一轨5兵，5兵为一伍，由轨长带领。一里50兵，由里长带领。一连200兵，由连长带领。一乡2000兵，设一旅，由乡长带领。一乡就可以出2000兵。如果我们以每户2—5人计算，中原一个乡的人口是4000至10000人。到了汉代，执行编户齐民政策，乡之上又增加了县、郡、封国、中央政府等数级体制。所以，兵员更广，税收更多。

据《汉书·西域传》记载，婼羌国只有50户，1750人。只要是成年男人就是兵，全算上也只有500兵。当时出阳关走1800里才能到达婼羌国日常的游牧地。按当时的行军速度，每天80里，出阳关到婼羌，需要23天的时间。这个偌大的婼羌国，往东接着汉朝边境，往西是且末国，向西北行是鄯善国。人口虽少，地源广大，这个地源其实就是牧界。婼羌国是一个行国，并没有固定的城邦，这个国的居民一直在行走。骑在马上，跟着牛羊，逐水草而居，都是集体行动。走散了，就失联了。粮食主要靠且末国和鄯善国供给，这种供给是牛羊换谷子的易货贸易。

在尉屠耆统治期间，鄯善国与婼羌国保持着友好的关系。但是来自匈奴的威胁，并未消失。

六、纵横西域

考古发现，有文字记载的西域故事起源于西汉。西域诸国的故事多隐没于中国大历史的细枝末节之中，而西域命运与中原大地的命运息息相关。

司马迁的本职工作不是写史，当年写《史记》只是他的个人志向。在司马迁的绝笔信《报任安书》中有言：我真实地记录一段历史，将其藏于名山之中。藏在了哪座名山呢？西岳华山！

这要从司马迁的女婿杨敞说起。楚汉相争时，杨敞的曾祖父是刘邦手下的猛将杨喜，华阴人。项羽四面楚歌，兵败垓下，逃亡。杨喜等 5 名猛将率 5000 人穷追不舍，力战项羽。项羽嗷叫，将杨喜的马吓惊了，追兵后退了几里地。可见项王确实是“力拔山兮气盖世，时不利兮骓不逝”的悲壮之士。项羽把马送给了乌江亭长，然后自刎于乌江。杨喜等人挥刀冲上去，争抢遗体。杨喜抢得一条腿，因功被封赤泉侯。

到了武帝时代，杨家已是长安的豪门望族。司马迁的女儿叫妹娟，嫁给了杨喜的曾孙杨敞。司马迁因“李陵事件”被捕入狱时，妹娟与杨敞还没有成婚。但妹娟很有主见，让母亲和两个哥哥立即回韩城老家避难，自己则带着司马迁的书稿到杨家避难，之后书稿藏于杨氏的华阴老家，免于被抄家毁损的命运。直到汉宣帝时代，杨敞的儿子平通侯杨恽遇到和平盛世，才将书稿献出，这才使《史记》流传下来，让我们知道了司马迁笔下上古的 3000 年历史。

汉昭帝刘弗陵 20 岁就驾崩了，之后继位的是昌邑王刘贺，此人是李广利妹妹李夫人所生刘髆之子。但这小子荒淫无道，在位 27 天后就让以霍光为首的大臣废了，史称“汉废帝”。

之后继位的汉宣帝刘病已长于民间，是“巫蛊之祸”中太子刘据的孙子，被一群底层的小人物养大。在这群小人物中，最值得敬重的是丙吉。之所以要讲这段故事，是因为西域归汉，设立西域都护府都是在“中兴皇帝”刘病已的任中实现的。

公元前 91 年，太子刘据及其三个儿子、一个女儿、所有姬妾全被诛杀。卫皇后这一支的子孙中，只有一个才出生不久、尚在襁褓中的曾孙被送到了郡邸狱中。当时丙吉只是个廷尉监，相当于现今的监狱长的角色，被临时抽调来长安协办“巫蛊”的案件。他知道太子刘据是被奸人所害，也了解这个婴儿的悲惨身世。那时这个小婴儿还没有名字。监狱中有女犯，正好是在哺乳期，于是丙吉就将小婴儿交给两位性情温顺的女犯哺育，把她们调到了条件好的监舍。丙吉隔一天探视一次。

汉武帝刘彻深信鬼神之道，身边顺势聚集了一群喜欢胡说八道的人。趁刘彻生病，就有算命先生说，长安的监狱中有天子之气。刘彻大惊，命人诛杀长安监狱中的所有犯人。宦官郭穰（ráng）深夜领旨，前往郡邸狱执行任务。但丙吉拒绝打开监门，并说：任何没有犯死罪的人，都不该杀！何况皇曾孙也在狱中。

双方僵持到天亮。这个太监无奈，气恼地回去复命，并告了丙吉一状，说丙吉抗旨不遵，该诛全族。此时，长安其他监狱中已伏尸一片，血染监墙。

得到奏报的刘彻幡然醒悟，长叹一声说，这是天意呀！然后大赦天下。汉代“大赦天下”与“赦天下”是有区别的。“大赦”是指全国所有犯人全免罪，而“赦天下”有一定的范围。

丙吉以一己之力挽救了很多可能被冤杀的犯人。小人物的正直与善良可见一斑。

之后，丙吉将皇曾孙交给长安官府，但是没人敢接收，刘病已又被抱回监牢。奶娘因大赦要回家了，看着小婴儿啼哭不已，丙吉便自己出钱把奶娘雇了下来，继续抚养。这个孩子常常生病，有几次差点死掉。每次丙吉都安排人小心用药。他给这个婴儿取名叫刘病已，以此祈求他健康。

刘病已稍大，丙吉打听到太子妃史良娣的母亲和兄长还在世，就将这孩子送到曲阜的史家。外曾祖母已年老，但看到女儿的孙子孤苦无靠，悲痛不已，决定亲自抚养。

后来，汉昭帝继位，霍光命令主管宫廷事务的部门掖庭接替抚养刘病已。当时掖庭令是张贺，他曾是太子府的门客，因“巫蛊之祸”而遭宫刑。他念太子刘据当年的知遇之恩，用自己的私房钱供刘病已读书。

刘病已长大后，张贺想将自己的孙女嫁给刘病已，但当时在朝廷任右将军的弟弟张安世坚决不同意。张贺是个实诚人，想到下属监舍管理员许广汉有一个女儿。张贺就摆下酒宴，请许广汉吃饭，把许广汉灌醉后，就说了做媒这事。许广汉满口答应。许广汉也遭遇了宫刑，成了宦官，起因是一件极小的事。武帝时代，作为宫廷侍卫官的许广汉陪武帝出行时，因拿错了马具，被定罪盗窃，被阉割。

第二天酒醒后，许广汉就把这事给老婆说了，他老婆听后差点疯掉，一哭二闹三上吊，就是不同意。当时，许广汉的女儿已许配给他人，但还没过门，那小子就死了。许广汉的老婆就找人给女儿算了卦，卦象说，女儿当嫁富贵之人。所以，她认为不能把女儿嫁给一个毫无前程可言的落魄皇曾孙。

但答允顶头上司的事，许广汉不敢怠慢。加之，许广汉认识刘病已，在掖庭的宿舍与他同住过，深知他的为人和才学，觉得刘病已是可成大器之人。于是许广汉说服了老婆，说辞很简单，刘病已是皇族，又有才学，以后好歹可以封个侯，正应了当嫁富贵之人的卦象。于是，女儿许平君嫁给了刘病已。

刘病已孤身一人，聘礼由张贺提供，婚礼也是张贺出钱操办。

孤苦伶仃的刘病已就靠着许广汉和张贺还有史家舅爷的资助，拜当时的名师学习儒家学说。

刘病已天资极高，好学，在民间又好交友，结交了社会各阶层的各色人等，看清了社会阴暗面和世态人情、百姓疾苦、官场得失。他常去祖父刘据的墓拜祭，也常在长安周围游荡，与朋友“斗鸡走狗”，其间还常受人欺辱。

霍光废黜刘贺时，司马迁的女婿杨敞已是宰相，虽然是个摆设，但在密谋阶段，霍光还是安排了大司农田延年去征求杨敞的意见。

杨敞听说要废黜皇帝，吓得六神无主，浑身冒汗，只张口而不言语。国家重臣半夜来访，必有要事。杨敞的夫人妹娟躲在厢房偷听他们的谈话。她知道丈夫胆小怕事，不敢表态。于是就趁田廷年去茅厕的机会出来告诉杨敞：废立皇帝，这是国家大事，大将军既然已决定，也是为大汉王朝的前途考虑。大将军为人忠厚，决策妥当，现在只是告知你而已，你别把自己太当回事了。如果此时犹豫不决，不做表态，不遵循大义，那么杨家将遭灭门之灾。

杨敞顿悟。此时，田延年从茅厕回来。妹娟不再回避，夫妻两人当场表态，坚决支持大将军的决定。

刘贺被废，霍光在刘氏后人中物色新皇帝的人选。但是刘氏后人为王为侯者，皆因锦衣玉食变得荒淫无德。于是，时任光禄大夫的丙吉就建议选已 18 岁的刘病已为帝，还说了不少赞美刘病已的话。这一提议得到了其他朝廷重臣的支持。

刘病已的命运就在这些小人物的帮助下改变了。他登上皇位的路上，没有骇人的阴谋，没有利益的交换，只有善良、执着和对帝国前途的忧虑，一切似乎水到渠成。人的善举，有些时候出于利益，更多时候则出于道义！

按理说，汉宣帝刘病已最大的恩人就是丙吉。但是，当时已是御史大夫的丙吉从未对他人提过此事。刘病已自己也不记得小时候在监狱中的这段经历。直到当皇帝 10 年后，有一天，有一个叫则的奴婢，让丈夫上书皇帝，说自己当年照顾过还是婴儿的刘病已，请求除去官婢的身份，能回家当个普通百姓，并说此事御史大夫丙吉可以作证。

汉宣帝马上派人带着这个婢女到御史府找丙吉核实。调查的结果让汉宣帝大为震惊，这才知道了自己幼年活下来的经历。于是，有了一系列的报恩行动。

汉宣帝是文治武功杰出的帝王，同时他也是个重情重义的好丈夫。

刚继位时，霍光的夫人想将小女儿霍成君立为皇后。为了自己的结发妻子，刘病已冒着得罪霍光的风险，巧妙地回绝了。他下诏寻找他卑贱时丢失的一把佩剑。精明的大臣自然知道什么意思，于是纷纷上书请封许平君为皇后。“故剑情深”就成了历史上最浪漫的关于爱情和诺言的一道诏书。贫贱不相离，富贵亦相知。

宣帝时期，西汉王朝的国力到达顶峰，而物价却最低。民生休息，四海安靖，“是故汉世良吏，于是为盛，称中兴焉”。朝廷设立了“常平仓”，平抑粮价。也就是在丰年，朝廷高于市价收粮储备，保护粮农的利益。灾年，国家低价出售，保持物价的稳定。这种行为，相当于国家为稳定市场而采用的经济杠杆。

宣帝时代，汉匈之间并没有发生大规模的战争，匈奴问题主要借助外力和外交解决。

“病”“已”这两个字是常用字，为了避免官员民众犯讳，刘病已改名叫刘询。“询”字在汉代还是一个生僻字，不常用。仅此一点，就可知宣帝的务实与亲民，因为他长于民间，深知民众疾苦。宣帝时代，“大赦天下”“赦天下”的频次也是历代最高的。一系列的亲民法令，让宣帝时期进入一个社会稳定、国家富强、幅员辽阔的时代。

上任之初，宣帝刘病已收到了一封来自西域的求救信。写信人是远嫁乌孙的解忧公主。

元平元年（公元前 74 年），匈奴派兵 4000 入侵车师，占领了汉军在车师的屯田地。投降的车师与匈奴组成联军攻击乌孙。罢兵的条件是，乌孙人交出解忧公主，断绝与汉朝的往来。

在危难时刻，乌孙昆弥翁归靡和解忧公主上书汉昭帝，请求汉朝出兵，与乌孙联手抗匈奴。求救信到达长安，朝堂上众将军义愤填膺地怒叫着“汉养士马，议欲击匈奴”时，汉昭帝刘弗陵驾崩，此事被搁浅。

解忧公主远嫁乌孙 28 年后，再一次出现在史料中。

解忧公主如果只是相夫教子的家族主妇，或者只是与匈奴公主不合，不会引起匈奴王庭的关注和仇视。从其他史料来推测，解忧公主和亲乌孙，还带着当年汉武帝刘彻“联合乌孙，断匈奴右臂”的政治任务。

乌孙有一位亲汉的高层是右将军，这位右将军在史料中并没有留下名字，但他的夫人冯嫽很有名，被西域诸国称为“冯夫人”。冯嫽是解忧公主陪嫁的侍女。当年，冯嫽随解忧穿河西，进西域，越荒漠，过草地，相依为命。那时候她们不知道什么是未来，但是两人却在西域创造了未来。

看冯嫽的故事，可以断定她并不是市井小民之后，也许是罪臣之后，或者是宫里出类拔萃的侍女，因为她了解官场的生存之道。汉武帝派解忧远嫁，有所考虑，让冯嫽做陪侍当然也有考虑。史书记载，冯嫽的文化素养高，办事能力强。解忧的身份在处理乌孙与周边小国的关系时难免受限，冯嫽则可以代替解忧向山南诸国布施大汉的威名。

在乌孙，想立于不败之地，并与匈奴公主抗衡，掌握军权自然是首要的。冯嫽嫁给了乌孙的右将军，这在乌孙的军事力量中形成了亲汉派。匈奴公主无疑是匈奴安插在乌孙的眼线，线报会把汉公主来乌孙后对西域诸国的影响反馈给匈奴王庭。

乌孙地处巴尔喀什湖以东，伊犁河流域，其国都在现今伊塞克湖之南的伊犁大草原。乌孙在西域诸国中势力最强大。东、北邻匈奴，西界康居、大宛，南联天山以南各农业绿洲小国。有人口 63 万，士兵 18 万余，是当时西域人口最多、兵力最强的大国，也是西域各国中唯一能与匈奴抗衡的国家。所以，乌孙人在面临匈奴的进攻时，能与匈奴对峙，等待汉军支援。

那么匈奴的地盘有多大呢？当时匈奴的地盘东起辽河，西逾葱岭。匈奴是一个以掠夺为目的的军事游牧政权，西域北道诸国还在匈奴的控制下，西域自产的粮食也多为匈奴所占。汉武帝三次对匈奴的大规模反攻战，致使匈奴势力不断向西部压缩。西域的争夺战，将决定着汉、匈谁会崛起。对乌孙的控制权，决定了西域争夺战的胜负。

解忧公主和冯夫人的名字，2000 多年后依旧被新疆各民族所传颂。解忧的雕像竖立在辽阔的伊犁大草原中，供人敬仰。乌孙人的部分后裔依旧生活在这片大草原上，融合成为中华民族的一部分。而与之相邻的哈萨克斯坦的学者也在从汉文史典中寻找先祖的印记。

草原民族，原本逐水草而生。因为生活得悠然自得，所以缺少梦想。而解忧公主给乌孙人带来了梦想，在这种梦想的支持下，乌孙与汉的关系进入亲密期，汉使通过乌孙往来于西域诸国，汉地先进的生产力、生产工具也给西域带来前所未有的发展。

面对匈奴的军事压力，乌孙昆弥和解忧公主再次上书汉朝，请求发兵相助。

平民皇帝刘询当然知道国泰则民安的重要性，西域之路如果中断，匈奴的势力坐大，会直接威胁大汉的江山。继位的第二年，本始二年（公元前 72 年），宣帝下达动员令，调兵 16 万，出击匈奴。

这次出兵，汉宣帝刘询派出五路大军击匈奴，大军出击的前提是，使节常惠出使乌孙归来，汉与乌孙已达成联盟的意向。

苏武出使匈奴带了百余人，回归时只剩 9 人。这 9 人中，只有苏武和常惠在史册中留下了功业。中华民族的历史就是一部英雄的史诗，总有为民请命、力挽狂澜、挺身而出的大英雄，还有无数个默默付出的无名英雄。

班固荡气回肠地书写《苏武传》时，常惠只是个配角，但这个配角终将成长为耀眼的主角。

班固时期，儒学已成为稳定思想的治国理论之一。如果以儒家的框架去衡量一个时代的楷模人物，苏武符合时代的标准。但从历史贡献上说，常惠的功绩远远大于苏武。

史料记载，常惠曾六出西域。

1990 年，甘肃考古队在敦煌市郊的荒漠里发掘出一处汉代的驿站悬泉置，他们惊喜地发现了 15000 枚汉简。在整理汉简时，人们发现了不曾在史料上记载的常惠出使西域的记录。也就是说，常惠出使西域的次数不止 6 次。在这长达 21 年与西域交往的过程中，汉王朝已将乌孙及西域诸国，由西汉之盟国变成了西汉之属国。

常惠第一次以校尉的身份出使西域，是为了帮助乌孙战匈奴。

匈奴为什么要远击乌孙呢?

匈奴是游牧民族，没有国土意识，只有领地概念。匈奴人认为土地上长出的粮食是天赐的，并不是有人辛苦劳作的结果。匈奴军队的主要功能就是抢劫。远击乌孙缘起于一次失败的“抢劫”行动。

公元前 75 年，原本臣服西汉的乌桓坐大，屡次进犯西汉边塞。当时，匈奴以乌桓人挖了自己祖坟为由，发兵攻击乌桓，准备大抢一把。

机会来了！汉昭帝派度辽将军范明友率 2 万骑兵出辽东，准备抄匈奴的后路，但匈奴闻讯后跑了。扑空的范明友乘乌桓与匈奴作战失利，随即出兵乌桓，斩杀乌桓 6000 余人，得胜还师。之后，范明友再次出兵乌桓，彻底击败乌桓。

这件事对大汉来说就是“鹬蚌相争，渔翁得利”，汉军捡了个便宜。匈奴因此事迁怒于乌孙与西汉联盟，要求乌孙交出解忧公主。

公元前 72 年，匈奴单于率军西攻乌孙，乌孙向长安朝廷求援，事实上乌孙的危机已有 3 年之久。

常惠一展胸中抱负的机会来了。他此次出使乌孙的任务是了解情况。对于常惠来说，在匈奴境内生活了 19 年之久，他精通匈奴语言，也适应草原的生活习性。在匈奴也交了不少朋友，了解匈奴的内部情况，这是他敢于只带几个随从就毅然西行的重要原因。

车师已被匈奴攻占，常惠带着随从走南道，越过龙堆，进楼兰，再沿盐泽至龟兹，绕过匈奴占领区，翻越天山到达乌孙的赤谷城。这里距离长安 8900 里，往返路程大概 10 个月。

第一次出行回来，常惠带回了两个重要信息。一是乌孙昆弥愿出 5 万精兵，与西汉联手出击匈奴。虽然距张骞第二次出使西域、与乌孙联手已过去近 50 年，乌孙国已三易其主，但乌孙一直在走中间路线，骑墙望两端，匈奴与大汉都不得罪。这次主动请求与汉联手，实属难得。二是解忧公主的处境非常危急，一旦乌孙兵败，解忧公主必被匈奴所辱，成为匈奴的人质。当时的乌孙昆弥叫翁归靡，是解忧公主的第二任丈夫。

如果乌孙陷落，汉通西域之路将彻底中断，解忧公主 28 年来为乌孙与汉的联盟所付出的一切将毁于一旦。

后来，常惠第二次出使西域，此行目的是告知乌孙大汉的军事意图，协调乌孙军队与汉军联手，共击匈奴。

本始二年（公元前 72 年）秋，宣帝诏令，命函谷关以东所有部队参加远征军，选拔各郡国三百石以上的武官，凡勇武强健、善于骑射者，随队出征。

次年正月十八，汉 16 万大军集结完毕，兵分五路出击匈奴，约定从西到东各出塞 2000 里，各将分派如下：

蒲类将军赵充国率兵 3 万骑，由酒泉郡出塞。

度辽将军范明友率兵 3 万骑，由张掖郡出塞。

祁连将军田广明率兵 4 万骑，由西河郡出塞。

前将军韩增率兵 3 万骑，由云中郡出塞。

虎牙将军田顺为率兵3万骑，由五原郡出塞。

事实上，此次汉军出兵一无所获，各路大军斩杀匈奴总计不过数千人。因为得知汉军压境，匈奴人赶着牲畜全跑了。匈奴原本是游牧民族，居无定所。

匈奴一部向北撤，一部向西跑。汉军虽然未达到围歼的目的，但却把匈奴赶到了北部和西部。北方是苦寒之地，当年冬季遇到雪灾，匈奴冻死饿死者无数。

五路汉军出击匈奴，收效甚微。但在西域战场上，乌孙人与常惠收获颇丰。

在西域，翁归靡和校尉常惠率乌孙的5万精锐直接杀入匈奴右谷蠡王庭，打了匈奴一个措手不及。俘虏了匈奴4万余人，其中包括匈奴单于的叔父、兄嫂、公主、名王、高官、骑将200余人，右谷蠡王部几乎全军覆没。另外，还俘获了匈奴牛羊牲畜70余万头，大获全胜。

此战，匈奴民众在逃亡中死伤无数，国力大减。

从蒲类泽战场回到乌孙国伊犁河流域的常惠与乌孙昆弥已建立了深厚的友谊。我们可以断定，在突袭匈奴右谷蠡王部的战斗中，常惠的谋略对乌孙的胜利起到了决定性的作用。

当常惠提出要返回长安时，乌孙昆弥极力挽留。乌孙昆弥知道，匈奴之后会有更大的报复行动。为了留住常惠，乌孙昆弥甚至让人偷走了常惠出使时的汉节和印信。

汉节，就是一根棍子上系了几个红缨，并不值钱，乌孙人拿着这东西也没有什么用。但是汉朝有规定，遗失汉节和印信是杀头之罪。这就让我们很容易理解为什么苏武在 19 年时间里，走哪儿都把汉节带在身边。

对于常惠来说，他的使命已完成，回长安复命比生命更重要。被匈奴扣押了 19 年，时间早已磨去了常惠的功利之心。

未找回汉节和印信的常惠，最后还是选择回归并顺利到达长安。在这耗资巨大、历时大半年的战争中，常惠是最大的赢家。

16 万汉军在 5 位将军的率领下，在边境撵兔子，无功而归。常惠只带了 10 来个人，顺利帮乌孙解围。

回归的常惠并没有因为汉节的事受罚，而是因功被封长罗侯。相比两名私自撤军、回朝后被治罪自杀的将军来说，常惠得以封侯，不是因为幸运，而是宣帝对他胆略的赏识。万里往返，穿越戈壁荒漠的艰辛无人能知。如果没有常惠的出使，乌孙不会主动攻击，匈奴也不会败得那么惨。张骞当年给汉武帝的建议是断匈奴右臂，半个世纪后由常惠将其变为现实。

本始三年（公元前 71 年），常惠第三次奉诏出使乌孙。此行的目的有两个：一是加强汉与乌孙的联盟；二是携带大量的金银，奖赏乌孙有功的军士。

常惠对此行的任务并不感兴趣，施舍钱财，给人好处的事，谁都会干，一点挑战难度都没有。于是，常惠上书宣帝，说龟兹曾诛杀屯田校尉赖丹的事还没有解决，不如趁这个机会把龟兹王杀了。宣帝没有肯定这个方案，倒是大将军霍光暗示常惠，可以见机行事。

常惠一路向西的行程中，已计划好了打击龟兹的策略，所带的礼物自然少不了沿途各国国王和官员的好处。那些受恩惠的王国承诺，如有需要，随叫随到。这就为常惠从乌孙回程时征召各国的兵士打好了基础。

乌孙国上下都很高兴，国家的危机解除了，斩获了大量的战利品，汉朝还赏了如此之多的财物。当常惠提出借兵 7000 威胁龟兹时，乌孙昆弥几乎是立刻答应。

龟兹位于乌孙与汉之间，如果龟兹心怀鬼胎，从中作梗，那么丝路北道上就多了一个门槛，往来的汉使将备受其扰。这是 10 年后，西汉将西域都护府设立在龟兹境内的重要原因之一。

龟兹国，距长安 7480 里，6970 户，人口 81317，兵士 21016。以今天的眼光来看，就是一个县城的人数。但在西汉时，龟兹是西域大国之一，据要塞，南与精绝、东南与且末、西南与打弥、北与乌孙、西与姑墨等国接壤。

常惠的这次借兵，用东拼西凑来形容再合适不过了。西域小国居多，兵力有限。常惠从龟兹以东借兵 2 万，以西借兵 2 万，北从乌孙借兵 7000，对龟兹形成了“C”形包围圈。龟兹的南面则是浩瀚的沙漠，无路可退。

各国肯借兵也足以说明龟兹与诸国的关系不好，常以强凌弱，各国只是敢怒不敢言。这种局势，是常惠决策的基础。

常惠并不是要灭了龟兹，不战而屈人之兵才是兵家的最高境界。站在城墙上，看着望不到边的猎猎战旗，龟兹王怕了。

于是，常惠的使者到了。

使者责问，为什么杀害大汉的屯田校尉赖丹？

龟兹王在汉使咄咄逼人的追问下，瑟瑟地回答：这事不是我干的，我没罪，是先王时的贵族姑翼怂恿先王错杀。

于是，龟兹王将贵族姑翼捆绑后交给常惠。姑翼成为汉使的刀下鬼。盘桓在常惠心中的这桩事总算了结了。

公元前 71 年冬季，匈奴汗国挛鞮壶衍鞮单于率兵马再次亲征乌孙，以雪前耻。他们劫掠了乌孙老弱准备撤退时，突降大雪。一夜之间积雪厚达一丈，撤回匈奴本土的人马只剩十分之一，因为雪灾冻死了匈奴民众和牲畜十之三四。对于匈奴来说，此次出征损失惨重，以致国力大减。

墙倒众人推，匈奴还遇到一个更大的难堪。得知匈奴受灾，东部的乌桓、北部的丁零、西部的乌孙以及中原的汉军各路出击，匈奴已无还手之力。原来臣服于匈奴的西域诸国也开始反叛，不断骚扰匈奴领地。匈奴内部也贼盗蜂起。

在内忧外患的情况下，匈奴盼望与中原王朝重续和亲政策。

到公元前 68 年的时候，挛鞮壶衍鞮单于病故，弟弟挛鞮虚闾权渠继位。这时的匈奴国力已远不如以前，汉匈边境上的军事基地受降城、遮虏障被撤除。

见汉朝大裁军，就有人给单于出了个主意，让他派使节出使长安，匈奴大军随后寻机攻击抢掠一番。但有 3 名匈奴士兵不甘心送死，向汉边境的军队投降，说出了匈奴此行的目的。消息迅速传到长安，随后朝廷的命令下达至边防部队。4 位汉将军分三路，进入匈奴之地搜索阻击，兵力 5000。从出兵人数上看，出击人数已从武帝时代的十数万降至数千。可见，匈奴已不再是汉的对手。而这一年秋季，臣服于匈奴汗国的西嗕（rù）部落在头领的带领下越过匈奴边境，突破阻击防线，归降大汉。

在汉与匈奴争夺西域时，车师与匈奴之间发生了一件事。

常惠带乌孙兵远击匈奴时，顺便把车师收复了，这是历史上的“三争车师”。

得知车师屈服于汉，挛鞮壶衍鞮单于很生气，威胁让车师国派太子军宿到匈奴王庭当侍子。军宿的母亲是焉耆国的公主，不愿让儿子去苦寒之地，但又不敢得罪匈奴。军宿在母亲的唆使下出逃到焉耆的外公家。车师国王就立了另一个儿子乌贵当太子。那几年，匈奴四面受敌，无心西顾。不久后车师王病故，乌贵继位，于是匈奴马上送来匈奴公主与车师联姻，并要求车师国趁机劫掠汉使，切断汉通乌孙的北道。车师夹在汉与匈奴之间，两头为难。常惠回长安后，匈奴再次占据车师。

在车师国首鼠两端、骑墙望风顺风倒后，西域的争夺战中另一位重要的将领出现了，他就是郑吉。史料对郑吉成名前的记录寥寥几字：数出西域。

郑吉，会稽（今江苏省苏州市）人，士兵出身。

西汉正式用兵西域共 8 次，其中武帝时代 5 次，昭帝时代 2 次，宣帝时代 1 次。从郑吉的身份和年龄上推算，他可能只参加了最后两次。那么郑吉是跟谁数出西域的呢？

傅介子刺杀楼兰王时，郑吉是侍卫之一，他可能直接参与了刺杀楼兰王和匈奴使者的行动，回归后因此被提升为低级军官。

常惠第三次出使西域的随从，都是技高胆大又有西域经历和战功的军士，自然也有郑吉。低级军官有卓越的功绩方可能提升为更高级的军官。随常惠回归后，郑吉再次立功，升为郎中。

常惠降服龟兹后，宣帝派兵去西域屯田，地点渠犁。在领队人物的筛选上，自然由熟悉西域的长罗侯常惠推荐。常惠推荐的人就是郑吉。郑吉此次赴西域屯田，加封了侍郎的身份，这是相当高阶的官。汉承秦律，西汉时，军功爵制依旧在施行。

常惠对郑吉的评价是，为人坚韧刚毅，熟悉西域事务。

地节二年（公元前 68 年），郑吉和校尉司马憙（xǐ）率领士卒屯田渠犁。第二年，屯田地大丰收。

得知车师国再次倒向匈奴的郑吉很生气，征发西域诸国的军队 1 万余人，主力是焉耆、龟兹、鄯善的军队，加上屯垦的汉军，联合攻击车师。当时，焉耆王要给孙子军宿讨个说法，龟兹王后是解忧公主的女儿弟史，鄯善王尉屠耆是汉朝策立的。

车师惨败，乌贵投降。匈奴人得知车师又降汉了，出兵准备攻击。郑吉率军向北移动，准备迎战。匈奴得知西域多国部队人多势众后，放弃进攻。

于是，郑吉留下 20 名士兵充当乌贵的卫队，并监督车师的动向。但是，乌贵觉得汉军撤走，匈奴如果杀回来，自身安全会有问题。因为之前为了向汉军表达诚意，他带兵攻击了匈奴的小蒲类。郑吉撤军后，乌贵连王位也不要了，单人独马翻越天山，从山国进入乌孙境内避难去了。

这年冬天，郑吉决定回长安面见宣帝，汇报西域的情况。走到酒泉时郑吉接到了诏书：继续屯垦渠犁及车师，囤积粮食以稳定西域诸国，以防匈奴入侵。

于是，郑吉让人将乌贵的妻、子送往长安，然后返回渠犁。

汉军一撤，匈奴人就又来了，立了乌贵的兄弟兜莫为王。兜莫为了远离汉与匈奴争夺的是非之地，带着族人迁居到天山以北。

车师国都交河城所在地，成了一块飞地。

这时，郑吉找到投奔焉耆的车师太子军宿，立其为车师王，将未迁徙的车师国民迁往焉耆、渠犁，把车师让给匈奴。

汉得其民，匈奴得其地。

地节四年（公元前 66 年），驻扎在渠犁的郑吉派出 300 人前往车师屯田，打算以车师为支点控制匈奴。这就有了历史上的“四争车师”。

第三部分

都　护

XIYU

一、为国解忧

越过车师与楼兰，进入西域，中心地带当数龟兹绿洲。由于地缘优势，这里成了文化交流的中心。南与精绝接壤，东南是且末，西南有扜弥，向北进乌孙，西行是姑墨。地形呈东西走向，北面有巍峨的天山为屏，南面有浩瀚的沙漠为障。翻越天山与横穿沙漠同样艰难。由龟兹到乌孙有四条线路，均需横穿天山：

安西道，现今的乌什别迭里口岸，穿越此道可到达伊塞克湖。

凌山道，细君公主、解忧公主均是由此道进入乌孙。

黑英山道，经此道可进入昭苏草原，就是今天的夏塔古道。

盐水沟道，经巴音布鲁克草原可进入伊犁，现今独库公路所在线路。

龟兹不是十字路口，而是一个“丁”字形通道。龟兹所处的地理位置，是人种迁徙的大走廊。丝路畅通后，除土著外，来自东西方的不同人种在这里交流、融合，形成了龟兹人。张骞出使西域时期，龟兹人主要成分是月氏人、乌孙人。龟兹与乌孙长期错牧而居，龟兹以农业为主，所以龟兹与乌孙在经济上存在相互依存的关系。

元康元年（公元前65年）的新年，长安街头张灯结彩，新的一年开始了。这一年，对长安的民众来说，西汉王朝进入盛世，权倾一时的霍光家族被诛灭，社会稳定，物价低廉，官员亲民，百姓安居。

从汉宣帝刘询与新任命的渤海太守龚遂的一段对话中可见一斑。

汉宣帝：你打算用什么方法治理一方？

太守：之前的官员行为暴虐，不知怜民，陛下是需要继续镇压还是扶助百姓呢？

汉宣帝：国家选用贤能的官吏，当然是造福百姓！

太守：治乱不能操之过急，严刑峻法，请授予我权柄，准许我以不变应万变。

汉宣帝：那你准备如何保一方平安？

太守：撤换酷吏，选用贤德，开仓放粮，平稳物价，发展经济，教化愚钝，使民富裕，原本盗贼横行的乱郡便可得以大治。

这年正月，龟兹国王绛宾携王后不远万里到首都长安拜年来了！汉宣帝大喜，颁发印信，重赏。封龟兹王后为公主。三月，凤凰飞集泰山、陈留，甘露又降未央宫，宣帝下诏赦天下！

前文已提到，龟兹王后是解忧公主与翁归靡所生的长女，叫弟史。

常惠借兵围龟兹国为赖丹之死讨要说法那年，龟兹王已经是绛宾了。当时，汉与乌孙联手，在西域给予了匈奴沉重一击。龟兹是离乌孙最近的北道大国，亲汉联乌孙以抗匈奴成为龟兹国策。

婚姻是一条纽带。常惠从乌孙回长安时，还带了尚未成家的弟史。弟史在解忧公主的安排下去长安学习汉地的鼓乐琴棋。在途经龟兹的欢迎宴会上，龟兹王被弟史的才艺与美貌所吸引。

弟史去长安学习，而龟兹的使者去了乌孙求亲。弟史从长安学成归来的那一年，路过龟兹，被绛宾扣留。求婚的使者再次越过天山到达赤谷城求亲。解忧公主与翁归靡答应了这门婚事。

在长安时的绛宾被中原的富庶与繁华所吸引，在那里生活了一年多。之后又多次来长安朝觐大汉天子。绛宾是西域第一位主动来长安的西域国王。之前楼兰王虽然也去过长安，但那是被汉军抓去的，性质不一样。之后车师王也去过，但那是避难。郑吉将乌贵的妻子送到长安后，逃到乌孙国的前车师王乌贵在郑吉的安排下，由乌孙国送往长安与妻子团圆。

绛宾与弟史在长安受到了隆重接待，宣帝命协律都尉亲自安排乐师教绛宾和弟史汉乐。

龟兹王绛宾夫妇在长安生活了一年多，大有“乐不思龟兹”的感觉。回西域时，宣帝赐给他们“车骑旗鼓，歌吹数十人”，当然还有大量的工匠。满载而归的绛宾回到龟兹。

回到龟兹的绛宾在领地内开始了汉化改革。一是服饰装束与长安相同，二是龟兹国都按长安的风格规划建造，三是王室礼仪按汉地的制度执行，四是开始铸造并使用五铢钱，五是将国都命名为延城。可以肯定的是，汉文也开始在龟兹国推行。

绛宾以长安的宫殿为蓝本，修筑了自己的王宫。长安的楼台亭榭、宫墙黛瓦、飞檐翘角、栈桥石阶以及宏大的宫殿都深深地吸引着绛宾，但龟兹国绝对没有人力和财力建成长安皇宫的规模。所以，可能龟兹王宫也就是一串四合院。

龟兹舞乐最早的启蒙是来自汉地的鼓乐，那是一种宫廷雅乐。丝路畅通后，东方的宫廷乐、南方的天竺乐、西方的波斯乐、北方的草原乐在龟兹对撞融合，形成了独特的“龟兹乐”。

东西的通道已畅通，西来的、东去的路过龟兹歇脚时惊讶地发现，小小的龟兹城也有了钟鼓楼，而且宫室建筑高仿长安，连官衙的传唤方式也类似中原。

地处天山南麓的龟兹绿洲少雨干旱，所以民居是平顶。城中突然出现“人”字梁结构的汉宫建筑，让路过的人很好奇。此外，城墙建筑、木雕工艺中的中原文化元素被大量地复制推广。于是，就有过往的大宛人、康居人给龟兹王绛宾起了个外号——“骡子”！原话是这样说的：“驴非驴，马非马，若龟兹王所谓骡也！”

现代汉语中，“非驴非马”是指不伦不类的意思。骡子是驴和马交配所生的，比驴大，寿命长，体力好，能吃苦耐劳，也是憨厚老实的代名词。但是就性格来说，憨厚老实的人往往脾气倔强，这可能就是龟兹王绛宾的性格特点。至于龟兹城内的建筑特色，中原的“青瓦白墙人字梁”自然要比“黄土芦苇平顶房”美观很多。“非驴非马”应该是绛宾结合中原与龟兹所长改革的结果，这种评价并没有贬低的意味。

西域的荒漠戈壁上“夜则妖魑举火，灿若繁星；昼则劣风拥沙，散如时雨”。学自长安的钟鼓声、更夫梆子声，划破了龟兹寂静的长夜。

在龟兹王绛宾东进长安时，有一位壮士正一路向西，他叫冯奉世。

郑吉任校尉屯田西域之时，西汉政府每年都会派使节出使西域，但这些使节已没了当年傅介子的气节和果敢，当中有贪污腐败的，有出行被辱的。当时，匈奴使者在西域，各国以贵宾相待，而汉使出使西域，得自己出钱、送礼，不然没人管饭。

在将军韩增的推荐下，冯奉世以卫侯的身份持节护送大宛等国的使者回国。到了鄯善国的伊循城，冯奉世听到一个消息，汉室任命的莎车王万年被叛乱的莎车贵族所杀，同时被杀的还有护送万年到莎车国的使臣奚充国。

万年是解忧公主的二儿子，在乌孙国长大，被解忧公主送到长安“留学”。老莎车王非常喜欢万年，收他为干儿子。老莎车王无子，死后，莎车国贵族想着与汉和乌孙保持友好关系，就按遗训请求遣送万年回莎车当王。

老莎车王的弟弟呼屠徵对万年当王极为不满，他四处散播谣言，说万年脾气暴躁，又是汉人与乌孙人之后，会帮着汉朝和乌孙吞并莎车。这些言论引起莎车贵族对万年的不满，于是他们趁机聚集杀手，刺杀了万年和奚充国。呼屠徵自立为王后，私下与匈奴联系寻求援助。此后，西域北道的诸国联合反汉，进攻南道诸国，幻想断绝鄯善以西的通道。

屯田校尉郑吉被困于轮台，轮台正好处于温宿、龟兹、焉耆等北路诸国之间。而此时，匈奴派兵攻击车师，被屯田的汉军击溃。

呼屠徵为了利益铤而走险，但他对形势分析不足。当时，万年的父亲是乌孙昆弥翁归靡，母亲是乌孙的国母解忧公主，妹夫是龟兹王绛宾，妹妹弟史是龟兹王后，弟弟是乌孙左大将大乐，万年则是汉室扶持的新王。小小的莎车国根本无力与汉王朝对抗。

乌孙攻击匈奴有功，西域各小国重新依附了西汉。冯奉世出使的任务是安抚这些国家，并带去大量的礼物。

将军有两种，一种是唯命是从的，一种是先斩后奏的。冯奉世明显属于后一种。一位优秀将领的素养表现在有血性、敢担当，运筹帷幄，决胜千里。在鄯善的伊循城，汉军屯田的都尉向冯奉世报告了西域当前的紧张局势。

那天，在摇曳的火光之下，冯奉世和他的副手严昌商议，护送大宛使者要经过南道，汉使和大宛使臣都有被莎车王所杀的可能。两人认为如果不火速进攻打掉莎车王的气势，那么匈奴便会乘机而入。那时候，如果西域诸国联合反汉，形势则难以控制，再收拾残局、劳师远征就困难多了。如果是请旨后再行动，就给了莎车王串联的机会。

于是，冯奉世矫诏派出使节，火速通告西域诸王，集结各国军队，准备攻击莎车。

西域小国，夹于汉与匈奴之间，汉远而匈奴近，所以骑墙观望者居多。能迅速地集结各国联军，不是冯奉世的面子大，而是大汉强大的实力对西域小国来说压力很大。何况，当时西域最大的行国乌孙已完全附汉，北道上的鄯善、龟兹也已附汉。于是，冯奉世很快聚集了15000 兵进攻莎车。

莎车城陷，自立的莎车王呼屠徵自杀。人头和说明文件被快马送往长安，那些原本想跟着莎车王反叛的诸国立刻依附汉使。冯奉世立亲汉的莎车贵族为莎车王。汉宣帝接到报告后立即召见将军韩增，夸韩增推荐了一位优秀的人才。

冯奉世于是继续西行，到达大宛。大宛王听说莎车王被杀，很是震惊，也很钦佩冯奉世，把他当作贵宾款待，并送给他大宛的名马象龙。这种汗血宝马，当年李广利 10 万铁骑远征两次才可得到。

冯奉世回到长安时，莎车王呼屠徵的人头早被挂于长安城头，用以警示在长安当质子的诸国王子们。

汉宣帝对冯奉世的行动很满意，还专门开了个御前会议，讨论该不该给冯奉世封侯、赏地。

出现了两种意见。丞相魏相、将军韩增认为，按《春秋》大义，大夫出使国外，如果遇到有利国家之事，可以自行其是。冯奉世的功劳显著，应当封侯。这个意见代表了绝大多数官员的想法。但当时太子的老师、汉开国元勋萧何的七世孙、大儒萧望之认为，冯奉世出使的目的并不是解决莎车王的问题，不应假传圣旨征发各国兵马。虽然有功，但不能开这个先河，以免给后人留下学习的榜样。不是每一个汉使都拥有冯奉世的才能，如果后人都学冯奉世，那么邀功求赏于万里之外、在西域诸国为国家滋生事端的人必将不断涌现。

最后，冯奉世并未被封侯，但被提拔为光禄大夫、水衡都尉。

后来，冯奉世参加了征讨羌虏之战。今天，我们可以从冯奉世与汉元帝的对话中了解冯奉世的军事思想。冯奉世认为：善于用兵者，不会两次出兵，三次运粮。军队不宜长时间征战在外，顺从天意的讨伐应该速战速决。军队人数不足，战争就会旷日持久，和一战而迅速解决问题相比，利害差别万倍。

西域是个建功立业的好地方，如果冯奉世没有出使西域，有可能就像他的爷爷、父亲一样老死于郎官的位置。冯奉世的爷爷叫冯唐，就是俗语“时运不齐，命途多舛。冯唐易老，李广难封”中的那个“易老”的冯唐。

冯唐曾与汉文帝有过一段对话。

文帝：我朝怎么没有廉颇、李牧这样能征善战的名将？

冯唐：陛下，我朝名将比比皆是，只是您不会用人而已。

时逢匈奴大举入侵。文帝就问冯唐：你怎么知道我不会用人？

冯唐说：将在外，有权决定军功、爵位、赏赐，可以先行而后奏。云中太守魏尚常拿自己的钱犒赏将士，因此数次大败匈奴。可是陛下因为魏尚上报斩敌人数差了6个脑袋，就把一位让匈奴闻风丧胆的名将治罪。法令太苛，赏赐太严，刑罚太重。陛下您不放权，故不会用人，就是廉颇、李牧在世也不得施展。

文帝无言以对，但他听了冯唐的建议，放了魏尚。但是，这个敢直谏皇帝问题的人并未得到重用，他在郎官的位置上慢慢地老去。后来，因为针对西域作战，汉武帝招揽人才，有人推荐了冯唐，而武帝见到的是一位九十多岁已不能自顾的老人。

冯唐对汉武帝说自己没被提拔的原因有三。一是文帝好文，而冯唐好武。二是景帝好美，而冯唐面丑，得不到重用。三是陛下文武皆好，提拔青年才俊，美丑并用，而冯唐老了。这位三朝老臣干了一辈子郎官，一身才干，无所以用。

冯奉世的父亲叫冯遂，与司马迁是好朋友，《史记》记录下了“冯唐易老”的故事。当冯奉世扬名西域、一展报国之志的时候，冯唐、冯遂都已是过去式。

冯奉世中年得志，是常惠之后的右将军兼典属国。从一个郎官做到郎官的最高首领光禄勋，西域之行成了冯奉世的转运之时。

经过两年的耕种，车师高昌壁的收成极好。这让匈奴红了眼，于是汉与匈奴的“五争车师”拉开了战幕。

车师这个地方是一个战略要塞，是通往丝路北道的咽喉。如果车师不保，丝路自然会中断。所以车师一直是汉与匈奴争夺的要地。

匈奴汗国得知汉军屯田车师大丰收，不断地发兵骚扰抢劫，试图赶走汉军。屯田的士卒人少，被迫退入交河城。于是，郑吉率渠犁的1500兵赶来增援。匈奴看汉军增兵，也派出更多人马堵击汉军。

郑吉的士兵不是普通的农民。在西域屯田的士兵有几类人：一是贫民。只要愿意去西域，就可以升一级军功爵位，还可以当个小吏。有爵位的好处是，今后如果违法，可以用爵位顶罪。二是囚犯。他们因犯法被遣往西域屯田，戴罪立功，以功抵罪。三是地痞流氓、豪强、扰乱治安的不法之徒，夹杂着想成为自由民的奴仆。武帝时代，酷吏多，说错一句话都可能以“大不敬”为由被定罪处死。所以，进入西域的罪犯从本质上说，并不是恶人集团，以朴实的百姓居多。这些人为了绝地逢生，自愿发配从军，屯垦戍边。其中多有勇猛之士，也不乏亡命之徒，所以战斗力极强，千余人的军士可抵挡上万的匈奴兵。不过终因寡不敌众，退入交河城。交河城四边峭壁，易守难攻。于是，郑吉上书朝廷，请求增兵车师，保证车师屯田。而信使能突围送信，可见汉军个体的战斗力之强。

关于车师的守与防，汉与匈奴的意见不同：

长安朝廷中的文官集团一致认为，车师距长安太远，屯田成本高，不如放弃。

匈奴王庭的武官们认为：车师土地肥美，离匈奴汗国近，现在让汉人占了，又屯垦积粮，今后必成为大患，不可不争。

结果是，常惠再次领命出征，解救被困在车师的屯田部队。这是常惠第四次出使西域。

常惠的救援行动就是历史上汉匈之间“五争车师”的第五次交锋。之后，车师被划分为前、后车师。此战，郑吉因功晋升为卫司马，被任命为护鄯善以西南道使者。这是西汉在轮台设置使者校尉的起始。

与苏武同时期的外交官中，常惠远没有苏武的名声大。但史料告诉我们，常惠的外交实力和应变能力远高于苏武。常惠不仅仅是外交家，更是西汉少有的军事家。

郑吉被困车师。站在交河城上，望着河水交汇流淌的黄土地，长安城的繁华和喧闹在郑吉的脑海中翻腾。

高手过招，在于运筹帷幄，决胜千里之外。常惠集中的是张掖、酒泉的边防部队。

解围的办法通常有两种。一种是正面冲突，最大的可能是杀敌一千，自损八百。匈奴是马上民族，来得快，跑得也快。汉军长途奔袭，车马劳顿。到达后如正面交锋，对汉军不利，失败的概率更大。第二种是抄其后路，这个动作会让敌方无后援、缺粮草，可扰乱敌军军心，形成前后夹击之势。

常惠采用了第二种办法，史书记载叫“扬威武车师旁”。也就是常惠出玉门关后，并没有直冲车师，而是在蒲类泽一带攻击了匈奴的基地，让匈奴首尾难顾。于是，匈奴军队在荒乱中撤离了车师。

车师的围困解除了，郑吉从容地带领屯田士兵返回渠犁的屯田地。

车师解围之战从地节二年（公元前 68 年）延续到元康二年（公元前 64 年）。之后，常惠并没有去乌孙，只是驻兵于匈奴与乌孙的边境附近，最大的可能就是蒲类泽。乌孙昆弥找到了常惠，并托常惠给宣帝带了一封信。

信上说，乌孙昆弥愿意将汉室的外孙元贵靡立为王位继承人，请汉室安排一位汉家公主，再嫁乌孙，亲上加亲，以共抗匈奴。乌孙国将以骡、马各千匹作为聘礼，以迎汉室公主。

元贵靡是乌孙昆弥翁归靡与解忧公主的长子。

这封信说明，汉与乌孙的关系发生了微妙的变化，乌孙上层亲汉排匈奴的势力占了上风。

当年细君公主远嫁乌孙的聘礼是马千匹。解忧公主远嫁时，马都没给，是汉武帝派人送公主到乌孙去的。而此次的聘礼说明了乌孙昆弥的诚意。

那时候，大将军霍光已故，文官集团的领袖是大儒萧望之。此人是汉开国元勋萧何的后人，时任大鸿胪，在朝廷掌管诸侯及藩属国事务。他反对再嫁公主，认为乌孙太远，且不讲礼法，多变，不可相信。

汉宣帝则认为，加强汉与乌孙的联盟是国策，不可拒绝和亲，否则必然影响军事联盟。

悬泉置出土的木简上，记录了这次史书上语焉不详的常惠的第五次出使西域。

该木简其实是一个账本，叫《元康五年正月过长罗侯费用簿》，记录了长罗侯常惠带领450余人，从长安出发到乌孙接受聘礼。随行的有长史、军侯丞等高级官员，其中还有300名施刑士。为什么带这么多杀人不眨眼的屠夫？说明随行的是一支彪悍凶猛的警卫部队，这是一个规格很高的使团。

这年十月，汉朝使团由乌孙返回长安，随使团返回的还有300人的乌孙迎亲队伍。这些人同样是高规格出使，也是乌孙有史以来派往长安的最高规格的使团。但天有不测风云，乌孙国摊上了大事，乌孙昆弥翁归靡病故了！

对汉朝极度信任的乌孙昆弥翁归靡，没有兑现当年对堂兄军须靡的承诺，即百年之后传位于匈奴公主所生的泥靡。翁归靡改立与解忧公主所生的儿子元贵靡为接班人，为元贵靡迎娶汉家公主。

受命远嫁的公主叫相夫。何为相夫？夫之于家，如同君之于国。丞相辅佐帝君，妻则辅佐夫君。元贵靡有一半的汉家血统，如果与相夫成婚，那么他们的后代就有四分之三的汉家血统，亲近中央王朝是必然的。

汉宣帝对这次的和亲公主相当重视，为了拉近两任公主之间的关系，选了解忧公主弟弟的小女儿。朝廷做了充分的准备，安排官属侍从百余人在上林苑教相夫公主学习乌孙的语言、习俗。相夫公主远嫁乌孙，出塞前朝廷举行了盛大的集会。这次集会邀请了各国使者、侍子参加，其目的是告知匈奴和西域诸国，汉与乌孙有着血肉相连的关系，已成为国运的共同体。

但是，送亲的队伍走到敦煌时，乌孙国传来消息，元贵靡没能顺利即位。乌孙贵族拥立先王军须靡与匈奴公主所生的泥靡为乌孙昆弥。军须靡临终前传位给堂弟翁归靡时曾嘱咐他："泥靡大，以国归之。"翁归靡可能忘了，但匈奴的众贵族没有忘。

这个事件说明了三个问题：第一，乌孙人是以诚信为本的；第二，亲匈奴势力借翁归靡之死重新崛起；第三，解忧公主没有预见到这种结果。按理说，她有足够的时间除掉泥靡，但她的心太善，而元贵靡性格也比较软弱。在王权的血酬游戏中，他还缺少政治智慧。

这一消息传到长安，宣帝大怒。按常惠的意见，大汉暂停了与乌孙的和亲。

泥靡继位，被称为"狂王"。这个称呼可能是因为泥靡性格疯狂。正是由于泥靡的疯狂，乌孙国走向了分裂。

按乌孙的习俗，解忧公主要改嫁泥靡。泥靡当然是仇视解忧的，自小母亲与解忧的明争暗斗他都看在眼中。原本与解忧是左、右夫人关系的匈奴公主，现在与解忧成了婆媳关系。这一年，解忧公主 56 岁，或许匈奴公主已经去世。

泥靡不得民心，恶政不断，加之与汉的关系恶化，引起乌孙人的强烈不满。

这期间发生了三件事。

第一件，解忧公主为立元贵靡为王，加强与中央王朝的联系，便与汉使魏和意、任昌设计刺杀泥靡。计划看似很完美，但是实施过程中出了问题。汉使小瞧了"狂王"泥靡的戒心，也小瞧了泥靡的酒量。当泥靡酒醉归帐时，埋伏的汉使出手了，但并没有刺中泥靡要害。在卫队的保护下，泥靡跃马而逃。

泥靡的儿子带兵合围了赤谷城，解忧公主与汉使被困。此时已成为西域都护的郑吉越过天山，带兵赶走了围困赤谷城的军队。

郑吉带兵穿越的那条路，我们今天称为夏塔古道。这条路是丝绸之路上最为险峻的一条隘道，沿途多是达坂、冰川、激流，全线从温宿到达昭苏有 120 千米。从路线上看，当年西域都护府设在乌垒城（今新疆维吾尔自治区轮台县）的决策是正确的。因为这里是当年西域的中心，远督大宛、近察乌孙，雄视三十六国。

第二件，刺杀未果的消息传到长安后，宣帝并不想与乌孙彻底翻脸，至少要维系表面的和平。于是，派遣中郎将从长安带药和补偿金到乌孙给泥靡治伤，并表明汉使的行为并非朝廷的意图，且已将回朝复命的魏和意、任昌在长安斩首。

汉宣帝在用人上出现了失误。原本刺杀泥靡可能就有长安的意图，只不过让两个办事不力的人搞砸了。负责“斩首行动”的得是傅介子那类足智多谋、临危不惧的英雄。

朝廷并没有因为刺杀事件追究解忧公主的责任，但是长安派去了解事件经过的车骑将军张翁智商堪忧。到达赤谷城时，他竟然审问解忧公主，还当众打骂、侮辱解忧公主，揪头发、扇耳光，并辱骂解忧公主的先祖。解忧公主很气愤，她在乌孙 44 年，为汉乌联盟做出了巨大的牺牲和贡献，但一个小小的京官竟然可以随意打骂她。于是，解忧公主上书汉宣帝，告了张翁一状。

如果从辈分上算，解忧公主是汉武帝的堂妹，算是宣帝的太姑奶奶。宣帝很生气，一个不懂得国家大义的将军可能给国家带来大灾难。于是张翁回到长安后便被斩首，副史季都因未领会宣帝想趁为泥靡治病时诛杀他的意图，也被处以宫刑。

第三件，泥靡逃往北山后四处放话，要找娘家的匈奴兵来，灭了赤谷城。

泥靡太狂了，这种“狂”让长安很不满意。泥靡就在这种狂妄的花天酒地中过了7年。狂人容易得罪人，当时驻守在北山的乌孙大将是乌就屠，乌就屠看不惯泥靡，或许是因为两人自小就有矛盾。于是乌就屠杀了泥靡，自立为乌孙昆弥。乌就屠是前乌孙昆弥翁归靡的匈奴夫人所生，有一半的匈奴血统。因为并不知道乌就屠对汉朝的立场，长安的朝廷很不安。

乌就屠与解忧公主所生的元贵靡属于同父异母，与泥靡是堂兄弟。乌就屠比元贵靡小，一起长大，从理论上来说，两人关系应该不错。但是在王权的争夺中，从来没有亲情可言。乌孙一旦出现倒向匈奴的危局，西域可能再次被阻断。

事件发生后，汉朝立即派破羌将军辛武贤率兵15000在敦煌集结，准备出塞。目的很明确，拥立元贵靡为乌孙昆弥。至此，大汉王朝开始直接干预乌孙昆弥的废立，加强对乌孙的控制。

解忧公主在西域的活动中，冯嫽是她最重要的助手。冯嫽多次持节联络诸小国，为稳定西域与汉朝的关系做出了极大的贡献。

冯夫人自然是看着乌就屠长大的，加之冯夫人的丈夫掌握着乌孙的兵权，于是冯夫人出马了。她给乌就屠分析了当前形势的利害关系。乌就屠深知自己没有抗衡汉朝的实力，表示愿意放弃昆弥之位，当个小昆弥，主动让位给哥哥元贵靡。于是，元贵靡为大昆弥，乌就屠为小昆弥。大昆弥户6万余，小昆弥户4万余。

此消息上报到长安，宣帝认为可行，于是招冯嫽入朝面议。

常惠第七次授命出使西域有两个任务：一是护送冯嫽回西域，二是颁布汉王朝的任命诏书。此行中还有一个副使叫甘延寿，之后他与副手陈汤模仿常惠的办法，矫诏西域，远击匈奴，叫响了那句令人荡气回肠的名言：“明犯强汉者，虽远必诛。”

在赤谷城，常惠宣读了汉朝皇帝对大昆弥元贵靡和小昆弥乌就屠的册封，并分别授予印绶。历史没有记载相夫公主后来的事迹，当元贵靡成为乌孙大昆弥后，相夫极有可能远嫁乌孙，成为解忧公主的接替者。

史料记载，常惠最后一次出使西域是甘露二年（公元前 52 年）。这一年，常惠带着 3000 名汉军进入乌孙首都赤谷城。这一行动是从武力上支持大昆弥元贵靡。

当初设定的大昆弥 6 万户，小昆弥 4 万户的目标并未实现。大、小昆弥的属民常因草场问题发生争执和武斗，其间也发生过乌孙贵族的叛乱。

史料中并没有多少对元贵靡的介绍，但是从诸多事件中可以看出，元贵靡性格文弱，身体不好，所有的行动都是解忧公主和冯夫人出面协调。

在乌孙内乱时期，匈奴汗国发生了什么事呢?

公元前 62 年，羌侯狼何（小月氏）向匈奴借兵，准备攻击鄯善和敦煌郡，企图切断中原与西域的交通。汉朝廷认为，狼何就是头“笨狼”，不可能想出这种策略，肯定是匈奴在背后指使。于是，大汉派出官员到沿边要塞，加强防御，驻军屯垦，瓦解羌部，最终危机得以解决。

当常惠从西域返回时，他的老上级苏武去世，这一年是公元前 60

年。回到长安的常惠接替苏武的职务，兼职典属国。典属国是专门负责管理降汉的周边民族事务的官职。

这一年九月，匈奴发生内乱。匈奴虚闾权渠单于带了十几万的骑兵部队沿汉边境围猎，企图乘虚入境抢劫。刚好有一个匈奴人跑到长安报告了单于的军事目的。于是宣帝派后将军赵充国率 4 万骑兵驻守在沿边九郡。长城内外，两支军队同步围猎。

单于一看没机会入侵，加上突然无故吐血身体不适，于是收兵北归。后来，单于派了一个使者来长安，要求和亲。这边的汉朝君臣还没商量好是否和亲，那边单于就死掉了。

新任单于叫握衍朐（qú）鞮，此人为人残暴，不但屠杀了前任单于信任的官员，还将前单于子弟的官职全部罢免。

按照制度，前单于的位置原本是左贤王的，但左贤王当时把位置让给了前任单于。前任单于也答应今后再传位给左贤王的儿子。左贤王的儿子就是日逐王先贤掸。日逐王原本与新任单于握衍朐鞮的关系就不好，匈奴人都说应当让日逐王当单于。

日逐王担心新任单于会找机会杀了他，于是派人联络郑吉，表示愿意带领本部人马 12000 人，全部降汉。于是，郑吉带领龟兹等国的 5 万兵马，迎接日逐王先贤掸。之后按朝廷的意图，将日逐王部安置在了河曲一带，也就是今天的青海，并将日逐王送往长安。到达长安的日逐王受到了宣帝的款待，被封为归德侯，在长安落户。

郑吉因功被封为安远侯，于是他在距阳关 2700 里的乌垒筑城，设立幕府，名为都护府。由于匈奴内乱不断，他们已无力西顾，于是撤销了设在西域的僮仆校尉。由此，西域都护府成为西域各国的管理者。

西域都护府直属汉廷，相当于内地的郡。其职责就是监督乌孙、康居等西域诸国的动静，掌管西域驻军。如果发生事变，能安抚就安抚，安抚不了就出兵讨伐，从而使汉朝的诏令在整个西域得以传播，保证了丝路的畅通。

自张骞出使西域至郑吉设立都护府，历时 79 年。

二、匈奴瓦解

汉宣帝时代，汉朝与匈奴汗国之间并未发生大规模的正面冲突。没有出现卫青、霍去病、李广这类沙场悍将，但常惠、郑吉、赵充国、冯奉世这类将军，以极少的兵力建功业于万里之外，让汉之疆土扩充至西域。

当常惠数次出使，往来于西域之际，匈奴内部出大问题了。

先是丁零汗国连续三年南下攻击匈奴汗国，匈奴反击，但毫无所获。匈奴自觉实力已无法与汉朝抗争。

到新单于挛鞮握衍朐鞮即位后，匈奴王庭更是矛盾重重。

矛盾一：前任单于的太子挛鞮稽侯狦没能继位，怕被诛杀，于是逃亡到岳父乌禅幕的东部部落。

矛盾二：日逐王与新任单于关系极差，他率领自己的部落归顺了汉朝，促成了汉朝西域都护府的建立，代表着西域土地完全归汉。

这个时间段，乌孙昆弥翁归靡去世，解忧公主的儿子元贵靡未能顺利继位，汉朝撤回相夫公主，常惠亲自到乌孙斡旋。

矛盾三：新单于挛鞮握衍朐鞮得知前日逐王挛鞮先贤掸降汉，就杀了他的两个弟弟。乌禅幕去说情，被新单于痛斥，于是乌禅幕怀恨在心。之后，新单于封他的哥哥挛鞮薄胥堂当了日逐王。刚好匈奴奥鞬王去世，新单于又封他的小儿子当了奥鞬王，但并未去领地。于是奥鞬部落的贵族重立奥鞬王，率部东移，脱离匈奴汗国，并击退了新单于的追兵。

矛盾四：新单于挛鞮握衍朐鞮生性残暴，以致贵族怨恨不已。加之太子又不断地构陷东部左谷蠡王及其将领，匈奴军队内部人心惶惶。

矛盾五：当时，乌桓部落攻击匈奴东部的姑夕王，劫掠了匈奴不少牲畜。新单于挛鞮握衍朐鞮大怒，准备收拾姑夕王。

仅两年时间，匈奴内部的矛盾不断加剧，第十三任单于挛鞮握衍朐鞮已到了众叛亲离的地步。为了缓和内部矛盾，公元前 58 年五月，单于挛鞮握衍朐鞮派弟弟呼留若王挛鞮胜之到长安朝见汉宣帝，以缓解来自汉朝的军事压力。

匈奴的游牧体系很难与中原的郡县制相对应，所以对匈奴的官职设置做一说明。

匈奴的领地由东向西分三部分，东部为左贤王统治，中部由单于王庭统治，西部由右贤王统治。左贤王可以说是匈奴汗国的二把手，由单于的兄弟或太子担任，是王储的角色。右贤王统治西部，其中前日逐王的父亲曾让位于第十任单于，所以日逐王的地位低于左贤王，高于右贤王。管理西域的僮仆校尉是日逐王的属官。左、右贤王又称为左、右屠耆王，“屠耆”是匈奴语“贤能”的意思，故被译为“贤王”。贤王属下设谷蠡王、大将、大都尉等官职。单于庭下设左右大都尉。

这些职位都是单于家族世袭。单于最为信任的人充当郝宿王。此外，下设左、右大当户，左、右大且渠，左、右丞相等职。匈奴汗国是军政一体的行政体系，官员一左一右，左位排名在前。还有一些部落的首领被称为王，比如由汉降匈的李陵是右校王，卫律是丁零王，职务相当于汉地的万户长、太守的级别。

因为与乌桓部作战失利，为了自保，姑夕王联合乌禅幕和左谷蠡王等将领，共同拥立前单于的太子挛鞮稽侯狦为单于，这就是历史上有名的呼韩邪单于。

东部战区的匈奴军队集结，开始攻击中部的单于本部。大军推进到姑且水之北，单于挛鞮握衍朐鞮不敢迎战，率众逃离，同时派人给任右贤王的弟弟去信，希望右贤王部可以支持他。右贤王的回话是：你没有一点人性，大肆屠杀兄弟和贵族，你应该死在你所住的地方，不要来玷污我的领地。单于挛鞮握衍朐鞮悔恨交加，无可奈何，最后自杀。阴谋策立他上位的颛渠阏氏和她的弟弟左大都尉且渠都隆奇抛下部落逃亡，投奔右贤王。部属投降呼韩邪单于。

呼韩邪单于占据匈奴王庭后，做了三件事。一是解散军队，让士兵归牧。二是封逃亡的哥哥为左谷蠡王。呼韩邪单于没有想到，这个哥哥之后将会是他最大的对手。三是派人煽动贵族，准备击杀右贤王。

且渠都隆奇逃到西部，与右贤王又立挛鞮薄胥堂为单于，此人是第十三任单于的哥哥，史称屠耆单于。于是，匈奴西部军团开始进攻东部军团。由于呼韩邪单于已解散了军队，所以大败，退回到匈奴左部。

到了公元前 57 年，西域都护府建立的第三年，匈奴内部开始分裂。兄弟之间、叔侄之间开始同室操戈。

这年七月，屠耆单于命右奥鞬王和乌藉都尉各率 2 万军队在东部防线驻扎，提防呼韩邪单于反扑。

位于西部的呼揭王挛鞮呼揭与人合谋，诬陷右贤王谋反。于是，屠耆单于杀了右贤王。后来发现错杀了，于是再杀合谋诬陷右贤王的官员。呼揭王得知事情败露，忙带部下逃走，自立为呼揭单于。右奥鞬王听到消息，自立为车犁单于。乌藉都尉则自立为乌藉单于。

三年时间，匈奴汗国分裂成五部分，五单于并立。

屠耆单于、车犁单于是堂兄弟，与呼韩邪单于的关系是叔侄。呼揭单于与乌藉单于估计是单于家族的人，但并不是什么名门。

这之后就更乱了。在屠耆单于的攻击下，乌藉、车犁、呼揭三单于都被击败，三股势力整合为一，乌藉、呼揭两个单于投奔势力较强的车犁单于。在屠耆单于的再次攻击下，三单于再次大败，向西北逃亡。

面对匈奴内战，大汉王朝是如何应对的呢？

两种意见：

一群人的意见，利用匈奴势力的内部纷争，待两败俱伤后，汉出奇兵取利，一举解决匈奴问题。

一个人的意见，御史大夫萧望之认为：君子最重要的品德是不乘人之危，忿兵、贪兵、骄兵都是不义之师，即使一时取胜，在道义上也终不可赢。前任单于原本已一心向汉，准备和亲，派出使者到长安觐见宣帝，以表诚心，不幸亡故。现在，如果汉家出兵，匈奴必然向远方撤离，积累怨恨。原本一群狼在争食，再去一只虎，那么群狼自然合力攻虎。从这个道理上讲，汉若出兵，极容易造成五单于联手对汉。汉朝应当以仁义为本，派出使节前往匈奴汗国慰问，辅助弱小，拯助灾民。四方蛮夷听到这个消息，会尊敬大汉皇帝的仁义。如果再施加恩惠，使他们各得其所，人心必定臣服大汉。不战而屈人之兵，这才是最高的国家战略。

汉宣帝支持了一个人的意见。

公元前 56 年，呼韩邪单于发兵攻击屠耆单于，大胜。屠耆单于兵败自杀。车犁单于投降呼韩邪单于，双方部众合二为一。

李陵在匈奴出生的混血儿子拥立乌藉单于再次起兵，被呼韩邪单于部击斩，乌藉单于亦被杀死。呼韩邪单于占据匈奴王庭。然而，战争使匈奴人口锐减，呼韩邪单于本部也不过几万人。

此时，屠耆单于的堂弟休旬王在西部自立为闰振单于。呼韩邪单于的哥哥左谷蠡王挛鞮呼屠吾斯在自己的领地宣布独立，这就是后来的郅支单于。

匈奴汗国五单于兼并后，成为三个独立的汗国。之后，闰振单于臣服汉朝，派弟弟到长安入侍。这年冬天，匈奴左大将乌厉屈父子、右大都尉且渠都隆奇、右谷蠡王挛鞮姑瞀（mào）楼头等匈奴贵族看到匈奴内乱，加之雪灾，率领部落数万人南下，投降大汉，多人被封侯。

这之后，闰振单于攻击郅支单于，兵败被杀。而郅支单于驱逐呼韩邪单于，入主王庭。

长城边塞烽火已熄，汉朝开始大量裁撤边防军。

“天欲弱敌，五单于各裂，过阴山而哭。”至此，持续6年的匈奴内乱将匈奴汗国分为南匈奴与北匈奴两部分。

匈奴汗国呼韩邪单于被哥哥郅支单于击败后，撤回到匈奴左部。此时，左伊秩訾王建议，不如归顺汉朝，朝觐汉宣帝，请求大汉帮助。匈奴汗国经过连年的战争，已残破不堪，只有得到外援，才能平定内乱，维护统一。

呼韩邪单于召集高层会议，就是否降汉进行了讨论。

一群人的意见：坚决反对。匈奴人的习俗是崇拜英雄，强者为王，怎能位居人下？匈奴人的精神就是不断地战斗，建立强大的国家，威震四海。战死沙场，是勇士的荣耀。现如今，匈奴的问题是内部问题，不过是兄弟相争，不管结果谁胜谁负，都是自家的事。即使战死，威名也在。统治权依旧在挛鞮家族手里，我们依旧统治着草原和西域诸国。汉朝虽然强大，历经近百年的交战，也没有吞并匈奴。为什么要背叛先祖，臣服汉人，让祖先蒙羞，让他国嘲笑？这样一来，我们如何去统领其他部落？

一个人的意见：左伊秩訾王支持归顺汉朝。强大和衰弱的定义，随着时代发展有所不同。就目前看，汉强而匈奴弱，西域诸国，就连乌孙这些大国都已经屈服于汉。近50年来，匈奴汗国的土地一直在缩小，到目前已没有能力收回失地。匈奴人虽然倔强，但百姓不能安生。现在，臣服大汉才能获得安全保障。如果硬撑，则匈奴气数将尽，这已是明摆着的事实。

呼韩邪单于的明智在于他与汉宣帝一样，具有政治家的眼光。很多时候，妥协和让步是为了更大的国家和民众利益。呼韩邪单于接受了一个人的意见，他率领部属向南移动，快到达长城边塞时，派他的儿子先去长安当质子。

郅支单于得知这个消息，马上也派自己的一个儿子去长安当质子。

在两个单于争着送质子去长安的时间段，乌孙发生了汉使魏和意、任昌与解忧公主刺杀乌孙昆弥泥靡未果事件。此时的匈奴已无心西顾，况且汉的西域都护府已管辖了西域诸国。都护府在离屯田地渠犁很近的乌垒筑城，东距阳关 2700 里，职责是保护乌孙、康居及三十六国。大汉的政令通行西域，而都护则有安抚和讨伐的职责，但权限属于长安。

呼韩邪单于的人马抵达五原要塞，呈国书，献国宝，约定来年正月初一到长安朝见大汉皇帝。长安的官员再一次展开了大争论，关于如何接待匈奴单于的问题。

又是一群人与一个人的对立。

这次朝议时，宰相与御史意见相同，老一套。他们建议按照古时候圣明君主的制度排位，先京师，后诸侯，再才是夷狄。匈奴单于前来朝觐，所采用的礼仪应当按诸侯王的标准，且单于排名应当在诸侯王之后。

时任太子老师的经学大师萧望之则认为，匈奴汗国并不是汉的属国，不能按臣服的礼节接待，单于应当排在诸侯王之前。外夷向中国低头，主动示好，我们应当谦让，以显示大国的风范。匈奴人反复无常，很难驯服，如果今后他们的后人不再来朝臣属，也不算是背叛。

这才是两国交往的原则。

于是，汉宣帝下诏：匈奴愿臣服于大汉王朝，将于来年正月一日来长安朝见。当以国宾之礼相待，单于的排位在诸侯王之上。

这年底，车骑都尉韩昌奉命去边塞迎接呼韩邪单于。沿途的 7 个郡，每个郡派出骑兵 2000 人，列队欢迎，接力护送。

这里做一说明：呼韩邪单于是名号，就如汉孝武帝亦为庙号，挛鞮稽侯狦才是呼韩邪单于的本名。汉宣帝下诏，按觐见的礼仪，单于只称臣，不附名。

甘露三年（公元前 51 年）正月，匈奴汗国第十四任单于挛鞮稽侯狦，抵达大汉京师长安。

这是一场盛大的相会，预示着自汉王朝建立以来，汉匈争战暂时画上了句号。

长安城换上了节日的盛装，张灯结彩。各国使节、部落酋长、诸王、列侯、侍子、卫队、百姓数万人集中在渭桥两侧夹道而立，见证汉匈两位最高首领的相会。

大汉王朝第十任皇帝刘询走上渭桥，两侧官民跪拜，山呼“万岁”，此起彼伏，呼声响彻云霄，官员百姓喜极而泣。

站在渭桥上的汉宣帝刘询，望着快步向他走来的呼韩邪单于。传话，不用跪拜。

这座桥，自匈奴崛起，南下掠夺，秦汉 200 多年历史中，无数次上演这样一幕：“车辚辚，马萧萧，行人弓箭各在腰，耶娘妻子走相送，尘埃不见咸阳桥。牵衣顿足拦道哭，哭声直上干云霄……”

跨过渭水桥的千万汉家子弟蹚漠南、踏漠北、穿河西、闯西域，战城南、卧郭北，魂断戈壁，泪洒荒滩，血染风沙，野死无葬成鸦食。“汉家山东二百州，千村万落生荆杞……”

和平，是一个盛世王朝给百姓带来的最大福祉。汉匈罢兵之路，是双方将士累累白骨堆积铺就的路。大汉王朝终于赢得了胜利。北方边患，得以解除。

遗憾的是，当时“华尊夷卑”的观念根深蒂固，儒家学者没能在史料中记录下这次相会的细节，寥寥几个字带过。

汉宣帝在建章宫设国宴宴请呼韩邪单于。匈奴官员第一次看到长安的繁华与富庶。单于献上的国礼与大汉王朝宫中的珍宝相比，不值一提。

汉宣帝刘询送给呼韩邪单于中式的官服官帽，金铸的大单于印信，以及大量的黄金、玉器、锦绣、绸缎、布匹、绵絮。

呼韩邪单于在长安住了一个月，在临行的宴会上提出，希望皇帝准许他的部众移居到漠南的光禄塞、五原塞之北，当遭遇紧急情况时，可以撤入受降城。这里曾建立了大量的城堡亭障。当年是为了防匈奴，现在则成为南匈奴的避难所。

呼韩邪单于的请求，汉宣帝全部答应，并派卫尉、高昌侯董忠和车骑都尉韩昌率骑兵 16000 护送单于出朔方城。

汉军随即进入匈奴王庭协防，把边塞战备的粮秣赠予匈奴汗国，救济饥荒。

沿着中亚大草原，乌孙、康居、安息等凡是与匈奴接壤的国家及西域各国都畏惧匈奴。而此时，大汉王朝的威名随着呼韩邪单于的长安之行传彻西域。

这一年，解忧公主回归。她在西域 50 年，嫁了三任乌孙昆弥。

归来时，她的长子元贵靡、幼子鸱靡先后病故，二子万年在莎车被害。西域留下了刘解忧的青春、汗水、泪水和骨肉。解忧进入长安时，汉宣帝亲自出城迎接。

元贵靡的儿子星靡继任为乌孙大昆弥。同样已年迈的冯嫽上书汉宣帝，愿持节出使乌孙，辅佐星靡。此时，远在西域的都护韩宣上书，请求给乌孙国大禄、大监及主要高级官员授予金印和绶带，巩固星靡的威望。对乌孙官员的封号及奖赏随冯嫽带去。

十一位功臣的画像被置于未央宫的麒麟阁上，他们依次是：霍光、张安世、韩增、赵充国、魏相、丙吉、杜延年、刘德、梁丘贺、萧望之、苏武。

梁丘贺在史料中的记录并不多，与其他十位相比，未见有什么奇功。他是易学大师，西汉有名的“梁丘易学”的开创者，经常给汉宣帝讲解易的“象、数、义、理”。

西汉时，《易经》不是给人算命的，而是直接被用于参与王朝的统治，给国家“算卦”，凡天灾、人祸、出兵、赈灾等重大事件，必占卜。

汉宣帝当然对《易经》中“吉吝凶悔”的道理非常明白。这四个字中，只有“吉”字是上签。凡事动起来，四件事有三件事都会不尽如人意，所以要三思而行。

匈奴来降自然是大吉，但盛极则衰。

刘询曾将太子刘奭（shì）臭骂一顿，原因是太子认为皇帝重法而轻儒。

刘询大怒，厉声说：汉家自有汉家的规矩，用“霸道”与“王道”

相融治理国家。俗儒那些人，不切实际，崇尚古人，“名”“实”分离，表面上将“仁义”与“利益”一刀两断，实则追名逐利，如何担得大任？

之后，刘询长叹一声：败我汉家基业的，将来就是你呀！

没有形成“国天下”民主制度的封建王朝，在“家天下”的制度下，国家的命运系于君主一人之身。太子刘奭是宣帝贫民皇后所生长子，刘询念情不忍废黜。之后，竟然一语成谶。汉宣帝之后，西汉开始走向衰落。

黄龙元年（公元前 49 年），这一年的正月，汉宣帝刘询雷打不动地按时去甘泉祭天。

呼韩邪单于再次来长安朝见，带着需求单满载而归。可以肯定的是，匈奴并不是受中原仁义的感化才臣服大汉，只是因为势单力薄，无力对抗，加之连年灾荒，不得已才交好汉朝。

这年初，彗星惊现夜空。

次年（公元前 48 年）底，汉宣帝刘询在未央宫驾崩。

汉宣帝时代，君明臣贤，政治清明，精英荟萃，赏罚有度，国家安定，百姓乐业，手工业水平达到历史新高。匈奴内乱，救亡助存，八方来贺，西域正式纳入大汉的版图。

这一年，为大汉帝国西部的稳定辛劳一生的解忧公主和都护安远侯郑吉去世。两年后（公元前 46 年），壮武侯、右将军常惠去世。

一个光鲜的时代，也必有鲜为人知的另一面。讲宣帝时代的两位正直官员不同命运的故事，以代表该时代的西汉官场作风。

司马迁有一个外孙叫杨恽，他的父亲曾是宰相。小时候，杨恽母亲司马英将收藏的外公写的书拿出来让他读。杨恽每读一遍总是热泪盈眶，慷慨激昂。因功被封平通侯时，杨恽将《史记》捐献出来，后人才得以知道这部伟大的著作。

杨恽为人廉洁公正、仗义疏财，眼中揉不得沙子。因为刚直，他得罪了朝廷里的很多高官，包括太仆戴长乐。当时，正好有人控告戴长乐贪赃，戴长乐认为这事一定是杨恽干的，于是幕后指使人构陷杨恽。

太仆是什么官？高官，位列九卿，但实质就是给皇帝赶车的车夫。因为离皇帝近，自然有传闲话的机会。于是，这个太仆就对宣帝说，杨恽在背后拿陛下开玩笑，说正月之后，天气久阴不雨，这是有人犯上作乱的先兆。这原本是《春秋》中的一句话，仅此而已。但宣帝下旨将杨恽交廷尉关押审理。审理的结论是：杨恽心怀怨恨，恶语诽谤，犯了大逆之罪。

按汉代的法律，大逆之罪是死罪，但宣帝认为杨恽是个人才，只是下诏将杨恽与戴长乐一起贬为庶民。

杨恽赋闲在家，但他没闲着，他购买田产、宴请名流、吃喝宣泄。这事很快就传开了。杨恽的一个朋友安定太守孙会宗就写信劝他说：位居高官的人，一旦被罢免，就当闭门思过，装出惶恐不安、悲哀可怜的样子，不该如此张扬地每日里交结四方、莺歌燕舞。

杨恽给朋友回了一封信，没想到这封信要了他的命。

这封信就是历史上有名的《报孙会宗书》，性质和司马迁的《报任安书》一样。在信中，杨恽主要说了自己被罢官的原因：我现在成了平头百姓，归乡置田，兴财闲居，自由快乐，你怎么不理解我呢？

还拿一个士大夫的标准来要求我一个平民百姓，你什么时候也变得这么势利浅薄了？

信写得潇洒自如、文采斐然，并没有什么大问题。但是，文字这东西就怕被人解读。在这封信中杨恽写道："奴婢歌者数人，酒后耳热，仰天抚缶而呼乌乌。其诗曰：'田彼南山，芜秽不治。种一顷豆，落而为萁。人生行乐耳，须富贵何时！'"

杨恽的歌是这样被人解读给汉宣帝刘询的：

"田彼南山，芜秽不治"。"南山"是很高的地方，象征朝廷，现在则是一片荒凉。这显然是在攻击皇帝不作为。

"种一顷豆，落而为萁"。"一顷"指文武百官，"豆"指的是辛勤培养的人才，应该让其发挥作用，现在却沦落在旷野。

"人生行乐耳，须富贵何时"。人活着应该及时行乐，不然怎么知道什么叫富贵。这是指皇帝荒淫无度。

某日刚好出现了日食现象，戴长乐手下的一个马夫上书控告杨恽，说出现日食是因为杨恽不知悔过造成的。汉代盛行"天人感应"学说。于是，杨恽被抄家，搜出了那封没来得及发出的《报孙会宗书》。奸人解读后，廷尉再次判决：杨恽大逆不道，判腰斩，妻儿流放酒泉郡。

当时，把东天山、祁连山一带称为南山，也就是西域所在地。

文字的解读方法极多，如果这样解读，也许杨恽不但可以免死，还能高升："现在西域这块土地，各国治理不到位，那里有很多宝藏但散落在山间。征服西域是勇士的快乐，那里是建功立业、封侯晋爵的富贵之地。"

可惜，杨恽得罪的小人无处不在，特别是在官员扎堆的朝廷。一代英才，惨遭弃市。

据说，流放的杨氏，形成了“弘农杨氏”，后代才俊频出。

当时，跟杨恽关系密切的很多官员因此事被贬职，包括那位闲着没事儿劝杨恽的太守孙会宗。

杨恽被处死之后，官员们纷纷指控京兆尹张敞。他是杨恽的好朋友，官员们认为两人是同党，张敞也应该受到处罚。宣帝欣赏张敞的才能，就把指控的奏折压了下来。

张敞是个能吏，出身官宦世家，为官清廉，待人朴实，是当时治乱的名臣。他所到之处，地方安定，盗贼隐匿。

当朝中纷传张敞的官将当到头时，发生了一起案件。张敞安排手下一位叫絮舜的官员去查办。这个絮舜是张敞一手提拔的，但是知人知面不知心，张敞给絮舜安排任务后，这个曾经低三下四、鞍前马后的絮舜竟然傲慢无礼。

某一次退出公堂后，他冷笑着对其他人说，张敞这个京兆尹最多再干五天，他以为他是谁？还查什么案子，等着别人来查他吧。然后扬长而去。

背后说人好，也许被夸的人一辈子都不可能知道，但背后咒人倒霉，分分钟就会传到当事人耳中。

听到消息的张敞大怒，以渎职罪逮捕了絮舜，安排人审讯，结果审出个死罪。这种对上阿谀奉承、欺软怕硬的人，对下自然盛气凌人，一追究没有不出问题的。狱吏的手段可以把圣人都审成恶魔，何况絮舜这种掌握权柄又背恩忘义、见风使舵的小人。

处决之前，张敞还不解气，就让主簿送给絮舜一张便条：秋后问斩的时间要到了，只能干五天的官，威力如何？之后，絮舜被绑赴刑场，砍了！等到立春，行冤狱使者出行，絮舜的家人抬着棺材将其拦下，向其展示便条并控告张敞。行冤狱使者便以滥杀无辜为由提请弹劾张敞。按法令，冤杀要抵命，宣帝考虑张敞的官声很好，又有才干，就把张敞贬为平民。张敞挂印回家。

几个月后，京兆尹所属的机构因官员懒政，运行几乎瘫痪。民间盗匪四起，官府追捕的鼓锣彻夜不息。曾被张敞打压下去的巨匪公然对抗官府。宣帝就想到张敞的治理能力，于是派使者招张敞回京。使者到来，张敞家族闻听，哭声一片，以为要抓捕张敞。而张敞笑着安慰说，如果要抓我一介平民，三两个狱吏就行了，何必派出使者。

张敞随后着官服回京，然后上书为自己辩护。他说：絮舜是我最为宠信的一个部下，我很多次都原谅了他的过失。没想到，有人弹劾我时，他不但不维护上级的声誉，反而消极怠工，当众讽刺我“五日京兆”，如此无耻的小人，是官场邪恶的现形。于是我就用法律的手段除去一害，维护官场的秩序，却也有滥杀之嫌，愿意抵命。

宣帝召见张敞，免去他的罪责，任命他当冀州刺史。

张敞到任后，境内的广川王宫接连发生盗窃案，总破不了案。张敞安排人秘密调查，发现广川王内弟与宗室刘调是内贼，王府成了他们的避风港。于是率兵包围了广川王府，将刘调等内贼搜出斩首，悬首级在王府外。只一年多时间，盗贼就没了。后来张敞又调任到太原，也仅一年，太原大治。

与杨恽相比，张敞手段老辣，轻松地就化解了一场危机。

张敞并不是个投机取巧的官。汉废帝刘贺当初进京当皇帝时，任用小人，张敞就直言劝谏。后来，霍光的后人谋乱，张敞也挺身而出。再后来，张敞被派往关押刘贺的山阳当太守，张敞并没干落井下石的事，而是据实上报刘贺的表现，替刘贺说话。

毕竟是前任皇帝，当时刘贺是宣帝心中的死结。宣帝确认刘贺不可能有复辟的可能后，加封刘贺为海昏侯，让其生活有保障。侯爵传了四代，直至西汉灭亡。

“张敞画眉”一事曾让朝中的士大夫不耻，他们以此弹劾张敞有损大臣的名节。

张敞的夫人幼年时受伤，眉角有伤痕。张敞每日早起，上朝前给夫人画眉，手法娴熟。宣帝在接到小报告后，当着众人过问张敞这事。张敞说，夫妻之间的快乐事，皇上就别过问了，陛下只需知道，我职责内的事情干好没有就行了。于是，张敞又一次化解了奸人的指责，并被宣帝树为“模范丈夫”。

张敞治乱的办法很多，与龚遂的办法相反，但是两人都能保一方平安，让盗贼无处藏身。当时渤海、胶东两郡治安混乱，龚遂受命治理渤海郡，用德政。张敞自请治理胶东郡，用法治，两人功绩相当，刚好应了宣帝的“王”“霸”之术兼用的治国理念。

汉元帝登基时，有人向元帝举荐张敞做太子的老师。元帝去问自己的老师萧望之的意见。

萧望之认为，张敞是治乱的能吏，但才学不足，不适合当太子的辅导老师。于是，汉元帝改任张敞为左冯翊。左冯翊是一个相当于行政区长官的职务。西汉时京兆尹、左冯翊、右扶风称为“三辅”，是拱卫京师的重要官员。可是调令还没送达，张敞就病故于豫州刺史任上，百姓恸哭。

三、虽远必诛

从历史的角度来说，郅支单于于国、于家、于民都不义！

父亲去世，叔叔篡位，怕被诛杀，兄弟俩各自跑路，弟弟被民众立为呼韩邪单于。弟弟回到王庭的第一件事，就是寻找不知道躲到哪里去的哥哥。找到哥哥后，封其为王，赋予权柄。而哥哥得到权力后，做的第一件事，却是扩充实力，自立为单于，攻击弟弟呼韩邪单于。

但权力并不等于能力！从后面发生的故事可以看出，郅支单于属于有勇无谋的人，这就注定了他终将失败。

得知弟弟呼韩邪单于投降中国，郅支单于很是不屑。虽然他也送了儿子去长安当人质，但五十步笑百步的自信他还是有的。

先说一下“中国”这个称谓是从什么时候开始出现的。“中国”这个名词早在3000多年前就有了。武王灭商时，开始使用“中国”这个词，意为天下的中心。秦汉时期，“中国”已成为周边四夷对华夏王朝的称谓。《史记》中多次提到“中国”，比如“天下名山八，而三在蛮夷，五在中国”。这也是“五岳”称谓的起始。其他三座名山则是位于西域的天山、昆仑山、阿尔泰山。

郅支单于认为，他的弟弟性格软弱，狼怎么能向羊低头呢？投降了也罢，还亲自跑到长安朝觐。中国皇帝肯定会把他软禁，不让他回归草原。所以郅支单于就做了一个错误的决定，他没有趁南匈奴官员到长安之际吞并呼韩邪单于的领地，而是率军征西域。

此时，屠耆单于、闰振单于的弟弟把两位已故哥哥的部落集中起来，自立为伊利目单于。他带领部落东进，刚好与西征的郅支单于狭路相逢，伊利目单于大败被杀，部属被吞并。

至此，郅支单于有了 5 万军队，这时他想再东进吞并呼韩邪单于。但此时中国已送回呼韩邪单于，并派出部队进驻南匈奴领地，为南匈奴提供粮草军需。郅支单于无力对抗，于是继续西进。

与北匈奴最近的草原地带接壤的是乌孙，乌孙曾是匈奴的属国，又是西域最大的行国。于是，郅支单于第一个进攻的目标就是乌孙。原本想智取，但郅支单于可能智谋不足，也或许派出的使节智商不高，把事情办砸了。

郅支单于进攻的是乌孙小昆弥乌就屠部。郅支单于派出使节觐见乌就屠，这个使者估计说漏了嘴，透露了郅支单于的军事意图。结果乌就屠大怒，杀了使者。乌就屠是中国册封的乌孙小昆弥，并不想背叛中国。因为汉政府每年都给乌孙赏赐，而匈奴只知道索取，何况当时匈奴已弱，大汉正值盛世。

原本草原部落就没有常备军，如果郅支单于长驱直入乌孙，攻其不备，可能会大胜。但因消息泄露，乌孙做好了准备，派出了军队迎战。

两军对垒，匈奴小胜，乌孙顽强抵抗。于是，郅支单于改变了策略，转而向北攻击乌揭、丁零、坚昆，大胜。这些部落原本就是匈奴的附属，只是重新归顺。这之后，郅支不断地攻击乌孙部，但只占上风，并不能打垮乌孙。这里已远离中原和匈奴王庭，大概在阿尔泰山一带。于是，北匈奴在郅支单于的率领下，以此为游牧地暂居下来。

郅支统一北部草原这年底，汉朝的第十一任皇帝汉元帝刘奭登基。

汉元帝刘奭，为人聪明、心肠软，没有分辨能力，更缺少执行能力；喜欢琴棋书画、歌舞诗词。他自小是经学大师萧望之的学生，儒家仁义道德的思想在他的脑海中根深蒂固。

此时，匈奴汗国的呼韩邪单于上书汉朝，请求赈济。于是，汉朝从云中、五原两郡调拨、运送米谷 2 万斛，救济南匈奴呼韩邪部。

1 斛 10 斗，1 斗 10 升，1 升粮食约 1.5 千克，这样算下来 2 万斛约 3000 吨。当时，一亩地的收成大约是 3 斛，这一次给匈奴的粮食相当于 6667 亩地的产量。

那么，是不是粮食储备很多，汉王朝才如此大方？其实不是，这一年夏季，中原瘟疫流行，难民成灾。函谷关以东的 11 个郡，也就是现在河南、山东一带水灾，大饥荒，百姓相互残杀，煮食尸体。长安的皇宫中也不得不减少膳食。宁可自己勒紧裤腰带也要出手相助，这在我们的文化中叫作“仁义”，以此来换取和平。这种事例在中国历史上比比皆是。而当时，珠崖、儋耳两郡（今海南岛内）叛乱，汉朝无心征伐，只能一心赈灾。

那么，汉元帝刘奭是不是打肿脸充胖子？其实不是，这种“仁义”背后还有更深层次的现实意义。

1651 年，英国著名的思想家托马斯·霍布斯写了一本书，叫《利维坦》。在这本书中他这样说："自然状态里，人们在不幸的生活中都享有'生命平等'的自然权利，又都有渴望和平和安定生活的共同需求，于是出于人的理性，人们相互间订立契约，放弃各人的自然权利，把它托付给某一个人（君主）或一个由多人组成的集体（内阁），这个人或集体把大家的意志化为一种意志，把民众的人格统一为一种人格。百姓则服从这种意志，服从这种判断。"

此书中，从人的原始状态角度来探讨安全问题："当人都想获取一件东西，但是却不愿意跟别人去分享的时候，彼此一定会产生仇恨。国与国之间的关系，其中首先是对立安全关系。"

"对于一个国家而言，主权是灵魂，政府是关节，奖惩是神经，财富是实力，安全是事业，顾问是记忆，公平是理性，法律是约束，和平是健康，动乱是疾病，内战是死亡。"

一个国家的长治久安涉及方方面面，战争事关国家的生死存亡，有备才能安。

孙子有言："善用兵者，屈人之兵而非战也。""兵者，国之大事，死生之地，存亡之道，不可不察也！"所以，能用物资、粮食、金银解决的问题，都不是大问题，国家的健康就是和平。

送粮的同一年，汉王朝在西域增设了戊、己校尉来确保西域诸国的安全，以防内乱和匈奴入侵。

在天干中，戊、己的位置是可变的，所以西域都护下属的戊、己校尉就是游击将军，兼有屯田和巡防的职能。

三年后，在西域自以为可以雄霸一方的郅支单于开始自负起来。他认为中国帮助南匈奴多，帮自己少，对南匈奴的使者热情，而对北匈奴的使者傲慢。郅支单于对中国既怨又恨。所以，北匈奴就成了双面人，一面困辱中国的使节，一面又派人到长安进贡。郅支单于提出，如果送还在长安的北匈奴侍子，就归附汉朝。

初元四年（公元前 45 年），朝廷针对北匈奴郅支单于的行为与要求进行了一次大讨论。朝议讨论后决定送回北匈奴侍子，以表示中国的诚意。这次负责护送的是卫司马谷吉。

“卫司马”是针对西域屯田所设置的军职，俸禄千石。郑吉当年破车师时被提升为卫司马，这证明卫司马是高级军官。

当时，御史大夫贡禹和博士匡衡认为：郅支单于并无诚意，而且北匈奴的王庭在西域的边缘，卫司马谷吉只需把人送到交界处就行了。

行将出使的卫司马谷吉则认为，汉朝廷应该与北匈奴保持友好的关系。郅支单于的儿子在长安生活了 10 年，必感恩于汉。如果不送到家，显得汉朝戒心重、太小气，有损大国形象，容易授人以话柄，结下怨恨。之前的使节应变不足，以致受辱，所以文官集团会担忧使臣的安全。但谷吉执汉节出使，背后有强大的祖国，应当宣扬大汉帝国爱好和平的诚意，以感动匈奴郅支单于及其臣僚。如果郅支单于不知轻重，加害汉使，自然怕中国出兵讨伐，会逃得更远。牺牲使臣的生命，换得国家的安全，是臣子报国的机会，谷吉愿冒此险。

贡禹等文官坚持自己的看法，认为谷吉虽是勇士，但容易冲动生事，还是不能直接将侍子送到匈奴王庭。而此时，右将军冯奉世认为，军人就当视死如归，报效国家。于是，元帝刘奭批准了谷吉的奏折。

这次出使，谷吉真的再没回来。

不知道谷吉是否有当年冯奉世的想法，想杀郅支单于，立亲汉的侍子为新单于。因为之前有傅介子杀楼兰王、冯奉世杀莎车王的先例。不知出于什么原因，郅支单于下令斩杀了谷吉这批千里迢迢远道而来的汉使。

冷静下来的郅支单于开始后怕，也正如谷吉所预言，北匈奴准备继续西迁。

这时候，康居国的使节来了。

谷吉捐躯西域这一年，三个西汉王朝的掘墓人出生。其一是王莽，皇后王政君的侄子。其二是赵飞燕、赵合德两姊妹，双胞胎姐妹花，绝世美人。

西汉王朝的毁灭源于五个方面：昏君、奸臣、外戚、宦官、宠妃。这五个条件在元帝时代开始萌芽。

这个世界上的其他地方也不太平。这一年，在丝绸之路另一端的罗马，恺撒挥师西班牙，击败庞培的部队，按下了内战的暂停键，于次年成为罗马的最高统治者。

郅支单于杀害汉使谷吉后非常害怕，因为之前杀汉使的西域诸国王，基本上都死在了汉朝勇士执行的“斩首行动”中。就在郅支单于准备继续西迁时，康居国的使者到了。

康居与乌孙接壤，属于游牧行国。乌孙人不断地进攻康居，康居无力对抗，就想着与匈奴结盟以对付乌孙。

当时，乌孙的小昆弥是乌就屠，大昆弥是星靡。虽是叔侄，但两人关系不好，常常为了草场和属民内斗。总的来说，汉朝支持大昆弥多于支持小昆弥。

星靡是解忧公主的孙子，性格软弱。时任西域都护的韩宣曾建议罢免星靡，任命星靡的叔叔大乐为大昆弥。大乐是解忧公主的第三子，时为乌孙大将。为了避免造成乌孙内乱，这个建议并没有被朝廷采纳。这其中还有一个原因，那就是刘奭也属于温顺敦厚之人。宣帝时代，他们父子有过一段关于治国的对话。当时，太子刘奭认为父亲刘询重法轻儒，就劝他多提拔儒学人才。宣帝刘询听后，脸色突变，气恼地训斥了太子刘奭。都护韩宣关于罢黜星靡的奏折其实是揭了皇帝心中的痛，所以，未得同意。

从史料记载的事件分析，大昆弥的属地距西域都护府和康居国都近，都护府在南，康居在西，而小昆弥属地距郅支单于近。也就是说，小昆弥的属地夹在郅支与大昆弥之间。小昆弥属地也与康居有所接壤。

乌孙大、小昆弥与康居的关系都很紧张。三者之间时有争斗。

康居国王与贵族为此很焦虑，于是就想联合郅支单于共同对抗乌孙的大、小昆弥。计划是迎郅支单于至康居国以东，用匈奴的势力阻挡乌孙。当时，郅支单于的北匈奴算是鸠占鹊巢，在坚昆的领地。这个计划对郅支单于来说，简直是送上门的好事。于是，盛大的宴会之后，郅支单于率本部向康居国开进。时值冬季，迁徙途中冻死、饿死、病死、逃亡的人不少，到达康居境内时，郅支单于的人马大减。

郅支单于的到来，让康居国王很高兴。为了加深感情，他送给郅支单于大量的牲畜，帮助匈奴人恢复生产。之后，北匈奴与康居“换亲”。郅支单于娶康居国王的女儿，康居国王娶郅支单于的女儿。双方互为女婿和老丈人。这种和亲方式在中原地带几乎是不可思议的。至此，北匈奴与康居的联军不断地攻击乌孙，抢掠财产、牲畜、人口。乌孙曾一度无力反击。

呼韩邪单于的部落在塞外的这几年，得以休养生息，势力不断壮大。这些年，呼韩邪单于并没有回到匈奴王庭所在地，因怕郅支单于的反攻，南匈奴就在河套地区的汉匈边境地带游牧。那一带的黄羊、野兔之类的野生动物因为匈奴人的连年捕捉，几乎绝迹，南匈奴已不能维持日常生活。听说郅支单于率部落已远至康居，南匈奴的贵族就劝呼韩邪单于返回匈奴故地。

既然已送回了郅支单于的侍子，为了显示汉王朝一视同仁地对待南北匈奴单于，在谷吉出使的第二年，呼韩邪单于的使者来长安觐见时，汉元帝刘奭决定也送还呼韩邪单于在长安的侍子。

汉使谷吉一去不返，汉王朝觉得凶多吉少，多次派人打探卫司马谷吉使团的下落，并发文请呼韩邪单于协助打探消息。卫司马谷吉出使要途经南匈奴呼韩邪单于的领地，路线就是进入现在的蒙古草原，然后向西到达阿尔泰山所处的西域地带。后来，从郅支单于部落逃回投降的北匈奴人告诉汉朝受降的官员：谷吉一行的汉使已被郅支单于所杀。

送回呼韩邪单于侍子的是车骑都尉韩昌和光禄大夫张猛。张猛是张骞的孙子，有匈奴血统，在长安长大，师从光禄勋周堪，当时他已是元帝时代的重臣。光禄大夫主要负责朝议，是皇帝身边重要的参政人员。

到达匈奴后，韩昌、张猛又多次打听谷吉的下落，并确认谷吉已捐躯西域。而此时，呼韩邪单于已决定北返匈奴故地。

韩昌与张猛担心呼韩邪单于北返势力壮大后，会脱离汉的管辖，再次危害边境。于是两人决定与呼韩邪单于歃血为盟。

这一幕是这样的，在匈奴的诺水之东的一座山上，杀白马，取其血，融于酒。呼韩邪单于将镶金的宝刀置于血酒中，然后用金留犁（金质的汤勺）搅匀，舀出血酒，盛于有百年历史的月氏王头骨所做的酒碗中，然后向天盟誓：

“自今以后，汉与匈奴合为一家，世代不得相诈相攻。有窃盗者，互通相报，行其诛，偿其物；有寇，发兵相助。汉与匈奴敢先背约者，受天谴责。世代子孙遵此盟。”

然后依序饮下血酒。

盟誓这种仪式，是一种契约，但似乎只能约束弱者，从不约束强者。

刘邦曾与诸侯订“白马之盟”，约定两条。一是“国以永宁，爰及苗裔”。意思是只要汉帝国存在，盟誓者的后代永葆荣华富贵。二是“非刘氏而王者，若无功上所不置而侯者，天下共诛之”。意思是非刘姓不能封王，无军功不得封侯。但是刘邦坐稳江山后，誓言就成了谎言。吕后当政时，当年盟誓的诸侯多半被杀，而且大封无功无绩的吕氏家族成员为王为侯。

韩昌、张猛确实是出于国家安全的考虑才做此事。回到长安后，也将此事向汉元帝及朝臣做了汇报。但很多时候，好心未必有好报。朝中居高位者善于用舌头解决问题，纷纷指责韩昌、张猛擅自行事，拿汉朝世代子孙的未来与匈奴人赌咒立盟。何况，匈奴人已臣服强汉，即使回到漠北，也不会对汉构成威胁。这帮人的言外之意是，如果汉朝这边未按盟约行事，匈奴就可以诅咒汉朝，使中原蒙辱受灾。

众官员提出了解决办法，一是治罪，韩昌与张猛出使匈奴，办事不妥，有损国威，犯“不道”之罪。“大逆”与“不道”都是“十恶”的罪责。赦天下时，“十恶不赦”。汉律规定，杀一家三口的罪就是“不道”。这是明显要置韩昌、张猛于死地。二是解除盟约，派使者去匈奴找到呼韩邪单于，再一起去盟誓的诺水东山，祷告上天，取消盟誓。

为什么原本是一件很好的事，会出现这种结果呢？当时把持朝政的是宦官石显，他对正直的官员如周堪、张猛等人恨之入骨。刚好那年夏季，天气寒冷，太阳发出青光，石显跟外戚许、史两大家族坚持认为，这就是周堪、张猛等人当权引发的天变。

石显的岗位是中书令，就是司马迁受腐刑之后的职位，相当于皇帝身边秘书长的角色，大臣的奏折要先经过中书令分类后才能呈报。当年司马迁接到朋友任安的信，任安请司马迁利用这个岗位之便，多给国家举荐人才，而司马迁认为他的工作不是举荐和褒贬官员，只是皇帝身边的文书，且受刑之人不便多言。但石显将这个岗位上的职权利用得淋漓尽致、登峰造极，构陷官员、打击报复、谄言媚语无所不能。被这个宦官逼害而死的高官极多，包括元帝的老师、辅政大臣萧望之。官场多有左右逢源之人，石显得到皇帝的宠信，自然就有一群没骨头的文官跟着他摇旗呐喊。

好在汉元帝还不算一个昏君，对韩昌、张猛盟誓之事，并未深究，只是做罚款处理。让他们交钱赎罪，没有解除与匈奴的盟约，这便是刘奭所把握的中庸之道。但当年，在石显等人的构陷下，周堪、张猛被贬出京城。三年后，周堪病故，再次回京任职的张猛再次被构陷，为了保持士大夫的气节，自杀而死。

呼韩邪单于回到匈奴故地后，匈奴人逐渐归附，匈奴汗国安定下来。

可是，引狼入室的康居国遭殃了。因为借康居的兵压制住了乌孙，郅支单于在康居立住了脚，一时盛气凌人、不可一世。这时候康居王后悔不已，开始疏远匈奴人。

郅支单于的性格特点，一是气量小，二是脾气大。他看出了康居王的不满，于是把嫁给自己当妃子的康居王的女儿杀了解气。此外，他还多次斩杀康居国的高级官员、贵族、百姓，多达数百人，且手段残忍。将人肢解后，直接抛到赖水中，连个全尸都不留。并抓捕康居人为他兴建单于城，每天征发 500 人，历时两年，单于城方才建成。郅支单于又派出使者前往奄蔡国、大宛国，强迫这些小国进贡，邻近的西域诸国苦不堪言。

至于汉朝，郅支单于还不敢得罪，所以西域都护管理的天山以南的诸国相对安全，没有受到北匈奴的盘剥。汉朝前后三次派出使节寻找谷吉的下落，郅支单于每次都对汉使百般侮辱，对元帝的诏书嗤之以鼻，且使出两面三刀的伎俩，通过西域都护上书汉元帝，称西域环境困苦，愿意归降中国，听从调遣，而且还打算送侍子去长安，等等，这都是郅支的缓兵之策。

有句俗话叫："君子报仇，十年不晚。"谷吉捐躯西域第十年时，时任西域都护是甘延寿，他的副手叫陈汤。

陈汤没有忘记谷吉的死，在为谷吉报仇之后，甘延寿、陈汤写下的奏折，至今都让中国人感到豪气冲天、荡气回肠：

"臣闻天下之大义，当混于一，昔有唐、虞，今有强汉。匈奴呼韩邪单于已称北藩，唯郅支单于叛逆，未伏其辜，大夏之西，以为强汉不能臣也。郅支单于惨毒行于民，大恶逼于天，臣延寿、臣汤将义兵，行天诛，赖陛下神灵，阴阳并应，天气精明，陷阵克敌，斩郅支首及名王以下。宜县头槁街蛮夷邸间，以示万里，明犯强汉者，虽远必诛。”

如果按历史功绩排名，陈汤的功劳在甘延寿之上。但甘延寿是正职，陈汤是副职，如果讲究礼仪排序的文化，在讲述这段历史时，应将甘延寿排在陈汤之前。

陈汤，出身贫寒，文武兼备，足智多谋，胆识过人，善出奇招。但为人取巧图便，性格张扬，这就注定了他的悲惨结局。

甘延寿出身名门，武艺高超，不结权贵，沉稳大度，深谋远虑且顾全大局，不贪小利，得以善终。

任何一个团队的成就都是合作的结果。甘延寿与陈汤的成功合作，其实得益于两人性格上的互补，还有他们追求的共同愿景。这使他们建奇功于西域。在远击北匈奴之战中，两人缺一不可。

建昭三年（公元前 36 年），甘延寿任西域都护府骑都尉，陈汤任副校尉。甘延寿曾随壮武侯常惠出使过西域，当时是随冯夫人安定乌孙大小昆弥，那时他是副使，成功地完成了任务。

一路向西的途中，每遇高山、河流、城堡、山隘，陈汤总是登到高处看一下地形、地势。到达西域都护府后，鉴于西域当时的状况，陈汤建议甘延寿，说现在是个难逢的机遇，趁乌孙等国仇视匈奴，而匈奴并没有坚固的城池，调动西域屯垦军和诸国军队攻击匈奴，可成千古功业。

陈汤认为，如果事先请示皇帝，朝中的文官集团一定会阻碍限制，到时消息泄露，就万事皆毁了。这个想法与甘延寿不谋而合，但是甘延寿认为，如果调动大军，得先报朝廷许可，私自调兵有矫诏之祸。

私自调兵，一旦出兵失利，将会是灭族的罪。甘延寿是主官，要承担第一责任，所以迟疑不决。刚好，甘延寿得病卧床。陈汤得此机会，假传圣旨，发出调兵令，征调西域 15 国的兵力与屯垦车师的戊己校尉部队。部队不断地集结，甘延寿这才得知，想要阻止，已来不及了。陈汤手握剑柄，怒目而视，威胁甘延寿。

如果两人对决，陈汤可能不是甘延寿的对手。因为甘延寿是格斗高手，投石、骑射远在陈汤之上，何况甘延寿是正职。从这点来看，甘延寿早有在西域建功的心理准备。

大军开拔之日，上报朝廷、自我弹劾矫制之罪、陈述出兵的紧迫性的奏折同时发出。陈汤文笔很好，故前后两次的上表都应该出自陈汤之手。在这封发往长安的“出师表”中，陈汤说：

“今郅支单于威名远闻，侵陵乌孙、大宛，常为康居画计，欲降服之。如得此二国，北击伊列，西取安息，南排月氏、山离乌弋，数年之间，城郭诸国危矣。且其人剽悍，好战伐，数取胜，久畜之，必为西域患。郅支单于虽所在绝远，蛮夷无金城强弩之守，如发屯田吏士，驱从乌孙众兵，直指其城下，彼亡则无所之，守则不足自保，千载之功可一朝而成也。”

陈汤共集结了 4 万大军，分成 6 个纵队，分两路向康居进发。两路大军，一路沿南道越过葱岭、穿过大宛，抵达阗池之西康居与乌孙边境的郅支城。一路走北道，翻越天山，到达赤谷城，横穿乌孙国，到达郅支城。两路大军走不同的线路，同时到达，这说明当时的行军路线计算得非常准确，汉军将领的执行能力与行军能力可见一斑。出兵的时间应该是在秋季，原因有二，一是草黄马肥，二是依当时的习惯，夏季不能翻越葱岭，缺氧会造成非战斗减员。

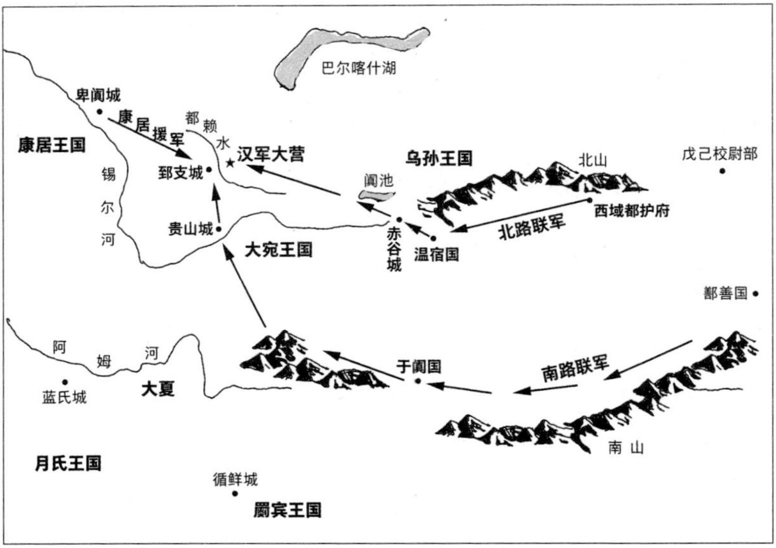

公元前36年，甘陈大军行进示意图　李东绘制

陈汤兵临郅支城时，奏章也到了长安。武官死战，文官死谏，这原本是国家幸事。但是这次出击，让两人没有预料到的是，朝中的文官集团在宦官石显等人的煽动下，准备着将两人谏死。宦官当政，国之不幸。

首战是个巧合。大军行进时，遇到了康居的数千骑兵，他们抢劫了乌孙大昆弥部的人畜，正往回走，顺便把陈汤大军尾部的后勤辎重部队也抢了。于是，陈汤命西域联军阻击，打败康居骑兵，夺回被掳的百姓，康居所抢的物资变成了陈汤的军需。

进入康居国后，陈汤命所有参战联军严明军纪，不得抢劫康居百姓。

在击北匈奴之战中，陈汤充分展示了军事才能和谋略。

上兵伐谋。到达康居境后，陈汤首先是秘密联系康居国中反匈奴的势力——贵族屠墨。陈汤设酒置宴，与屠墨歃血为盟，表达中国远征军志在必得的决心。

大军开进到郅支城60里处，很凑巧地抓捕了康居的贵族开牟。此人对郅支单于恨之入骨，就将郅支城的布防情况、兵员实力和盘托出，并愿意充当向导。

大军继续开进到郅支城三十里处，扎营。

其次伐交。郅支单于得知多国部队在西域都护的率领下已到达自己的领地，顿时惊了，忙派出使者到联军大营问原因。汉军答复：单于曾上书说，居住环境艰苦，愿意归顺强汉，所以都护前来迎接单于。

使者往来数次交涉，甘延寿、陈汤才出面说：我们不远万里来接单于，但单于至今也没有派重臣来见，这就是不讲礼数。何况现在汉军的粮草不足，回程困难，请单于尽快做决定。这个消息给了郅支单于一颗定心丸。原本单于已经逃走，得知汉军已无粮草，加之又怕康居王趁机加害，于是郅支单于又回到城中，决定坚守。

再次伐兵。联军继续推进到郅支城3里处扎营，构筑工事。

郅支城上五色彩旗飘扬，城墙上数百人披甲眺望，百余骑兵绕城扬威巡视，还有百余步兵举盾操演阵法。步兵的阵法盾牌重叠，呈鱼鳞状，明显不是匈奴人的作战方式。城头上匈奴将领不断地挑衅，匈奴骑兵突然向汉军冲击，汉军强弩部队满弓相对。骑兵不敢冲击，然后退回城中。

郅支城是什么样的？史料中没有详细记载。中原的城池为方城，讲究天圆地方，天人合一。而康居一带因受希腊“太阳神”文化的影响，城多为圆形。古希腊军队的一条军规就是在地形条件便利时，防卫的军营设计为圆形，有土城墙、栅栏以及壕沟。我们只知道，郅支城的内城为土城，外城为木城，并有壕堑，完全符合古希腊屯兵城的设计。

最后攻城。汉军的战鼓响起，按甘延寿、陈汤的命令，各路纵队直奔城下，将郅支城围住，盾在前、弩在后仰射城头上的守军。郅支单于的部队也借木城的掩护回击。骑兵冲出城，向汉军扑来。箭在弦上，松手，骑兵落马一片。郅支单于在城墙上督战，还带着几个彪悍的夫人“观光”。一轮箭雨之后，城上鬼哭狼嚎。单于的鼻子上多了一支带羽毛的箭杆。于是，逃下城。

孙子《火攻篇》言：“发火有时，起火有日。时者，天之燥也；日者，月在箕、壁、翼、轸也。凡此四宿者，风起之日也。”“箕、壁、翼、轸”是指星宿所代表的四个时间段。夜黑风高，两军对垒，用火攻之。甘延寿和陈汤都是熟识兵法的将领，于是夜幕来临时，开始火攻。

夜晚，带火之箭齐发，照亮了土城。城门突开，骑兵突围，又一阵箭雨之后，留下了人号马嘶。

此时，康居国的援军到达郅支城的附近，分散至十几处，趁着夜色，多次向联军攻击，但都被击败。

木城的火越烧越大，汉军的士兵兴奋地擂动战鼓，惊天动地，郅支城笼罩在了大火里。

第二日，一片狼藉。陈汤下令，谁抢到的战利品就归谁。于是，联军士兵推着盾牌，从四面冲入土城。郅支单于带领百多人逃进王宫，汉军再次纵火焚烧王宫。联军争先冲进去围攻，郅支单于身受重伤，无力抵抗，头被汉军一名叫杜勋的军侯假丞砍下，挑在长矛上。此战，以郅支单于为首的北匈奴部彻底消亡，汉王朝的西部大患终于解除了。

在王宫中搜出了谷吉的书信和两支汉节。此战斩杀匈奴阏氏、太子、名王及部将共 1518 人。投降的 1000 多人分给了联军的 15 个国王。还生擒了 145 人，押回了中原，因为这些白肤金发、碧眼高鼻的人不是匈奴人，陈汤当然是想通过这些人来显示大汉的军威和战果。在这之后，河西走廊的张掖郡属地有了一个叫骊靬（Líqián）的县（今甘肃省金昌市永昌县）。

宣帝甘露元年（公元前 53 年），也就是呼韩邪单于与众臣商议是否要归降中国时，远在天边的罗马与安息打了一仗。

罗马共和国“三巨头”之一的执政官克拉苏原本是个放高利贷、垄断市场的巨商，为与庞培、恺撒一争荣光，掠夺安息的财富。他不顾元老院的反对，集中 7 个军团计 4 万步兵入侵安息帝国。罗马军队被安息军队节节败退的假象所诱，向安息纵深挺进，在卡莱遭围歼。安息以不足 2 万的兵力大破罗马的 4 万大军。

安息人用箭，可以远攻，而罗马士兵依靠的是近投标枪和肉搏短剑，标枪的投射距离远不如弓箭。罗马人冲锋靠吼，但进入荒漠地带后长距离行军，口干舌燥的罗马兵吼不出来了。安息人进攻靠鼓。罗马士兵从未听过千面战鼓同时擂响发出的巨大轰鸣。

罗马军团大败，克拉苏被杀，“卡莱之战”成为罗马最为蒙羞的战斗。这次战斗中有 1 万罗马人被俘。克拉苏的长子普布利乌斯率第一军团突围，不知所终。

被俘的罗马士兵一部分被安息国王流放到遥远的东方戍守边界，一部分被安息国王当奴隶卖给了康居国王，而郅支单于也就由此得到了罗马士兵。“卡莱之战”结束 17 年后，这些罗马士兵与汉军对垒时，听到了震耳欲聋的战鼓声，噩梦再次来临。这些人在“郅支城之战”中再次被俘。

罗马军队基本组织单位是百人队，装备木质牛皮盾和标枪、短剑。当遭到弓箭射击时，会收拢队形，第一排步兵以蹲踞姿势将盾牌拄地，第二排步兵将自己的盾牌置于前排盾牌之上，第三排及之后的步兵将盾牌举过头顶，如同瓦片一般相叠。这种盾阵与中国史料中记录的郅支城外的鱼鳞阵的人数与队形相同。

罗马人在西汉时被称为骊靬人。甘延寿和陈汤把俘虏的匈奴人分给了西域联军首领，把俘虏的罗马人带到了中原。

建昭四年（公元前 35 年）正月，郅支单于的人头与甘延寿、陈汤那封“明犯强汉者，虽远必诛”的奏章到达了长安。

“明犯强汉者，虽远必诛”，为什么要如此豪迈？是要堵住西汉朝廷那群酒足饭饱后善于琢磨人的文官。

在奏章中，甘延寿、陈汤说，请将郅支单于的头悬挂在长安的槁街蛮夷馆舍之间，以警示各国在长安的侍子、使臣。

丞相匡衡等人则认为，春季不宜挂人头，不吉利，应当埋掉。汉元帝命悬挂郅支单于的人头 10 天，之后大赦天下。满朝文武向元帝祝贺：皇上英明，威及远方。朝中大摆宴席，祝贺北匈奴的消亡。

甘延寿、陈汤的任期没到，未回长安复命。一些参战的军士分了战利品，返回中原。此时，司隶校尉下发公文，要求沿途各郡逮捕入关的陈汤部下，没收所有财产，严加审讯。

四、英雄末路

郅支单于被西域联军所杀，消息很快传到了南匈奴王庭。

对于已统一匈奴的呼韩邪单于来说，他又喜又忧又怕。郅支单于毕竟是自己的哥哥，尸首两地，难免让人伤感。另外，来自匈奴内部最大的威胁已消除，这对呼韩邪单于来说，是件好事。但是，中国的强大又让他感到忧虑。如果有一天，自己冒犯强汉，也会和哥哥一个下场。于是，呼韩邪单于上书汉元帝，请求到长安朝觐。

竟宁元年（公元前 33 年）正月，呼韩邪单于到达长安。这是他第三次来长安朝觐，此行的目的是“求婚”。汉元帝刘奭将宫女王樯赐予呼韩邪单于。

在《汉书》中，对此宫女的记载只有寥寥数笔。300 年后，一本叫《西京杂记》的笔记体小说面世，对于作者是谁，争议极大。在这本书里关于王樯的故事中，出现了一个画师毛延寿。于是，这个宫女的故事变成后世的文学作品广为流传，光相关诗词就有七八百首。400 年后，《后汉书》中用了 16 个字形容她的外貌长得极为可人：“丰容靓饰，光明汉宫，顾景裴回，竦动左右。”

王樯就是王昭君，远嫁匈奴汗国后，她被封为宁胡阏氏。

古代的平民百姓没有名字，更没有字号。特别是女子，嫁牛家叫牛氏，嫁马家叫马氏。所以“昭君”可能是封号。汉代男封侯，女封君。“君”是女性的爵位。“昭”字，是光明的意思。因为她不是皇室，不能封为公主，所以封“君”最为可能。

“昭君”“宁胡阏氏”，是汉元帝与呼韩邪单于在位时一起关于和亲的政治事件的符号而已，也是双方真实意图的反映。

“一身归朔漠，数代靖兵戎。若以功名论，几与卫霍同。”这首刻于昭君墓上的诗，会让人觉得王昭君为缓和汉匈关系起了极大的作用。其实不然。

昭君出塞时，汉强匈奴弱，匈奴已成为汉的属国。昭君的历史贡献远在解忧公主之下。在这起历史事件中，重要的并不是昭君出塞，而是呼韩邪单于感恩汉室的恩惠后，主动提出愿为中国守边防，保护东起上谷、西至敦煌之间的边塞，万世相传，请汉裁撤边防部队。

这一年汉王朝改年号为竟宁。“竟”在说文解字里是“终于”的意思，“竟宁”意为边境终于安宁。

边境安全是国家和平的基础。自秦以来，修了 200 多年的长城、烽燧、亭障就是防匈奴入侵。仅凭呼韩邪单于一人的愿景就放弃边务，从任何角度来说都不可行。

元帝将此事放在朝议时商讨。朝议的结果又呈现了“一群人”与“一个人”的对立意见。

“一群人”是参加朝议的文官集团，他们均认为单于的方案可行，这样可以放边防的士兵回家务农，减少军需开支。

“一个人”是郎中侯应，他提出反对意见。侯应在历史中的高光时刻只有这一次。郎中的职务相当于现在的司长，算是帝王的侍从，主要工作是护卫、陪从、参议等。得知文官集团均支持撤边，侯应立即上书汉元帝，提出了十条反对意见，这便是有名的《罢边十不可》。

一不可：自周、秦以来，匈奴残暴，屡侵边境。汉兴，侵扰不断。东起辽东，西至阴山，数千里边域，水草丰美，禽兽出没。冒顿单于以此为基地，打造兵器，频频掠边。武帝时期，大军北伐，驱逐匈奴，把那一线划为汉地，建立堡垒，迁民戍边，边塞才得以安宁。长城以北，草木稀疏，土地平坦，戈壁沙漠，无藏身之处。边塞以南，山高谷深，交通困难。匈奴人失去了那里，每次经过都伤心痛哭。如果撤销边防，就给了匈奴可乘之机。

二不可：现如今，汉强而匈奴弱。大汉多次救济匈奴，单于感激救命之恩，叩头顺服。穷困时谦卑，强大时骄横，此为人性。自与南匈奴交好后，大汉已裁撤了部分边防部队，现在的边防人员只能保障烽火与瞭望的需求。居安思危，不可再裁员。

三不可：中国是礼仪之邦，有刑法，有诛杀。即便如此，犯禁之人大有人在。更何况匈奴没有文字，没有传承，单于如何能规范部属的行为？

四不可：即使是在国内，也在险要之处设卡，控制封国。边疆一带，设立要塞城堡，不单是为防匈奴，其他游牧民族也常越界。

五不可：边塞的西羌部落，与边民做生意。有的官吏暴民贪财图利，强占羌人的牛羊牲畜，甚至霸占胡人妻儿，这种矛盾常引发民变。如果撤边，这种突发事件会时常发生。

六不可：汉匈战争期间，双方都有士兵投降，留在对方领地。他们的家人在生活贫苦时，可能会寻亲访友。边境如果顿开，则各色人等流动随意。

七不可：沿边各地的奴仆、婢女身世悲苦，一旦得知匈奴那边另有天地，会不断有人越境外逃，无法控制。

八不可：强盗匪徒、地痞流氓被追捕急了，定会北入匈奴，更加张狂。

九不可：汉匈的边防线，利用了天然地势的深沟险谷，更多的地方是用人力夯土成墙，经年累月，耗费资金、人力无数。若突变发生，要塞破，道路没，只能重建，百年之业岂可一日修复？

十不可：一旦边境安稳，匈奴认为有功于汉，会不断请求赏赐，索要物资，但欲壑难填，终会因一些小事再起争端。而若中国无边可防，匈奴便会长驱直入，毁我中华。

结论：撤边不是维持和平、控制外族的良策。

朝堂上人才济济，就没有人知道如此浅显的道理吗？

当然不是，朝堂上的官员结党营私，通常情况下分三派：左派、右派、骑墙派。当不涉及个人或团体利益时，人云亦云，谁官大听谁的。但是在中国历史上，每当涉及国家安全的重大决议时，总会有人“没眼色”地站出来。不是为了出风头，而是为了忠于国家和自己的职责。这种人在历史中往往只冒个泡就消失得无影无踪，但历史发展往往因为小人物的意见改变方向。

奏章上呈后，汉元帝下批：停止讨论撤边这件事，由车骑将军许嘉向呼韩邪单于解释。

当一个人的意见与一群人的意见相左时，他的结局如何，我们不得而知。

但是，有一个人的结局，历史做了记录，这个人就是匈奴的左伊秩訾王。当年就是他一个人力排众议，面对一群人的反对，建议呼韩邪单于放下架子，投降中国。这才使匈奴得以安定，恢复生产，完成统一。后来就有人说闲话，说左伊秩訾王自以为为汗国立下了不朽之功，却没有得到实惠，常在酒后谩骂，有谋反之图。

呼韩邪单于顿起疑心，开始防范、疏远左伊秩訾王。

左伊秩訾王大失所望，害怕被杀，于是带领他的部众南下投降中国。汉元帝刘奭封他为关内侯，采邑 300 户，佩王爵印信。

呼韩邪单于迎娶王昭君这年，在长安见到了左伊秩訾王。

呼韩邪单于非常惭愧地对左伊秩訾王说：当年你为匈奴的前途考虑，今天看来非常正确。匈奴汗国有今天的稳定局面，都是你的功劳，你的恩德，匈奴人怎么能忘呢？而我却让你失望了，导致你离我而去，这是我的过失。我想向皇帝请求，请你重返匈奴王庭。

左伊秩訾王说：单于依附中国是天意，是单于明智的抉择。汗国能从死亡中崛起，得益于中国皇帝的保护。既然已归降中国，我就不能再有二心，你就当我是匈奴的使臣长住长安了吧。

呼韩邪单于坚决请归，但左伊秩訾王不愿回头，就如同当年霍光请李陵回国，李陵不愿再回中原一样坚决。

呼韩邪单于因此带着王昭君遗憾地离开了长安。

王昭君与呼韩邪单于共同生活了两年，生有一子。单于病故后，与细君公主一样，昭君上书朝廷请求回归。此时元帝已故，汉成帝回复“从胡俗”。于是昭君再嫁呼韩邪单于的儿子，生两女，共同生活 11 年。单于死，一年后昭君死。有说她不愿再嫁，自杀了。也有说病故的。时年 33 岁。

昭君与细君公主一样，每日幽怨地弹着琵琶，以述思乡之苦。在文学作品中，大雁听到悲伤的思乡之曲，忙着擦眼泪，忘记了展翅，“咕咚”一声从天上掉下来了。所以在四大美女中，王昭君被称为“落雁”。“绝艳惊人出汉宫，红颜命薄古今同。”这是清代曹雪芹的一声叹息！

中书令石显为什么一定要置甘延寿、陈汤于死地呢？

因为石显曾做媒，想将自己的妹妹嫁给甘延寿，但甘延寿知道石显的为人，没同意，这便得罪了宦官石显。而陈汤爱贪小便宜，得来的战利品，除分给西域诸王和部下外，他自己私自留了一些。这些战利品，陈汤一没上缴，二不分于朝臣，陈汤便成了众矢之的。

这就是司隶校尉下令沿途各郡逮捕审问陈汤部下的原因。司隶校尉是负责监察的官员。从表面看，算是执行公务，但在石显的指使下，就成了公报私仇。

得知下属被捕，陈汤立即写了一道“封事”上报汉元帝。

“封事”是汉宣帝时期的做法。以往大臣给皇帝的奏折都是公开的，中书令这些负责分类奏折的宦官很容易看到奏折的内容，可以从中筛选截留。宣帝时代，如果有机密的事奏报，可以采用“封事”的方法，把奏折用黑色的绸子包裹密封，由皇帝亲自开启。

陈汤的文笔非常犀利，在这道“封事”中，陈汤写道：“臣汤与吏士共诛郅支单于，幸得擒灭，万里征战，获胜归来，当迎师劳军于道。今司隶校尉反而抓捕责问，是为郅支报仇吗？”

汉元帝性格柔弱，但他不是个昏君，还是明事理的。接到“封事”后，他下令立即释放所有被捕将士，命沿途各郡劳军。

当时的丞相是匡衡，以说《诗经》成名。有一个成语叫“凿壁偷光”，就是说这位好学的故事。但是匡衡比较迂腐，凡事总以《诗经》说事。汉元帝喜欢文学，所以就欣赏、重用匡衡。石显受宠，丞相匡衡、御史大夫张谭都怕石显，凡事奉承石显等人。

如果从贪的角度来说，陈汤算小贪，他只是带回了靠性命抢来的战利品，谁抢的归谁，这在当时的西域诸国和匈奴军队都是惯例。但匡衡这位出身贫贱的老实人、文化人却是个大贪，曾利用郡图之误贪占土地 400 顷，作为自己的采邑。

甘延寿、陈汤任期满后回归中原。石显与匡衡做的第一件事，就是把两人抓起来。

石显、匡衡的理由是，甘延寿、陈汤假传圣旨，擅自调动军队，不诛杀他俩全族已经算是宽大处理了。如果再给他们封爵，之后出使西域的使节，就会纷纷效仿在西域冒险，给朝廷制造麻烦。

汉元帝刘奭不知道怎么处理，此事就搁浅了。

《战国策》编订者、《列女传》作者刘向是皇亲，曾直言石显奸恶，被石显等人所害，贬为庶人。他非常恨石显等人专权，上书说：郅支单于囚禁、杀害使节近百人，在西域诸国严重伤害了汉王朝的威信。刘向上书是为甘延寿、陈汤辩解，内容是这样的：

“甘延寿、陈汤没有忘记陛下要诛杀郅支单于的意图。万里之外，他们统率西域属国军队，九死一生，深入绝域。击康居、陷郅支，夺帅旗，将郅支单于的头挂于长安，震动四夷。为谷吉等人报仇，建立奇功。西域诸国，无不臣服。就因为此事，呼韩邪单于才愿为中国守卫边境，世代做中国臣属。

“故甘延寿、陈汤之功，前无古人，后无来者。《易经》中的‘斩敌酋’、《诗经》中的‘雷霆’手段也不过如此。

“一项伟大的功勋，不能计较小的过失，更不能咬住一点瑕疵就不放。对军事行动的赏赐，不能超过一个月，目的是鼓励士气，激励将士。汉家子弟，万里征战，辛苦悲壮。可是，现如今两年过去了，对于甘延寿、陈汤的功绩，不但没一句肯定的话，反而抹杀他们浴血奋战的功业，由舞文弄墨的人鸡蛋里挑骨头，这不是激励将士的做法。

“当年，贰师将军李广利牺牲 5 万将士的生命，消耗巨额经费，历经 4 年时间，战果不过是俘获 30 匹马而已。虽然也砍了大宛王的头，但得不偿失。李广利自身的罪恶不胜枚举，但武帝认为，将士万里征伐，不计小过，因而百余人封侯晋爵。

“康居国比大宛国强大，郅支单于的地位也比大宛王尊贵。甘延寿、陈汤并没有动用中原军队，也没有向朝廷要一斗军粮。当年常惠攻击龟兹、郑吉受降匈奴日逐王，也是矫制行为，他们都能封侯。甘延寿、陈汤的功绩远大于先辈。想不到，他们的功业没有被表彰，却不断有人在散播无关紧要的小事，这让人痛惜。建议陛下立即解除对甘延寿、陈汤的关押，赐予爵位，以扬汉威。”

汉元帝刘奭这才大梦初醒，下诏赦免甘延寿、陈汤，命不再讨论过失，只讨论如何封爵。

这时候，石显、匡衡等人依旧阻挠，提出：郅支单于只是个逃犯，在荒凉之地苟且偷生，并不是真单于。

汉元帝刘奭沿用郑吉的赏赐办法，给甘延寿、陈汤封千户采邑，但石显、匡衡依旧从中作梗。

竟宁元年（公元前 33 年）四月三十日，甘延寿封义成侯，任长水校尉。陈汤封关内侯，任射声校尉。各采邑 300 户，赏百金。

此事了结 24 天后，汉元帝刘奭在未央宫驾崩，时年 42 岁。

匡衡号称“大儒”，时任丞相，如此的心胸和格局，真是辱没先人。当然，谁也不会想到，元帝驾崩后，石显失宠，第一个跳起来踹翻石显的就是他的“同道”匡衡、陈潭。原本他们就不是一条船上的人，“黑狗咬黄狗”而已。而此二位，也在官员的弹劾下免职。此时，天空中出现扫帚星。

评价一下汉元帝刘奭时代。了解中国历代君王，必读两套书，一是《资治通鉴》，二是《反经》。

《资治通鉴》借用班彪的评价这样说，元帝刘奭多才多艺，写得一手好字，弹琴鼓瑟，吹箫谱曲，自编自唱，对乐器极有研究，可以精准地调弦定调。他从小喜爱儒学，也任用儒学大师，把国家大事交给他们。但是，受儒家思想所控，优柔寡断，汉宣帝刘询的大业因此而衰退。但元帝宽厚容人，谦恭节俭，号令温雅，颇有古代君王之风。

《反经》中借用“初唐四大家”之一、有名的政治家虞世南的话这样说，帝王的才华，应该表现在文治武功上。文治的表现是体察民情，把握规律，以此来制定政令；武功的表现是制止暴力，平息战火，稳定社会，汇聚民心。这才是帝王的宏图大业。至于鼓瑟吹箫、和诗谱曲，这是戏子干的事，天子怎么能热衷于这些呢？

《中论》里，汉末政论家徐干这样说，关注小事，忽略大事；眼前的人事清楚，长远的规划糊涂。君主如果这样，自古以来没有不动乱亡国的。

元帝时代，对外发生了两件大事：一是陈汤灭北匈奴之战，二是昭君出塞。元帝在位期间，自然灾害不断，汉代两位著名的大师级人物均死于宦官石显之手。不知为什么，刘奭会那么信任一个太监。可能是石显与刘奭有相同的爱好，两人臭味相投。

以两位大师之死来说元帝刘奭的糊涂。

第一位是萧望之，他是萧何的后代，经学大师。为人刚正不阿，清正廉洁，仁义忠信。他还是元帝的老师，位高权重，宣帝留下的辅政大臣。但在与君权附庸势力的较量中，因不善计谋，一身傲骨，终在宦官的威逼下自杀身亡。当萧望之被诬告，石显派出的军队包围了他的府邸。使者进入，让萧望之接旨。萧望之问他的学生朱云怎么应对。朱云本就性格刚烈，提议：先生常教导我们做人要讲气节，先生不如自裁，留下名节吧！萧望之仰天长叹说：望之不才，也位列三公，如今年六十有余，被奸人所害，怎能苟且偷生？随后，萧望之命朱云把鸩酒调好，不要延长赴死的时间。

第二位是京房，他是中国历史上著名的易学大师，有大量作品存世。他曾与元帝有过一段精彩对话：

京房问：周幽王、周厉王为什么把国家搞得那么糟糕？他们用了什么样的人？

刘奭答：君王昏庸，自然用的是邪恶之人。

京房问：君主是明知邪恶而用之还是认为贤能才用他们？

刘奭答：当然是认为他们贤能。

京房问：可是，为什么后人却说他们是奸佞呢？

刘奭答：时局混乱，君王身处险境，而我们后人观之，自然看得清楚。

京房问：如果是这样，可以肯定，任用贤能，国家必定大治。任用奸佞，国家必定混乱。既然道理如此简单，为什么幽王、厉王不任用贤能，而要任用奸佞之人，以致亡国呢？

刘奭答：乱世君主都认为他所任用的官员全是贤能之人。假如他们都能觉悟到自己的错，岂不全成了英主，怎么可能亡国呢？

京房问：齐桓公、秦二世也知道幽王、厉王之事，还讥笑过他们，可是桓公却任用宦人竖刁，秦二世却任用奸人赵高，以致家破国亡。他们为什么不把幽王、厉王当作一面镜子，觉悟到自己用人不当呢？

刘奭说：只有拥有高度智慧的君主才能吸取历史的教训。

京房问：《春秋》一书，记载了242年的天灾人祸，以警示后代君主。陛下登基以来，水灾、火灾、旱灾、蝗灾、饥荒、地震、瘟疫流行，盗贼遍地，受过刑罚的人，满街都是。《春秋》所记载的灾害，现在应有尽有，陛下您认为当前是治世还是乱世？

刘奭答：当然是乱世，而且是乱到了极点，毫无疑问。

京房问：那么，陛下现在任用的是些什么人？

刘奭说：还好，幸而比前人高明，而且责任也不在大臣身上。

京房说：前世那些君王，也是陛下这种想法，我恐怕后世看现在，犹如今人看古人。

刘奭问：现在扰乱国家的，是谁？

京房说：陛下英明，怎会不知？

刘奭说：我怎么会知道？如果知道怎么还会用他们？

京房说：陛下最信任，跟他在密室之中共商国家大事，掌握用人权柄的人，应该就是扰乱国家的人。

刘奭恍然大悟，对京房说：我知道是谁了。

可是，刘奭依然信任石显等人，知错不改。如果刘奭只是个百姓，无非世上多了个偏执的人，但刘奭是皇帝，毁的是国家基业。

隔墙有耳，石显等人因为此事对京房恨之入骨，终以京房诽谤朝廷定罪，将他斩首示众。

石显等人谋害的忠臣多了去了，直接揭露石显的也不止京房一人。刘奭只是石显等宦官手中的刀，死在刀下的还有贾谊的曾孙贾捐之、张骞的孙子张猛等。

如果说刘奭还能明理，算是庸君，他死后，西汉的昏君才正式“出道”。

公元前31年，匈奴汗国呼韩邪单于病故。呼韩邪单于的长子挛鞮雕陶莫皋继位，称为复株累（若鞮）单于。

中原文化在呼韩邪单于时期已开始影响匈奴。汉皇在称谓前都有一个孝，比如孝武帝、孝昭帝，于是匈奴也在单于称谓前加上了“若鞮”，匈奴语“孝顺”之意。

呼韩邪单于病重立储，演绎了一场嫡子让长兄的故事。

复株累单于（第十五任）并不是嫡子，而是庶长子。（嫡子为妻所生，庶子为妾所生。）

呼韩邪单于的正宫阏氏与侧宫阏氏是亲姐妹，是归降汉朝的左伊秩訾王的两个侄女。当时，王昭君的儿子才出生不久。

从立储事件中，可以看出单于阏氏已非常亲汉，与昭君的关系应该也不错。正宫的姐姐生了两个儿子，侧宫的妹妹生了四个儿子。在儿子的排序中姐姐生的嫡子年龄排第三。老大、老二都是妹妹所生。呼韩邪单于喜欢嫡子，重病时，要立嫡子为单于接班人。

这时候，正宫阏氏说：匈奴汗国内乱十余年之久，依靠中国的力量，总算渡过难关，完成统一。政权才稳，和平的时间太短，百姓渴望休息，畏惧战争。嫡子年龄小，不能服众，恐怕会造成内乱。我和侧宫阏氏是亲姐妹，他的儿子也就是我的儿子，不如改立长子为单于。当妹妹的阏氏也推让说，嫡子虽小，但由大臣辅助，一样能治理汗国。如果舍嫡立长，恐怕不能服众，兄弟之间会反目为仇，造成内乱。

呼韩邪单于是匈奴汗国杰出的政治家，在任期间，他深谋远虑，考虑到匈奴汗国的长治久安，最终立庶长子为接班人。

复株累单于继位，按匈奴的风俗，娶王昭君为阏氏。

官场是一张经纬相交的网，少有单打独斗的困兽。而编织这张网，需要德与才。德才兼备者，在历代朝堂并非稀有物种。

宗亲刘向是中国目录学的鼻祖，历经宣、元、成三朝。元帝时他被石显陷害，贬为庶人。居家的日子里，刘向总结自己宦海生涯的经验与教训，开始写书。他在《说苑·正谏》中讲了这样一个故事：

吴王准备伐荆，对大臣说：敢有反对者，死。有个大臣想直谏但不敢，就拿着弹弓，在吴王的花园中瞎转了3天，露水打湿了衣服也不更换。吴王很纳闷，就叫他过来问：“你小子何苦呢？一个鸟没打上，还把衣服弄湿了。”此人回答：“臣在园中悟出个道理。园中有树，树上有蝉，蝉在高处高歌，饮着露水，不知道螳螂就藏在它身后，准备捕捉它。而螳螂不知黄雀在其后，正伸长脖子准备啄食它。黄雀也不知有人已拉紧弹弓，在树下瞄准了它。蝉、螳螂、黄雀，它们的眼里只有当前的利益，全然不顾身后的危险。”吴王听闻，深思良久，决定罢兵。

有些人不屑于直来直去地嚷嚷“皇帝没穿衣服”。凡事总得相互留个面子。

丞相匡衡，就是那只“螳螂”。

汉成帝登基，匡衡弹劾石显等人成功后，不知怎么又咬住陈汤不放。陈汤当时已成为名人，就算是蝉，也是个铁壳子蝉。匡衡弹劾陈汤，说陈汤在西域任副校尉时，专断独行，不为下属做表率，带头劫掠康居财物，还对下属说：在西域所做的事情与中原不同，没人追究，缴获即所得，以致军纪败坏。

这当然是司隶校尉抓捕陈汤部下审问出的结果。

汉成帝刘骜（ào）是西汉第十二任皇帝，第一任昏君。他登基之初，想一整朝堂风纪，就下诏免了陈汤射声校尉的官职。

匡衡的弹劾引起了众怒。于是，校尉王尊上书成帝：丞相匡衡，明知石显专权，并未弹劾，还百般谄媚，曲意奉承，攀附臣下，欺骗主上，心怀邪恶，迷惑君主。辅政大臣有如此态度，有损气节，当属大逆不道。

匡衡这才知道自身难保。刚好这时候，康居国送侍子到长安，表示臣服中国。康居国是陈汤击郅支时顺便制服的。陈汤此时脑子一热，又想出风头。他虽然已被免职，但仗着自己的爵位还在，就上书成帝说：康居王子是假冒的，并非真王子。后来经核实，康居国王实诚，送来的是真王子。这下，陈汤就又犯了欺君之罪，被捕下狱。

陈汤并不是困兽，在朝中自然编有强大的网，打断骨头连着筋。这次站出来为陈汤说话的是谷永，时任光禄大夫。谷永是谷吉的儿子，陈汤杀郅支单于，相当于为谷永报了杀父之仇，谷永当然感恩于陈汤。看陈汤再次落难，谷永立即出手相救。

谷永上书说：能克敌制胜的将领，就是国家有力的爪牙，要宽容地对待。自古以来，人们听到战鼓响起，用人之时，就怀念那些杰出的将领。关内侯陈汤，斩杀郅支，威镇西域。汉开国以来，所有在外作战的将军从没有过如此辉煌的功业。而今陈汤被控，囚禁监狱，准备处死。陈汤曾横刀立马，势如闪电，喋血万里，边疆将士无不思慕。他所犯的错并非重罪。“记人之功，忘人之过”才是为君之道。就是自家养的看门狗，作为回报，死后都要好好埋葬它，更何况对国家有如此功业的勇士呢？如今战鼓长年未响，陛下就把陈汤当成了小人，因小过而追大责，这不是勉励将士杀敌立功的做法。

刘骜接到奏折后，立即下令释放了陈汤，但夺去他的爵位，贬其为士卒。

朝堂上的生杀大权，只在皇帝一人手里。皇帝就是那个拎着弹弓的人。

刚好这时候，西域的战鼓再次响起，刘骜想起了陈汤。出使西域的段会宗被乌孙国的部队围困，他用驿马上书，请求征发西域各国部队和敦煌边防部队救援。

《孙子·九变》中有这样一句话：“将受命于军……君命有所不受。”段会宗是一位杰出的将领，数次出任西域都护。也许就是因为陈汤矫制之事，导致他被朝中官员没完没了地弹劾，让段会宗有所顾忌。

史料中未记载乌孙为什么攻击都护府，甘延寿、陈汤五年前才出击郅支、康居，为乌孙解决了大患。从地域上分析，攻击都护府的应该是乌孙大昆弥部。赤谷城距都护府近，小昆弥部如果翻越天山，必经大昆弥部。

受中国册封的大昆弥星靡，在甘延寿、陈汤任满回归长安那年年底去世，星靡的儿子雌栗靡继位。雌栗靡是解忧公主的重孙，他一改父亲星靡软弱的作风，很有才干，乌孙贵族对他十分敬畏。乌孙国的实力恢复到了翁归靡与解忧公主时代的强盛。这次出兵也许是乌孙的反汉势力想试探一下都护兵力的虚实。

此事引发了朝议，在如何解决问题上，丞相王商与大将军王凤等文武百官束手无策。其实，段会宗上奏折只是想堵住朝中官员的嘴，他自然会调兵遣将对付乌孙兵。

朝议时，大将军王凤，也就是汉成帝刘骜的大舅，提了个建议，说陈汤胆略过人，又熟悉西域各国的事务，建议把他找来问问。

成帝在未央宫召见了陈汤。

拖着病体的陈汤入见汉成帝。在西域 3 年，导致他患上了风湿，两臂不能活动。成帝免去了他的跪拜之礼，把段会宗的奏折拿来给他看。

陈汤看过后，掐指一算日期，说：现在已经解围了，不用担心。

陈汤的理由是，西域各国，5 个兵才能对付 1 个汉兵。他们武器落后，刀剑不利，弓弩不强。这些年，虽然得到了中原的冶炼技术，实力有所提高，但也不过是 3 个兵能对付汉军 1 人。从兵法来说，他们攻击部队的人数要超过守军两倍以上，才有取胜的可能。而包围都护府的乌孙兵与汉军人数差不多，所以不用担心。如果现在调兵援救，按轻装日行 50 里，重装日行 30 里，到达西域时，就不是救兵，而是复仇的军队了。乌孙的军队不过是一群牧民，是乌合之众，支撑不了几天。陈汤断言，5 天之内，必有捷报。

结果，第四天的时候，段会宗的战报就送到了，汉军屯垦部队已打溃乌孙兵。

这便是知己知彼。

大将军王凤觉得陈汤确实是个将才，于是任命陈汤为从事中郎，按现在的理解就是作战处处长，军事方面的事由陈汤来决定。这件事发生在建始四年（公元前 29 年）。

河平二年（公元前 27 年），复株累单于派右皋林王伊邪莫演到长安进贡，参加元旦的朝贺大典。在长安过了新年的这位右皋林王赖着不走。他和接待的官员说：我不回匈奴了，决定投降中国，如果皇帝不接受，我就死在长安。

此事被立即上报。很多官员认为，应该参照前例，答应伊邪莫演的请求。

光禄大夫谷永却认为：汉建国以来，最大的威胁就是来自匈奴。当时，设立爵位接纳匈奴高官投降，是为了瓦解匈奴。现在，匈奴已是汉的属国，单于低头称臣，并无异心。所以，对待匈奴高官的投降要慎重。如果一面接受朝贡，一面接受叛臣，为了一个人而得罪一个国，这是不可取的。

议郎杜钦支持谷永，他认为：单于新立，想依靠汉朝，但不知利害，派人诈降，以占卜吉凶，这也是有可能的。如果接受投降，有失道义，会使新单于疏远汉。还有一种可能是，有人利用此方法离间汉匈关系。如果受降，正好进了他们的圈套。匈奴汗国会把责任推向汉朝，这正是边境安与危、动与静的关键，要慎重。不如拒绝，显示汉对匈奴的信义。

成帝采纳了谷永和杜钦的建议，派中郎将王舜问讯伊邪莫演。谁知伊邪莫演突然改变了态度，说：前几天病了，说的胡话怎么能当真？汉将其护送回匈奴，匈奴并未免其官职。之后，复株累单于不准伊邪莫演再见中国使节。所以这事的真实目的何在，不得而知。

这一年，汉成帝刘骜将他的 5 位舅舅同时封侯。大舅王凤之前就世袭阳平侯，刘骜登基后，王凤从卫尉侍中的闲职，一跃成为大司马、大将军、领尚书事秉政。

皇太后王政君有兄弟 8 人，二弟就是王莽的爹，当时已故。至此，王氏兄弟七人皆为侯，汉初所设“无功不封侯”成为一句戏言。

郑吉当年建都护府时，将地点定在了山南，主要原因是汉军在此屯田多年，此地水草茂密，土地平坦，依山傍水。山是天山，水是塔里木河，关键此地处于西域北道的中心。向西经龟兹、姑墨、疏勒，越葱岭可达大宛、康居、大月氏、大夏；向南可通鄯善、且末、于阗、莎车，向北越天山可达乌孙，向东通焉耆、车师及山北六国。都护府是以军事目的而建，由于所处位置以及丝路贸易的需要，重心逐渐转移到了经济和文化上。一瓦一砖一世界，这里成为东来西去、南通北往的重要供给地。

都护府所在地有当地居民，人口不多，千余人，可以保证屯垦官兵的正常贸易及生活所需，这个千余人的地方被称为乌垒，当地居民的最高首领已是汉授印信的城都尉。向南330里是渠犁，那里也是汉军重要的屯田地。

到成帝时，原本的西域36国已成了50国。汉匈“五争车师”后，车师被分为前后车师和山北六国，化整为零更便于中央王朝的管理。宣帝时代，各国译长、城长、君、监、吏、大禄、百长、千长、都尉、当户、将、相至侯、王等376人都是佩汉的印绶。这些官员由西域都护上报，经西汉朝廷任命，采用世袭制。但是，葱岭以西、以南的康居、大宛、大月氏、安息、罽宾、乌弋山离，不属都护范围。与匈奴不同，西汉驻军自给自足，不向当地征税，目的就是联合西域诸国共同对抗匈奴势力。元帝、成帝时代，匈奴虽然臣服于汉，但散兵游勇及一些羌人部落的游牧武装防不胜防。

为了保障这块土地的稳定，中原王朝采用了恩威并重的统治策略：一是厚赏，二是让西域各国送侍子到长安。这其实是两项长远的谋略，可以让西域诸国国王收敛叛逆举动，让在长安的各国侍子享受优厚的待遇，接受中原文化和礼仪的熏陶，使其一心向汉、诚心内附。最有代表的就是莎车国的王延，元帝时代就入侍，长于长安。回莎车后，王延参照中原立法，并教导臣子国民：“当世奉汉家，不可负也。”

西域都护的官阶相当于内地的太守，属两千石高官，3年一任。任满可调入朝廷为官，也可调任内地太守。

后来为加强西域的军政、边防、屯田事务，汉朝又设立戊己校尉。此外，对西域官员的任职情况，朝廷每年有一次巡查。西域屯田不只有军屯、犯屯，还有民屯。民屯则是自愿来西域生活的内地百姓。朝廷鼓励百姓带家属屯田，由官方提供住房、土地、农具、种子，以保证屯垦戍边人员的稳定性。汉文在当时已成为西域的官方文字。那时候西域各国还没有自己的文字，直到佛教传入，沿途的龟兹、于阗才开始使用印度北部的佉（qū）卢文。也就是说在西域这块土地上，最早使用的文字是汉字。

在史料中有一个现象，那就是有几任西域都护没有留下名字，这是为什么呢？最合理的解释就是，这些没有留下名字的都护在任期内平安无事，至少西域没有发生重大历史事件。这种情况主要集中在汉宣帝时代，那正是西汉王朝的盛世时期。

始于张骞的丝绸之路，通过西域联系欧亚，中国制造的丝绸、漆器走向欧亚大陆，而欧亚的象牙、犀角、珠宝、琉璃、奇珍异兽等奢侈品进入中原，还有诸多带有“胡”字的乐器、植物。

在葱岭之外有一个国家叫罽宾，位于兴都库什山南麓，在大夏和高附（今阿富汗首都喀布尔）通往克什米尔的必经路上，是丝绸之路南道的重要关口。

说来话长，在与汉交往之前，这个地域曾被马其顿的亚历山大大帝征服，后来被大夏的希腊王朝统治。被乌孙人驱逐的大月氏人进入阿姆河流域、驱逐塞人时期，大夏的各方军阀势力归降，大月氏王在大夏封了 5 位翕（xī）侯。有一支塞人部落越过兴都库什山，在首领带领下，占领了希腊化的亚历山大城，成了那里的统治者，王庭所在地，汉史称为循鲜城。那时的王叫毛厄斯（汉代史料记载叫乌头劳）。不仅占有犍陀罗和呾（dá）叉始罗，还曾向南方的身毒扩张并占有部分领土。罽宾人口、军队的数量很大，东距长安 12200 里，距西域都护府 6840 里，东与乌秅国相接，东北与难兜国相邻，难兜为其附属国。西北与大月氏、西南与乌弋山离相接。

《汉书》中这样记载：“昔匈奴破大月氏，大月氏西君大夏，而塞王南君罽宾。塞种分散，往往为数国。自疏勒以西北，休循、捐毒之属，皆故塞种也。”

张骞二出西域抵乌孙时，曾派副使到达罽宾。这个地方由北向南越过葱岭，在喜马拉雅山以西、苏莱曼山脉以东，位于两大山脉所形成的三角平原上。地势由高向低，印度洋的暖湿气流在这里汇聚，气候温和，多雨水。种五谷，植物方面产葡萄、苜蓿、檀、梓、竹等；动物方面多水牛、象、猕猴、大狗、孔雀等；产珍珠、珊瑚、琥珀、金、银、铜、锡，器具多采用金属，用金、银铸币，模式与希腊相似。由于受希腊文化的影响，当地人善于雕刻、建筑。又受塞人游牧文化的影响，可以制造毛织品，能吃、能喝、能惹事。

罽宾原本已与长安断交，但汉成帝刘骜即位后，罽宾王阴末赴派使节到长安请安，希望同西汉重建友好关系。公元前25年开年之际，匈奴复株累单于到长安觐见成帝，年中罽宾国使臣来朝，成帝大有万国来贺的自豪。大赏之后，大汉决定派官员护送使节回国外，顺便回访。罽宾国的使节其实是商人，常游走于西域与长安之间。让汉使护送，是保障其回归的路上不被劫掠，毕竟万里之遥。

当初，罽宾王认为自己的领地距中原路途遥远，中国对他奈何不得。西域三十六国全部归汉时，罽宾王乌头劳偏不低头。因为喜欢中国制造的东西，罽宾不断地拦阻和掠夺途经的财物。

乌头劳死后，他的儿子成为新的罽宾王，主动与汉交好。元帝时代，新任罽宾王曾派使者携带特产访问长安。汉元帝派都尉文忠携带贵重礼品回访。文忠到达后，即刻了解罽宾的国情、兵要、地志。由于文忠与被塞人打败、控制着帕罗帕米萨德地区迦毕试城的容屈部落贵族有接触，罽宾国王很不满，要加害文忠。于是文忠支持不甘失去政权的容屈王子、希腊人阿波罗多特斯二世（中国文献中的阴末赴）联手突击循鲜城，杀罽宾王，立阴末赴为王。

文忠是继傅介子、冯奉世之后，在域外斩杀国王的汉使。这之后，罽宾与汉友好过一段时间。后来，汉使赵德在罽宾与阴末赴发生冲突。可以推测，赵德可能受傅介子等人的影响，也想建功于异域，计划杀希腊人阴末赴，再立塞人头领为王。但是，计划没有成功。结果是阴末赴将赵德抓获，将他用镣铐扣押，将70余人的使团全部谋杀。此后，阴末赴专门派使节到长安说明情况。当时汉元帝刘奭认为，这种遥远的外族如此凶悍，拒绝接受他们的道歉，将罽宾的使者驱逐到皮山之外的县度，断绝了往来。

这些事，汉成帝并不清楚，于是议郎杜钦向大将军王凤讲了汉与罽宾国的恩怨：

当年，罽宾王杀中国使节的事传遍西域，汉元帝断绝了与罽宾的往来。现在该国派人来请安，可是来的使者并非国王亲属，也不是高级官员，恐怕是当地生意人冒充使者进贡，还骗取了大量赏赐。如果把他们送到县度，就进入罽宾的国界，他们就安全了。而皮山国之南，已超过了西域属国的边境，那里仍有四五个小国并未臣服于汉。西域都护派出探路的百余人部队，每夜轮班站岗，还不断地受到袭击。从皮山到罽宾，路途遥远，所带粮秣，不能自给，途经的那些小国又小又穷。使臣拿着汉节，这些小国不认，也不提供食宿。汉使忍饥挨饿，乞讨无门，十天半个月就会人困马乏，不能回归。何况到达县度要翻越葱岭，过大、小头痛山，赤土坂、身热坂、三池盘、石坂道。最窄的山路只有 1 尺多宽，且长达 30 里。人马要用绳索前后牵连，一不小心就会失足坠入峡谷，连尸骨都无法收回。罽宾王阴末赴原本是在汉使帮助下登上王位，接受汉的印信，后来他杀汉使，背信弃义，就是因为路途太远，西域都护的军队无法到达。他们对汉有需求时，就好话说尽，没困难时，就态度傲慢，始终无法让他们与汉同心同德。皇帝之所以厚赏，尽量满足他们的欲望，是防止他们入境抢劫。罽宾的军队实际并不可能进入西域掠夺，他们的存在与否，疏远或归降，对西域影响不大。目前，当务之急是加强国内的经济建设，别管域外之事。护送罽宾使节，劳民伤财，毫无意义。既然皇帝已下达命令，不如就送他们到西域皮山国，不再远送。

这个提建议的杜钦并不是官员，是建平侯、御史大夫杜延年的儿子。他因为有一只眼失明，不能做官，但他很有才华，名满京师，是大将军王凤的幕僚。杜钦有一个哥哥叫杜缓，曾跟随蒲类将军赵充国击匈奴，后来任雁门太守。汉元帝刘奭时期，西羌叛乱，军费不足，杜家捐钱粮数百万金，资助军队平乱。杜钦曾给王凤提出了很多治国理政的建议，均很有借鉴意义。

大将军王凤接受了杜钦的建议。

与汉朝关系的中断，使罽宾不能通过丝绸之路获得经济利益。因此，继阴末赴之后的罽宾王赫波斯特拉二斯隔几年就派出由商人组成的使团前往长安朝贡，主要目的还是恢复与汉的贸易往来。这些使者是不是罽宾王派出的，已无从查考。

为什么杜钦要强调汉王朝应加强自身治理，少管外域的闲事呢？因为自成帝刘骜登基以来，天灾和怪异事件不断。

成帝登基于竟宁元年（公元前 33 年）。这年正月初一，刘氏祖庙火灾。四月，赤黄色浓雾（可能是沙尘暴）沉滞不散。八月某日晨，东方一上一下出现两个月亮。

建始二年（公元前 31 年），关中大旱，颗粒无收。谷贵民饥。

建始三年（公元前 30 年），关中大雨 40 余日，堤坝决口，黄河泛滥成灾。十二月一日，日食，长安地震。越嶲（xī）郡山崩（可能是泥石流）。

建始四年（公元前 29 年），夏季降雪，秋季桃树、李树开花（反季）。黄河在馆陶、东郡、金堤多处决口。大水淹没 4 郡 32 县、耕地 15 万余顷，毁民房 4 万余处。来年改年号为河平。

河平元年（公元前 28 年），耗民力修黄河堤坝。

河平二年（公元前 27 年）夏季，楚国降冰雹，大的如同饭锅。南夷民变。

河平三年（公元前 26 年），犍为郡地震，山崩。长江被阻塞，江水倒流。黄河在平原郡再次决口。洪水灌入济南郡、千乘郡，损失巨大。

河平四年（公元前 25 年），罽宾使节来长安，刘骜动用兵力送使节回罽宾。

连年灾害，民不聊生，盗匪四起。

皇室祭祀品由太牢（牛、猪、羊）降低到特牛（只用一头牛）。皇室压缩开支，包括减少衣物、车马、轿舆等。为此，许皇后抗议降低待遇。

西汉时期，董仲舒“天人感应”的理论已扎根王朝的君臣思维中。“天道和人道”“自然与人为”是合一的，其目的就是限制君权、臣权。元帝时代，有大臣提议，对黄河开挖泄洪道并清淤，但丞相匡衡不同意，说财政困难，没钱。结果，成帝登基，当年的隐患成灾。

五、安抚乌孙

出土的居延汉简中，有 12 支与乌孙小昆弥乌就屠有关，讲了三个内容，体裁为西汉常见的“上言变事书”。

第一个内容是，驿站的两位军政官员署名给上级预警：十二月乙酉日，接到边塞的紧急檄文，说前一天瞭望哨上的士兵发现境外东北方向百余里外，4 个点位有人为纵火，火势极大，如同点燃了木材堆。

第二个内容是，车骑将军许嘉下令，乌孙小昆弥乌就屠与匈奴呼韩邪单于合力准备攻击郅支单于。目前，尚未发现呼韩邪单于部军队动向。郅支此人，贪而不仁，对汉室有二心，可以协调边塞外诸游牧部落，协助、配合呼韩邪单于，并提供军需。

第三个内容是，目前边境线上的情况，游牧部落自由往来，小月氏部仰仗、依靠羌人部落。

遗憾的是，木简没有标明是哪一年，也不知是哪一段战事。有人推测是甘延寿、陈汤灭北匈奴之战，呼韩邪单于、小昆弥乌就屠参与此战。

对于乌就屠任小昆弥期间的乌孙社会，正史记载得不多。因为大昆弥性格软弱，乌孙国民多支持小昆弥。

可以肯定的是，小昆弥乌就屠率军队参与了灭郅支之战。而呼韩邪单于离得太远，鞭长莫及。

元帝竟宁元年（公元前 33 年），乌孙国发生了两件大事：一是大昆弥星靡死，其子雌栗靡继位；二是小昆弥乌就屠死，其子拊(fǔ)离继位。

新任的大、小昆弥年龄差距多大，史料没有记载。从辈分上说，大、小昆弥是侄叔关系。小昆弥拊离年长。自此，乌孙国的权力平衡被打破。

此时，西域都护是段会宗，大、小昆弥的册立均由段会宗上报朝廷，由朝廷批准授予印信。在段会宗即将离任之时，大汉册立的小昆弥拊离被弟弟日贰杀害。消息传到西域都护府，段会宗立即上报朝廷，并调动屯田的戊己校尉驻军姑墨，准备出兵小昆弥。得知汉军屯垦军队将要进兵乌孙小昆弥部讨伐，日贰逃了。

郅支已灭，匈奴呼韩邪单于臣服中原，日贰无路可走，只能投奔康居国。段会宗受命出使乌孙，立拊离的儿子安日为小昆弥，局势得以安宁。

段会宗调回内地后，廉褒继任西域都护。廉褒是战国时期名将廉颇的后代，为人耿直，足智多谋，以勇武为名。在他任期内，小昆弥安日为了复仇，派出手下的三名刺客，以逃亡为名到达康居，假意投奔日贰并成功将谋杀拊离的日贰刺死。这件事，廉褒应该是背后主谋。事后，廉褒重赏了这三名刺客。

廉褒调回内地后，段会宗再次出使西域。就是这个时间段内，发生了乌孙兵围都护府事件。

之后的两任西域都护，一位是韩立，一位没有留下姓名。这两位在西域的政绩应该不怎么样，以致西域诸国颇有意见。甚至有些小国脱离汉室，不再朝贡，以示抗议。西域各国纷纷上书，要求派遣前都护段会宗回西域任职。于是，汉成帝派遣段会宗再度出任西域都护。小昆弥安日得知后，翻越天山到达龟兹国拜会。西域各国得到消息，欢呼雀跃，那些已不再倾向汉的小国又主动归附。这一年是公元前21年。

在百姓眼中，封疆大吏的形象不仅体现着个人魅力，更是中央王朝的代表。虽然那个阶段汉成帝荒淫无度，大将军王凤专权，但汉朝的官员还能各司其职，中央王朝设有大鸿胪，专门负责属国的事务管理。

第二年，即公元前20年，王昭君的第二任丈夫复株累单于去世，弟弟搴鞮且糜胥继位，称搜谐若鞮单于（第十六任），遣送王子到长安当侍子。

这时，汉成帝刘骜开始私自出宫游荡，穿大街，过小巷，到野外撒欢，斗鸡赛马，自称是“富平侯”的家人。成帝的几个舅舅也越来越张狂。五舅成都侯王商将长安城墙凿了个门洞，把护城河的水引到他家的人工湖里，泛舟取乐。小舅曲阳侯王根家里也有人工假山和水中的渐台，格局模仿未央宫的白虎殿。

不知从哪里飞来一群野鸡，飞到未央宫承明殿的屋顶，然后又飞到庭院中，顺着台阶登堂入室，叽叽喳喳地乱叫。这当然是一件晦气的事。刚好这天成帝刘骜私自出宫，在阳阿公主家遇到了两位舞女，美貌非凡，于是带回宫。这两位美女就是赵飞燕、赵合德姐妹俩。

汉朝重五行之说，以火为德，崇尚红色。当时宫廷女官淖方成看到赵氏姐妹后，说了句预言：她俩是祸水，会把火扑灭。一语成谶，“女人是祸水”由此而来。

在赵氏姐妹的构陷下，许皇后被废，后宫成为淫乱之地，汉成帝专宠赵氏姐妹。成为皇后的赵飞燕常与多子的侍卫通奸，企图借种。民间传言，赵氏姐妹俩使用一种叫“息肌丸”的药，可以使肌肤雪白娇嫩，不起皱纹，但该药之毒滞留在任督二脉中，令女人无法怀孕。这期间，成帝的其他妃子生过两个男婴，都被赵氏姐妹害死，导致成帝无后。

西域都护一任三年，到公元前 18 年时，段会宗任期再满，回朝复命。接任者是谁，没有留下名字。段会宗离开西域的第二年，乌孙再次内乱，小昆弥安日被归附乌孙的人所杀。乌孙小昆弥部大乱。

时任中郎将、光禄大夫的段会宗再次出使西域救火，稳定乌孙小昆弥部的局势，立安日的弟弟末振将为小昆弥，局势稳定后，回朝复命。

鸿嘉三年（公元前 18 年），王莽出道，在姑妈王太后和舅舅及其党羽的举荐下，被封为新都侯，官任骑都尉、光禄大夫、给事中、侍中（皇帝的随从）。

此时的乌孙大昆弥部，人畜兴旺，政局稳定。因为强盛自然强势，大小昆弥部属经常为牧场发生争执。大昆弥雌栗靡下令，不得互相侵扰草场。这原本是安定社会、发展生产的重要措施，但刚上位的小昆弥末振将压力很大。于是，他派遣刺客潜入大昆弥部，刺杀了大昆弥雌栗靡。刚回到长安的段会宗再次出使西域，稳定乌孙局势，立雌栗靡的叔叔伊秩靡为大昆弥。伊秩靡是解忧公主的孙子，也就是解忧公主幼子大乐的儿子。也许是出于对乌孙局势的考虑，段会宗此行并没有惩罚小昆弥末振将，只是记下了这笔账。

公元前 16 年九月，东莱发现黑龙，日食。陈汤再一次出现在史料中，跟这条黑龙有关。

王商是成帝刘骜的五舅，前面几个舅舅轮番掌权且都死了后，五舅此时接任大司马、卫将军，把持着朝政。这个任西汉帝国最高军事长官的人，就是前面提到把长安城墙掏了个洞，引水入池，每日泛舟于湖的那位。王商讨厌陈汤，他看不上陈汤这类不懂得阿谀奉承的军事人才，于是弹劾陈汤，说他散布谣言："前一年黑龙在冬季出现，是皇帝屡屡私自出宫游逛的征兆。"陈汤被定罪为"大不敬"。刘骜下诏：念陈汤斩郅支单于曾对国有功，免死，贬为平民，遣送到敦煌充军。

陈汤曾是个英雄，但他并不是完人。作为官员，官人们乐于干的勾当，陈汤也干了不少，比如给人帮忙收取好处费，参与成帝陵墓建设工程中的投机倒把，为了显示自己的才能胡乱说话，等等。但是相比较王氏外戚，陈汤对大汉帝国的贡献要多得多。

元延元年（公元前 12 年），匈奴汗国搜谐单于要到长安来朝觐，走到边境时突然死了。这回轮到呼韩邪单于的嫡子挛鞮且莫车继位，新任单于被称为车牙若鞮单于。

西域距长安太远，信息传递的速度往往跟不上时局的变化。

公元前 18 年，在段会宗第二次任西域都护稳定乌孙时，康居王子保苏匿准备带领他的部落投降汉朝。为了防止康居出兵阻拦，康居王子事先遣使秘密拜会了段会宗，请求他出兵，保障自己的部落能顺利进入西域都护的领地。段会宗即刻将情况上报。朝廷很重视，派了卫司马去迎接。卫司马是西汉设立的军职，即屯卫司马。这位卫司马屯垦在敦煌一带。进入西域后，段会宗安排屯垦车师一带的戊己校尉率兵，随卫司马一同到康居边界迎接投降的康居人。

卫司马是秩比千石的高官，而戊己校尉只是秩比六百石的中级军官。这位卫司马徒有虚名，当看着康居国上万人骑着马、赶着牛羊而来，这位没有留下姓名的卫司马害怕了。他命令军队阻止康居人继续前进。边境上顿时剑拔弩张。

卫司马高高在上地传话给康居王子苏保匿，要求投降的人相互之间捆绑起来才能过境。

这种言行和举动，康居人肯定不愿接受。康居王子心怀怨恨，率众返回本土，不降了。

原本一件好事，就这样被搞砸了。

这位接收大员卫司马是有来头的，于是责任就落到了段会宗头上。一纸诏书，段会宗停职回京，被责问：是谁允许调动戊己校尉参与受降之事？按理说，这事与调兵并没有因果关系，但在某些特定的人与事上，人祸会比天灾更难对付。曾任过沛郡和雁门太守、忠厚爱民的段会宗并没有多少钱，最后的结果也只能是花钱买命，被贬为平民。

之后，段会宗又被任命为金城太守。但段会宗这个时候病着。西汉时期，官员的病假时间最长三个月，超过三个月就算自动离职。所以，段会宗又因病被免职。

小昆弥安日被刺杀身亡后，汉成帝再次召段会宗出使西域，立安日的弟弟末振将为小昆弥。一年后，末振将派贵族乌日领诈降，刺杀了大昆弥雌栗靡。汉朝将末振将在长安的侍子贬为官奴，以示报复。

4 年后的元延元年（公元前 12 年），大昆弥伊秩靡派翕侯难栖杀掉末振将，安日之子安犁靡被立为小昆弥。汉朝以未能亲杀末振将为憾。

段会宗有个朋友叫谷永，因为屡屡进谏直言被赶出京城，时任北地太守。在段会宗第三次任都护时，谷永写了一封信给他，大意是说：你的年龄大了，以你的才能可以在京城位列九卿，何必要去昆山之侧统率百蛮、镇抚西域，以图建功立业呢？现如今，四海归一，天下太平，傅介子、郑吉、陈汤等人的功绩已不可能再现。希望你遵守官场规则，不要再追求奇功异绩，任期满后，平安归来。万里之外，望你保重身体。

下面的故事，呈现的是段会宗在西域最后的时光。

段会宗骑着他的那匹老马，第六次踏上了西行之路。风沙漫漫、戈壁茫茫。这一年，段会宗已经 74 岁了。

段会宗是天水人，这个地方物华天宝、人杰地灵，是中华始祖伏羲、女娲的家乡，也是西汉名将李广、李蔡兄弟俩的出生地。当年，段会宗是以“孝廉”为名被乡亲们保举做官的。从县令起步，才能出众，百姓信服，政绩卓越。之后，段会宗被“三公”、太傅、大将军等“五府”联名推荐，出任西域都护。让最优秀的官员治理西域，这足以证明国家对这块土地的重视与关注。第一次出玉门那年，段会宗 51 岁。这 23 年间，他五度出使西域，或为都护，或为钦差大臣处理西域事务。这23年间起起落落，从官贬民，由民做官，他人生的每一次起伏都与西域有关。对于西域，段会宗也许算不上热爱，但那是建功立业的广阔天地。他把爱和责任留在了那里，留给了那里的百姓，那里的山水。

此行，段会宗有一个任务，就是诛杀末振将的太子番丘。

这是权宜之计。乌孙内乱多年，很难说这个番丘是否还有复仇计划。此时的大昆弥伊秩靡是汉家的外孙，保证大昆弥的安全和合法地位很重要。自当年册封大、小昆弥以来，大昆弥的王位都由汉家公主的后人接任，而小昆弥的位置都是匈奴公主的后人接任。

朝廷授权段会宗可调动屯垦车师的戊己校尉和西域诸国军队。对于老将段会宗来说，杀鸡焉用牛刀。如果大军出现在乌孙，消息泄露，番丘可能会逃跑，那时再找他可就难了。

大军到达了垫娄。这里是当年常惠设在乌孙的屯田地，现在早已土地肥沃、物产丰富。段会宗驻军后，召开了军事会议。会上大家认为，如果大军进入乌孙的牧场，必会引发慌乱，所以决定由段会宗选出30个精兵前去诛杀番丘。参会的将军们自然有自告奋勇者，但段会宗不想重蹈覆辙。之前因卫司马应急不足，导致事与愿违。

于是，大汉的30名勇士随段会宗前往小昆弥王庭，召番丘来见。番丘并不知道何事，或许他认为汉使带来了对他的任命。进入汉使的帐中后，番丘立刻被卫士踢翻绑住，跪于帐中。

段会宗怒视着番丘，然后说：你的父亲末振将是汉室所立的昆弥，当年是我宣读皇帝诏书，授予了他金印绶带，但他骨肉相残，杀汉公主子孙，犯了死罪。他虽死，父债子还，今天朝廷要你的命来抵罪。番丘怕了，拼命求情、呼救。段会宗抽出佩剑，刺向番丘，番丘一命呜呼！

番丘被杀，番丘的卫队惊恐地四散而去。消息很快传到了小昆弥安犁靡处。小昆弥率数千兵士包围了段会宗的营帐。段会宗拎着血淋淋的人头走出大帐，30 名勇士成环形将他护在中心。

面对小昆弥安犁靡，段会宗厉声以对：小昆弥，你佩戴汉家印绶，现在转攻汉使，是要反吗？如今，汉军已驻扎在垫娄，即刻可灭了乌孙小昆弥部。今天，你可以杀了我，但这如同取大汉这头巨牛身上的一根毛，你们忘记了大宛王、郅支单于的人头挂在了哪里吗？

小昆弥安犁靡与番丘是堂兄弟，两人一起长大。安犁靡看着自己兄弟的人头，大哭。然后说：我的叔叔末振将负汉，罪该万死，朝廷要杀番丘，我们没有意见。但是，为什么不事先通知，让我设宴给兄弟送行，让他吃饱喝足再上路？！

段会宗再次厉声以对：如果事先告知你，骨肉相连，你必会告诉番丘。如果他知情外逃，今天死的就是你。没有告知你，是为保你一命。

小昆弥安犁靡顿然醒悟，哭号着带领下属离开。

段会宗面向东方，持剑而立，银发银须在乌孙马队扬起的风尘中向外卷起，30 位持弩的汉家勇士如雕塑般矗立在草原上，弓弩的方向是乌孙撤离的背影。残阳如血，映照着晚霞，形成一道暗红的带。远处，小昆弥勒马，回望。战马的嘶叫，渐渐远去。

此次回归长安后，段会宗因功封关内侯。之后，乌孙发生政变，段会宗再次奉命出使乌孙，稳定小昆弥部。在乌孙，段会宗因长途奔波，染病不起，病逝于乌孙，时年 75 岁。棺木途经西域诸国，百姓扶棺而行，送这位大汉的勇士魂归故里，各国立祠纪念。

在段会宗带着他的勇士们仗剑西域时，长安的官员在忙着另一件事。那就是征发猎户到秦岭中，去捕捉熊、虎、豹、狐、鹿、野猪等走兽，然后送入长杨宫的射熊馆中，供来自匈奴、西域的君王、使者、侍子们射猎娱乐。游戏规则就是徒手斗兽，兽种自选。斗赢了，猎物归胜者，重奖；斗输了，就成为野兽的食物。汉成帝亲临射熊馆，纵观取乐。这次扰民伤农之举长达 30 日，闹得关中农民无法秋收。

为什么要给胡人展示大汉王朝的野兽多呢？虽然史料上没有说，但在悬泉置出土的半截木简上，记录了折垣国的君王派使者来到汉朝，为表示真诚，使者带来了一份特殊的礼物——狮子。汉朝得知消息，立即派少府下属管理皇家苑圃的钩盾使者前去迎接。

中国不产狮子，但天朝大国怎么能让胡人小瞧？

折垣国可能就是乌弋山离国。《汉书·西域传》中记录乌弋山离国有狮子，此国位于亚洲西部伊朗高原东部。“乌弋山离”是其首都亚历山大里亚·普洛夫达西亚的音译，《后汉书》称其为“排持”。

当时，汉成帝有个随从叫扬雄，是西汉著名的辞赋家、思想家。这次被称为“田猎”的娱乐活动，扬雄全程参与并写下了以劝谏为主题的雄文《长杨赋》，批评成帝的铺张奢侈与官员的奉承。

文章中这样记录：为了向胡人夸耀中国物产丰富，禽兽多，秋季，皇帝命右扶风征发百姓进入终南山，西自褒斜谷，东到弘农郡，南至汉中郡，张开罗网置罘（Jūfú），捕捉熊罴（pí）豪猪、虎豹猿猴、狐兔麋鹿，装在槛（jiàn）车里，运到长杨宫中的射熊馆。用网围成猎场，把捕得的那些禽兽放在里面，让胡人徒手去捕捉，各人可取走自己捉住的猎物。此次田猎，动用的军队“罗千乘于林莽，列万骑于山嵎”。

扬雄用“高祖为民请命、文景节俭守成、汉武开疆拓土、宣帝消除边患”来影射汉成帝刘骜背离祖训、不顾养民的奢侈糜烂。

《长杨赋》一出，天下震动，万口传诵。据说，写完此赋，扬雄昏睡了三天三夜，梦见与司马相如相遇。梦醒之后，扬雄全身无力，调养了 3 个月才得以恢复。

田猎，其实历代都有。主要目的：一是驱驰战车，弯弓骑射，进行军事训练；二是为田除害，保护农作物不受野兽糟蹋；三是祭祀。

在《左传》中，周制就有四时田猎：“春搜、夏苗、秋狝（xiǎn）、冬狩”，并规定，不捕幼兽，不采鸟卵，不杀有孕之兽，围而不合，留有余地。而汉成帝只为娱乐，一网打尽，完全乱了礼法。

六、外戚专权

命名“丝绸之路”的德国地理学家李希霍芬，不知是否走过这条长达万里之路，烽燧、亭障、戍堡通过这条路连成一串。这条路也是商人利益与国家利益有机的结合。这条横贯东西的路上，充满着艰难险阻。

罗布泊，那时叫蒲昌海，其水面广袤300里，冬不增，夏不减，水面丰盈，泽边有人间仙境般的蜃楼，游弋着硕大的罗布鱼。湛蓝的天空如油画般在眼前扩展，朵朵白云贴在这块画布上，鸟儿曲线般穿过画布。远处是碧绿的草原，近处是摇曳的鲜花，成群的骏马箭一样地穿梭于天地之间……

但是，西域这块土地，由于自然环境的特性，季节温差大，干旱少雨。位于沙漠、戈壁边缘的蒲昌海，夏秋季节，风光如画，但冬春两季，暴风卷起黄沙，遮天蔽日。

丝路北道上一位掉队的商人走到蒲昌海边，看这里有水，有草，有月光，就决定在湖边过夜。半夜，起风了，商人的领队驼将头伸进了帐篷。帐篷小，容不下。商人就将它赶到外面。风更大了，领队驼又进来了。西域的夜晚寒冷，折腾了几次，商人不耐烦了。他在地上扎了个桩，将领队驼拴在了桩上，然后回到帐篷里安安稳稳地睡着了。等他醒来，发现领队驼竟跪在自己的身边，而其他骆驼把他紧紧地围在中心。当他从领队驼的腹下爬出来的时候，领队驼已经死了。骆驼们以它们独特的感知预见到了必有大风暴，所以领队驼挣断了绳索，跪趴在主人的身上。风暴卷起的石砾扯碎了帐篷，打在骆驼的身上，它没动，脖颈上被绳索勒出的口子还在汩汩地流着鲜血……

如此险恶的自然环境，加上随时可能受到游牧部落的攻击，为什么商人们还愿意跋山涉水、不远万里到中国呢？当然不是因为仰慕中国，而是被利益所驱使。可见汉时，中国的物产在西部有多大的利润诱惑。

从《汉书·食货志》及居延汉简可以推算出，西汉典型的五口之家年收入为8500钱左右，无天灾人祸的年景，收支基本持平。只要减少兵役与徭役，百姓就可过上不错的生活。但靠土地收入，仅可解决温饱。为增加收入，大部分家庭实行男耕女织的分工方式。百姓只有将丝绸、棉布、漆器、农具等手工品投入市场才能换取货币，所以贸易是最快捷的致富手段，这便是丝绸之路存在的价值。此外，在丝路的另一头，有百姓渴望通过贸易换取自己需要的商品。

所以，元延二年（公元前11年），康居国王派出侍子来中国，向汉朝进贡。其目的是使康居商队穿越西域诸国时能受到都护的佑护。

此时，西域都护郭舜的上书也到达朝廷。在这封上书中，郭舜提出了不同的看法。他认为：匈奴、乌孙、康居三国之间因为习俗相同，互相之间的贸易从未停止。他们之间，时而互贸，时而攻伐，彼此合作但不和睦。匈奴势力最强时也不能吞并乌孙、康居。现在匈奴向朝廷屈服，这与乌孙、康居并没有关系。而乌孙不断地给朝廷找麻烦，几乎没有一年安宁。既然与乌孙的联姻已存在，匈奴也归顺，就不要再管康居的事。

郭舜的言外之意是，保护康居商队，会造成西域都护府产生很多额外的开支和人员调动。而且康居国王对中国的使节极为轻视，西域都护府派出的使节到康居国时，座次在乌孙国使节之下。在宴席中，康居国王与贵族吃饱喝足后才给中国使节上饭，故意显示根本不把中国当回事，以此向其他国家的使节炫耀。如今康居国派出侍子到长安，目的不过是想与中国做生意，恭维的国书不过是一种诈术。如果让匈奴人知道汉使在康居国的待遇，匈奴单于会为依附汉朝而自感惭愧。所以建议朝廷不要接收侍子，也不再派使节去康居，汉朝不与无礼的小国打交道，以示尊严。

但是对于天朝大国的朝臣来说，形式比内容重要。这是康居首次遣送侍子来长安，声势浩大，路途遥远，所以不能拒绝，必须热情接待。

绥和元年（公元前 8 年），匈奴汗国的车牙若鞮单于死了，挛鞮囊知牙斯继位，称乌珠留若鞮单于（第十八任）。朝廷派中郎将夏侯藩、校尉韩容出使匈奴，一是吊唁，二是更换印信，三是祝贺。

此次出使，中郎将夏侯藩还帮忙办了一件事，差点给自己惹上杀身之祸。

王根，时任朝廷大司马。当时有人向王根建议，说张掖郡的北部，匈奴有块领土楔入中国边塞。那块土地富饶，物产丰富。如果可以从匈奴手中拿过来，就可以使边塞一带的民生得以改善，将军就可以有开疆拓土的赞誉，必会名垂千古。当年卫青、霍去病消耗无限国力，功绩也不过如此。

这是个危险的主意，但王根觉得非常好，于是就向成帝刘骜报告。考虑到如果由皇帝出面向单于要，万一被拒绝，会伤及大汉威信。于是，就让出使匈奴的中郎将夏侯藩作为个人意见向乌珠留单于提出，先试探一下匈奴的反应。

夏侯藩抵达匈奴汗国，在会谈时他故意随口说：匈奴汗国有一块土地，揳入中国边塞，直逼张掖，汉军有 3 支边防部队在那里驻扎，冬季苦寒、夏季炎热。如果单于愿意把那块土地献给皇上，部队就可以裁撤，士兵就可以回家务农，单于一定会得到丰厚的赏赐。

单于大惊，问：这是天子的诏命，还是你作为使者提出的要求？

夏侯藩说：我只是替单于考虑，为今后做谋划。

单于说：那是藩王的领地，我先派人去问一下那块地的情况。

夏侯藩回长安复命，大司马王根很不满意单于的回复。于是再派夏侯藩出使匈奴汗国，直接提出割让土地的要求。

这回单于生气了，质问夏侯藩：自父亲呼韩邪单于去世，兄长继位再传至我，已五任单于。之前，汉从未提出割让土地的要求，我刚继位就提出来，这是什么意思？我已问过，匈奴汗国西部诸王制作帷幕车辆、箭杆翎毛都依靠那块地所产的材料。这是先祖留下的土地，怎么能随意割让？

夏侯藩无言以对，无功而返。大司马王根很生气，将夏侯藩贬职，调离长安。

乌珠留单于也很愤怒，专门派使者到长安，就汉使要求割地的事正式询问汉成帝刘骜。

成帝下诏回复：这是夏侯藩的个人行为，依法应当处死，因为之前大赦，现将他贬出京城。请单于不必担心，大汉物产丰富，土地幅员辽阔，没有向匈奴汗国索要土地的想法。

一人之下万人之上的大司马王根之所以接受这么不靠谱的提议，可能是因为他不知道冒顿单于破东胡之战的往事。

当年，东胡强盛，游牧于辽河上游老哈河和西拉木伦河流域，常常欺负匈奴。冒顿自立为单于后，东胡王向匈奴要宝马，给；要冒顿的爱妃，给。于是，东胡王认为冒顿软弱可欺，提出匈奴与东胡之间有千里空地，要将这块土地划归东胡所有。

冒顿的一个下属说：给他！

冒顿怒斥下属：土地是国家之本，怎么可能随意给人？匈奴汗国土地虽广，但没有一块是多余的。于是，冒顿下令杀了赞成给地的下属祭旗，统领大军突袭东胡。措手不及的东胡王被杀。冒顿劫掠东胡的百姓和牛羊而归，东胡人被赶到了乌桓、鲜卑山一带。之后，冒顿西击月氏、南并楼烦、抢掠中原，匈奴崛起。此事过了 200 年，匈奴人虽然没有文字传承，但先祖的故事口口相传。

虽然，乌珠留单于并未因此事与汉翻脸，但自此之后，汉匈关系开始出现裂痕。

乌孙内乱由来已久，当时刺杀末振将的贵族难栖在段会宗的建议下被封坚守都尉，汉朝同时追究了乌孙大昆弥部大禄、大吏、大监等官员的责任。因他们不尽职，致使大昆弥雌栗靡遇害身亡。汉朝撤回这些大臣的紫色绶带金印，降为黑色绣带铜印。

乌孙国内有三股势力：大昆弥，小昆弥，还有一支游离在外的势力。这支游离在外的势力是小昆弥末振将的弟弟卑爰疐（zhì）的部落，曾参与贵族乌日领谋划刺杀大昆弥雌栗靡的行动。因汉王朝军事势力的介入，卑爰疐怕被西域都护诛杀，就带着本部落的8万余人向北迁徙，投奔了康居，准备借兵兼并乌孙大、小昆弥，统一乌孙。

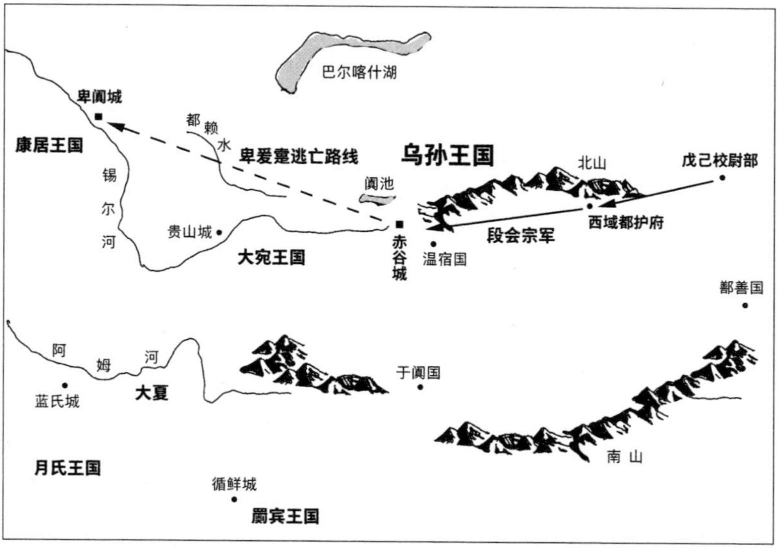

公元前11年，乌孙王国内乱，卑爰疐逃亡康居路线示意图　李东绘制

而此时的康居国王，一心想着与汉朝建立正常的贸易往来，不想干涉乌孙内部的事务，所以并没有支持卑爰疐。

大、小昆弥之间相互仇杀，已不可能联合对抗康居和卑爰疐的势力。为了自保，几方势力都想与西域都护搞好关系。

呼韩邪单于死后（公元前31年），不是嫡子继位，而是兄死弟及。

20 多年间，都是单于的兄弟接班继任。到了乌珠留单于，已是第五位兄弟单于。西汉这边，自汉元帝驾崩（公元前 33 年），成帝继位，至公元前 8 年，大司马大将军之位一直由王氏外戚相继把持。王根本想索要匈奴汗国的土地，以达留名青史的目的，结果土地没要到，于当年病死。于是侄子辈的王莽成为大司马，时年 38 岁。

王莽 29 岁被封新都侯，封地在南阳新野都乡，采邑 1500 户。封国上交的赋税，他全部赠给了有才干的人。王莽自己特别节俭。有一次他的母亲患病，朝廷高官及其夫人前去探望示好，王莽的妻子开门迎客，亲自招待。她穿着简朴，那些达官贵人们都以为她是王莽家的奴婢。后来知道是王莽的夫人，无不惊讶。

成帝绥和二年（公元前 7 年），长安发生了很多事，最大的一件就是成帝刘骜暴毙，死于赵合德的宫中，享年 44 岁。这年初，以天灾频繁为由，刘骜刚逼死了丞相翟方进。

三月十八日这天，刘骜上午接见了到长安朝觐的楚王、梁王，命人拟好了新丞相的任命书。下午，一切正常。夜晚刘骜宿在了昭仪赵合德的宫中。早上天未亮起床，刘骜突然手臂麻木，不能言语，天亮后就死了。从今天的医学常识来看，成帝刘骜可能死于大面积脑梗或者脑溢血，这与他长期服用春药致血压高有关。

刘骜无子，并不是他没有生育能力。之后调查揭秘，原来是赵合德采用一哭二闹三上吊的办法，强迫刘骜亲手扼死其他妃子所生的男婴。之前赵氏姐妹还用别的办法使怀胎的妃子、宫女堕胎。

史学家班彪的姑妈是成帝后妃班婕妤（Jiéyú），也差点被赵氏姐妹害死。她对刘骜的印象是：衣冠整齐，注重仪表，无论是乘车、步行，都目不侧视，不大声呵斥，不过问小事。在朝堂上也不多说，严肃而温和，学识渊博，能听得官员直谏。时逢太平盛世，上下和睦。但是他酗酒好色，赵氏姐妹秽乱后宫，王姓家族把持朝政，令人叹息。

中国古乐常用于表达天地之道、鬼神之道、人伦之道，且通常节奏舒缓，容易让人打瞌睡。汉成帝刘骜时代，宫廷中源自郑国的流行音乐非常盛行，这种“郑音”被孔子视为靡靡之音、亡国之声。当时名歌手丙强、景武等人都是巨富，名满天下。皇亲国戚之间，轮番举办歌舞晚会，看谁家的美女歌舞技高一筹。

成帝时代，毁了汉初设立的很多制度，祸根就在皇后赵飞燕、皇太后王政君。一人富贵不行，还得让身边所有的亲戚也鸡犬升天。

汉代还没有科考取仕制度，官员主要来自外戚、蒙荫、举荐，由地方举荐的廉孝、贤良、方正、文学之士，自然会与外戚集团形成对立。说一个故事，来证明成帝时代这种矛盾的尖锐。

王章是以文学之士被选荐做官的，元帝时代任谏大夫，以敢直言劝谏为名，因攻击宦官石显被免职。当时，王章穷困潦倒，得了重病，家中没有被子，盖着一张破牛皮，他哭着与妻诀别。妻哭着说：朝中为官的人，哪个人的能力可以超过你？现在病重，你不激励自己，反而哭泣，怎么如此短视？

后来成帝即位，大将军王凤推荐王章做官，官至京兆尹，属两千石的高官。大臣外戚都很敬畏他。他虽是王凤所举荐，但反感王氏外戚专权乱政，并没有向外戚集团低头。于是，王章写了封事举报王凤，建议国家任用贤良之士。妻子看了他的奏折，劝他说：做人要知足，难道你忘了当年“牛衣对泣”的事了吗？王章怒道：女人家怎么知道国家大事的重要？！

封事引起了成帝的高度重视，他打算撤换大舅王凤，但王太后出面干涉。成帝无奈，汉以孝为荣。于是，王凤便暗中指使人弹劾王章。

王章一家入狱。当时王章的女儿只有12岁，夜里突然放声大哭说：之前狱卒夜间清点人，数到9结束，今天只数到8就停止了。父亲为人刚正，今晚死的一定是他。第二天，王章家人得知，王章前一天夜里已被秘密处决，他们也被发配合浦。

史家评论：“王章刚直守节，不量轻重，以致陷入刑戮，妻子儿女被流放，可悲啊！”

自此，朝中官员不敢正视大将军王凤。王氏外戚党羽遍及朝野。

公元前7年，刘骜死后，他的侄子定陶王刘欣登基，西汉的又一个昏君隆重出场，史称汉哀帝。

西汉后宫从此有了四个太后：哀帝刘欣的母亲丁太后和奶奶傅老太后，成帝刘骜的皇后赵飞燕以及刘骜的母亲太皇太后王政君。丁氏外戚、傅氏外戚、赵氏外戚、王氏外戚开始了宫廷内外争权夺利的斗争。只有18岁的刘欣夹在中间，皇权被架空。

陈汤的名字，这一年又一次出现在史料中。当初陈汤被发配敦煌时，太守上奏折说，陈汤诛杀了郅支单于，名声太大，不宜放在敦煌，然后又改为发配安定，也就是凉州一带。后来，议郎耿育上书，为陈汤喊冤。此时陈汤已被发配边塞充军8年。

耿育说，甘延寿、陈汤在西域建立了威震万国的伟业。万里之外，洗刷国耻，制服强虏。元帝时代，封侯赐爵，宣扬功绩，这是英雄的伟业，至此边塞烽火停熄。“明犯强汉者，虽远必诛”，如此强悍的宣言，将传世万代。当年，元帝病卧床头，对陈汤念念不忘，但丞相匡衡、小人石显从中作梗，边疆战士无不失望。成帝时代，兵马未动，四夷太平。朝堂之上，那些邪恶的官员独揽重权，嫉妒功臣。陈汤被囚入监牢，无处申冤。陈汤终以戍民之身，年老病重，被抛弃边陲。那里是通往西域的往来咽喉。威震西域的名将瞬间成为囚徒，让往来西域的使节唾弃，实属可悲可叹。直至今日，各国使节依旧在传说陈汤的故事，宣扬大汉的强盛。利用勇士的功勋，可使敌国恐惧，但我们的英雄却被放逐，而那些进谗言构陷之人，称心快意，甚是可悲。和平不能忘危机。如今，国家并没有文景时代的如山财富，也没有武帝时代的如云名将，所有的不过陈汤一人。如果他死了，我们还希望追溯他的功绩，加高他的坟丘，用以激励后来之人。可是，陈汤还活着，距他建功的时间并不久，却被奸佞之辈用鞭子驱逐到边塞，家破人亡，死无葬身之地。陈汤的功勋，无人能及。陈汤的过失，不过人情所在，不该受到如此残酷的待遇。我为国家感到担忧的是，边疆战士血战蛮荒，断筋碎骨，在所不辞，但逃脱不了为奸佞官员用口舌所害。今后，谁还愿为国家的安危抛头颅，洒热血，马革裹尸？！

看到这个奏折，哀帝立即下诏释放了陈汤。

陈汤回长安后，不久死去。

陈汤死后，王莽成为安汉公，执掌朝政。王莽年轻时，认为陈汤功高赏薄，加之陈汤曾举荐过王莽，为感恩，追封陈汤为破胡壮侯。

这一年，王莽举荐刘歆为光禄大夫。哀帝刘欣命刘歆负责审核儒学“六经”，完成刘歆之父刘向未完成的大业。于是，刘歆综合群书精华编成《七略》，共 6 部，包括 38 种著作，596 家言论，13269 卷。在叙述古代学术思想时，刘歆把思想家分为了九个学派：儒、道、阴阳、法、名、墨、纵横、杂、农。这就是中国古代学术的九个典型流派，也是成语“三教九流”中“九流”的来源。编撰中国思想史的目录学鼻祖——刘向刘歆父子，少有人知。

在刘欣登基这年，王莽被“下岗”了。

王莽是个很细心的人。当时，未央宫摆设宴席，宫廷中内者令把傅老太后也就是哀帝奶奶的座位，设在太皇太后王政君的一旁，俩人并排而坐。时任大司马的王莽到现场检查时看到这种安排，立即呵斥内者令：傅太后不过是定陶国的臣属，怎么可以跟太皇太后平起平坐？于是，下令把傅太后的座位搬到下面。

傅老太后得知后气得浑身发抖，拒绝参加宴会，恨死了王莽并告了他的状。王莽被迫辞职，哀帝刘欣批准赏王莽马车一辆，让他回家待岗，但当时朝廷中的大臣对王莽的卫道行为表示支持。

这个傅老太后与太皇太后王政君是什么关系呢？

当年，王政君是汉元帝刘奭的皇后，汉成帝的母亲，而傅老太后只是汉元帝刘奭的婕妤，属第二等的妃子，排在昭仪之后，生皇子刘康。刘康封定陶王，是成帝刘骜同父异母的弟弟。因为成帝刘骜无后，定陶王刘康的儿子刘欣被过继给刘骜为太子，并继承了皇位。傅老太后因此得势。

就是在民间，妻与妾都有天壤之别，妾没资格与妻同桌共食，更何况是在皇家。虽然哀帝刘欣是奶奶傅老太后养大的，但从身份上说，傅老太后只是定陶国的太后，王政君则是大汉王朝的太皇太后，根本不在一个层级。

傅老太后不仅强势，心眼还极小。孙子刘欣成为皇帝后，傅老太后主要做了两件事，一是把傅家成年的地痞二流子都拉进朝中为官，二是把当年和自己有过节的后宫姐妹及其后人赶尽杀绝。

第四部分

沉　浮

XIYU

一、昏君弄臣

昏君用奸臣，这似乎是历朝历代国乱时的标配。哀帝把直谏的丞相孔光罢黜，贬为平民，任命朱博当丞相，又任命皇宫管后勤的赵玄当御史大夫。再任命自己的大舅丁明当大司马、骠骑将军，辅政。

当这些人上殿接受任命时，皇宫外突然传出打雷一样的巨响，把守卫皇宫的士兵们吓了一跳，四处寻找声源，无果。

哀帝刘欣忙问侍郎扬雄、都尉李寻这是什么声音，他俩说这是“鼓妖”，凡是君王听闻不广，被奸人迷惑，提拔恶人进入朝廷为官，“鼓妖”就会发声。“鼓妖”是一种不听信规劝的象征。朱博这种人善于权术，不该当丞相，而赵玄原本就贪，怎么能做负责监察的最高官员呢？恐怕不出一年，他们就会给自己招来灾祸。

结果俩人的话不久就应验。这种靠溜须拍马上位的官，自然不会有好下场。

至此，王氏、赵氏外戚下台，丁氏、傅氏外戚正式上台。

对于扬雄、李寻的劝告，哀帝刘欣只当耳旁风。

朱博、赵玄上台干的第一件事，就是给傅老太后正名，称其为“帝太太后”，称刘欣的母亲丁氏为“帝太后”。傅老太后认为这是名正言顺，因此更加骄横，甚至直接叫太皇太后王政君“死老太婆”。第二件事情就是打击政敌，将反对给傅老太后和丁氏封尊号的原大司马、高乐侯师丹贬为平民。第三件事，是弹劾王莽对帝太太后大不敬，说应该杀掉。王氏外戚已全部失去权力，而王莽又是太皇太后王政君的侄子，官誉、口碑非常好，无端地杀掉不合适，于是王莽被赶出京城到新都侯的封国去住。王莽的遭遇得到朝中一些大臣的同情，大家纷纷写封事说情。

成帝刘骜留下的是个烂摊子。官员腐败，豪强大族、贵族官僚、富商大贾倚仗特权，疯狂兼并土地，强占民田。失去土地的农民，或卖儿卖女，或依附豪强地主成为奴仆。由于财政困难，百姓要上交土地收获的三分之二的税赋，秦始皇时代的强征暴敛开始再现。社会矛盾尖锐化，大司马师丹、丞相孔光辅政时，联合御史大夫何武等人提出限制豪强兼并土地和收买奴仆的“限田限奴”办法，对挽救危局起到了积极的作用。但是丁氏、傅氏外戚等人认为这项规定挑战了他们的权威，于是这个救世方案成为一堆废竹片。

那么当时，汉帝国的国民是如何看待西域这块神秘土地的呢？可以用四个字来总结：绝、远、荒、怪。

一是“绝”，这是对西域地理和风貌特色的想象。到长安经商的胡人，首先衣着和外貌与中原人有明显差异。他们的皮肤有黑有白，毛发和眼珠颜色也与中原不同，这刚好给中原人塑造鬼怪的形象打开了想象的空间。

二是“远”，这是对时空的判断。“河塞东西万余里，地与京华不相似”。有多远呢？远在天边，西极之地。

三是“荒”，这是对中华文明之外八方遥远空间的自然联想。这是中原文化尚未涉及的领域，所以那里必然隐藏着巨大的威胁。

四是“怪”，荒则怪，怪则蛮，所以西域是荒怪、荒蛮之地。京城的外围用“五服”来形容距离，以500里为一区划，由近及远分别为甸服、侯服、绥服、要服、荒服。

建平二年（公元前5年），蛮荒之地又出事了！乌孙国的流亡贵族卑爰疐惹事了。因为没有得到康居国的支持，于是他劫掠了匈奴汗国西部的边民。匈奴汗国派左大当户乌夷泠（líng）率5000骑兵反击，杀数百人，俘获千余人和大批的牛羊。

原本还想着兼并乌孙大、小昆弥的卑爰疐这下知道自己的实力不够，于是向匈奴臣服，派自己的儿子去匈奴汗国当侍子。匈奴汗国认可并将此情况通报给长安的哀帝，汉朝派使节出使，传诏：卑爰疐曾参与谋杀大昆弥，那是大汉的重外孙，汉还没有复仇，不得接收。命驱逐卑爰疐出匈奴汗国。乌珠留单于服从安排。

哀帝刘欣有一个男宠叫董贤，因为容貌出众，仅两年时间，就从小小的舍人升为了高安侯、大司马。董贤与哀帝常同睡，有一次起床，董贤的头压住了哀帝的衣袖，哀帝怕惊醒董贤，竟用剑割断衣袖后才悄悄起来。百姓民不聊生，但哀帝一个月内可以赏董贤一万万钱，并动用皇家工匠给他在未央宫外盖豪宅，还在自己的陵墓边给董贤预筑宏大的墓园。董氏家族的地位一夜之间处于丁氏、傅氏外戚之上。

匈奴汗国乌珠留单于上书，请求来年正月到长安朝觐。有人就提出意见说：匈奴单于从黄河上游乘势而下，气势压人。之前呼韩邪单于来朝觐，宣帝当年驾崩。后来，呼韩邪单于又来了，娶走了王昭君，当年成帝驾崩。哀帝吓坏了，觉得匈奴单于不吉利呀！便询问大家看法，这一次又演绎了一群人与一个人的对立。

一群人认为：招待匈奴单于，耗费国力，应当拒绝。

扬雄充当了“一个人”的角色，他上书说：

治国之道，最重要的是防患于未然；治军之道，在于不战而屈人之兵。这是基本常识。如今，单于要求来朝觐，如果回绝，两国之间必有猜忌，产生裂痕。匈奴汗国是一个强国，五帝未使他们臣服，夏商周三朝也无法控制他们，所以与匈奴之间不能产生嫌隙。

秦始皇时代，蒙恬雄威，也无法挺进西河，只好在临洮筑长城。高祖刘邦，率30万人攻击匈奴，却在平城被困。当时，猛将如云，谋士如林，最后虽然逃生，但无人知道内幕。吕后当政时，面对匈奴傲慢无礼的书信，也只得用卑微的语言回复，才化险为夷。文帝在位，匈奴北犯，先遣部队到达甘泉一带，京师震动，僵持数月之久，匈奴方才退去。武帝朝代，马邑之谋，结果一个匈奴兵没抓到。之后，为了国家生死存亡，动员大军数十万，前后长达10余年，过西河、越荒漠、袭王庭、征土地、封狼居胥、禅姑衍山，穿瀚海、擒名王，匈奴虽然受到重创，盼望和亲，然而并不臣服。

我们的先祖消耗财力、物力、人力，边塞上狼烟四起，将士殒命天涯，并不是为赌一时之气，而是为了一劳永逸。之后，匈奴包藏祸心，进犯乌孙，拟劫掠汉家公主，朝廷5位大将，统兵15万，长途奔袭，无功而返。由此可知，如果不能使北方匈奴顺服，就不能高枕无忧。宣帝时代，上通神明，国泰民安，而匈奴汗国内乱，五单于争位。呼韩邪单于、日逐王归顺，俯首称臣，朝廷以礼相待，但并未完全控制。

从那时起，只要单于朝觐，朝廷从不回拒，这是因为匈奴天性凶狠，身体强壮，仗势欺人，全凭一股盛气，难以教化他们改行善事，却容易引导他们从恶。他们性情倔强，很难屈服。汉朝出动大军，攻坚破阵，击溃强敌是何等的艰难。他们臣服后，国家安抚慰藉、馈赠礼物、广布威仪，起到了很好的作用。

当年，汉家子弟破大宛王都、踏乌桓堡垒、削姑缯（zēng）部落、荡南岳诸国、砍朝鲜帷幕、拔羌地旗帜，历时最短十天半月、最长不过半年就可以凯旋。耕田种桑，划异土皆为郡县，如风卷残云，并且无后顾之忧。只有匈奴与此不同，他们是最强悍的敌人，跟东夷、南蛮、西戎相比，简直是天渊之别，所以绝不能等闲对待。

如今，单于怀着仰慕之心，不远千里，想亲来长安，这是前辈留下的恩德，为此而支出费用也是不得不承担的。为什么只因为“单于从上游而来”这种胡话就拒绝呢？这将埋下仇恨的种子，匈奴会对汉朝有怨言，势将与中国决裂，失去臣服之念。到那时，我们的兵力吓不住他们，言辞说服不了他们，怎么能不造成灾难？

耳聪目明的圣人，总能先知先觉，未雨绸缪，避免军事行动。因为猜忌一旦开始，则令智慧之人苦心谋划，善变之士奔走相劝，这都不如在事情未发生之前做出正确的决策。当年，汉朝开拓西域，控制车师，设立西域都护府，统领三十六国，并不是为了防备康居和乌孙，最终的目标还是瓦解匈奴。近200年的血泪换得的和平成就，却可能因为一句话而丧失。当初耗费巨大军费去抵抗匈奴，如今只为省顿饭钱就冒激起背叛之心的风险，我深深地为国家的前途感到忧虑。

昏君也有睡醒的时候，扬雄的上书让哀帝惊悟。他立即召回了才离开长安的使者，更换国书，表示欢迎单于来访。

当然，昏君更多时候是昏聩不明的。

有一次，哀帝刘欣在未央宫麒麟殿设酒宴请董贤父子兄弟吃饭。此时的董氏家族全部占据朝廷高位要职。宫廷侍中在一边服务。刘欣喝多了，含情脉脉地看着董贤，笑着说：我打算学习尧帝，把皇位让给你，你觉得怎么样？

董贤还没有开口，边上的侍中王闳突然插话道：天下是高皇帝打下的，并不是陛下一个人私有。陛下继承宗庙香火，应该传位子孙，直到永久。帝业何等尊贵，不能酒后戏言。

瞬间，四周静了下来，所有人震惊。

刘欣不再说话，然后大怒一声：滚！能滚多远滚多远！

于是，王闳被免职赶出宫廷。

董贤的权势和地位扶摇直上，这让丁氏外戚、傅氏外戚感到了压力。此时，两个奸人打算谋取高位。刚好，匈奴汗国单于打算到长安时病倒了，遣使告知，推迟一年再参加新年朝会。这就让奸人息夫躬和傅晏找到了借口。这个息夫躬仗着是傅氏外戚，靠出卖、诬陷、打击官员上位，与外戚傅晏密谋后上书哀帝刘欣：按计划，单于应当于十一月进入边塞，赶正月的朝会，现在以得病为由不来了，其间必有所谋。目前乌孙两昆弥的实力弱小，而乌孙流亡贵族卑爰疐拥兵十万之众，如果他与匈奴勾结吞并乌孙，西域将有危险。我们可以找个投降的乌孙人，假冒卑爰疐的使臣上书朝廷，对匈奴施压。文书上就写：当时送侍子去匈奴，是因为怕匈奴报复，天子已责成单于送回侍子，愿意遵守前约，协助戊己校尉守卫边境。然后将此文下发朝臣讨论，之后故意透露给匈奴人。以此离间匈奴与卑爰疐的关系。

哀帝刘欣召开御前会议讨论此事。左将军公孙禄反对，认为：大汉王朝以诚信为本，才使得众夷降服，而息夫躬却用阴谋破坏汉匈关系，不可取。单于因病不能朝会，派人慰问才是正道。匈奴承蒙先帝恩德，称臣归顺，可以肯定，在我有生之年，匈奴不会犯边。

息夫躬抓住公孙禄话里的漏洞反驳：在下为国家安全考虑，为子孙万代着想，而公孙禄以自己犬马一样的生命来保证一时的安宁，这不是一个级别的问题，不可同日而语。

刘欣让大臣停止讨论，单独会见了息夫躬。这个奸人建议，灾异现象频发，可能会有战乱之祸，建议巡查边塞，找借口杀掉一个太守，建立威信，震动邻邦，以应天意。

刘欣竟然觉得这是个好办法。于是，安排丞相去执行。

丞相王嘉是位正直的官，直接反驳道：引导民众，依靠的是行动而不是言辞，要务实，不能搞形式。上天神明，岂容欺诈。能言善辩之人，只看到一点迹象，便附会天象，推测匈奴、西羌将要发动战争，毫无现实意义，若轻信，势必造成汉匈大动干戈。地方官员如果犯了死罪，也是押解到长安处决，怎么可以随便杀戮？息夫躬就是个善辩之人，想用口舌动摇国家的基石，万万不可采纳。国家大政，最怕谄媚、阴险、恶毒之辈指手画脚。应当借鉴历史，认真思考分析，不能凭着猜测先入为主。

刘欣将丞相王嘉的忠告同样当耳旁风。他任命外戚傅晏、丁明同为大司马，按息夫躬的建议，准备巡视边塞，栽赃诛杀太守。

当天，没了“鼓妖”的巨响，但是碰上了日食。正中午，天空突然漆黑一片。正赶上丞相王嘉不合时宜地上书刘欣，以历史教训劝告皇帝对董贤的宠信要有节制，以保全皇帝自己的生命。目前皇帝这样宠信董贤，会害了自己。刘欣因此很生气，开始设计杀王嘉。

此时，董贤也借日食对傅晏、息夫躬发起反击。他对刘欣说：发生日食，完全是傅晏、息夫躬设计阴谋挑起战争之故。

刘欣当然听董贤的，于是只当了 10 来天大司马的傅晏被夺了印信，被赶回家。傅晏是哀帝的岳父，皇后的亲爹，帝太太后的堂弟。刘欣突然对傅氏、丁氏外戚不感兴趣，其主要原因是母亲丁太后和奶奶傅太后在这一年都死了，没人再凌驾于皇帝之上发号施令了。而董姓家族代为兴之，权倾一时。

丞相王嘉为对抗董氏家族，不断地以封事上书，结果入狱，绝食吐血而死，以示尊严。丞相府的百官痛哭流涕。

元寿元年（公元前 2 年）十二月六日，驸马都尉董贤，一名给皇帝管理马车的侍从，升任汉朝武装部队最高指挥官大司马，位列“三公”。文武百官要见哀帝，必须先通过董贤。

元寿二年（公元前 1 年）正月，按约定，病愈的乌珠留单于来到长安朝觐。同时，乌孙大昆弥伊秩靡也到达长安。这对哀帝来说，是极大的荣耀。

自呼韩邪单于首次来长安已过去了 50 多年，其间汉王朝无边塞之忧，汉朝给匈奴单于的赏赐也在逐年增加，但汉哀帝时的国力已远不及从前。按惯例，单于朝觐的人数控制在 200 人以下，但是此行乌珠留单于带来了 500 人，这就意味着汉哀帝刘欣要拿出更多的赏赐。

新年宴会上，文武百官云集。坐在首位的是 24 岁的皇帝刘欣，旁边是 22 岁的大司马董贤。

乌珠留单于是呼韩邪单于的第五子，此时已 44 岁。乌珠留单于还有 24 个弟弟，其中王昭君所生的匈奴右谷蠡王伊屠智牙师已 31 岁。所以乌珠留单于看到董贤如此年轻，大为惊讶，就问此人是谁。刘欣让翻译回答：这位大司马是最伟大的圣贤，所以很年轻便居高位。单于起身恭贺皇帝得此圣人。当晚，乌珠留单于被安排住在上林苑的葡萄馆。西域大宛的葡萄种已在这里生根发芽，枝繁叶茂。

为什么住在这里呢？那时太岁在申位，而葡萄馆中藏有避邪的器物。

简单介绍一下中国古代神秘的星岁纪年法。

由于地球自转，天空中的星星是由东向西顺时针运行，与中原面南背北而居的生活风俗十字交叉，这样就可以对运动的星有一个定位。古代的星象家假设了一个与参照星座方向垂直的假设星，被称为“太岁”，与十二时辰结合起来，用以纪年。每一时辰都有一个值班太岁，十二时辰与方位有关，所以就衍生出一套繁杂的风水规则，其中一条是凡遇大事必察太岁所在位置。太岁所在位置为凶方，忌动土。所以俗语中有太岁头上动土是大忌，并不是指太岁在地下，是说太岁星在头上时，不能动土。

太岁还对应天干地支，共六十位。每年有一位当值，在当年当值的太岁谓之值年太岁，是最高的神，掌管人间的吉凶祸福。当太岁位于申位时叫涒（tūn）滩，“涒滩”刚好是野蛮人不会说话、言辞不当的意思。

上林苑的葡萄馆应该处于长安城的正南方，申位，是指南方。所以把乌珠留单于安排在了那里，其目的是用太岁和辟邪的“厌（yā）胜之术”镇住单于。这当然是事先特意安排的，之前朝中就有“单于自黄河上游来不吉”的说法。

单于身边当然有精通汉地文化的官员，当时就看穿了这种安排的目的，并告诉了单于。这让乌珠留单于很气愤。好在这次的赏赐在以往的基础上增加了3万匹锦绣缯帛，3万斤粗丝棉，370套衣服。

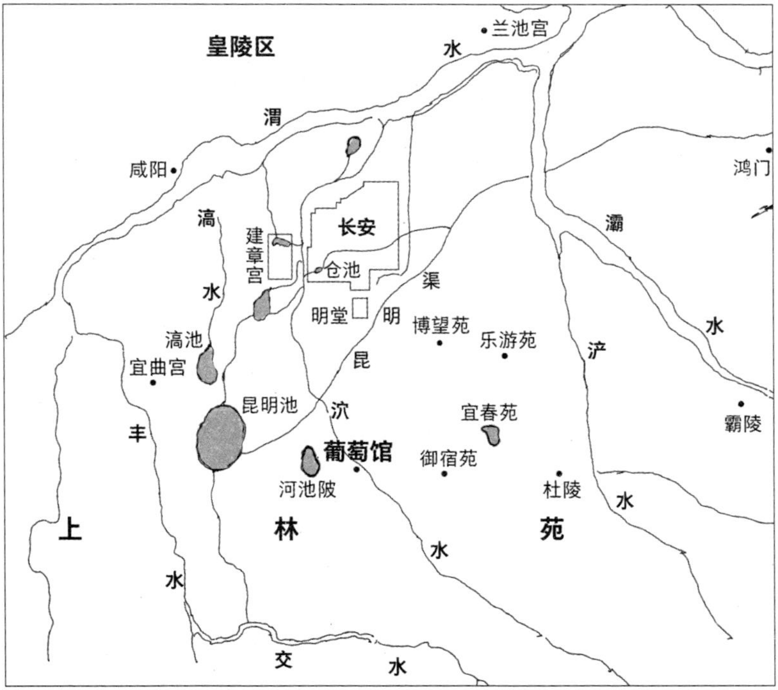

公元前1年，乌珠留单于在长安居住的葡萄馆位置示意图　李东绘制

正月大朝会过完后，朝廷派中郎将韩况护送乌珠留单于回匈奴，目的是监督。出了边塞，到达休屯井，向北渡过车田卢水，道路曲折遥远。韩况等人的粮食由单于供给，但回归路上，不知因为什么超过时限50多天。

这年六月，汉哀帝刘欣在未央宫病逝，时年24岁。看样子太岁没被镇住，倒是应验了之前朝中官员说不能让单于来的顾虑。这当然与太岁无关，刘欣自登基后，一直体弱多病。

刘欣谥号“哀帝”，是因为死得早、未树德、缺仁义。

哀帝死后，王氏外戚回归，丁氏、傅氏外戚开始倒霉。老太后王政君还活着，这个老太后是历史上活的时间最长的皇后之一，84 岁才去世。刘欣死那年，王政君 70 岁。

刘欣在位的这段时间，不断诛杀高级官员，宠信奸邪，听信谗言，憎恨忠良。西汉王朝在他的时代进入大衰败时期。

刘欣死后，王政君立即驾临未央宫，收取玉玺，召董贤入宫，询问如何办理后事。此时的董贤惊恐过度，只会磕头。王政君说：新都侯王莽，曾以大司马的身份办理过先帝刘骜的丧事，我让王莽协助你。然后，下令所有调兵的虎符归王莽掌管。

复仇计划开始。董贤被罢免，当晚他与妻子一同自杀。家人不敢声张，把他们连夜埋了。王莽怕有诈，命人开棺验尸。

在王政君的安排、百官的拥戴下，王莽再次成为大司马，王莽的堂弟王舜成为车骑将军。王莽以雷霆手段打击潜在的政敌。前皇后赵飞燕、刘欣妻子傅皇后被贬为平民，当天两人自杀。傅氏、丁氏外戚一律免官，遣送回乡。撤销“帝太太后”“帝太后”封号。董贤家族全体流放，收回所有赏赐，因依靠董贤做官的一律罢免。变卖的董贤家产多达 43 亿钱之多。此外，大批与王莽有过节的官员，被杀、被贬、被流放。

一批王莽的心腹进入朝廷关键岗位为官。

中山王刘箕子继皇帝位，史称汉平帝，是西汉最后一任皇帝。之所以选中山王刘箕子，一是刘箕子有眚（shěng）病，眼球长影响视力的网膜，视力不好；二是刘箕子当时只有 9 岁，好控制；三是刘箕子没有外戚，亲近的数十位亲戚之前都让帝太太后害死了。

太皇太后王政君开始听政，王莽辅政。

西汉平帝元始元年，为公元元年。

二、倡乱之始

王莽当政初期，对王朝的纠错起过积极作用。这段时间王莽用“祥瑞”和自己的“大公无私”之象，开始为取得皇权争夺民心。

王莽为使太皇太后王政君觉得她的威望和恩德普天之下独一无二，让其陶醉其中，给了乌珠留单于大量的赏赐，条件是让王昭君的长女须卜居次云到长安侍奉王政君。

此时，西域屯垦的戊己校尉徐普命人探求到了一条由西域进入玉门关的新路。这条路可以绕过沙漠，比以往的路近一半。之前的道路是通过楼兰进入车师，而新路可以直接出玉门到达车师后国，再走北道进入西域腹地。

徐普打算画出路线图，请车师后国国王姑句与他同时写奏折，报请朝廷以便开发拓宽。姑句拒绝了，因为姑句没有想把车师后国作为中原进入西域的首站，认为贸易可能带来巨大利益，但如果此道开通，那么今后汉朝使节往来频繁，负担太重。

徐普很生气，就把姑句扣押了。

姑句的王后就对姑句说：之前，有过车师王不执行西域都护的命令被废的教训，而如今你被囚禁，恐怕难逃一劫，不如投降匈奴。于是，车师部队突袭戊己校尉所在地高昌壁，救出国王姑句，投奔了匈奴。匈奴最近的属地就在现今新疆巴里坤一带。

与此同时，婼羌国受到了一支游牧部落的袭击，国王唐兜向西域都护告急，请求发兵支援。当时的西域都护是但钦。但钦是文官出身，并没有长远目光，更关键的是，调动兵力要先请示朝廷。但钦不具备之前段会宗的胆略，因此拖延了时间。

战争成败就在一瞬之间，唐兜等不及，就带领民众 1000 多人向玉门关靠近，想寻求保护，但玉门关的守将也不敢私自放他们入关。

唐兜曾率部参加过西汉军队对陇西地区其他罕羌部落的战斗，所以汉室封婼羌王唐兜为去胡来王，配有汉封的印绶。可叹的是，这个叫唐兜的去胡来王遇到了“爱胡来”的王莽。

这段时间，王莽的精力主要放在了为自己争取美誉、展示天下太平上。若此时出兵西域，会打乱他的计划。

唐兜无奈，只能率众投奔匈奴，被安置在左谷蠡王的游牧地。

此事发生后，匈奴汗国乌珠留单于将收容西域两个国王及部属的事上报朝廷。王莽此时是安汉公，辅政大臣，得知此事后很生气。对他来说，车师王和婼羌王的投降阻扰了他正在倡导的天下太平、四夷归附的进程。于是，王莽派中郎将韩隆出使匈奴，以收容背叛汉朝的西域国王为由，指责乌珠留单于，要求将唐兜、姑句引渡回中国。单于不敢得罪王莽，在西域恶都奴谷将此二人交给汉朝使节。但是，乌珠留单于同时上书朝廷，陈述了二人逃亡归附的原因。

这件事，按理说汉朝应该反思追责。玉门关的守将、戊己校尉以及西域都护不作为、不担当、不变通，以等待朝廷的旨令为由拒绝提供帮助，逼着婼羌国人和车师国人投向匈奴。

但王莽不这样想，他召集西域所有在长安的国王、使节，当着众人的面，诛杀了唐兜和姑句。并对匈奴汗国下达禁令：逃亡到匈奴的汉朝人、乌孙人、西域各国接受中国印绶的官人、乌桓部落的人，匈奴汗国都不能接收。禁令以国书的形式交由匈奴汗国。这个禁令改变了 53 年前汉宣帝刘询与呼韩邪单于的盟约。

当时的长安正按王莽的意图进行复古运动，其中一项就是按周王朝的规定，贵族起名只能是单字。匈奴贵族的名字太长，不便书写和记忆，也得改。王莽派使者带大量赏赐前往匈奴，请匈奴汗国贵族率先响应，更名规则是新的姓名应当是姓加一个字的名。

名字是给别人用的，不是给自己用的，匈奴贵族关注的是赏赐，于是纷纷改名。

乌珠留单于主动将自己的名字挛鞮囊知牙斯改名为挛鞮知。他的弟弟们依次改名为咸、乐、助、舆……在长安的西域各国侍子、使节、降王也都跟着改名。

这期间发生了一件事。平帝幼年丧父，他的母亲卫姬在中山国，王莽不允许卫姬到京城探望幼小的儿子，思念孩子的卫姬日夜哭泣。王莽的长子叫王宇，他觉得父亲的这种做法太薄情寡义，恐今后皇帝长大会殃及王氏后人，就与卫姬的哥哥取得联系，出谋划策。王宇还与他的老师吴章商量采用鬼神警告的办法来暗示王莽的过错，以盼有所改变。于是就有一计，让人半夜拎一桶猪血，泼到王莽家的大门上。执行此神秘任务的是王宇的大舅哥吕宽。这个吕宽办事不太靠谱，血是泼了，自己没有及时跑掉，让门卫抓了。

这件事造成的后果非常严重。卫姬家族除她之外的人被全部诛杀，王宇在监狱中自杀，吕家全部被杀，吴章被腰斩。吴章是当时的大儒，他的学生被列入黑名单，不得做官。王莽还由此展开了针对潜在政敌的大屠杀，包括叔叔红阳侯王立、堂兄平阿侯王仁、元帝的小妹敬武长公主等至亲至贵者百余人。

因为此举，王莽又被冠以“大义灭亲”的美名。

公元 4 年，汉平帝刘箕子 14 岁，在改名运动中被称为刘衎（kàn），“衎”是快乐的意思。王莽以百官的诉求为由，将 13 岁的小女儿嫁给刘箕子当皇后。

这期间，乌孙贵族卑爰疐得知婼羌王、后车师王被杀，非常惊恐，于是杀了自己的同盟、诈降刺杀乌孙大昆弥的贵族乌日领，向汉投降，被封为归义侯。这对王莽来说，又是一个降服外夷的美事。这段历史，史料中没有记载时间，但是在马圈湾和悬泉置出土的木简中得到佐证。卑爰疐被封为归义侯后，遣送侍子入长安，于平帝元始二年（公元 2 年）二月十七到达敦煌。接收人是左将军甄丰、右将军孙建。由此可见，对乌孙流亡贵族卑爰疐投降后送侍子之事，王莽非常重视。

为了树立自己的威德，王莽开始了“金元外交”。他派中郎将平宪等人携带大量金银玉帛到西羌，劝说西羌部落呈献土地，归附汉朝。从后来西羌的反叛可以推断出，当时中郎将平宪可能采用了其他不可告人的手法，让西羌让出了鲜水海、允谷、盐池等地。汉朝将这些地方合并设立了西海郡，在现今的青海湖一带。

平宪回归后的奏折写得非常夸张，说：西羌的酋长自愿作为臣属献地的原因是太皇太后至圣至明，安汉公大仁大义。西羌天下太平，五谷丰登，稻子长到一丈高，麦秆能结三个穗，不用播种自然生长。

蚕不吐丝，自织成茧。甘露天降，甜水自涌。凤凰飞达长安，神雀云集京师。安汉公辅政 4 年，西羌百姓幸福快乐，自愿归附，让出土地，退入山林。

当这段谎言成为赞歌时，其实大家都明白其用意，但都不说明。

这个中郎将王宪也是个阳奉阴违的人。重用这种官，真是国家的灾难。

造假还在进行中。王莽派出人分赴全国各地考察民俗，回京后众人报告：社会稳定，百姓安康。各封国民歌童谣歌颂王莽功德的累计有 3 万字。

班超的爷爷班稚时任广平国相，他拒绝提供民歌童谣和各种祥瑞的迹象。琅琊太守公孙闳在王莽的考察团到达琅琊时，公开陈诉民间疾苦。于是，御史大夫甄丰指使官员上书弹劾公孙闳伪造灾害、班稚不如实反映祥瑞迹象，诋毁圣人圣政。

由于太皇太后王政君与班稚的姐姐班婕妤是婆媳关系，赵飞燕当红时，为了防止被害，班婕妤主动到长信宫侍候过王政君，两人关系不错。这件事的结局是：班稚被罢官，去成帝刘骜的延陵守墓。公孙闳入狱被杀。

一个王朝的当权者如同园丁，当班稚、公孙闳这类“治世良药”被连根拔起时，野草就会疯长。

王莽不断派出巡察民情的官员，这些官员早已习惯了报喜不报忧，以致后来发展到故意制造祥瑞表象，隐瞒灾难，敲诈勒索。这些官员还动不动就搞一个官员百姓联名赞美的奏折。那时候，纸张尚未出世，成堆成堆的竹简、木简不断地运向皇宫。

群臣用“阿谀奉承、欺心诳上”蒙上了王莽的眼，王莽则用他的“忠孝廉洁、大公无私”蒙上了太皇太后王政君的眼。

在一个封建迷信、天象风水左右政治的时代，汉平帝莫名其妙地就死了。结果，地里冒出个“祥瑞”的石头。这个石头是武功县令挖水井时挖出来的，上圆下方的石头上刻着红字：告安汉公莽为皇帝。

对于汉平帝的死因有两种说法，分别代表了民间与朝廷两个阶层的立场。反王莽的起义军向各地发布的檄文中称，是王莽用椒酒毒死了平帝，以此为由起兵。太皇太后王政君的诏令中则说，平帝每次发病，气往上涌，不能说话，是病死的。

对于平帝之死，国外历史学家怎么看呢？《剑桥中国史》中认为，当时平帝与王莽的女儿刚结婚，皇帝才 14 岁，一切都在王莽的掌握中，他没必要去冒弑君的风险。而且王莽一直对外标榜要做周公旦。

平帝死后，王莽并没有立即称帝，而是在刘氏后人中又扶持了一个两岁的孩子刘婴为皇位的继承人，王莽自称为“摄皇帝”“假皇帝”。直到三年后的公元 9 年，王莽才登基称皇帝，建立“新朝”。立国 210 年的西汉王朝灭亡。

从王莽摄政开始，自中原到边塞，变乱、讨伐、起义不断。先是西羌部落酋长庞恬、傅幡等人发现上当了，汉朝在羌人献出的土地上设置了西海郡，从中原迁移了大量百姓到此地屯垦，于是西羌开始攻击西海郡。此战，西海太守出逃，护羌校尉窦况出兵攻击羌人。

从护羌校尉的官职上可以推断出，当时中郎将王宪出使西羌达成的协议应该是汉出兵保护西羌，防止匈奴与西羌之间可能发生的争斗，并非献地。西羌人口少，很快被汉军赶回了山林。

这期间，有一个叫哀章的太学学生，觉得王莽摄政后必将篡汉，觉得献祥瑞是个升官的捷径。于是，在一个黄昏，他装神弄鬼地把两个铜盒送到刘邦高庙中。得知神秘人给刘邦庙送了两个铜盒，内容不详，王莽十分惊恐，第一时间到高庙拜祭刘邦并打开铜盒。每个铜盒里各有一支木简，一支以刘邦的名义写着王莽应当即位当天子，太皇太后要遵守天命。另一支木简写着 11 位辅政大臣的名字，第 11 位就是哀章。

于是，王莽以天命为由登基当了皇帝。此时，太皇太后王政君也知道失去了对王莽的控制。大汉王朝的传国玉玺是王政君摔给王莽的，摔的时候崩掉了一角，后来能工巧匠用黄金补了这个缺角，这就是“金镶玉”的来历。这块玉玺就是和氏璧，上面是李斯篆书“受命于天，既寿永昌”八个字。

那个投机取巧的哀章自然成了新朝重要的辅臣。

新朝建立这年的秋季，王莽新置官位五威将，并派出五威将分赴各郡县展示 42 篇符命，以此证明新朝合法、合天理。刘姓王族中，除献过神秘预言、神书、祥瑞的三个亲王改立侯爵外，其余人全部贬为平民。

之后，五威将坐着画有满天星斗的六匹母马拉的车，车身插满野鸡毛做装饰，分赴四方。一个五威将，手下有 5 个元帅。五威将持节，由五面帅旗作为前导，一个使团主要由 6 名高官组成，随从众多。东至朝鲜、南到益州、西抵西域、北达匈奴，五威将此行的目的是收回汉王朝颁发的印信，改发新王朝的印信。最关键的是，把之前授予的“玺”改成“章”。

向北一组的五威将王骏等 6 人，到达匈奴的故事被详细地记录了下来。

他们先是给匈奴汗国的乌珠留单于送上了丰厚的礼物，对新王朝代替汉成为中国之主做了神秘的解说。乌珠留单于拜谢，接受了诏书，然后极为热情地款待了五威将。

这时候，王骏提出，大新皇帝给单于刻了更为精美的绶印，需要把之前汉的绶印交回。侍从上前，乌珠留单于自然地抬起手臂准备交印。此时，左姑夕侯挛鞮苏提示说，还没有看到新的印绶，不能交出旧印。示意侍从退后，请新朝使节上坐，先斟酒祝福。

此时，王骏说，喝酒之前，先把正事办了吧，请单于交回印绶。

乌珠留单于说，对呀。于是，再次抬起胳膊。

挛鞮苏再次提示，等看完印文再交换。但是单于说，印文怎么可能变。于是解下印绶交给王骏。新的绶印盒包装精美，单于并不识汉字，没有打开看。然后觥筹交错间，几个人喝到半夜，尽欢而散。

回到营地后，五威将中的右帅陈饶对其他人说：吃饭时，姑夕侯挛鞮苏已开始怀疑印文的内容。如果他们发现印文有变，必然要求归还旧印，我们可能无法解释和脱身。如果被夺回旧印，将有辱使命，不如现在就把旧印毁了，才能根绝祸根。其他五人面面相觑，不敢表态。陈饶见状，立即取过战斧，将旧印劈开砸扁。

第二天，乌珠留单于果然派右骨都侯挛鞮当前来质问：汉王朝之前授予匈奴单于的印绶是玺，不是章，王爵以下的官员才用“章”。如今，不仅把“玺”改成了“章”，还加上了“新”字，使单于与臣属之间没有了差别，这断断不行，请归还旧印。

这里解释一下，汉朝与新朝授予单于的印信区别在哪里呢？当时，汉王朝的印文是“匈奴单于玺”，而王莽给匈奴单于的印文叫“新匈奴单于章”。这个“新”字，不是新旧的意思，而是王莽新朝的国号，多了一个字，还变了一个字，印文的意思就大为变化了。王莽的印文其实是将匈奴汗国看成了新朝的下属侯爵国，因为“章”是侯爵的印。西周时，爵位分公、侯、伯、子、男五等。西汉时，采用军功爵制，取消了公、伯、子、男四个等级的爵位，只剩下王、侯两个高等爵位。而在王莽的复古运动中，爵位又恢复到了西周时的模样。玺与章的区别就是汉与匈奴从并列关系变成了主从关系。匈奴人肯定不愿意。

于是，陈饶拿出那枚被毁的印给挛鞮当看，说：新王朝顺应天命，有神保佑，旧印自交还，我们没有人去动，它却自行毁损了，你说神奇不神奇？看来这是上天的旨意。

乌珠留单于很无奈，好在新王朝给的赏赐非常丰厚。单于派右贤王挛鞮舆带进贡的马、牛前往长安致谢，但是提出诉求，要求使用旧印印文。

自公元前 8 年，乌珠留单于接任开始，发生了要求割地事件，之后的交出归降匈奴汗国的婼羌王、车师后国国王事件，“玺”变“章”事件，这时候又传来了王莽要求从塞外送回匈奴汗国劫掠的乌桓人事件。乌珠留单于开始恼怒。派右大且渠率骑兵 1 万，以护送乌桓俘虏回国为由，在朔方郡边塞之外构筑防御工事，做战争准备。

王莽代汉事件在西域引起了骚动。王莽中始建国二年（公元 10 年），王莽命广新公甄丰为右伯，负责西部事务，出使西域。

当年戊己校尉徐普探索的新路可能已开通，得知朝廷要派大官出使西域，车师后国国王须置离非常郁闷，就和左、右将商量：听说甄丰将作为西域太伯来巡视，按规定要供给饮食、牛羊、草料、向导、翻译。之前五威将从这里经过，东西都没有备齐，这次太伯又来，我们恐怕无力供应，不如逃到匈奴去。大家做准备吧！

戊己校尉刁护听到密报，就把须置离招来询问，须置离承认了自己的想法。之后刁护将须置离押送到都护但钦的驻地埒（liè）娄城（今新疆维吾尔自治区铁门关一带）。百姓知道须置离此一去凶多吉少，哭着送他上路。戊己校尉刁护向西域都护但钦上报了须置离想逃往匈奴的打算后，但钦命人杀了国王须置离。

仅因为迎来送往的开支没着落，车师后国国王就打算放弃王位逃入匈奴。可见当年官员出使一次，对西域各国的财政压力有多大。按理说，五威将进入西域时应该带大量赏赐。估计王莽对匈奴与西域采取了两种态度，毕竟西域诸国对新朝并不构成威胁。

须置离的哥哥辅国侯狐兰支得知弟弟被杀，率领部下2000多人逃入匈奴。

此时的乌珠留单于并没有按之前与汉朝的盟约遣返狐兰支，而是派出军队与狐兰支组成联军攻击车师后国。此战，车师后国城长被杀，西域都护府司马重伤。

当时的戊己校尉刁护正病卧在床。须置离被杀造成匈奴与狐兰支袭击屯垦区事件，让戊己校尉府的官员很不满意。校尉府长史陈良受命率兵屯守桓且谷，以防匈奴再犯。终带负责运粮，司马丞韩玄、右曲侯任商负责屯兵各壁垒。

陈良、终带、韩玄、任商几人密谋退路。当时的状况是西汉已亡，西域各国不满新朝的做法开始反叛，匈奴汗国开始不断地袭击西域诸国。陈良等人商量的意见是，匈奴有可能大规模入侵，不能坐以待毙，不如杀了戊己校尉，以“前汉将军”的名义投降匈奴汗国。

计划是这样进行的，陈良、终带率数千骑兵前往校尉府，韩玄、任商分头告知诸壁垒，谎称：匈奴 10 万骑来攻击，官吏士卒拿起武器准备作战，后退者死！

“壁”和“垒”是两种汉代用于防御的构筑物，“壁”是指屯兵军营的围墙，“垒”是指建在防御区外的小型阵地，也就是现代汉语中的碉堡。各壁垒的三四百人在距离校尉府数里时停止前进，天快亮时，点燃烽火。

烽火一起，病床上的刁护命人击鼓召集士卒，打开城门迎城外的军队进城。陈良等人随队而入，冲进校尉府杀死刁护及其子侄等成年男子，只剩下妇女、儿童。之后陈良驻守戊己校尉城，派人向匈奴通报情况，请降。匈奴派出 2000 骑兵迎陈良，校尉城中 2000 多官吏、士卒、百姓被裹挟北投匈奴。陈良、终带被任命为匈奴乌贲都尉。

从这个事件可以看出，在西域重要官员的任命上，王莽用人不当。从另一方面也反映出，戊己校尉刁护为人刁滑，以至下属对他怀恨在心已久。一群官员讨论诛杀他时，竟然没有人反对，也没有人密报。

中下级官员并不认可新朝，依旧留恋西汉的荣光。

戊己校尉府的官员也知道之前与匈奴的四条协约和车师后国国王姑句、婼羌王唐兜被引渡斩杀事件，但依然投降匈奴，这说明王莽在民间和底层官员中已失去了人心。

针对匈奴，王莽也在做军事斗争的准备，以展示大新雄威。

王莽计划把“匈奴单于”降格，改称“降奴服于”，下诏讨伐。大将军孙建统30万大军，率12位将领，分六路从五原、云中、代郡、西河、渔阳、张掖6个边塞要地同时出兵攻击匈奴。

计划在紧张地进行中，铠甲、兵器、粮秣等军需品从南方运到北方边塞。征召部队的成员复杂，囚犯、地痞、流氓及正规部队不断地开拔到边塞地区集结。作战目标是打击匈奴乌珠留单于，将匈奴王庭驱逐至丁零部落，即今贝加尔湖一带。然后把匈奴分成15个小汗国，将除乌珠留单于外的呼韩邪单于的其余儿子全都立为“服于”，要在“降奴汗国”设立15个“服于”。

王莽建国三年（公元11年），前一年准备攻击匈奴的部队还没有完成集结，王莽命部队在五原、北假（今黄河河套地区）一带开荒，准备军粮。之后，命中郎将蔺苞、校尉戴级率军万人，带金银细软进驻云中边塞，引诱匈奴汗国乌留珠单于的各位兄弟，准备依照顺序，封他们当单于，达到瓦解匈奴的目的。

利用金银细软，蔺苞很容易就把左犁汗王挛鞮咸及他的儿子挛鞮登、挛鞮助等三人吸引到了云中，封挛鞮咸为孝单于，封挛鞮助为顺单于，赏赐丰厚。然后挛鞮助和挛鞮登被带到常安（“长安”在改名运动中被改为“常安”）软禁起来。

匈奴汗国乌珠留单于接到报告后，大怒，解下印绶，扔出帐外。他召集众王侯，气愤地说：父亲呼韩邪单于受汉王朝宣帝刘询的厚恩，我们不能忘记。但现在的皇帝并不是刘询的子孙，凭什么坐上皇帝位？于是，单于下令左骨都侯、右伊秩訾王、左贤王分别率军进攻云中郡要塞，屠杀边塞官员，抢掠财物。

至此，自宣帝以来维持80多年的边塞和平毁于一旦。在王莽“复古的创新”下，中原王朝与匈奴汗国关系破裂，反目为仇，重新开战。

新朝边境不断受到匈奴汗国的攻击，匈奴骑兵多时上万人，少时数百人。雁门太守、朔方太守以及各郡校尉多人被击杀，匈奴掳掠的百姓、牲畜不计其数。沿长城边塞一带没有了往日的和平景象，贸易变成掠夺，边民大量内逃，长城沿线顿时溃败。

只几年时间，边塞随处可见无人掩埋的白骨。

三、新朝危机

王莽下达讨伐匈奴的诏令过去了一年时间，预定的30万大军始终不能达到数目，边塞已到达的军队不敢单独出击。公元11年，针对匈奴的不断劫掠和军队等待出击命令无果的情况，在边塞的将军严尤提出了自己的看法。他上书王莽，反对大军集结完毕再对匈奴宣战，认为应当以雷霆之势，速战速决。

严尤从历史讲到现实，说周、秦、汉三朝针对匈奴采用的都不是上策。周王朝采用的是中策，把匈奴赶出边境即收兵，并没有从根本上解决问题。汉王朝武帝时代采用的是下策，与匈奴展开了旷日持久的拉锯战，历时30年，两败俱伤。秦王朝连下策都算不上，劳民伤财，修筑长城，结果是长城没有修完，民怨天灾，财政枯竭，帝国毁于内乱。现实的问题是，新朝正遭天灾，连年饥荒，30万大军的粮秣要从全国范围内搜刮民财运往边塞。先期到达的部队露宿野外一年有余，士气低落，已不可能作战。而粮秣的运输成了大问题。匈奴之地，秋冬酷寒，春夏暴风，不便于大兵团行军，且容易发生瘟疫。驱使百姓投入战争，不能超过他们的承受能力。匈奴人来去无踪，而新朝军队如若追击会有辎重拖累，如遇关隘，容易被夹击，所以对匈奴作战不能超过百日。

但是，边塞将军的建言，王莽根本不听，一定要30万人集结完成后再全线出击。

更现实的问题出现了。边塞集结的部队越来越多，由于没有作战任务，士兵们放纵暴虐，扰民违法之事不断。而内地各郡，征召壮丁，催缴捐税，百姓苦不堪言，很多人沦为盗贼。

王莽派出50名绣衣御史，分赴镇守沿边大郡。王莽的曾祖父王贺就曾是武帝时代的绣衣御史。武帝时代，征伐不断，民不聊生，群起抗争，当时王贺奉命巡查魏郡，监督地方官剿匪。其他地方的绣衣御史多是酷吏，诛杀两千石以下官吏以及百姓、盗贼不下万人。而王贺采用了怀柔之策，劝降暴民，宽容官员，但是被以不称职罢免。王贺曾对人说，挽救千人生命，子孙必有封侯者，我已挽救了万余人，子孙必有兴旺者。当然，王氏子孙兴旺并不是因为王贺是个好官，而是王政君嫁了一个好人家，当了汉元帝刘奭的皇后。

王莽可能以为绣衣御史都是王贺那种官，但这些派出的钦差大臣抓住机会，贪赃枉法，公开受贿，对百姓凌辱压榨。

对于暴民，王莽采用的办法是征召天下知名儒家知识分子，加强忠君爱国的教育。

这时候边塞上报，匈奴屡次侵边，是王莽所立孝单于挛鞮咸的儿子挛鞮角的主意。王莽大怒，召集所有在京的各国使节，当着大家的面把挛鞮咸的儿子、软禁在常安的顺单于砍了。这样，挛鞮咸的两个儿子挛鞮登、挛鞮助都死在了常安。

此时，王莽的30万大军还在集结中。

王莽建国四年（公元 13 年），乌孙王国大、小昆弥派使节到常安朝贡。当时，乌孙国人多数依附小昆弥。这个情况在汉宣帝册立大、小昆弥时就一直延续。

既然跟匈奴汗国的关系破裂，为了得到乌孙小昆弥的支持，在举行国宴时，王莽命人将小昆弥使节的位置安排在大昆弥使节之上。

负责礼教的官员满昌提出异议，认为中国是礼仪之邦，所以西域诸国才臣服。大昆弥是乌孙国王，而小昆弥只是臣属。如果把使节的位置颠倒，其实就是礼仪的缺失，势必造成大昆弥的不满。“多嘴”的满昌由此被罢官。

此事在西域引发了链式反应。

因新朝既无恩德，又无威信，且西域都护、戊己校尉频频挑起事端，任意诛杀西域国王，西域诸国多有不满。于是，焉耆国国王首先反了，派出军队攻击西域都护府，击斩西域都护但钦。

自张骞叩开西域大门，汉王朝已经营西域 140 多年。到公元 13 年，这一局面让王莽的新朝轻松地断送。

公元 13 年，乌珠留单于死了。匈奴汗国当权者是右骨都侯须卜当。此人是王昭君大女儿挛鞮云的丈夫。挛鞮云因为有汉人血统，一直主张与中原通婚，恢复友好关系。须卜当夫妇两人与曾被王莽立为孝单于的挛鞮咸私交很好，认为可以利用这个机会拥立挛鞮咸为匈奴汗国单于，以改善和新朝的关系。于是，挛鞮咸在须卜当的支持下成为匈奴汗国第十九任单于，是为乌累若鞮单于。而此时的乌累单于，以为他在常安的儿子顺单于挛鞮助、挛鞮登还活着。其实，挛鞮助病死后，弟弟挛鞮登又被王莽任命为顺单于，后又被处死。但这个消息挛鞮咸并不知道。这可能是因为边塞情报不准，也或许是乌珠留单于故意设下的离间计。乌珠留单于早就对挛鞮咸受新朝册封之事非常气愤。当时虽然挛鞮咸极力解释，但没有用。

在须卜当和挛鞮云的建议下，乌累单于决定和亲，以缓和与新朝的关系。于是，派人到西河郡制虏塞传信给边塞官员，说新任单于要见和亲侯。和亲侯是王昭君大哥的儿子，叫王歙（xī），与挛鞮云是表兄妹。

此时的王莽已不敢小瞧匈奴的实力。于是，派和亲侯王歙、展德侯王飒兄弟俩出使匈奴，带去了大量的黄金、绸缎、布匹，祝贺新单于登基。同时提出，要求引渡原戊己校尉府的长史陈良、终带等 27 名叛新的官员。乌累单于很爽快，将陈良等 27 名谋杀刁护的主要成员及家属交给新朝使臣，并护送王歙、王飒等人返回常安。

那么，王莽当政时，民间的“贤良之人”是什么生活态度？

当时有一个叫梁鸿的人，他父亲是伯爵，死在了匈奴侵边的战斗中。王莽很照顾阵亡将军的遗孤，就把这个叫梁鸿的人安排在太学读书。梁鸿书读得很好，但他生不逢时。当时边塞狼烟四起，做官成了一件危险系数极大的事。于是毕业后，梁鸿主动到上林苑放猪。上林苑林中有村舍。

有一天，梁鸿野炊之后，火没熄灭就追猪去了。结果，起风了，火把边上的一幢宅子烧了。梁鸿没跑，而是四处打听这是谁家的宅子，终于找到主家，一算损失，梁鸿赔不起。梁鸿就将自己的猪全抵给主家，还是不够赔偿的，差额很大，主家不愿意。于是，梁鸿说：你看，我除了这些猪，已身无分文，要不我就在你家当用人抵账吧。

梁鸿很勤快，又懂礼仪。时间久了，周围的邻居都认为梁鸿这个人不一般，绝非久居他人屋下之人。于是，乡老（汉时主管教化、50岁以上充当民间调解纠纷的人）觉得这主家太过分，率众上门指责主家的无赖行为，并称梁鸿为“长者”。

这主家也觉得很奇怪，一打听，梁鸿原是将门之后，太学毕业，是有大学问的人。于是就决定把猪还给梁鸿，让他停止帮佣，放心回家。但梁鸿一定要用猪赔偿。

因此事，梁鸿在当地名声大作。他原本就是修远伯之后，又上过太学，想当官是很容易的事情。但梁鸿生逢乱世，只想隐居耕读，不愿出来做官。这也是当时很多官员的想法，很多在朝为官的儒学大家都挂印回家，不再为官。

在梁鸿隐居的这段时间，北方边境各郡发生大饥荒，百姓相互残杀煮食。这时候谏大夫如普巡查边境后建议：匈奴新单于刚登位，政局还不稳，而边境苦寒，我们的军费已无力供给，不如撤边。

王莽手下的军官多数是大老粗，这时候就有一个校尉跳出来说：以新朝的雄威，消灭匈奴就如同踩死只蚂蚁。请陛下给我勇士五千，不用带粮秣，饿了就吃匈奴人的肉，渴了就饮匈奴人的血，定能马踏匈奴！

“粮秣”是什么？粮是人吃的，秣是马吃的。戈壁荒漠中如果没有遇到匈奴人，士兵吃什么喝什么？马吃什么喝什么？这位吹牛的校尉说话根本没经过大脑。

王莽倒觉得这个校尉勇猛可嘉，升他为将军。

4年时间，边塞的30万大军始终未凑齐，也就没有对匈奴给予有效的打击。到了公元14年，鉴于财政压力，王莽决定撤边。召回边防的将领，解散征调的军队。

贤德之人隐居了，信口开河、夸夸其谈的人升职了。王朝的命运，危矣！

护送王歙、王飒等人的匈奴使节从常安传回消息，他们告诉乌累单于，新朝已将顺单于挛鞮登杀死。乌累单于很伤心，更气恼。于是在新朝的东部边疆一带，匈奴的进攻和掠夺更加频繁。对此，匈奴对新朝的说法是，这些是乌桓与匈奴中的奸恶之徒所为，并非匈奴汗国王庭的命令。单于登基不久，尚无威信，但已尽全力制止。

新朝于是不得不再次派遣军队驻防边塞。而此时，益州郡的南蛮互相勾结，同时背叛。在平复叛乱的战斗中，益州太守战死。征伐的部队中瘟疫流行，死亡的人数十之六七，益州失守。

天凤二年（公元 15 年），民间谣传，有条黄龙从天上掉下来，在黄山宫摔死了。这可是大不吉的征兆，追查谣言，竟然没有根源。

乌累单于要求归还儿子的尸骨，王莽这时候后悔了，杀了当时建议诛杀挛鞮登的官员，派了一个能言善辩的人与和亲侯王歙等人，护送匈奴使节和挛鞮登及侍从的棺木回匈奴汗国。

乌累单于派王昭君的外孙须卜屠到边塞迎接。

这回，王莽又送给乌累单于大量的财物，并建议“匈奴”改名为“恭奴”，“单于”改称为“善于”。乌累单于收了财物，接受了新朝的印信，但和平相处已不可能，匈奴对边塞的攻击仍未停止。

天凤三年（公元 16 年），长平观西岸崩塌，阻塞泾水，北岸决口，百姓受灾。这时候当地官员应该组织救灾，但是朝廷中的官员认为这符合《河图》上所言，用土填水是匈奴汗国即将覆灭的好预兆。王莽同样认为这是吉象，随即派出军队抵达边塞驻扎，准备攻击匈奴汗国而置水灾于不顾。

南线由于征益州失败，于是王莽调动陇西、广汉、天水等边防部队，加上巴郡、蜀郡等郡官兵、民夫 20 万攻击句町（Gōudīng），结果只斩杀数千人。之后粮秣无法供给，军队内瘟疫流行。

西线，王莽派出五威将王骏及新任命的西域都护李崇、戊己校尉郭钦率军入西域，攻击叛乱的焉耆国。中原大军进入西域，各国国君都率人到郊外迎接，供应粮秣。西域中断，则丝路中断，贸易不畅，西域很多国王都曾在长安为侍子，亲中原反匈奴。特别是莎车、龟兹两国，对中原王朝敬重如初。

王骏、李崇、郭钦兵分两路，一路由南线进入莎车、龟兹，集结各国部队，由西向东进攻焉耆；一路经北线车师、鄯善，由东向西进攻焉耆。

得到消息的焉耆王秘密集结军队，并向使节团发出求和信息，谎称自己准备投降。

王骏很自负，认为焉耆国国王被新朝的雄威震慑，于是放松了警惕，将西域联军 7000 人分作数队，让李崇断后，自己只带了极少一部分接受投降的部队进入焉耆境内。没想到，王骏等人瞬间被焉耆的伏兵包围。此时姑墨、危须等国联军见焉耆兵力远远大于王骏使团的兵力，立刻投降焉耆军队。焉耆王把王骏所带新朝的使节团全部诛杀。此时，戊己校尉郭钦得到王骏命殒焉耆的消息，趁焉耆军队还没有回师之机，突袭焉耆城，屠城。然后迅速撤军，退守车师。焉耆与匈奴合兵，攻击车师，郭钦孤军奋战，粮秣不及，从车师入塞进入玉门关。

西域都护李崇集结残余部队，后撤退守龟兹国。

自此，西域之道与中原隔绝，李崇遥望东方，众将士有家难回。他所带的士卒坚守着最后的孤城。之后，士卒与当地人成婚，并在此融合繁衍。

李崇及所部最后的消息记录在《后汉书》中：东汉建立，汉光武帝刘秀初年，莎车王康联合周边几个国家共同对抗匈奴。当时，李崇已故，下属妻、子千余人到达莎车，加入莎车王抵抗匈奴的军队，并通过莎车王康投信河西郡，了解中原动态。这些人在信中说，思念家乡，不知何时能回归中原。

1928 年，考古学家在阿克苏新和县玉奇喀特古城发现一枚铜印，被解读为“李崇之印”，印信的规格和模式符合王莽时期的标准。再后来，专家借助复原技术考证印文是“李忠之印”。这位李忠也许就是李崇的下属将士，也许是李崇为表达对祖国的忠诚而在西域改名为李忠。印信，“印”所代表的就是诚信。而玉奇喀特古城就是历史上的它乾城。

李崇是第十八任西域都护，此时都护府已从郑吉所设的乌垒城迁到了它乾城。由东向西推进了 500 里，进入了龟兹国境内，这里是重要的绿洲地带。可见龟兹对当时中原的倚重。这个城有三层城墙，外城东西长 1500 米。外城是防御城，用于屯兵，第二层城内有衙署建筑，有一条环城大路，最内一层城门东开，应该就是当时西域都护府的办公场所。

内地民变不断，新王朝已顾东顾不了西，到了天凤五年（公元 18 年），匈奴汗国乌累若鞮单于病故，左贤王挛鞮舆即位，是为呼都而尸道皋若鞮单于（第二十任）。

为了获取新朝的赏赐，新单于派大且渠奢和王昭君的外孙到常安进贡。之后，王莽派和亲侯王歙与大且渠奢一起到制虏塞，跟伊墨云、须卜当会面。

会谈时，突然伏兵四起，王歙把伊墨云跟她的丈夫须卜当强行带到常安，但两人的小儿子乘乱逃回匈奴。须卜当到常安后，王莽封他为须卜单于，准备动员一支庞大的军队，送他回去。而此时常安的军队大部分在外剿匪，按下葫芦起了瓢，兵力四散，一时集中不起一支像样的队伍。

王莽诱擒须卜当时，大司马严尤就提出，须卜当在匈奴的西部，他的军队从未进犯过边境，匈奴单于的一举一动，他都安排人及时告诉新朝，这对新朝是最大的支持。把他抓到常安，封个没用的单于，长安的使馆区不过多了一个匈奴人而已，不如把他留在匈奴，这样用处更大。可是，王莽根本听不进别人的意见。

匈奴汗国对新朝的这种卑劣的做法怒不可遏，更无法理解，于是对边塞的攻击更频繁。王莽下令征召壮丁，准备再次进攻匈奴。

为了能战胜匈奴，新朝征召有特异功能的人。于是有人声称，渡河可以不用船，只要马匹首尾相接，就可以运送百万雄师。有人声称，自己发明了一种药，出征不用粮秣，只要吃一粒药就行。还有人声称，自己能够飞，可以飞入匈奴汗国龙城进行空中侦察。

王莽很高兴，让声称能飞的人当众展示一下飞行技能。然后就有一人用鸡毛做了两个大翅膀，头上身上全用鸡毛贴满，翅膀用扣环绳索操纵，从高处飞下。飞了百步从空中掉下来，摔得很惨。不过此人是历史上记录的第一个做飞翔试验的人。

有特异功能的人，王莽一律任命为军官，赏给车马，等待他们在出击匈奴时派上用场。后来，又出现个高有一丈的“巨无霸”，声称要从军迎战匈奴……

到了地皇三年（公元 22 年）正月，王莽又发明了一辆登仙的车。这车由 6 匹马拉，马背上披着用五色羽毛织成神龙图案的锦绣，四角落地。四轮巨车上有一个高八丈的华盖，拉车的人一面拉车，一面高呼：登仙！这只是开道车，后面还有一些奇奇怪怪的东西。当时，文武百官窃窃私语：这哪里是仙物，简直是送葬的丧车！

关于王莽的这类故事非常多，有史记载不再多说。此时王莽离死无葬身之地还有一年的时间。

总结一下王莽的改制。王莽的改制没有理论支撑，操之过急，一味复古，随意性大，财富集中在了官宦和地主阶层手中。大新帝国底子薄，无法为财政兜底，以致各项改制均以失败告终。

一是将土地归为国有，分给没有土地的农民耕种，不得买卖。于是，地主阶层反对，没有分到地的农民也反对。

二是将家奴私属化，不得买卖。于是地主阶层反对，没饭吃想卖子为奴的底层也反对。

三是控制物价，制止高利贷，改善财政，由官府对市场进行最高限价。结果形成了官商结合垄断市场，小商人和百姓反对。

四是官府对盐、铁、酒、铸钱、借贷进行管制，不许私人经营，对山野狩猎采集收税。商人反对，猎人、山民均反对。

五是钱币改造，以小换大。铜钱乱象频发，官、民均反对。

六是机构复古，将官名、地名改为周代的称谓。官、民均反对。

七是将授予王爵的匈奴单于及附属国王降为侯爵。列国反对。

……

总之，王莽改制失败了，败在一意孤行。他得罪了社会各阶层，触及了大多数人的利益，加之连年灾荒，流民起义，四夷叛乱，于是新朝灭亡。

从本质上说，王莽是一位理想主义者，也是一位愚儒，但他败在没有顺应历史发展的潮流。在用人方面任人唯亲，在政务方面朝令夕改，在财政方面货币混乱，在新政方面漏洞百出。

王莽当政时，按《周礼》在长安城外兴建了规模宏大的九庙、明堂、辟雍等祭祀礼制的场所。公元 23 年九月，兵临城下，绿林军把王莽家族的墓挖开，焚骨扬灰，然后把九庙、明堂、辟雍等城外宫廷建筑一并烧毁，火光映天。

站在建章宫高 50 丈的神明台上的王莽知道大势已去，性命不保。此时的王莽已众叛亲离，无人可用。于是，他令人打开监狱，将囚犯放出组成军队，杀猪饮血盟誓。这支囚军义气昂扬，出城迎战，渡过渭桥就如鸟兽散，跑掉了。

之后，绿林军攻入常安，城内百姓积极响应。地痞恶少朱弟、张鱼等数千人趁乱放火烧了未央宫西门，又用斧头劈开敬法殿的小门，追杀王莽。

大火一直烧到后宫，快 70 岁的老头王莽跑不动了，也无路可逃。商人杜吴杀王莽于渐台，校尉公宾将王莽的头剁下。他的舌头被割下吃掉，尸体被剁成肉馅，头被当球踢来踢去。一代帝王，死无全尸。

大火烧了三天三夜，未央宫被毁。之后，赤眉军打败绿林军攻入常安，再次纵火焚烧宫室，长乐宫、建章宫被焚，曾经繁华的汉帝国首都长安城，变为废墟。

这场讨伐王莽的农民起义，最终刘秀成为获胜者，是为汉光武帝。长安城已被毁，王莽的“常安”已成为历史。于是，刘秀建都洛阳。

四、谁主沉浮

天凤年间，刘秀在长安上太学，从师名儒学《尚书》，这一年刘秀24岁。他有两位关系要好的同学邓禹、朱佑，此二人后来皆列入“云台二十八将”，成为刘秀创业的班底。

《尚书》是我国最古老的一部史书，记录了夏、商、周三个王朝的最高统治者的政治活动、战争大事以及司法刑法方面的内容，以典谟、诰命、誓词的形式记载历史，是治国宝典与道德规范的模板，为中国历代知识分子从政为官、治学做人所必修的课程。

在长安，刘秀没机会见到王莽的“登仙车”，但他见到了当时执金吾的马队。坐在驴车上的刘秀也发出过感慨：“仕宦当作执金吾，娶妻当得阴丽华。”

刘秀太学毕业回家后放牛种地。他当时有两个理想：当官就要当执金吾，娶妻子就要娶阴丽华。执金吾是西汉末年时率禁兵保卫京城和宫城的官员。汉朝中期称中尉，其所属兵卒即为北军。阴丽华是当时豪门大户家的小姐，阴家是春秋时期名相管仲的后代，管仲的后人管修当过阴大夫，后辈就以阴为姓。在南阳，阴丽华家有土地七百顷，车马奴仆的规模可以与当时的诸侯王相比。阴丽华是南阳郡的第一美人，刘秀的二姐夫邓晨家也是南阳大户，与阴氏家族有亲戚关系，刘秀因此见过阴丽华。在史料记录中，刘秀英俊潇洒，注重仪表，也许两人一见钟情。

刘秀虽然是刘邦的九世孙，但两百年过去了，刘邦的后人仅在南阳就有七八千宗室子弟。刘秀的父亲当过县令，但在刘秀 9 岁那年去世了。刘秀是由叔叔刘良抚养长大的，他还有一个哥哥叫刘缜（yǎn），当时在南阳一带也是行侠仗义之士。

王莽改制失败后，兵戈四起，天下大乱。到了公元 17 年，以铜马、绿林、赤眉为代表的农民起义在全国爆发。起义过程中，地主阶级中的一部分人和豪强列霸也趁机聚兵起事，攻城略地，大闹天下。全国又处于一片互相残杀的混乱之中。

以匡扶汉室为由，刘缜也召集宗室子弟起义了。刘秀为了能当执金吾、娶阴丽华，跟着哥哥骑着头牛就上了战场，直到打下新野才抢了匹马。

成功的前奏，莫过于风雨兼程。通过两个小故事，我们来了解下这位历史上有学问、会打仗、会用人的东汉开国皇帝。

故事一：

刘秀与哥哥刘缜起事后，带着宗室子弟与绿林军合并。

刘缜个性刚毅，喜好结交豪杰，在与新朝军队作战中数次获胜，在起义军中名声很大，以致王莽重金悬赏要刘缜的头，同时还下令长安的官署及天下乡亭的门侧堂上一律画上刘缜的图像，令士卒每天射之，以发泄仇恨。

但是，刘縯并没有死在新朝军队的刀下，却死于绿林军首领的暗害。因为功高盖主，绿林军怕控制不住刘縯，于是立了一个刘氏宗亲刘玄当皇帝，是为更始帝。当时，更始帝的大司马朱鲔（wěi）是绿林军出身，因怕刘縯坐大，密谋怂恿刘玄害死了刘縯。

哥哥被无辜杀死，刘秀装作什么事儿都没发生，依旧与众人谈笑风生，但夜里常哭湿枕头。后来，刘秀只拿了刘玄的一根汉节到达河北，白手起家，组织了自己的军队。

刘秀称帝，开始了统一战争，挥兵攻打朱鲔镇守的洛阳，派人劝降朱鲔。朱鲔说：自己曾谋害刘縯，阻止更始帝让刘秀去河北，对刘秀有杀兄之仇、挡路之嫌，只能坚守洛阳。而刘秀的答复是：做大事之人，不记过去的怨恨。朱鲔如果归降，官爵可以保住，黄河水在这里可以做证，绝不食言。

这之后，朱鲔投降，保全洛阳未经战火和洗劫。刘秀封朱鲔为平狄将军、扶沟侯。后来朱鲔官拜少府，成为刘秀的管家，位列九卿。子孙袭爵几代。

这个故事说明刘秀有自知之明，能控制情绪，临危不乱，心胸宽广。同时他善于用人，且用人不疑。

故事二：

昆阳之战，刘秀以 1 万兵力打败新朝 42 万大军，成为历史上少有的以少胜多的战例。但是哥哥被害，刘秀的兵权被夺，此时的刘秀不是心灰意冷，而是在暗中谋划取胜之道。

这一年刘秀 29 岁，他回到南阳娶 19 岁的阴丽华为妻。3 个月后，刘秀只身进入河北，开始了创业之路。因为哥哥的死让刘秀清楚地意识到，自己终归是刘玄砧板上的肉，任人拿捏，唯有自己强大，才能守护阴丽华无忧。

此后，刘秀便凭借自己卓越的战略眼光和军事才能在河北攻城略地。然而，刘秀的势力仅仅能自保，如果要夺取河北作为自己的根据地，还需要得到强有力的支持。于是，刘秀娶了真定王刘扬的外甥女郭圣通。之后，刘秀率军横扫河北。公元 25 年，刘秀在千秋亭称帝。

时隔两年，阴丽华不知刘秀生死何处。

刘秀称帝后，便来接阴丽华。当时，刘秀以阴丽华“雅性宽仁”“有母仪之美”为由，要立阴丽华为皇后。可阴丽华清楚，郭圣通的家族势力大，全国尚未统一，不能因为一个名分而让刘秀君臣产生嫌隙。于是，阴丽华坚决推辞，自愿位居郭圣通之下，拥立郭圣通为皇后。

刘秀觉得愧对阴丽华及其家族，为了补偿她，刘秀封阴丽华的哥哥阴兴为侯。阴兴坚决不受，说：我没有冲锋陷阵的功劳，而阴家已有封侯者，不能因此而让世人觉得阴氏靠外戚荣华。

当时阴丽华问哥哥为什么拒绝封侯，哥哥说：外戚最大的危险是不退让、不回避权力。一个人的富贵有限，人应当知足。浮夸之人，必有外患。

后来，刘秀认为郭皇后的人品不足以母仪天下，也为了限制外戚干政，废郭皇后，立阴丽华为皇后。

自己的母后被废，原太子、郭皇后长子刘强主动将太子位让给阴丽华所生的弟弟刘庄。宫廷变故，太子易位，并没有发生争斗，也没有阴谋和暗杀，阴丽华与郭圣通一直保持友好关系，刘强与刘庄的感情也很好。

阴丽华与后来的明帝刘庄对郭氏外戚和兄弟们很照顾，给了他们大笔的钱，但不封太大的官。

刘秀驾崩后，皇太后阴丽华并没有干涉朝政。作为母亲，阴丽华只做了一件事，她为新皇帝刘庄选择了一位优秀的皇后，即名将马援之女。在平定五溪蛮的战争中，马援裹尸，阴丽华将马援13岁的女儿接入宫中，亲自调教。这位马皇后简朴友爱，旁人对其赞誉不绝，是中国第一位女史学家。

很多年之后，年近半百的东汉明帝刘庄在祭拜父母的前夜，梦到父母在另一个世界如同在世时那般恩爱，他想起了在父母膝下无忧无虑的生活，思恋之情难以抑制，当着众大臣的面号啕大哭。之后，刘庄让人在刘秀的原陵栽下28棵柏树，代表“云台二十八将”，继续守护着父母的平安。

刘秀与阴丽华这种良好的皇室家风影响了三代君主，产生了后来的“明章之治”，并使西域得以再一次回归强汉。而阴丽华应该是历代帝王的“贤内助”中最好的。史料记录她，也许并非源于她美丽的面容，而是源于她一颗美丽的心！

在这样的家庭环境下，刘秀才得以展示他政治家的才华，让汉王朝重新形成大一统的格局。刘秀的明君风范，使刘氏的汉家天下走向繁荣，实现了“光武中兴”。

推翻王莽政权多米诺骨牌的第一人是一位坚强的母亲。

琅琊郡海曲有个叫吕母的人，是当地的富户。她儿子是县衙的小官，被县宰冤杀。面对统治阶层的黑暗，吕母誓报此仇。于是，她散尽家财，救济百姓，结交英豪。当家财散尽，那些受过她救济的人问，怎么可以帮你？此时的吕母哭着说出了心愿：我儿无辜，被县官冤杀，我想请大家给我报仇雪恨。

天凤元年（公元 14 年），吕母聚众 180 多人在海曲起事。因不满王莽的统治，周边纷纷响应。公元 17 年，吕母带兵攻打海曲县，她自称将军，活捉县宰，斩杀后用人头祭奠儿子的亡灵。破海曲、杀县宰之后，吕母名声大振，四方来投，不久她的麾下就聚集了数万人。此时，新市人王匡、王凤聚集饥民数百人在绿林山起义。由于他们隐蔽于山中，故这支义军被称为“绿林军”。公元 18 年，琅琊人樊崇在莒（jǔ）州起事，为区别于其他起义军，他们将眉毛涂成红色，故称“赤眉军”。两支军队的成员都是被饥饿所迫的百姓。

吕母病逝后，她的部下全部加入了赤眉军。

赤眉军拥兵数十万，打败了同样拥兵自重的绿林军，两次攻入长安，但为什么最终不能成事呢？举一例。赤眉军攻入长安后举行了盛大的宴会。酒肉还没上全，文武百官就为争论谁的功劳大而大打出手，宴会成了群架现场，失去控制，而没有资格参加宴会的将领和士兵翻墙跳入皇宫，砍开宫门，抢夺酒肉，相互残杀。赤眉军所立的皇帝——放牛娃刘盆子，吓得哇哇大哭。直至皇城的警卫部队在卫尉的带领下诛杀数百人，混乱才得以平息。之后赤眉军抢掠长安，焚烧宫室，撤离。

那么绿林军的形象是什么样的？当时长安的百姓给刘玄的官员编了一个段子：“灶下养，中郎将；烂羊胃，骑都尉；烂羊头，关内侯。”这歌谣的意思是，卖盐卖醋的成了中郎将，卖羊杂碎的做了骑都尉，经常在市面上挂着羊头卖狗肉的封了关内侯。更始帝刘玄进入长安皇宫后，天天纵情享乐，花天酒地，大臣基本上见不到他。此时的刘秀则带着那个时代的精英，在河北的土地上开始了统一战争。

刘秀称帝后，各地军阀割据称王称霸者数十，同时还有10个称帝的地方政权。

一、汉帝刘望，王朝生命值3个月。更始元年（公元23年）十月，被汉更始军所杀。

二、汉更始帝刘玄，绿林军所立皇帝。王朝的生命值2年7个月。建武元年（公元25年）九月，赤眉军攻入长安，刘玄投降，封长沙王，后被赤眉军所杀。

三、汉帝王郎，王朝生命值6个月。此人是个算命先生，刘秀只身进入河北时，此人算出河北有“天子之气”，于是冒充汉室后人，改名刘子舆，在地方豪强的拥戴下称帝，追杀刘秀。更始二年（公元24年）五月，“邯郸之战”中，他趁夜出逃，被士兵所杀。就是趁讨伐王郎之机，刘秀建立起了自己的军队。

四、汉帝刘婴，王朝生命值1个月。刘婴是王莽所立的皇太子，王莽称帝后刘婴被软禁。从小不与外人接触，长大后话都说不清楚，牛马不识，成了一个傻子。刘婴被平陵人方望立为天子，建武元年正月，绿林军攻临泾，刘婴死于乱军之中。

五、汉建始皇帝刘盆子，王朝生命值1年6个月。赤眉军路过式县时，少儿刘盆子被抓走，给赤眉军放牛。建武元年六月，赤眉军需要一张政治王牌，于是在70多位汉室宗亲中抽签决定立皇帝，刘盆子中标，15岁的放牛娃成了皇帝。建武三年（公元27年）正月，赤眉军战败，刘盆子投降，得到刘秀厚待，直至去世。

六、汉帝刘永，王朝生命值1年8个月。刘永是更始政权刘玄所封的梁王。更始政权灭亡后，建武元年十一月，刘永自立为帝。在刘秀东征睢（suī）阳时兵败，被部下所杀。

七、孙登，建武二年（公元 26 年）十一月，在上郡被铜马、青犊、尤来等起义军立为天子，当月就被部将所杀。

八、李宪，王朝生命值 3 年。此人原本是庐江太守，建武三年自立为天子。汉军东征时，兵困舒城 1 年半，没有被饿死的李宪趁汉军攻城时逃跑，被自己的士兵杀死。

九、成家皇帝公孙述，王朝生命值 11 年 7 个月。此人原本是蜀郡太守。新朝灭亡后，自立为帝。刘秀的军队西征蜀地时，公孙述受战伤而死。公孙述的名字没多少人知道，但是他留下的白帝城名声很大。

十、汉帝卢芳，王朝生命值 12 年。相比较其他九个失败的政权，卢芳政权持续的时间最长，因为卢芳是匈奴单于立的汉皇帝。

卢芳是安定郡人。王莽时期，人心思汉。卢芳觉得机会来了，就编了一个故事。卢芳跟当地人说，他的真名叫刘文伯，是汉武帝刘彻的后人，他的太奶奶就是皇后卫子夫。卫子夫不是汉人，是匈奴谷蠡浑邪王的姐姐，她与武帝生了三个皇子，长子就是戾太子刘据。后来发生“巫蛊之乱”，皇后、太子自杀。二子次卿逃到长陵，三子回卿逃到左谷。后来，霍光迎立二子次卿为皇帝，就是汉宣帝刘询。而三子回卿不愿再回长安为官，就留在了左谷母亲家所在地。卢芳说这个回卿就是自己的爷爷，自己有汉匈双重血统。

这个故事编得非常离奇，牛头不对马嘴。汉武帝时代已过去一百多年了，且百姓多没文化，对皇家的宗室机密并不了解，于是就有人信了。一传十，十传百，卢芳就真被传成了刘氏宗亲。

王莽末年，全国四处起兵讨伐，卢芳以汉室宗亲的身份在安定郡三水县召集羌人、匈奴人起兵造反。后来，更始帝刘玄入长安，招安卢芳为骑都尉，镇守安定郡。

当时，匈奴单于是挛鞮舆，就是匈奴单于中名字最长的那位呼都而尸道皋若鞮单于。此人生性贪婪，刚愎自用。任单于之后，他改变了自呼韩邪单于以来“兄死弟及”的单于传位制度。挛鞮舆是兄弟相传的第六位单于，如果按此顺序，下一位接任的将是宁胡阏氏王昭君所生的伊屠智牙师。伊屠智牙师应当由右谷蠡王升迁到左贤王，进入匈奴单于的王储位置。这一年伊屠智牙师50岁，挛鞮舆是哥哥，年龄要比伊屠智牙师大。而此时，挛鞮舆立自己的儿子为左贤王，找借口杀了这个弟弟。

绿林军首领进入长安后，更始帝刘玄派出使节出使匈奴，颁发更始帝印绶，印文依据宣帝时代的“匈奴单于玺”，并把挛鞮云和丈夫卜须当的亲属、贵族等人送回匈奴。

此时的单于挛鞮舆根本不买账，而且态度傲慢，他对更始帝刘玄的使者说：匈奴与汉原本是兄弟之邦，当年匈奴内乱时，宣帝刘询曾帮助我的父亲呼韩邪单于统一匈奴，所以匈奴愿意称臣，敬重中国。现如今，中原大乱。王莽建立新朝时，匈奴也动用大军攻击新朝，使他们在北方边塞不能立足，引起天下大乱。在这方面，匈奴人是有功于汉朝的。现在新朝灭亡，汉室复兴，这都是我们匈奴的力量所致，汉朝应该向匈奴称臣才对，匈奴怎么可能再接受汉印?

更始帝刘玄被赤眉军杀了后，三水的豪杰就商议立卢芳为上将军、西平王。被立为西平王的卢芳派出使节出使匈奴和西羌，结交和亲。

匈奴单于很高兴，热情地招待了卢芳的使臣。他高兴地说：现在刘姓皇族归顺我们匈奴人，那么我们匈奴人也要像当年宣帝对待父亲呼韩邪单于那样，帮助刘室宗亲统一中原。

于是，匈奴派出军队，迎接卢芳兄弟到匈奴王庭。

建武元年，卢芳在匈奴王庭被任命为汉朝皇帝。匈奴单于宣布卢芳是中原汉王朝的正统皇帝，任命卢芳的弟弟卢程为中郎将，命他率匈奴的协防部队驻扎在安定郡。

这一年六月，赤眉军在进入长安前的华县拥立放牛娃刘盆子称帝，国号汉，年号建始。同一时间段，刘秀在河北柏乡称帝，国号汉，年号建武。

随后，刘秀发起了统一全国的战争。匈奴开始插手中原战事。

渔阳太守彭宠在刘秀统一河北的战争中给予了刘秀很大支持。后来刘秀接见他时，既没有热情地和他握手寒暄，也没有给予他嘉奖。再后来，彭宠因没被封王很不开心，加之他与幽州牧关系不和，总担心别人构陷他，成天闷闷不乐。刚好刘秀让他到洛阳汇报工作，彭宠的老婆就出了个主意说：不能去，待在渔阳多好呀！到了洛阳受制于人，说不定还有生命危险！彭宠手下的几个心腹也这样说，这位彭宠就钻了牛角尖，认为刘秀要杀他，于是造反了！

建武三年（公元 27 年），彭宠攻占右北平、上谷等地，自立为燕王。派人带大量礼品去匈奴和亲。匈奴单于派兵援助彭宠。

消灭了西线的赤眉军之后，汉军主力开始北上平叛。建武四年（公元 28 年），刘秀命令建威大将军耿弇（yǎn）为主将，围剿彭宠叛军。彭宠怕了，急忙派使者携重金连夜进入匈奴，请匈奴出兵相助。

挛鞮舆派兵南下助战。上谷太守耿况得知匈奴骑兵经过军都陉，立即命人带领上谷突骑阻击匈奴骑兵。匈奴大败，将领被杀！而彭宠夫妇在家中被自己最信任的内侍所杀，当官员找到彭宠家里时，只有两具没头的尸体。

匈奴兵败，这事让匈奴单于意识到得发挥卢芳的作用了。于是，在匈奴的斡旋下，匈奴且渠王入五原塞，与亲匈奴的将领商议，将卢芳送回边塞，称为汉帝。

这个可能有匈奴血统的卢芳入塞称帝，定都九原，占据了五原、朔方、云中、定襄等四个郡，与匈奴协防部队一起抢掠北方边塞。

卢芳政权倚杖匈奴的势力，得以支撑生存下去，但时间不会太长。

光武帝刘秀荡平中原各割据势力后，开始重点打击卢芳。

在人心思汉、各方势力逐鹿中原时，匈奴势力重新进入西域。

丝路中断，西域各国开始怀念中原王朝。虽然当年一些汉使常常颐指气使，但由于西域都护和戊己校尉的存在，西域各国之间还能保持利益平衡，彼此之间冲突不大。汉军撤去后，匈奴势力卷土重来。

刘秀不是要延续恢复凋零的西汉，而是要创造另一个强汉。因为长安在西、洛阳在东，所以刘秀所建的汉朝，被称为东汉。

从西域都护李崇被困西域到东汉崛起，这十来年的时间里，西域这块土地上发生了什么呢?

由于通西域的丝路中断，东西贸易“锐减”。之所以使用这个词，是因为贸易量虽有减少，但并没有中断。

张骞曾寻找的“蜀身毒道”依旧在发挥着民间贸易之路的作用。绿林军、赤眉军四处起事时，当时各郡县的官员还能守土为责，处于观望状态。起义军大的征战主要在黄河流域的河南、河北、山东、陕西一带，而长江流域除了南部的蛮夷部落改旗易帜外，基本安稳。在“蜀身毒道”的起点蜀郡，公孙述自称白帝，固守一方，使得民间贸易得以延续。

古罗马的记录中，恺撒身着紫色的丝绸长袍，在微风吹拂中出现在帝国剧场，如同传说中奥林匹斯山的神一般高贵，令全场震动。自此，来自东方赛里斯（Seres，罗马对中国的称谓）国的丝绸在地中海周边诸地更加一货难求，成为奢侈品中的奢侈品。在罗马人看来，这种纺织品的价值比实际成本高出 100 倍。而西方的玻璃、珊瑚、金、银器、玉、香料、染料在东方也是高利润的奢侈品。

我们可以想象一下，原本货源充足的丝绸突然有一天因断货成了奇货，作为重要中间商的大月氏人将会如何？借用马克思的一段话：当利润达到 10% 的时候，他们将蠢蠢欲动；当利润达到 50% 的时候，他们将铤而走险；当利润达到 100% 的时候，他们敢于践踏人间的一切法律；当利润达到 300% 的时候，他们敢于冒绞刑的危险。

况且对大月氏人来说，丝绸贸易是双向取利。于是，大量大月氏人、安息人、康居人，还有其他各色人等成群结队地涌向东方。中原内乱，从西域通往中原的丝路中断，这些人不得不在西域留下来，等待机会。

与此同时，佛由商人带到了西域诸国，平民百姓从中得到了心灵的安慰。最早传入的是小乘佛教，以个人修行为目的，让人心怀希望，追求自我的完善与解脱。

遗憾的是，中原的史学家受儒学“敬鬼神而远之”的观念影响，这一时期的史料中没有记录西域佛教的传播与信众情况，也可能他们将西域的佛教巫术化了，习惯性地把佛视为西域巫教或谶纬之术。

西域佛教在传播之初有着强烈的无神论色彩。当时，佛还没有与犍陀罗艺术相结合，没有形成佛像崇拜，实际上也并不需要，因为这符合佛之无形无相的本初本质。

那时候，商人带来的“佛”只是简单地用足印代表自己的修行之路，以菩提表达觉悟，用舍利代表世尊本体，用法轮象征佛传授的周期。修行者们必须遵照佛陀以及声闻的弟子们的言行过修行生活。由此可见，武帝时代，霍去病从匈奴处所获的“祭天金人”是佛像的说法根本不成立。

纸张没有出现前，西方人用以记事的树皮、羊皮不易保存，传教靠口口相传。“弥勒”“佛”“和尚”来自早已消失的吐火罗语，此语是那时候西域的主要语言。西域是当时中西文化的交汇地，商人借此地弘扬他们心中的佛。

佛教随商队传播的路线应该是这样的：北线由葱岭以西的安息、康居、大宛等地越过高山达坂，传入塔里木盆地北缘西端，沿盆地传至疏勒、龟兹、焉耆，再到高昌。南线是由葱岭以南的罽宾、犍陀罗越过喀喇昆仑山，到达莎车、皮山，然后沿塔里木南缘至于阗、鄯善，会集于车师。

当时，佛还没有上升到君权王族的意识形态中。西域的官方“其俗信巫”，贵族更相信巫师所言，即天地之间有三界，上界为神灵飞翔的天堂，中界为人类的生息之处，下界为妖魔鬼怪和亡灵的处所。圣山接近神界，支撑天地，沟通人神，而人神之间沟通的桥梁就是巫师。

在汉元帝时代，莎车的国王延曾在长安为侍子，住在槁街——长安当时的“使馆”区。那时的长安繁花似锦，人口68万。这些侍子们的待遇极高。他们学习了中原的政治制度、文化艺术等。汉朝皇帝常带着这些四方蛮夷巡游，以展示汉的富饶与强盛，这给年轻的延留下了美好而深刻的记忆。

王莽政权后期，战乱不断，匈奴再度趁机进入西域。但已是莎车王的延拒绝归附匈奴，并告诉臣民：“莎车世奉汉家，不可背叛。”延去世后，他的儿子康继位，联合诸国共同抵抗匈奴。此时，被困西域的都护李崇已故，他的部将携眷属加入了莎车王康抗击匈奴的战队中。

中原内乱，属国都尉窦融在河西，与酒泉太守梁统、金城太守库钧、张掖都尉史苞、酒泉都尉竺曾、敦煌都尉辛肜（róng）等人不参与内乱，静观其变，保一方平安。众人共举窦融为大将军，总领五郡，控制河西走廊。西域商人能到达中原最近、最安全的地方就是河西。窦融开放市场，推动贸易有序开展。后来，刘秀任命窦融为凉州牧，主政西北。

莎车王的使者见到了窦融，窦融按刘秀的旨意封莎车王康为汉莎车建功怀德王、西域大都尉，西域诸国归属莎车。

匈奴单于栾鞮舆曾说：灭王莽、乱中原，人心思汉，这里面有匈奴人的功劳。实际上，匈奴人不但趁中原之乱时在西域捣乱，还大力扶持傀儡汉帝卢芳上台。

这个卢芳以汉帝自居，竟然杀了当初迎他入塞登基的五原太守李兴兄弟，引发了边塞将士的不满。朔方太守、云中太守立即做出反应，不承认卢芳的帝位，归属刘秀政权。

刘秀其实有很强的厌战情绪，主要原因是战乱造成中原人口剧减。西汉末年，中原人口有6000万。到了东汉初年，下降到3500万左右。特别是北方地区，十室九空，百姓饿殍千里，易子而食。刘秀称帝后，当务之急便是恢复生产，稳定政局，招安军阀。好在有很多窦融这类的地方官，他们不参与内战，力保一方平安，这为东汉统一全国奠定了基础。当时的地方政权，势力最大的就是白帝公孙述和匈奴人立的傀儡汉帝卢芳。

公孙述的实力要大于卢芳，因为自守一方，尚不对中原造成危害，而卢芳则常与匈奴联合抢掠边塞。山头得一个一个地攻。卢芳带来的危害大于白帝公孙述，加之北方边塞两个郡已回归，刘秀决定派大司马吴汉率军攻击卢芳，同时派人出使匈奴。

大司马吴汉攻进卢芳所在的高柳（今山西阳高），但匈奴派兵支援，吴汉兵败。匈奴趁机入塞，抢掠烧杀。

刘秀整合兵力：大将军朱祐进驻常山郡，忠汉将军王常进驻涿郡，破奸将军侯进进驻渔阳郡，破虏将军王霸进驻上谷郡。之后，骠骑将军杜茂与卢芳军队在繁畤会战，未胜。这个卢芳后来投降，又反，匈奴遣数百骑迎接卢芳及其妻子出塞。卢芳留在匈奴汗国十多年，最后病死。

卢芳已不构成威胁，刘秀下令攻打白帝城公孙述，公孙述战死。

针对匈奴的边境防御政策，刘秀也做了修正：边境太守对入侵的匈奴、乌桓、羌等来犯之军，如果无力征伐可采取守势。是进是退，是否追击敌人，何时追击等，皆由主帅决定。取消了之前的作战“逗留法”中“军事行动心疑不进畏惧不战者处斩”的限制。

建武十四年（公元38年），莎车国国王贤和鄯善国国王安派使节到洛阳进贡。此时的西域被匈奴所控制，捐税苛刻，百姓们苦不堪言，诸国都希望汉王朝重置西域都护。同时，匈奴汗国对北方边塞的入侵日益严重，沿边各郡无力抵抗。雁门、代郡、上谷等地的官员百姓只能退回居庸关、常山关以东，以远离匈奴。他们修筑要塞，增加堡垒，每隔10里设立烽火台，加强戒备。

刘秀统一中原的时间是建武十二年（公元36年），走到这一步他用了12年的时间。此时的中原，百业待兴。

建武十七年（公元41年）的十月，刘秀回老家南阳郡祭祖。衣锦还乡的刘秀修整老宅、视察民情、大摆宴席，请当年看着他长大的叔叔、婶婶等宗祖内的老辈人喝酒。这些老头、老太太喝多了，胆子也大了，就开始说刘秀小时候的事。他们认为开国皇帝应该是刘家老大刘縯那种刚毅勇猛之人，而刘秀小时候胆小谨慎，从不说谎，性格柔和，没想到竟然当了皇帝。刘秀听后，也不生气，哈哈大笑，说道：治理天下，我也将采用“柔”道的办法——用酷吏，严明法纪；用循吏，亲政爱民；用廉吏，克己奉公；提拔干吏，作为后备。

五、"柔"道治国

刘秀的"柔"道治国，源自老子的思想："天下莫柔弱于水，而攻坚强者莫之能胜。以其无以易之。柔之胜刚，弱之胜强，天下莫不知，莫能行。是以圣人云：'受国之垢，是谓社稷主。受国之不祥，是为天下王。'正言若反。"

老子认为，上善若水，水滴石穿。看似柔弱的水，实则无坚不摧。道理很简单，但很难做到。能胸怀国的屈辱，才是真正的君王。能承载国的苦难，才能做天下的霸主。

"以柔克刚、以弱胜强、以静制动"，这是中国古老的哲学思想。当一个人行正道时，也许在不明真相的人眼中则是违背常理。

自汉宣帝之后50多年的时间里，西汉王朝历经元帝、成帝、哀帝、平帝。由于宣帝时代匈奴呼韩邪单于的诚服，中原大地平安无战事。于是边境的防务松懈，匈奴利用和平时光修复自我，得以发展。

经过王莽的折腾，到了光武帝刘秀时代，汉匈之间经历了一个轮回，呈现出匈奴强而汉弱的局面。面对匈奴的多次入侵，因为人口锐减、兵员不足，东汉的将士们只有招架之功，并无还手之力。在这种情况下，刘秀的主要精力放在了恢复中原百姓的生产生活上，此时的他无心西顾。

公元 41 年，西域莎车国国王贤再次派使节到洛阳朝贡，请求汉王朝恢复设置西域都护府。既然中原无力兼顾西域，鉴于莎车王父子坚持事汉，刘秀在与众大臣商议后，决定由莎车王贤任西域都护并颁发印信，按以往西域都护的规格配发车辆、旗帜，赏赐黄金、绸缎。

这时候，敦煌太守裴遵的上书到达洛阳。在这封上书中，裴遵提出了自己的看法。

裴遵认为，如果中原暂时无力管理西域诸国，可由各国自由发展。如果授予莎车国国王管理大权，必将打破西域原有的平衡。莎车国将借中原王朝在西域的影响力扩充实力，如其大肆扩张，形成与中原对抗的能力，西域将不再听命于中原王朝。从长久来说，此举不利于西域的稳定与发展。

这时候，刘秀也反应过来授权草率了，立即命人快马传书赶赴敦煌，命裴遵收缴“西域都护”印信，改封莎车王贤为汉大将军。

在敦煌，裴遵与莎车王的使者交涉改封之事。使者不同意，于是双方发生了争执。裴遵命人强行夺回印绶。暴力之下，必有冲突，莎车使者人单势薄，虽怒不可遏，但无力反抗。返回莎车后，使者将此次冲突添油加醋地向莎车王贤进行了汇报。

此时的莎车王自感一心向汉，竟受辱于地方官，有一种被轻视、戏弄的感觉。自此，莎车王开始对中原王朝产生怨恨。对外，他依旧通知西域各国，莎车王是汉封的西域都护，西域各国于是纷纷归附。

与此同时，匈奴汗国、鲜卑、乌桓等部落联合起来，不断地攻击边塞，杀虏边塞的官员百姓。上党、天水多次被侵失守，匈奴的马蹄已踏进了临近长安的扶风一带。乌桓、鲜卑的势力则趁机进攻代郡、渔阳、右北平、辽西、上谷等地，沿边一带的城堡被破坏，百姓四散，各地荒凉萧条，人烟罕见。

正如敦煌太守所判断的一样，莎车王贤自称汉西域都护后骄横自大，打算一统西域。莎车国不断进攻西域各国，要求他们缴纳高额的赋税。西域诸国地大、人少，无力对抗莎车，唯一的希望就是得到中原王朝的干预。于是，车师国、鄯善国、焉耆国等 18 个城邦小国在忍无可忍的情况下，相约派出各国的王子到洛阳充当侍子，进贡西域特产。

汉光武帝建武二十一年（公元 45 年），洛阳。来自西域十八国的王子和使节跪在南宫，俯伏在地，叩头不止，痛哭流涕地揭露莎车王贤的暴行，请求汉皇帝再派西域都护，以维护西域的稳定。

当时的中原，内战刚刚结束，百业待兴，北方边塞依旧烽烟滚滚，根本没有能力西顾。只能婉言回绝，并送以重礼，请各国王子返回。各国王子无奈地踏上归程。洛阳面见汉朝皇帝的情况早已快马传递回西域各国。汉朝皇帝不肯重派都护，各国都惶恐不安。加之，洛阳的皇帝刘秀并不接受侍子，各国的王子陆续返回，各国国王开始惊慌。于是，西域各国正式发国书向敦煌太守裴遵求情，请求让王子们暂居敦煌，先别回来。同时，希望裴遵对西域释放一个信号，宣称都护即将出塞，希望莎车王能有所顾忌。

敦煌太守裴遵接受了西域各国的请求，但滞留在敦煌的王子们待久后，想家了。也或许是太守并未善待这些落魄的王子，一些王子纷纷返回西域。这些消息传到莎车，莎车王贤得知中国并没有派出都护的意图，很高兴，开始谋划下一步统一西域的计划。计划顺利实施，莎车国兵分多路，沿沙漠之南攻击鄯善，沿沙漠之北击斩了龟兹国王，兵势直逼焉耆、车师。

其实，早在原莎车王康去世、贤继位之初，莎车国就开始了扩张计划，先后攻杀了拘弥国和西夜国，莎车王派两个儿子分别担任两国国王。鄯善国也趁机吞并婼羌，焉耆国也开始吞并弱小的城邦。

此时的鄯善国王安再次联合西域诸国上书洛阳，请求派侍子入中原，恳求朝廷派都护进驻西域，维护西域的和平。如果中国不派都护入西域，各国只能投降匈奴以自保。

汉光武帝刘秀的答复是：中原困难，从财力和兵力上都无法派出都护。如果各国力不从心，不能同时抵抗莎车与匈奴的双重打击，东西南北中，可自由选择归属。

之后，西域多国投降匈奴。

在刘秀称帝第十年的正月十五，一个好“神仙之术”的人家出生了一位男婴。长大后，这位名为张道陵的“道士”成了中国道教的创始人，据说活了122岁，成仙而去。

事实上，阴阳与五行的结合早在战国时期已成型。汉代时，阴阳五行六气已相当盛行。

刘秀的“柔”术，来自道家思想。这位开国皇帝当然明白：木有生长、发展之性；火有炎热、向上之形；土有和谐、存实之德；金有肃杀、收敛之势；水有公平、滋润之意。

春秋战国时期，宽松活跃的学术氛围让中国古代的哲学思想与古希腊的自然哲学对万物的看法不谋而合。更为奇妙的是阴阳五行与元气论的有机结合。木在东，火在南，土在中，金在西，水在北。从方位来说，匈奴属水，西域属金，东汉的首都洛阳刚好居中土。土能生金，克水。金能生水，克火。而汉以“火”为德，视红色为吉祥。

从相克相生的原理来说，联合西域对抗匈奴符合五行之道。懂得阴阳五行六气的汉光武帝刘秀当然明白，当中土不足以挡水时，则避开锋芒，固本。这种固本就是坚忍、谦逊、亲民，表现为低姿、委屈、无能，以减少外界的压力，从而积蓄力量谋发展。用一个成语来表述就是“韬光养晦”。

匈奴人对中原王朝并没有土地要求，只有物产的需求。所以数年之间，只要中原的麦子黄了，匈奴、乌桓、鲜卑就一起来了。

东汉初年，攻击匈奴的效果并不好。匈奴的战术源于草原狼群，进攻时一阵风，撤退时四散而去，不好确定追击目标。加之游牧民族吃风干的食物，便于携带。农耕民族吃熟食，费时耗力。匈奴人上战场，欢天喜地，亲人会叮咛他们，多抢点。汉人出边塞，十里相送，家人会嘱咐他们，多保重。

厌战的光武帝刘秀很清楚防御的作用，向边塞的郡县不断地派出干吏、能吏，迁民屯垦。比如辽东郡一带，太守祭彤亲自顶盔冠甲，上阵冲杀，大败鲜卑，挽回败局。以致祭彤在，则鲜卑人不敢近边塞。

建武二十二年（公元 46 年），光武帝刘秀与光禄勋刘昆有过一段对话，从这段对话可以看出刘秀的用人之道。

刘秀问：听说，你在江陵当县令时，居民区每每发生了火灾，你不是带人去救火，而是向着烟火磕头，结果火就灭了。后来，你当弘农太守时，弘农驿道上老虎成灾，交通受阻，你在那里为官3年，老虎背着幼虎游过黄河跑掉了。这些你是如何做到的？

刘昆答：这不过是偶然事件，巧合而已，并不是本人为官有什么功德所致。

陪同的众臣大笑，说：刘大人太朴实了。而光武帝刘秀则沉思，然后说：这才是长者的风范呀！于是决定让刘昆兼职教书，学生是众皇子和官员子弟。

刘昆是两汉时期的经学家。王莽当政时，刘昆当县令，乐于教书育人，手下学生有500多人。每年春秋两季，刘昆都要按周礼宴请百姓，举办大型的礼仪活动，教化乡里。但是，王莽认为，刘昆聚集那么多人，私行大礼，必是大奸。于是，把他们一家抓起来，关进监狱。

刘昆运气好，刚进监狱，王莽的新朝就灭亡了。天下大乱，狱卒把他们一家放出来，刘昆就带着家人隐居在山中。在刘昆看来，王朝更替，谁主沉浮，有极大的不确定性。

天下安定后，百姓以孝廉为名推举刘昆做官。刘昆一听，跑掉了。他不想做官，跑到江陵教书去了。光武帝刘秀听说后，下旨让刘昆就地担任江陵县令。

按当时的官秩，万户以上为令，以下为长，所以可以推断当时的江陵是大县，人口众多。江陵火灾频发，每当起火的时候，刘昆带众官员对着火叩头，就能降雨止风，刘昆由此名声大振。于是，官升两级当了弘农太守。

“磕头灭火”“驱虎过河”，这当然是真实事件。真实的背后，是刘昆为政一方，在治理郡县时做了大量工作，被百姓所称颂。至于他做了哪些工作，史料上没说。

我们从东汉时期郡、县、乡、里、亭各级官员的职责来推测一下刘昆可能采用了哪些政策，取得了哪些政绩。

秦统一中国后，分天下为 36 郡。到了汉景帝时期，郡长官叫太守。太守有一项重要的职责是保一方平安。郡下设县，县衙有分属的 6 科，业务与中央六部、郡守六曹对应，六科直接对县长负责。

《内史杂律》规定，如果粮仓发生火灾，县长就是第一责任人，要追究责任，判重罪。县以下设乡，乡下设里，乡和里是基层的行政机构，其中还有县的派出机构叫亭。乡这一级设置游击，主管全乡的治安巡查工作。“里”的概念是五户为一伍，两伍为一什，百户为一里，官称里正。当发生非常事件时，里正、伍长要及时处置并向上级报告。亭是县一级治安的派出机构，直接对县尉负责。

刘昆治郡，是通过这一系列的组织机构下达政令。可以肯定，刘昆任职期间并没有发生让他承担责任的重大事件，那他用了什么办法？很简单，利用组织机构发动群众，群防群治，以达保一方平安的目的。

刘昆向火磕头，那是对天的敬畏；驱虎过河，那是对民的爱戴。刘昆是经学家、教育家，当然知道《易经》所示规律——凡事不可走极端。“夫法令之必本人情，犹政事之必因风俗也”，为官者，治民要从人性出发，行政要因地制宜，不能一刀切地走“大与小”的极端。要抓大放小，不能因小失大，学会中庸，不偏不倚，不左不右，调和折中，这就是解决“不确定”问题的最好办法。

刘昆其实代表了东汉光武帝刘秀“柔”道执政的基本理念。

和平发展是以不变应万变，变化往往来得很快。建武二十二年，匈奴汗国的第二十任单于呼都而尸道皋若鞮死了。

随后，他的儿子乌达鞮侯继位，但时间不长就死了。之后，他的另一个儿子巫鞮蒲奴继位，时为第二十二任匈奴汗国单于。

当年，巫鞮舆接任他哥哥的单于位时，应该立弟弟也就是王昭君所生的儿子伊屠智牙师为左贤王，成为储君。可是巫鞮舆为了传位给自己的儿子，找借口把伊屠智牙师杀了，立了自己的儿子为左贤王。这件事在匈奴汗国引起了不小的震动。最为气愤的是前任乌珠留单于的长子巫鞮比。巫鞮比在公开场合说：如果遵爷爷呼韩邪单于的遗嘱，按“兄终弟及”的传位方式，叔叔伊屠智牙师当是储君。现在，叔叔被杀，如果按“父死子继”的传位方式，老家伙巫鞮舆的单于位应当是我的。

此话传到了匈奴王庭，巫鞮舆很不满，召巫鞮比入王庭。巫鞮比怕被杀，不再到匈奴王庭参加朝会，巫鞮舆则派两名心腹到巫鞮比的部落监督日常。巫鞮比当时是日逐王，掌握着匈奴汗国南部的八大部落，拥兵自重。

单于巫鞮舆在位 28 年，日逐王巫鞮比隐忍了 28 年。巫鞮蒲奴继位时，日逐王巫鞮比忍无可忍，派身边的心腹郭衡带着匈奴汗国的地图前往西河郡求见西河太守，表示愿意归附中国皇帝。

当年安插在巫鞮比身边的间谍起作用了。恰逢匈奴五月龙城祭祀朝会，潜伏在巫鞮比身边的两位骨都侯建议新任单于巫鞮蒲奴趁龙城大会之机，诛杀巫鞮比。而此时，巫鞮比的弟弟渐将王刚好到达龙城并得知消息，立刻派人通知没有到会的巫鞮比。得到消息的巫鞮比集结本部兵力数万人，计划等两位骨都侯回来时先行将其诛杀，再奇袭王庭。可是消息泄露，两位骨都侯回归途中发现兵力正在集结，立即逃回王庭，告知单于挛鞮比叛乱的消息。单于挛鞮蒲奴马上集结兵力，准备攻击挛鞮比。

这件事直接导致了匈奴的再次分裂。

匈奴汗国南部八大部落的首领共同推举日逐王挛鞮比为呼韩邪单于，和第十四任与汉交好的呼韩邪单于名号相同，想借此获得汉朝的认可。

新任的呼韩邪单于挛鞮比派人到五原郡递交国书，表示愿意继承爷爷的遗志，世代与汉和好，永远作为中国藩属，共同抵挡北方的侵略。

此时的匈奴汗国内部，由于连年旱灾、蝗灾，北部草原赤地数千里，且牲畜瘟疫流行，匈奴百姓、牛羊大量死亡。匈奴汗国挛鞮蒲奴单于怕中国趁机报复，也派出使节到达渔阳，请求与中国和解，恢复和亲政策。

这一幕，重现了几十年前南、北匈奴分裂时的场景。

“墙倒众人推，破鼓万人捶”似乎是自然规律。匈奴东部受欺负多年的乌桓部落乘机发动大规模的复仇性攻击。匈奴溃败，再现了漠北无王庭的历史局面。

这个情况，对中原王朝着实是个好消息。这时候，就有将军提出，趁匈奴汗国天灾和内乱之机，派 5000 骑兵攻击匈奴，建功塞外。

那么，早已厌战，以“柔”道治国的光武帝刘秀采取了什么对策呢？刘秀笑着对手下的将军说：不要谈论战争了，汉王朝应当以仁待之。

之后的朝议，针对乌桓，朝廷采用了“物资外交”政策，把使其臣服归降作为目的。中原人口骤降，目前还是应当以养民为本。金钱和物资能解决的问题都不是大问题。

对于南匈奴的诚意，朝廷上再次出现了一群人与一个人的对立。众官员们认为，天下安定不久，中原空虚，匈奴的诚意不可知，应当回绝。而中郎将耿国力排众议，认为应当接受南匈奴的归附，依照汉宣帝时代的做法，由南匈奴作为汉地边塞的屏障，在东面抵挡鲜卑人入塞，在北面阻止北匈奴劫掠，推进沿边塞各郡恢复生产。光武帝刘秀采纳了耿国的意见，下诏撤边归农，以图发展。

得知挛鞮比自立为呼韩邪单于、归附中原王朝，挛鞮蒲奴非常震惊，然后率部向北撤退了1000余里地。而此时，原本属于北匈奴但亲汉的两个部落的3万余人投靠了挛鞮比。与当年的呼韩邪单于一样，挛鞮比派出使节到洛阳朝贡，请求汉军协防，派王子入侍，重续王莽时期中断的汉匈和约。

南匈奴附汉，辽西郡的乌桓部落率领部众归降中国。汉光武帝刘秀按班彪的意见，在乌桓重设乌桓校尉。

中断的边塞贸易再次开放。

因为汉使段彬要求挛鞮比在接受诏书时下拜，已归附南匈奴的左贤王部和挛鞮比旧部的五位骨都侯及其部共计3万余人，觉得此举有损匈奴人的威严，就脱离了南匈奴，向北迁移，在距南匈奴王庭300里处另起炉灶，领队的薁（ào）鞬左贤王自称单于。

这部分脱离南匈奴的部落，只一个来月就开始了内斗，成员互相攻杀，五位骨都侯全部战死，自称单于的薁鞬左贤王自杀。之后，他们的后人互不通婚，各自拥兵自重。为了权力，这里上演了一出匈奴人自相残杀的历史悲剧。这场五位骨都侯的争战从夏季开始，一直打到了冬季，原本 3 万人的部落只剩下 3000 余人。这 3000 余人之后南下，准备再次归附南匈奴。此时，北匈奴单于挛鞮蒲奴派兵追击，而南匈奴单于挛鞮比派兵驰援。冲突中，南匈奴战败。

光武帝刘秀命南匈奴向中原方向撤居，以避免匈奴内战。朝廷在西河郡设立协防部队，保护南匈奴的安全。移居西河郡的南匈奴分别派出军队，前往云中、五原、朔方、北地、定襄、雁门、代郡，协助汉军的边防部队巡逻。

此时的北匈奴，为表示对汉的诚意，开始释放所俘的边民。北匈奴的突击部队，每次南下，都先向边塞的守军解释，他们的军事行动是针对挛鞮比的，不会骚扰中国边塞。

到了公元 51 年，北匈奴汗国单于挛鞮蒲奴派使节来朝，再次请求与汉和亲。

在朝议时，太子刘庄开始展现出他的政治才能。刘庄认为：南匈奴才刚归附，北匈奴恐惧汉与南匈奴形成联军对北匈奴进行攻击，这才主动示好。如果此时与北匈奴和亲联姻，恐怕会失去南匈奴对中国的信任，为了自保，南匈奴会自谋生路。如果南匈奴脱离中国，北匈奴自然不会再示好中原，这种结果将是南北匈奴都不再信服中国。

太子的建议让光武帝刘秀很满意，于是决定不接受北匈奴的请求，命使节返回。

对于南匈奴，朝廷延续了宣帝时代的做法，赐予他们汉家的官服、官帽、单于玺，并赐予车马、金银等物资赈济百姓，帮助南匈奴恢复生产，派出军队协防，同时派出文官协助处理当地政务。到年终时，南匈奴则派使节入洛阳，呈报情况，更换入侍的王子和贵族。汉皇帝则重赏单于、阏氏及贵族，一切按之前的制度执行。

北部边塞恢复了以往的生机，沿边八郡的流民先后返回故土。

在是否对北匈奴予以致命的打击方面，朝中的将军们再次建议说：匈奴贪利，缺少信誉与礼教。他们贫困时就屈服以图生存，强盛时就傲慢，频繁抢掠。现在恰逢北匈奴有天灾人祸，此时应当主动出击，联合高句丽（Gōulí）、乌桓、鲜卑攻击北匈奴东部，集结河西四郡及陇西境内的西羌攻击北匈奴西部，则可一战解决万世之忧。如若坐失良机，流传万代的大业则功亏一篑。

光武帝刘秀此时以兵法来回答这些有勇无谋的将军。这部兵法就是历史上著名的《三略》，也叫《黄石公三略》。刘邦当年就是靠张良提供的这部兵法谋得天下，建立了大汉王朝。

《黄石公三略》分上、中、下三略，刘秀用上略回答了众将军们：柔能制刚，弱能克强。柔是一种美德，而刚是一种灾难。弱者会得到帮助，而强者会被怨恨攻击。刚柔相济，恰到好处，才是治国之道。舍近求远，劳而无功。做好眼前的事情，才会见成效。以恩德待人，终会强大，珍惜现有的，才会平安。贪图他人所有，则会变得凶恶。凶恶的暴政，可能一时成功，但终将失败。对一个国家来说，内部的危机才是亡国之本。匈奴虽然分裂、受灾，实际上仍然十分强大。谣言往往会远离真相。目前，屯垦戍边，加强戒备，与民休养才是最好的办法。

中国的强大，让北匈奴更为紧张，他们多次派出使节向汉朝进贡马匹，请求和亲，还请求大汉派出使节到匈奴之地教导匈奴人礼乐。并提出，可以率西域各国的使节一同到洛阳朝觐。北匈奴这么说，说明西域诸国投降了北匈奴。对于北匈奴的进贡，刘秀按班彪的建议，本着等价交换的原则适度赏赐。与其保持相对友好的关系，不干预匈奴内政。

自张骞凿空西域以来，丝绸之路的贸易，从官方的立场来说属于亏本买卖。来自西域的鸵鸟蛋都可以换走大汉王朝的真金白银、丝绸漆器，更别说狮子、犀牛的交换代价了。大汉王朝只落了个“天朝大国，物产丰富”的名声而已。

光武帝刘秀放弃西域，只是因为中原的人力、财力不足以维护西域都护府的运行吗？当然不是。对当时的中原来说，收复西域弊大于利。汉武帝刘彻时代，为断匈奴右臂，打通西域之路，交好各国，是有前提条件的。那就是“文景之治”之后，国富民强，财富有余，兵强马壮。各方的珍奇异宝从四面八方涌入中原。武帝开辟园林、扩建宫殿，帷帐豪华，衣着绚丽，对各方来朝的使节大度馈赠，万里相送，所耗的费用无法统计。加之与匈奴连年征战，以致国库空虚，只能实行酒、盐、铁专卖，百姓饲养牛羊猪狗都得交税。最后民力耗尽，财源枯竭，各地盗匪四起。汉武帝晚年开始反省，下达《轮台罪己诏》，放弃屯田西域。

在光武帝刘秀看来，西域各国地广人稀，国小兵弱，自有君主，无法一统。他们归附匈奴只是权宜之举。匈奴能得到西域的物产，但不能左右西域的民心。对于正在修复战争创伤的中原王朝来说，西域归属何方，还不重要。

从距离上来说，近有龙堆，远有葱岭，那是天地用以划界的屏障。自张骞通西域，160 多年，汉王朝对西域诸国并无索取，只有恩惠。所以中原统一后，西域各国思念汉的威望与恩德，自愿归附，多次请求重置西域都护府，但时机并不成熟。

六、佛入中原

建武中元二年（公元 57 年）二月初五，洛阳。那天早上，刘秀早早地来到了南宫前殿，准备召见大臣。这位一生勤劳节俭的皇帝，在宦官的搀扶下，慢慢地坐在龙椅上，看着卫士们推开宫殿的大门。那一刻，阳光铺满大地。“凡日月所照，江河所至，皆为汉土”。

刘秀闭上了眼，再没有睁开。时年 62 岁。

当年骑着自家耕牛走向挽救中原的战场，这位朴实的农民最大的理想是官坐执金吾，娶妻阴丽华。之后，据河北、平关东、战陇右、灭西蜀，统一中原，德服四夷。称帝 32 年中，他勤于国政、善待功臣、清明官吏、与民休息、解放奴婢、发展经济、推崇气节、大兴儒学，再创盛世。

刘秀留有遗诏：我无益于百姓，后事按孝文帝的方式简办，各级官员不得离开自己的驻地，也不要派官员前来吊唁。

刘秀活着时，在邙山下的黄河浅滩之处给自己选好了墓地。一反帝王选择陵墓风水的常规操作，刘秀的墓地枕河蹬山，只为不开山筑穴而劳民伤财。后来，每年正月祭祀刘秀时有一个定制，各封国官员依次上前，报告粮食价格与民间疾苦，以慰在天之灵。

刘秀时代，对周边四夷的“羁縻方略”得以继续执行。“羁”就是用军事和政治的压力加以控制，“縻”就是以经济和物质利益加以抚慰。

继位的汉明帝刘庄不是怀柔之君，而是守成之主。来年，汉军攻西羌，灭烧当部落。攻乌桓，斩乌桓酋长。塞外震恐，西自武威东至辽东，归附中原，汉王朝的北方不再燃起烽火。

但此时的西域并不太平。自诩汉西域都护的莎车王贤，攻击于阗国、大宛国、妫塞国，派出将领驻防。这场战争自建武末年一直打到永平四年（公元 61 年）。

“塞人”在西方史料中称为“sak”，莎车国名其实就是塞人的称谓。莎车人是被月氏人攻击西迁塞人的后裔。于阗人也是塞人的后裔。

先是莎车兼并于阗之战。莎车王贤率军队攻进于阗，将活捉的于阗王俞林迁出于阗改封骊归王，立位侍为于阗王。过了一年多，莎车王贤得到信息，于阗国将发生叛乱，于是将位侍招到莎车国杀了。于阗国暂时没了国王，由莎车国派出将领驻守，于阗变成了莎车国的一个地区城邦。

由于莎车国的横征暴敛，这时候，于阗百姓在贵族休莫霸的率领下起兵反抗，击杀莎车军队首领，拥立休莫霸为于阗王。之后，莎车王贤率各国联军进攻于阗国，结果被于阗军队击溃。莎车王贤只带卫士逃回莎车。

于阗军队乘胜追击，大军包围了莎车城池。不幸的是，勇敢的休莫霸被流箭射中，死了。于阗百姓又拥立休莫霸的侄子广德为于阗王。于阗军队继续进攻莎车。由于莎车王贤一贯对下属粗暴杀戮，国相且运等人对贤恨之入骨，密谋献城，投降于阗国。

这时的莎车王贤彻底崩溃，提出和解，愿意释放之前扣押的于阗贵族，并答应将女儿嫁给于阗王广德。广德表面答应和平条款，让莎车王贤出城和谈。之后，国相且运等人打开城门，迎于阗军队进入莎车城。

广德下令抓捕了莎车王贤的家人，兼并了莎车。莎车王贤被押至于阗国，一年后被杀。

得知于阗国灭了莎车国，匈奴汗国以宗主国的身份出手了。对于匈奴来说，西域保持割据的模式更便于统治，一旦形成统一体，不便各个击破。于是，匈奴集结西域各国的兵力，围攻于阗。

于阗军队势单力薄，战败投降。匈奴立莎车王贤在匈奴当侍子的儿子不居徵为莎车王。等匈奴联军一退，于阗军队再攻莎车，击斩不居徵，立齐黎为莎车王。

于阗灭莎车之役发生在汉明帝永平四年。这一年底，北匈奴开始攻击五原、云中，南匈奴单于率军击退北匈奴。刘秀去世后的 6 年时间里，南匈奴的五任单于先后病逝，现任单于是挛鞮长。北匈奴单于的更替，史料并未记载。

北匈奴的势力仍然相当强大，不断地入侵北方边塞。但对于匈奴来说，抢来的东西未必是他们急需的物资。于是，他们多次派出使节，要求恢复与中原的贸易。

汉明帝刘庄认为，如果能用贸易解决军事冲突，也是上策，答应重启汉匈边贸，并派越骑司马郑众率队出使北匈奴。

在北匈奴汗国单于的帐中，匈奴人命令郑众跪拜单于，郑众拒绝。于是，匈奴人困郑众的使团于营帐中，切断水源、取暖的燃料及饮食供应。

此时的郑众面对匈奴的威逼，不卑不亢，他拔出佩剑，横剑在胸，宁愿死也不屈膝。面对讲气节的汉使，匈奴人也很佩服，于是改变态度，派使节同郑众回洛阳。

此事之后，虽然北匈奴遣使来访，并向中国皇帝朝贡，但小规模的抢劫时有发生，以致沿边的城门白天都得关闭。

汉明帝刘庄并不想与匈奴再起战火，准备再派使节出访谈判。此时，郑众上书劝阻。他认为，北匈奴频繁向中国进贡、派出使节，就是为了让中国使节回访。其目的一：离间中原与南匈奴的关系；目的二：向西域释放信号，中国已向北匈奴低头，将与匈奴和亲。这种有目的的宣扬，会使原本打算归附的诸小国认为中国诚服匈奴而首鼠两端，致使西域诸国对中国绝望，更让流亡西域的中原人对祖国失去信心。前一次出使，北匈奴单于傲慢狂妄，不可一世。如果再一次出使，北匈奴单于会认为中国已中了他们的计谋，北匈奴中亲汉的官员也不敢再开口。北匈奴的最终目的是使南匈奴对中国的依附动摇。南匈奴单于、贵族、侍子，长久居住在中国境内，对中原的地形、国情了如指掌，一旦叛离，立即会成为边患。东部的乌桓原本与北匈奴有仇，如得知汉匈和亲，也将与汉离心离德。现在边疆尚有重兵，即使不派使节回访，北匈奴也不敢造次。

郑众的判断非常准确。当时，南匈奴须卜骨都侯等官员得知汉与北匈奴使节互访，又气又恨，准备叛离，派出密使请求北匈奴派兵迎接。郑众第一次出塞时，发现北匈奴人的表情异常，认定有鬼，就派人在关隘处守候，果然抓获了南匈奴的密使。于是，郑众上书设立度辽将军，切断南、北匈奴之间的接触。

但这一次，刘庄并未听进去郑众的意见，命郑众再次出使。郑众无奈，在路途中他依旧不停地上书劝阻。刘庄大怒，命他返回洛阳，将他关进监狱，然后驱逐回家。后来，刘庄从北匈奴使节口中得知郑众在北匈奴不肯叩拜、执剑怒目的故事，立即召郑众回京，提升为军司马。

在两汉交替时期，当年越过葱岭的大月氏人也开始了相互之间的兼并。刘秀称帝时，大月氏所属的五个翕侯之一的贵霜翕侯丘就却的势力逐渐强大。翕侯丘就却最早依附占据中亚的希腊王赫尔谟尤斯。当安息国国王冈多弗纳斯攻灭希腊王赫尔谟尤斯后，丘就却顺利地摆脱了希腊人的控制。

后来，冈多弗纳斯去世，安息王国衰败，丘就却率军南下，攻得中亚的战略要地喀布尔河谷。之后，他向东扩张，把领土范围扩展到兴都库什山以南，吞并了罽宾、濮达、犍陀罗和呾叉始罗。向南，他从安息国手中夺回了高附。到了公元 65 年左右，丘就却的领土基本确定，创立了贵霜王朝并自立为王。他的统治地域包括索格狄亚那、大夏、喀布尔、呾叉始罗、犍陀罗、罽宾、西旁遮普等地。

贵霜帝国的位置处于东西交通要道，境内人种成分复杂，各种文化冲突，不同人种的宗教信仰迥然。为统一民众的思想，早已尊佛的贵霜王朝急需一种跨政治、种族、语言的宗教。当时，在贵霜的大月氏人中，佛教拥有众多信众，有成熟的理论和基础。在贵霜王丘就却的支持下，佛教成为国教，迅速向周边传播。作为希腊的雕刻艺术与印度传统的犍陀罗艺术有机的结合，佛像开始出现，为东西文化融合创造了条件。

大约在永平八年（公元 65 年），一天晚上，身处洛阳皇宫的汉明帝刘庄做了一个离奇的梦。他梦见一位身材高大的金人，头上有日月光环，从空中而来。这个梦很祥和，金色的光芒笼罩着宫殿。第二天朝会时，汉明帝把梦中所见的场景说给众臣听，让大家解梦，这是什么征兆。

大臣傅毅回答：听说在西方的身毒国有号称佛的得道者，能在虚空中飞行。以前，大月氏王曾派使者向哀帝时期的博士口授《浮屠经》。陛下所梦应该是西方的佛。

此梦之后，汉明帝派遣博士蔡愔（yīn）为使者，带弟子十余人远行西域求法。使团到达贵霜帝国后，贵霜国王盛情接待。这是中原与西域的联系中断半个多世纪后，汉再一次遣使。

蔡愔在贵霜见到了高僧迦摄摩腾、竺法兰，并邀请二人来中原传法。两位高僧随大汉使团用白马驮着佛像和经卷返回洛阳。历时三年，汉明帝刘庄终于见到了佛经、佛像。由西域带回的佛像与明帝梦中的金人几乎相同。明帝非常高兴，对高僧极为重视，安排他们在鸿胪寺居住。鸿胪寺是汉代负责外交、朝会、礼仪的官署，最高长官是大鸿胪，属两千石的高官。

迦摄摩腾与竺法兰来到洛阳时，中原的道教正在萌芽之中，但神仙之术已源远流长。于是，就有好神仙之术的修行人要与佛教的两位高僧斗法，他们声称可以将经书点火而不伤。不料，火起，经书全都付之一炬。而两位高僧带来的佛陀舍利却放出五彩的光芒，围观者无不惊讶，于是数百人自愿出家修行。

后来，因僧人住在官署译经不便，汉明帝在洛阳城的西雍门外兴建了僧院。为表彰僧人用白马驮经，僧院取名“白马寺”。而“寺”

即源于官署鸿胪寺，可知这是官设机构。

这之后，“寺”便成了中国佛教庭院的专称。

迦摄摩腾和竺法兰在白马寺译出《四十二章经》，这是第一部汉译佛典。佛教开始与中原文化中的儒、道交融，形成了中国独特的禅学。

自此，中原大地上佛法日隆。由河洛至江汉，由繁华京师至偏乡僻壤，九州起庙，五岳树塔，“金刹与灵台比高，广殿共阿房等壮”。

佛经的东传，似乎给中原大地带来了吉祥与如意。

明帝永平十二年（公元 69 年），哀牢王柳貌率 77 个所属邑国 5 万余户、55 万余人举国内附，从而使哀牢国众部落由奴隶社会跨入了封建社会。汉王朝设永昌郡统一管辖。为表彰柳貌的功劳，汉明帝颁发了“哀牢王章”。

张骞自西域归来奉命寻找的“蜀身毒道”，历经 189 年终于开通。哀牢国便是张骞在大宛听说的乘象国。

《后汉书》中，有一个关于哀牢开国君王的记录，大意是：有一位名叫沙壹的女子，居住在牢山，经常到江边捕鱼，偶然碰到了沉木，因此怀孕，生下十个儿子。后来那块沉木化身为龙，问女子，我的儿子们在哪里？九个儿子被龙吓跑，只有最小的儿子没有惊慌，骑到龙背上。这个小儿子被取名为九隆，长大后被推举为部落首领。同一时期，当地有一位女子生了十个女儿，两家联姻，子孙自此繁衍，散居于溪谷。九隆死后，后代相继，分设小部落，形成了哀牢国中不同的部落族群。

哀牢国所在区域，山高林密，路险水长，这是阻碍该国通道上的贸易的重要原因。当时并没有形成规模贸易，交易是小规模、非官方的中转倒货，“蜀商”被认为是“奸出”。

古印度的阿萨姆平原南部和东部与哀牢国境内的丘陵接壤，这些地域长年雨水丰沛，山高林密，百姓以部落形式群居。应该说，他们对中原王朝与东南亚的交往没有造成绝对的阻碍，只是官方势力很难控制部落游民，而使这种交往困难重重。

从秦汉开始，中原王朝就耗费巨资修建了零关道、五尺道、永昌道、进桑道。这些通道当时并非用于贸易，主要为征服西南众多蛮夷部落，且自秦汉之初到三国时期，起到了重要的军事作用。

哀牢国的归附，使陆上交通以成都平原为中心，向南辐射，连接了东南亚的古代诸国，可达大夏及西亚地区，往南可与海上丝路相连。

南方丝绸之路纵横大西南的半壁山河，开发早、打通晚，由于受经济发展、地理环境以及中原王朝格局的限制，贸易量在当时并不大。

哀牢国王柳貌，九隆的传人。大汉没有武力征伐哀牢国，柳貌为什么附汉？这跟刘秀、刘庄父子推行教育有相当大的关系。

刘秀时期，九真郡（今越南中部）太守是任延。当地部落以打猎为生，不会耕种，常用猎物去交趾换粮，百姓常常食不果腹。任太守视察民情后，派人教当地部落造农具，开荒种地，自给自足。当时，九真郡所辖部落的百姓，生活无礼法，随性交合，子不知父是常事。任延要求各县，25—50 岁之间的男子，15—40 岁之间的女子，按年龄配对，集体相亲，办集体婚礼。遵照中原男聘女嫁的婚俗礼仪，出不起聘礼的，由当地官员出钱帮助。结果，一年的时间婚配了 2000 多对。加之风调雨顺，当地粮食大丰收。第二年出生的孩子，百姓们自发以任为姓或名。自此，当地蛮夷部落自愿守边保关。

到了汉明帝刘庄时代，朝廷更加重视礼教，在洛阳的辟雍开坛讲学，名家大儒轮番登台，传道授业。辟雍是当时的国立大学，主要目的是行礼乐、宣德化，教导天下尊老爱幼。场地布局外圆内方，四周环水，建筑正方，四面开门，有桥，鸟瞰就如同古代的铜钱，取“天圆地方”之意。

汉明帝刘庄崇尚儒学，也亲自登台讲学，听众可以当场提问。每当他讲学时，四门桥头被听课者围得水泄不通。朝廷专门在南宫办学，皇亲国戚、官员子弟、期门卫士，南匈奴、四夷在京的官员、侍子均可参加学习，而《孝经》是刘庄身边的侍从、宫女都必须通背牢记的经典。

在这种教育氛围的引导下，各封国、郡县也开办学校，开堂讲学，其中不乏四夷的部落子弟。文化是水，润泽一方，一方水土养一方人，一方文化更培育一方人。所以“汉人”并不是种族概念，而是相同文化基因下共同价值观认同的文化范畴。

哀牢国归附后，汉王朝设立了哀牢县和博南县，开始投资开凿博南山道，并在兰仓水（今澜沧江）上架桥。于是，就有了当时的一段民谣：汉家礼教，功德广远，哀牢归附，中国皇帝，耗资万千，开山劈谷，修桥架路，只为夷人。

这一年，天下太平，人民富裕，谷米价廉，牛羊遍野。

第五部分

定　远

XIYU

一、光复西域

永平十五年（公元 72 年）十二月，关于收复西域的军事会议由明帝刘庄主持召开。参会人有显亲侯窦固、仆射耿秉、太仆祭肜、虎贲中郎将马廖、下博侯刘张、好畤侯耿忠等了解边塞的官员。

会议对西域形势进行了分析：汉初，匈奴汗国强大，是因为有其他蛮族部落的臣服或援助，所以不易攻击。武帝时代攻击匈奴，汉军夺得河西四郡、居延、朔方，切断了匈奴与西羌的联系，使匈奴汗国失去了重要的粮秣、六畜供给地和盟友。宣帝时代，西域各国归附，南北匈奴混战，呼韩邪单于附汉是大势所趋，这与现今大势相似，只是西域还在北匈奴手中。

会议制订了攻击计划：首先，汉军攻击白山（今天山），夺取匈奴位于西域的重要物资供给地伊吾卢。然后，汉军攻占前后车师国，遣使乌孙，再续盟友关系，以断匈奴右臂。最后，对北匈奴汗国本部发动总攻，一举消灭北匈奴。为了防止攻击伊吾卢时匈奴本部驰援，还应当在东部、北部同时用兵，以牵制匈奴本部的行动。

会议之后，汉明帝刘庄下达任职令，耿秉为驸马都尉，窦固为奉车都尉，秦彭为骑都尉，各设司马、从事。西进大军集结凉州备战。

永平十六年（公元 73 年）二月，时隔 100 多年之后，汉军再一次对匈奴大规模用兵。在这一次出征的队伍中有一名假司马，叫班超。

奉车都尉窦固、好畤侯耿忠率骑兵 12000，为主攻部队，从酒泉出塞。驸马都尉耿秉、骑都尉秦彭率骑兵 10000，为助攻部队，由居延出塞。牵制部队分两路，太仆祭肜、度辽将军吴棠率兵 11000，出兵高阙。骑都尉来苗、乌桓校尉文穆率兵 11000，出兵平城。需要说明的是，这次出征的汉军其实是联军，各部队中有屯垦军、征招的壮丁、早年降汉的匈奴人及南匈奴、西羌、乌桓、鲜卑等部落的军队。与武帝时代的出兵大不相同的是，此次的出兵总兵力不过 44000 人。武帝时代多则数十万人，少则 10 多万人。这说明两个问题，一是匈奴的军事实力大不如从前，二是汉、匈奴人口基数尚未恢复。

四路大军呈“C”形包围圈，开始向北匈奴汗国发起攻击。

四路大军中，只有窦固、耿忠的兵团达到了预期的军事目的，将匈奴呼衍王部击败，到达了蒲类海，占领了伊吾卢，设立宜禾都尉，留下三校士兵（汉军一校是 700 人，三校即 2100 人）屯垦。其他三路大军没有遇到匈奴人，均无功而返。

祭肜兵团与南匈奴左贤王挛鞮信的联军，没有到达预定的目的地涿邪山，只到了一座不知名的小山。左贤王不愿前行，就说已到达涿邪山，大军即班师回朝。后来，刘庄得知真相，以“逗留畏缩”为由将祭肜免职。祭肜是关东名将，当年任辽东太守时，匈奴数年不敢进犯辽东。此人在乌桓、鲜卑部落中也有很高的声望。大风大浪都经历过，却在小阴沟里翻了船，祭肜因此急火攻心，大口吐血。临终前他嘱咐自己的儿子：我受国恩，奉旨独当一面，却有辱使命，万分惭愧。我死之后，你要把过去朝廷的赏赐退回。继承父业，投军，效命沙场，完成我的心愿。

得知祭肜去世，辽东百姓为祭肜这位曾恩惠一方的太守建庙、立祠，四季祭祀。而乌桓、鲜卑的使者每次到洛阳，必到祭肜坟上吊唁。

击败匈奴呼衍王部的奉车都尉窦固命假司马班超和从事郭恂（xún）持节，率队出使西域诸国。

班超广为后人所知，起源于《后汉书》中那个“投笔从戎”的故事。这个故事对班超的评价是：能吃苦，为人仗义，不拘小节，孝顺父母。

因为是书香门第，哥哥班固好学，妹妹班昭聪慧，而班超在读书方面不如他俩，所以常干家务。他家有地，也都是他在种，但他并不以干苦力为耻。平时他喜欢看闲书，因面广而不精。到洛阳后，为了生计，班超去官府抄书。

有一天，抄累了，班超扔掉笔，说：“大丈夫无他志略，犹当效傅介子、张骞立功异域，以取封侯，安能久事笔砚间乎！”这里需要说明一点，班超抄书的时间段，发明纸张的宦官蔡伦还是怀中幼童。那时候抄书更多是用刀在竹简上刻字，所以抄书是个苦差事，一不小心还可能把手划伤。

班超此言一出，同事们当即大笑。也许并不是嘲笑，而是苦中逗乐，汉代能识文断字的读书人，家境都不会差到哪里去。儒生遵循礼教，崇尚伟大的理想。但是400年后，范晔写《后汉书·班超传》时则认为同事在笑话班超，并借用了《史记·陈涉世家》“燕雀安知鸿鹄之志哉？”的写法，说当时班超对着嘲笑他的同事吼道：“小子安知壮士之志哉？”班超后来的功业值得传世，史学家大概为了激励年轻人，宣扬班超从一介布衣到万里封侯，刻意拉大了理想与现实的差距。

在范晔的记录中，班超自有了张骞、傅介子的目标后，就去找算命先生卜卦。然后，算命先生说："先生您生得燕子的下巴，老虎的脖子；燕子能远飞，老虎要吃肉，应能享受富贵，是万里封侯的面相。"

关于算命这类的记录，都是事后根据传说编写，不足为信。看看燕子的下巴再对接一个老虎的脖子，是个啥形象？

班超投笔时既然打算建功西域，那么他自然为在西域生活做好了准备，最大的准备就是他结交了很多来自西域的胡人，并主动学会了他们的语言。从算命先生的描述来看，他的身材也已与中原人大不相同。这也是窦固决定让班超只带数十人就进入西域腹地的重要原因。

班超 70 岁那年，还在西域都护的任上。他仰望东方，伤感怀旧。于是，班超上书朝廷，请求"生入玉门关"，愿活着返回中原而落叶归根。

班超老矣。此时，班超的妹妹班昭已成为朝中的"大家"，经常出入后宫，给皇后、后妃们讲课，有了参政权。为使哥哥能顺利回归，班昭给当时的和帝上疏。在这篇疏文中，班昭说：兄长班超出塞，早就做好了为国捐躯的准备。当时，都护陈睦被害，班超辗转异域稳定局势，至今已 30 年了。当年跟他一起出生入死的将士早已作古。班超也 70 了，即使想报国尽忠，也力不从心。古人 15 从军，60 还乡，其间还有回家休息的假期。班超于壮年时忠诚于大漠，晚年被遗忘于戈壁原野。一旦班超病故于西域，西域诸国发生变故，请不要株连班超的家人。因此，作为小妹，我冒死请求陛下开恩，让班超回家吧！

“游子悲其故乡，心怆悢（Chuàngliàng）以伤怀。抚长剑而慨息兮，泣涟落而沾衣。”后来经汉和帝批准，班超终于能回家了。这位老人沿着他曾征战的土地，开始了逆行返回洛阳之旅。当年随他西行的 36 位壮士已沙埋忠骨，无一人相随而归。永元十四年（公元 102 年）九月，回到洛阳的班超在萧瑟的秋风中走完了他传奇的一生。

30 年前的永平十六年（公元 73 年），占据伊吾卢的奉车都尉窦固，命假司马班超与从事郭恂带领 30 余名壮士开始西域之行。

西域之行的首站是鄯善。这些年的联系中断，中原已不清楚当下西域诸国的情况。

莎车王贤在西域扩张时，其实鄯善国也在兼并丝路南道东段的婼羌、且末、精绝等绿洲小国，成为塔里木盆地东部最大的王国，统治了且末河、安迪尔河、尼雅河流域的绿洲。

西域，地大物博，人种复杂。这里简单说一下被鄯善所吞并的婼羌国人的来源。婼羌是婼人与羌人的合称，婼部族姓允。春秋时有一支由西北入居中原的西戎人，姓氏为允。允姓在史料中被分别记载为炎帝、黄帝、少昊之后，是各部族融合为华夏族的组成部分。也就是说，允姓人出自华夏族。婼部族是由华夏与羌族混合而来的。

东周初年，秦人护驾有功，周平王将陇西及西戎的一部分区域划为秦国封地。历代秦王皆东征诸侯国，西讨西戎部。这个婼部族受到秦国的驱逐，其中有一支便沿着河西走廊向西北迁移，归入氐羌，战国时代迁入阳关以西及南部山区。婼人在迁徙过程中与羌人的一部分相结合，自称婼羌。

莎车王贤对西域诸国自诩汉西域都护时，曾给鄯善王安写过一封信，要求鄯善阻绝汉朝进出西域的道路。鄯善立国，当然是仰仗汉朝的支持，如果阻断交通，关闭丝路，可就断了鄯善的财源。所以，当时安没有听莎车王贤的命令，杀了来自莎车的使节。

为此，莎车王贤攻下于阗后发兵攻鄯善。安率军迎战，但鄯善的实力无法与莎车抗衡，安很快战败逃亡到山中。莎车军队在扜泥城中洗劫一番，后撤军。安收拾残部，返回故地。这就是鄯善上书光武帝请求派侍子入洛阳的原因。因汉并没有派出都护，鄯善无奈之下依附北匈奴。

班超一行到达鄯善时，安已去世，时任国王是广。

鄯善王广很郑重地接待了班超一行，表现得十分恭敬和热情。可是没几天，广的态度明显改变了。

外交活动中，细节非常重要。班超敏锐地发现了这一变化背后的原因。他问部属：你们没看出鄯善王的变化吗？部属说：西域的蛮族缺少礼教，他们一向这样，没什么问题。班超说：不对，我觉得一定是匈奴的使节也到达了鄯善，动摇了鄯善王附汉的决心。

于是，班超把负责对接的鄯善官员请来，漫不经心地问：匈奴人来了几天了，现在住在哪里呀？

鄯善官员以为汉使已知道匈奴人来的情况，就回答说：来了好几天了，现在住在 30 里外的驿站。班超随即命人将鄯善官员关起来，以防走漏消息。然后班超召集 36 位部属，开始喝酒。感觉大家都有了醉意，班超就开诚布公地告诉下属他们现在的处境。

班超说：我们身处绝远荒城，如果为了讨好匈奴，鄯善王命人抓捕我们，交给匈奴人，那么我们就连骨头都不会留下。现在，大家说怎么办?

众人同声答复：目前我们处于生死存亡之际，不论生死，任凭安排，誓死追随!

然后，班超说出了那句流传甚广的名言：不入虎穴，焉得虎子?目前唯一可行的办法就是趁夜色火攻匈奴，让匈奴使团不知我们的实力，然后将他们一网打尽。只有干掉匈奴使团，鄯善王才可能真心归汉。

这时，有人说，这事是不是也跟郭从事商量一下?班超发怒，咆哮着说：吉凶之间，不过一念之差。郭恂是文官，听到我们的围攻计划必然反对，如果泄密，我们将死无葬身之地。

于是36位壮士异口同声地说：听从假司马的安排。

众人饮酒摔碗，立即出发。班超趁夜色率众人到达匈奴使节的驻地。此时刮起了大风。

班超命10人埋伏在匈奴营帐四周，让他们在火起后擂鼓呐喊。命20人在营门口张弓搭箭，只要匈奴人从营门中外逃，马上射杀。然后班超带其余人顺风放火。

火烧了起来，鼓响了起来，营门口的尸体堆了起来。

此战的成果是，班超亲手杀3人，部属杀30余人，大火烧死百余人。

旭日东升时，班超等人手提匈奴使节的人头归来。然后把此事经过告诉从事郭恂，郭恂听得面无血色。平静下来后，郭恂露出异样的神情。班超的观察力极强，他知道郭从事在想什么，就对他说：从事虽然没有参与此事，但此战少不了您的看家之功，我不会独居其功。

郭恂这才大喜，忙着上奏去了。

在这段记录中有个问题，班超等人集会时，郭恂在干什么？鄯善国的驿站并不大，即使喝酒时郭恂没有在场，出动时郭恂一定知道。这只能说明，班超与这位搭档实在关系不佳，郭恂也不愿参与班超的冒险行动。

之后，班超征召鄯善王广，拎出匈奴使节的人头，鄯善全国震惊。鄯善王臣服汉朝，并派侍子去洛阳。

此时窦固屯军于河西一带，班超等人入关后把详细情况报告给窦固。窦固大喜，立即上书明帝刘庄，并请求皇帝再次派出使节进入西域腹地。

明帝刘庄回复：班超是难得的贤才，还是派他去吧！与皇帝诏书同时到达的还有班超的任职令。班超被提为军司马，这个职务属俸禄千石的军官。

这次出行的目标是于阗国。

窦固准备让班超多带些人马。鄯善国惊心动魄的奇袭令人后怕，当时如若有半点差错，班超和他的勇士们将会身首异处，能逃出生天的可能只有郭恂一人。但班超的想法是，于阗是大国，距离远，人数多不一定派得上用场。一旦遇事，反而因人多事多，相互牵制，反而坏事。班超只要求带他 36 人的原班人马。这 36 人中并不包含郭恂，窦固当然理解。

于阗王广德杀莎车王贤后，成为南道霸主，不可一世。班超等人到达于阗后，于阗王广德态度冷淡，不置可否。

于阗国当时还没有信奉佛教，而是相信巫术。对于汉使的到来，于阗王自然会请巫师判断吉凶。而巫师原本就是匈奴买通的人。巫师作法，神灵附身，然后对于阗王广德说：神灵已怒，为什么要结交中国？汉使有一匹黄身黑嘴的马，快去牵来给我。

于阗王广德派国相私来比到汉使所在的驿站索要骏马。班超一口答应，但要求巫师亲自来牵马。巫师兴冲冲地赶来。班超命人斩杀巫师，鞭打国相。之后，把巫师的人头送还广德。

于阗王广德已听说班超在鄯善国诛杀匈奴使节的事，颇为惶恐。于是，广德斩杀了匈奴在于阗负责监视的使节，答应归附中国，派出侍子。

班超随行携带了大量礼品，重赏了于阗国王和大臣。之后班超在于阗扎根，遣使西域诸国，各国纷纷派王子入侍洛阳。

自焉耆国杀西域都护但钦，西域与中原隔绝，到班超进西域刚好60年，一个甲子，汉军红色的战旗重新飘扬在西域的土地上。

班超进入于阗时，官方盛行的是萨满教、祆（xiān）教。另外，巫教在西域羌人和月氏人中十分流行。北方天王毗沙门、功德天女、坚牢地神都是萨满教与祆教中的人物。佛教盛行后，这些教中的大神变成了佛教的护法神。

于阗国盛传龙王的故事，相传如不祭祀龙王，龙王将发怒，将良田变成湖泊。这便是典型的中原风俗。这些故事其实证明了一点：阿育王时期，佛教已成为孔雀王朝的国教。阿育王曾派人沿着南部的“蜀身毒道”和西部的“玉石之路”向中原传播佛教，也曾受阻于南部的高山和北部的大漠。但是，当宗教没有被统治阶层作为国家意志强力推行时，很难形成气候，只能在民间小范围流传。

身处于阗的班超开始了解西域诸国的来龙去脉，以备各个击破。

首要目标是龟兹，曾经的西域都护府所在地，那里有东川水和西川水可供灌溉，境内的绿洲是重要的东西走廊。

当年，龟兹的绛宾王过世后，他与弟史公主所生的儿子丞德自称是汉家外孙，在成帝、哀帝时代与中原王朝保持着密切的往来。但是，班超到达西域时，匈奴势力已控制了龟兹国。时任龟兹王叫建，是匈奴人所拥立。建依仗匈奴，在西域北道称霸。之后，龟兹出兵攻击疏勒，斩杀了疏勒王，龟兹王封他的亲信兜题为疏勒王。

班超带着他的勇士，抄小道到达距疏勒 90 里的地方，派部属田虑前去劝降。临行前，班超告诉田虑，兜题不是疏勒人，疏勒人并不诚心信服他。如果兜题不投降，马上抓捕他。

田虑抵达疏勒，兜题看中国使节不过几人，毫不在意。田虑等人按计划，趁兜题不备，把刀架在他的脖子上。左右卫士和官员大惊，四散逃命。

此时，班超赶到，召集疏勒官员。在大家的建议下，立王室后人忠为疏勒王。

关于怎么处理龟兹所立的兜题，大家展开了讨论。

这个兜题在疏勒期间，应该是作威作福，大家不满已久。只因为有龟兹做靠山，疏勒人敢怒不敢言。此时，疏勒人一致要求杀了兜题。

危险与机遇对立统一，随时可转换。分析背后潜藏的不利因素，使决策为长远服务的人，方可称为领导者。面对众怒，班超说，杀掉兜题没有一点好处，放他一条生路，能让龟兹国看到中国的恩德与威严。于是，派人送兜题回龟兹。

在班超出使第二年的十一月，汉军 14000 骑兵再次大举攻击北匈奴汗国在西域的势力。总指挥奉车都尉窦固，率驸马都尉耿秉、骑都尉刘张出敦煌昆仑塞，在蒲类海击败匈奴呼衍王，之后剑指车师。

此时的车师分前国与后国，车师前国是现今吐鲁番，车师后国是现今奇台，两地相距五百里，中间有天山山脉相隔，穿越天山有一条道，今天我们称之为“车师古道”。

当时车师的两个王是父子关系，后国王是父亲，前国王是儿子。

窦固的意见是先攻车师前国，理由是由伊吾卢沿天山脚下西行至车师前国，路途平坦。如果去车师后国，要翻越天山，山高谷深，此时又是冬季，大雪封山，不便行军。耿秉的意见是先攻车师后国，后国王是老子，老子降了儿子自然会降。先把硬骨头啃了，软骨头就不成问题了。如果先啃软骨头，消耗时间精力，有可能造成士气的低落，越打越难打。对出击的汉军来说，重要的是粮秣的保障，时间上他们耗不起。14000 人的军队每天的粮秣供应是一个非常大的保障工程。汉军之所以冬季进西域，还有一个重要的原因是，冬季，沿天山一带有积雪，可以解决沿途的水源问题。

窦固老成持重，耿秉深谋远虑，两人都是将门之后。收复西域最早是耿秉的建议，所以胜与负的结果，耿秉看得比窦固更重要。看着自己的建议与主帅的策略相左，耿秉着急了。于是耿秉对窦固说：我可以只带本部人马做先锋，先去攻击后王庭。

窦固虽是皇亲，但是他为人低调，性格谦俭，颇得人心。窦固默许了耿秉的提议。大军随耿秉的后队向车师后国开进。

耿秉自小受军人家风的影响，酷爱兵法。他明白，车师后国的道路崎岖，不适合大兵团作战，所以只带轻骑突袭。在沿途，汉军斩俘了车师后国的卫戍部队数千人，收获牛马数十万余头。消息传到车师后王安得这里，安得主动派人与耿秉谈和，表示愿意投降。

当时，窦固的军司马苏安看到耿秉如此顺利就要拿下车师后国，开始不安。于是，他悄悄派人告诉车师后王安得，说大军的主帅窦固是皇亲，你应该向主帅投降，才算有面子。安得觉得此话有道理，就没按与耿秉约定的时间出城。耿秉得知了其中的原因，就冲到窦固的帐中说，对于没有信用的西域小王，不能姑息。我去拿下他的人头，受降如受敌。

于是，耿秉率军杀向车师后国王庭，国王安得吓得跑出城，摘下王冠，抱住耿秉的马腿投降。之后，车师前国也主动投降。

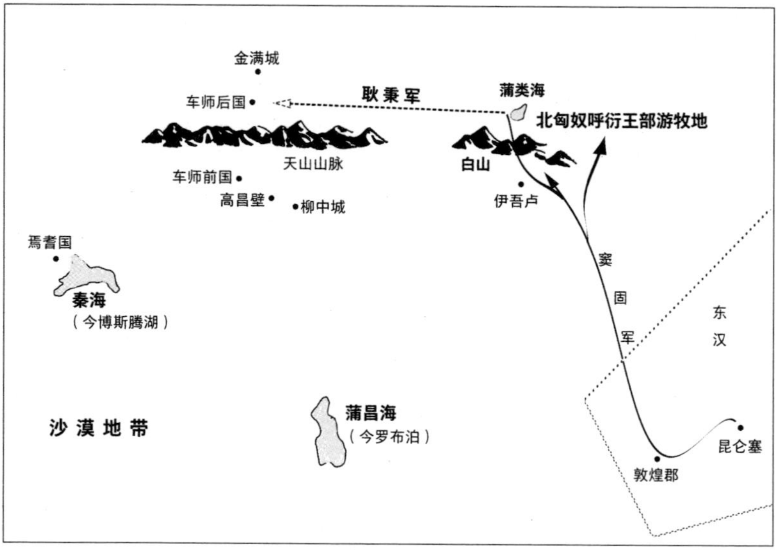

窦固、耿秉出击西域行军示意图 李东绘制

此战之后，窦固上书朝廷请求恢复西域都护和戊、己校尉的设置。公元 74 年，汉朝廷任命陈睦为西域都护，屯兵高昌壁；耿恭为戊校尉，驻车师后国属地金满城；关宠为己校尉，驻车师前王属地柳中城。

史料中没有记录窦固留下了多少兵马。按汉朝的军制，校尉下有丞、司马各 1 人，军侯 5 人，每校有士兵 700 人。戊己校尉隶属于北军，在镇守职责上从命于都护，在屯田事务上归大司农管理。戊己校尉是多大的官，学术界有争论，有说两千石，有说六百石。戍边军人命悬刀尖，多少石已不重要了。

明帝时代，“断匈奴右臂”的计划有个最大的漏洞，就是没有与乌孙形成军事联盟，仅靠车师前、后国，力量太薄弱。这种危机很快显现出来。

二、大汉军魂

耿恭之所以被称为“大汉军魂”，当然有其不同于其他将领的独到之处。他与驸马都尉耿秉是堂兄弟，当受命到达车师后国屯垦地金满城时，耿恭派出使者携带金帛给乌孙昆弥带去了汉王朝的信。乌孙昆弥非常高兴，派使节献良马，还带去了宣帝时赐予汉公主的用具，以表示乌孙人未忘记与汉的亲情，并表示愿送侍子到洛阳。耿恭在金满城迎接侍子，然后派人护送侍子去洛阳。但是，与乌孙失去联系60年之久，双方还没来得及商谈军事联盟的事，匈奴人就来了。

明帝永平十八年（公元75年）二月，窦固班师回朝。三月，北匈奴汗国左鹿蠡王联合焉耆、龟兹等北道诸国的2万余骑兵，突然对车师前、后国同时发动攻击。得知消息，耿恭立刻派司马带领300人帮助车师后王安得迎战。但是，这300汉军在中途遭遇匈奴大军，寡不敌众，300汉家将士血战而死。匈奴乘胜攻击车师后王帐，斩车师后王安得，然后挥师直逼耿恭屯兵的金满城。

金满城是郑吉任都护时所建的汉城。此地原本有一个金附国，后来被车师所灭，金满城是在金附国都的基础上扩建而成。此时的金满城有耿恭及车师部队的数千人驻守。

金满城呈不规则方形，长 220 米，宽 160 米，为夯土建筑。此地东靠古树林，西临长沟，北近山，南临开阔的平原，具备军事城池的天然条件。由此向东南行，入天山谷道，翻达坂，过大雪山、小雪山，可至高昌壁。

匈奴联军到达金满城下。城头上的耿恭命士兵将毒药涂抹在箭头上，射杀联军骑兵，并对匈奴联军使用心理战术，声称中汉家箭者必死。中箭的士兵伤口溃烂，血流不止，一时军心大乱。当时正逢暴雨狂风，耿恭率众将冒雨出击，斩杀众多。匈奴人惊恐万分，传言中国军队有神灵附体，不可战胜，于是退兵。

同年六月，屯兵车师前国高昌壁的西域都护陈睦被围攻。车师前国王知道匈奴来袭，马上投降。高昌壁所在区域，一马平川，无险可守。只有数百人的屯垦军抵挡不了潮水般涌来的匈奴、焉耆、龟兹的马队。

血战高昌壁的细节，我们永远不可能知道了。都护陈睦与他的将士，全部血洒车师。

历任都护在西域屯垦区都建立了汉城和戍堡，除了金满城之外，还有且固城、疏勒城。

“疏勒”是月氏语“石头”的意思，可见疏勒城是石头城，易守难攻。匈奴退兵后，耿恭立即引兵疏勒城。陈睦部已全部战死，南道退路已断，己校尉关宠杳无音信，而疏勒城据险可守。耿恭据守疏勒的唯一指望就是能与驻守柳中城的关宠合兵。两地隔山相望。

疏勒城建在山上，居高临下。东西两面临涧，南为天山余脉，层峦叠嶂，仅北面有一条山路可以通行。南北宽 138 米，东西长 194 米。地形为东北高，西南低。因地形特殊，此地具有“一夫当关，万夫莫开”的优势。

七月，草黄马肥，匈奴人再次向车师后国发动攻击，直逼疏勒城，切断了城外水源。城中汉军凿井自救，深挖 15 丈，依旧无水，士兵用布包住马粪榨水。就在大家已绝望时，井中开始渗水，士兵们欢呼雷动。耿恭命人向城下泼水，匈奴人大为意外，认为汉军有神灵相助，随后撤军。

《后汉书》中用文学手法记录了这个故事：因为打不出水，耿恭仰天长叹：当年贰师将军拔刀刺山，喷泉而出。今汉室功德广远，怎么可能走投无路呢？耿恭整理衣冠向井下拜，于是井水喷涌而出。

在中国象棋中有一个残局名为“耿恭拜井”，就来源于这个故事，表示在对手招招紧逼下，绝处逢生。

八月，匈奴左鹿蠡王的军队再次兵临疏勒城下。耿恭趁匈奴人立足未稳，出城突袭，打败了匈奴人的前锋部队。但毕竟兵力悬殊，匈奴军仗着人多势众，不断向疏勒城发起攻击。

汉军凭险据守，匈奴军死伤惨重。数次攻城不破后，匈奴人转而采取围而不攻的战术，企图将汉军困死城中。

在柳中城的己校尉关宠也被匈奴大军围得水泄不通。关键时刻，关宠的信使突破重围，向朝廷求救。

这年的八月六日，汉明帝刘庄病逝，时年 47 岁。朝廷中的人都忙着治丧和新君登位，以稳定朝局。无人顾及远在西域的戊、己两校的数百士兵。

耿恭与他的士兵坚守着，坚信国家没有忘记他们。

车师后王的王后是汉人，也许她是当年屯垦戍边将士的后人。王后给予了汉军最大的支持，在匈奴撤离的时间里，她为汉军通报匈奴情况，供给军粮，提供民夫，帮助汉军加固城池。但是几个月后，粮食吃完了。在最困难时，将士连铠甲和弓弩上面的皮革和兽筋也用水煮了吃掉。不断有将士在饥饿中死去，可剩下的数十名将士宁死不降，疏勒城依旧在耿恭的手中。

匈奴单于知道城中粮食已尽，想劝降耿恭，派使者劝说：如果投降，封白屋王，妻以公主。此时的耿恭为表达自己誓死不降的决心，诱匈奴使者上城，亲手杀之。当着城下匈奴人的面烧烤人肉，将士分食。匈奴将士看到后，大哭而退。单于大怒，增加兵力围攻，依旧无法攻下。

关宠的求救信到达了洛阳，新任皇帝汉章帝刘炟（dá）命官员讨论是否发兵救援。

司空第五伦认为，时间过去这么久，恐怕将士们早已血洒戈壁，应该放弃救援。司徒（东汉时期丞相等称为司徒）鲍昱反对，他愤声说：我们把将士派往绝域，发生危难时，就放弃他们。对外，这是鼓励匈奴人的杀戮。对内，这让忠君爱国的将士痛心。如果是为了一时权宜之计，可以永保边地平安，也未尝不可。事实上，北匈奴还会不断地侵扰边塞。到那时候，我们派谁去领兵作战呢？戊、己校尉两部不过数百人。匈奴人大举围攻，不能攻破，这是匈奴兵力弱、力量已尽的征兆。我认为，可以命敦煌、酒泉的两位太守，各率精兵 2000，急行军前往救援。匈奴人久攻不胜，绝不敢抵抗。这样算来，40 天的时间，足够迎我们的勇士归来。

汉章帝刘炟批准了司徒鲍昱的计划，派征西将军耿秉驻守酒泉，命酒泉太守段彭、谒者王蒙、皇甫援，征调张掖、酒泉、敦煌三郡及鄯善国部队总共 7000 余人，向车师进军。

建初元年（公元 76 年）初，各路援军在柳中城集结，攻击车师前国交河城，大败敌军。匈奴人马上抛下盟友，向东逃走，柳中城解围。己校尉关宠终于等来了援军，但他却在饥寒交迫中病入膏肓，死在军中。关宠已故，谒者王蒙此时打算放弃戊校尉耿恭，他认为耿恭部也已全军覆没，再翻越天山会造成更大的伤亡。

好在匈奴围城前，耿恭派部属军需官范羌到敦煌领取冬装。此时，范羌随章帝派出的营救大军一起出塞。范羌坚持要去救耿恭。从车师前国去后国要翻越天山，天寒路险，将领们不敢前往，但找不到拒绝范羌的理由，于是拨付给范羌 2000 人，由范羌担负救援任务。正逢大雪，地面积雪一丈有余，救援大军艰苦跋涉，终于抵达疏勒城。此时正是深夜，城中耿恭的部队听到人喊马嘶，以为是匈奴人趁夜攻城。仅剩的 26 人艰难地抽出战刀，准备最后一搏。但是，他们听到呼叫声：我是范羌，大军来迎接众位将士回家！

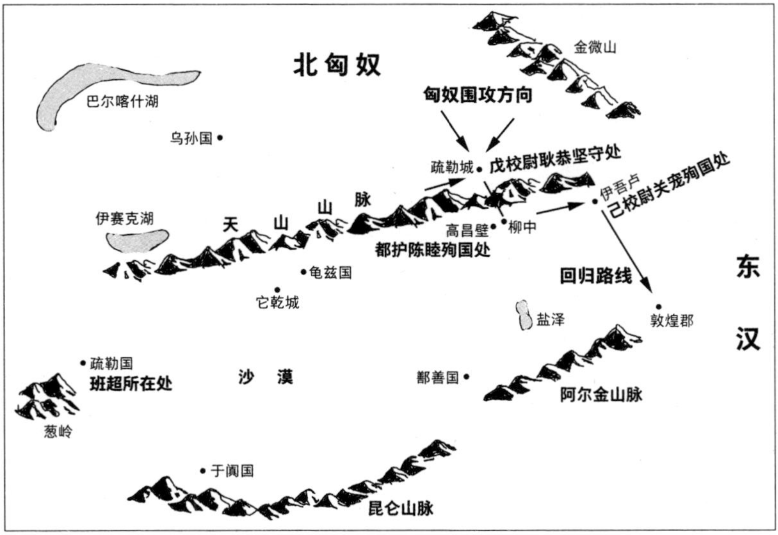

疏勒保卫战形势示意图　李东绘制

城中将士大喜，高呼万岁，打开城门。众将士失声痛哭，紧紧拥抱。天亮后，大军向南撤退，翻越天山。匈奴士兵集结追击，汉军边战边退。从疏勒出发时，耿恭等人还有 26 人活着，大军撤至玉门关时，仅剩 13 人。疏勒保卫战从永平十八年五月一直持续到建初元年二月。

建初元年三月，玉门关下，耿恭与他生死过命的兄弟们回家了。出关时，700 余人，入塞时，13 人。四野无声，悲笳不起，他们提着战刀，握着长矛，背着长弓，衣衫褴褛，面容枯槁，没有人形，但目光如炬。这便是“大汉军魂”。

中郎将郑众给耿恭等人沐浴更衣，然后写下了那道有名的奏折：“耿恭以单兵固守孤城，当匈奴之冲，对数万之众，连月逾年，心力困尽。凿山为井，煮弩为粮，出于万死无一生之望。前后杀伤丑虏数千百计，卒全忠勇，不为大汉耻。恭之节义，古今未有。宜蒙显爵，以励将帅。”“不为大汉耻”与当年陈汤的“明犯强汉者，虽远必诛”，至今都是军人最为强悍的宣言。

耿恭等人回到洛阳后，司徒鲍昱上奏称：耿恭节过苏武，应当重用。之后，耿恭官拜骑都尉，司马石修为洛阳市丞，张封为雍营司马，军吏范羌为共丞，余 9 人皆补羽林。

令人唏嘘的是耿恭之后的命运。

按理说，耿恭这种“战神”，朝廷应该树为典型，就像当年的苏武一样，奉为榜样。耿家是刘秀创业时的重要基础力量：耿恭的爷爷是上谷太守耿况，是最早举兵支持刘秀的将领，耿恭的大伯是建威大将军耿弇，“云台二十八将”中排名第四。

之后，耿恭任长水校尉参与了平定羌人叛乱，大获全胜。

建初三年（公元78年），回归三年后，耿恭无意间卷入了皇室外戚“窦家班”与“马家班”的权力之争。耿恭为人性情直爽，并无私心。在平定羌人之乱初期，他向车骑将军马防推荐窦固为凉州太守。窦固是汉章帝刘炟的姑夫，而马防是刘炟的大舅，都是皇室外戚，但窦固与马防关系不和，明争暗斗。耿恭一心为国，缺少为官的智慧，于是马防对耿恭极为不满。

自然有讨好马防的官员看出了其中的门道，于是就有了一份告状信。告状信上说，耿恭在军中不作为，经常牵狗带鹰，到处打猎。羌人进攻时，耿恭不主动出击，还在接到奉旨回京的诏书时发牢骚。

耿恭因此事被逮捕入狱，罢免官职。后遇大赦，被遣送回原籍。没死在战场的英豪，最终老死家中。

一代名将，就这样毁于小人之手。

在耿恭于天山之北的疏勒城苦战时，班超则在葱岭之下的疏勒国，两地相距数千里。“疏勒”在月氏人的语言中是“石头”的意思，但在塞人的语言里则是“水多”的意思。疏勒水草丰美，可耕可牧。疏勒河缓缓地流过，滋养着这块土地。

耿恭等人回到洛阳后，朝议上决定撤销西域都护和戊、己校尉，召回汉使班超。

史学界习惯用“三绝三通”来表述班超时代中原与西域的关系。但这个固定词有一个歧义，会让人理解为“三绝”时期丝路中断，“三通”时期丝路繁荣。事实上，“三绝”时期，东方与西方的贸易也未中断。史料所记录的西域历史跨越2000年。在这漫长的时间中，丝路有战争的历史并不长。多数时间里，这条古道上僧侣交错，驼铃声声，使节相望于道。

班超收到了朝廷的诏书，准备回国复命。汉使要离开的消息迅速在疏勒国传开。疏勒人变得忧心忡忡。班超与他的勇士们将策马离开时，疏勒都尉黎弇挡住去路，对班超众人说：如果中国使节离开疏勒，龟兹必将再伐疏勒。我不愿看着汉使离开后，国家受难。说罢，黎弇抽刀自杀。当时，前都护李崇部下的后人生活在这一带，这个叫黎弇的人极有可能就是那批将士的后人。班超准备离开西域之际，已有很多中原人生活在丝路沿线，且佉卢文还没有传入西域，汉字是西域最重要的信息传递工具。

班超含泪与疏勒百姓依依而别。黎弇的死，让班超感到震动。在疏勒生活的日子里，班超与黎弇免不了把酒言欢，这对班超意味着信任与支持。

班超东行抵达于阗国。于阗王与众官员听说班超将东归，纷纷放声大哭。众人抱住班超的马腿，挡道阻行，哭号着说，我们视中国为父母之国，汉使不能走啊！一时间，哭声震天。

面对此情此景，班超想到，自己一旦回归，多年经营的成果将付诸东流，这些附汉的西域小国也可能遭遇报复。于是，班超决定冒着抗旨不遵的死罪留下来。他掉转方向，回到疏勒。

班超离开疏勒的那段时间，疏勒国的两个地区已归降龟兹，并与尉头国结盟，疏勒国民们都惶恐不安。班超带着于阗的军队返回疏勒，斩杀叛徒，大败尉头国军队，疏勒国局势恢复稳定。汉章帝刘炟是圣明的君主，对于班超的决策并未强求，由班超自行决断。

这一年，在中原，北匈奴汗国皋林温禺犊王率军返回原居住地涿邪山，南匈奴单于挛鞮长与边塞部队、乌桓部落联合出兵，把北匈奴部落赶走。

耿恭最后的遭遇，班超没有遇到，因为班超巧妙地赶走了从事郭恂。在耿恭含冤入狱时，在西域的军司马班超率领疏勒、康居、于阗、拘弥等国联军万余人，攻击姑墨国，拔掉北匈奴在西域的又一个据点。这之后，班超给汉章帝写了一封分析西域情况的奏折，请求朝廷出兵，全线收复西域。

在这封奏折中，班超说：

先帝为了再通西域，北击匈奴、西遣使节。当时我到达西域后，鄯善国、于阗国立即归附。如今拘弥国、莎车国、乌孙国、康居国也愿意归附大汉，并自愿形成联军，攻击龟兹国、焉耆国，恢复商道。目前只要消灭龟兹的反汉势力，西域境内就再无有实力与中原对抗的小国。从博望侯张骞始，我们便认为征服西域 36 国等于断匈奴右臂。

目前，西域除龟兹、焉耆之外，各国均愿接受中原文化，向朝廷进贡。五年前，我带领 36 人奉命出使。当时孤独无助，困守疏勒。现如今情况已大不相同，我们对西域各国的情况已了如指掌。西域各国人心归汉，葱岭可越，龟兹可灭。建议朝廷封在洛阳的龟兹侍子白霸为龟兹王，派数百卫队护送他回西域，我可以支持白霸获取王权。

少则数月，多则一年，龟兹可归。以夷制夷，是最好的策略。

莎车国、疏勒国土地肥沃，牧草茂盛，不亚于敦煌郡和鄯善国。此次行动不用出动庞大的兵力，也不用担心粮秣的供给。现如今，姑墨、温宿的国王是龟兹所安插，并非当地人，且残暴凶恶，不得人心。一旦汉军到达，当地人定会附汉，而龟兹的反汉势力也将被孤立瓦解。

臣班超，地位低下，依靠背后强大的国家，才得以安抚西域。目前我的身体很好，我企盼有生之年看到西域重归中国。到那时，陛下，您可以在洛阳举起和平的酒杯，告祭先帝：普天之下，莫非王土；率土之滨，莫非王臣。

请朝廷官员讨论。臣静候佳音。

接到班超的奏折，汉章帝刘炟认为可行。奏折被朝臣传阅，班超的老乡徐干马上上书应募，志愿率兵赴西域听候班超调遣。

在等待朝廷回复的这段时间，莎车王认为中国不可能派兵保护，就投降了龟兹，而疏勒都尉番辰发动了兵变。恰好徐干领兵到达，在班超的率领下，击破了番辰的叛军，准备攻击龟兹。

班超再次上书，认为乌孙属于西域大国，拥兵十万，朝廷应当派人出使乌孙，以取得乌孙军事上的支持。刘炟再次采纳建议。

一个时代的社会稳定，有圣主之明，更有贤臣之功。班超在于阗诱杀巫师时，云中太守叫廉范。北匈奴大举入侵时，烽火连天。当时朝廷规定，入侵敌人超过 5000 时，就要向邻郡报信求救。廉范部下惊慌失措地请求报信，廉范并没采纳，而是亲自率兵抵抗。那天夜里，廉范命士兵、百姓把火把呈“十”字形捆绑，手持一头，点燃三头，每人举两支“十”字火把在城头来回走动。北匈奴军队以为是援军到了，下令撤退。天亮，匈奴准备撤军。廉范率军冲击，匈奴大败，从此不敢再骚扰云中郡。

《后汉书》中记录了廉范的故事。这人是战国名将廉颇的后人，汉章帝时期从云中调往蜀郡任太守。当时的成都“贿货山积，纤丽星繁”“喧哗鼎沸”“嚣尘张天”，这就是“蜀身毒道”起点在蜀地的缘由。漆器和蜀锦的制造业是成都的两大支柱产业，两种商品远销万里。新疆尼雅遗址出土的织锦“五星出东方利中国”就是蜀锦产品。朝鲜半岛和蒙古国考古发掘中均出土过“蜀郡工官”的漆器。

成都手工业发达，用火多，火灾自然不断。当时官方“禁火令”要求“日出而耕，日落则息，禁民夜作，以防火灾”。天然颜料需要熬制，禁火造成了手工业产量的下降，百姓对“禁火令”怨声载道，只得在夜间悄悄地劳作。成都的房屋之间相距狭窄，防火距离不够，以致火灾频发。

廉范不是一个按常规办事的官。街头巷尾的议论传到了廉范的耳中，于是廉范下令取消了“禁火令”。他下令规范作业，拆除毗连的可燃物，打开通道。规定凡夜间动火，必须用水缸储水，一旦发生火灾，邻里可相互救援。这样一来，火灾起数明显下降，给百姓的生产、生活带来了诸多便利。于是民间流传起一段民谣：“廉叔度，来何暮？不禁火，民安作。平生无襦今五绔。”翻译过来是：“廉叔度呀，你怎么来得这么晚呀？你早该来这里当父母官呀！你来了之后，不禁火，让我们安心劳作，以前我连一件像样的衣服都没有，现在有了五条裤子。”这就是历史上有名的《襦袴歌》。

由于大兴儒学，在刘庄、刘炟父子俩的“明章之治”时代，很多大汉将领，上马能提刀杀敌，下马能握笔成章。不久之后，那位写就了伟大《汉书》的班固，也将跃马扬刀，加入荡平北匈奴的大军。

三、坐镇于阗

有感于班超稳定西域的贡献，章帝刘炟升班超为将兵长史，这个职位相当于汉朝军队的副统帅，位于大将军之下。班超的助手徐干擢升为军司马。

在班超的运作下，乌孙国派出使节去洛阳朝觐汉章帝。之后，卫侯李邑被安排护送乌孙使节返回西域，押送赐给大、小昆弥及官员的锦帛、绸缎回乌孙。

李邑到于阗时，刚好龟兹、莎车国的联军在攻击疏勒国。这时候，这位从未上过战场的皇宫禁卫官怕自己会殒命西域。还没有见到在疏勒前线的班超，李邑就在于阗搜集班超的小材料，然后给章帝刘炟写了一封密报，大胆地分析西域的局势。

李邑密报：西域诸国目前乱象横生，远非之前班超所说的那样乐观。处于沙漠之沿的绿洲小国或草原之上的游牧行国，连连混战，人心涣散，自顾不暇，绝对不可能归附中国。

末了，李邑还意犹未尽，觉得论据不够充实，又告了班超一状。说班超在西域拥娇妻，抱爱子，不愿回中原，根本不是为了国家。所以，班超建议陛下增加西域的兵力，只是为己所用。这一年，是建初八年（公元 83 年），班超在西域战斗的第十个年头，他已年过半百。

这段记录在史料中的密报说明了一件事情，那就是班超在西域有了一房塞人种的妾，并已生下了未来的西域长史班勇。中国古代按周制，实行的是一夫一妻多妾制，皇帝只册立一位皇后，其他是不同等级的妃。妻为娶，而妾为纳。妻与妾生的孩子有嫡、庶之分，关系到继承权。

班超在中原有明媒正娶的妻，已有了两个嫡子。李邑指控班超“拥娇妻”，而不是“拥娇妾”，这是给班超扣上了个重婚的罪名。娶两妻在古代也是犯罪行为，要处以一年的徒刑。可见一字之差，天壤之别。李邑“用心良苦”，只为害人。

李邑无端的告发让班超着实紧张了一段时间，得知消息的班超惊恐地对副手徐干说：恐怕陛下对我起了疑心，我命不久亦。为此，班超立即把那个“妻”赶回了娘家。

但是，章帝了解班超的为人，并没有起疑心，还下诏指责李邑：跟随班超在西域的中原将士有千余人，每个人都会思念家乡父老，怎么可能每个人都与班超同心？所听不实。并命令李邑面见班超。同时，章帝给班超也下了一道诏书，说，如果班超认为李邑适合在西域尽忠，就让他在班超手下当差。这当然是章帝刘炟给了班超一个制裁李邑的机会。

班超并没有利用这个机会收拾这个来自京城、心怀鬼胎的小人，而是命李邑护送乌孙王国的侍子返回洛阳。

班超的助手徐干很不理解班超的做法，对他说：卫侯李邑陷害你，否定我们在西域的成果，为什么不利用诏书把他留下来？让他也在大漠之边、戈壁之野的征战中，体验一下西陲将士的艰辛。送侍子返回洛阳的事，可以另派他人。

班超说：你的目光太短。正因为他陷害我，我才派他回去。只要自己觉得所作所为无愧于心，何必在乎别人的评论。为逞一时之能，把他留下，祸害西域的稳定，这才是对国家的不忠。

之后，为了让班超安心，章帝再派假司马和恭率兵800，增援班超。等到和恭的援军后，班超立即征召疏勒、于阗的军队，攻击莎车。

原本班超扶持的疏勒王忠，在莎车王的金银财宝的诱惑下，决定反汉。忠下令疏勒军队退出战场，退守乌即城（今新疆维吾尔自治区疏附县境内）。班超改立疏勒丞为新的疏勒王，动员效忠中国的部队攻打乌即城。但围城半年之久，一直没有攻下来。

由于忠的不忠，让原本平稳的局势变坏。当时，康居国与月氏国和亲，正处于蜜月期。班超派出特使赶赴月氏，面见月氏王，送以重礼，请月氏王从中斡旋，说服康居王不要干涉西域之争，将忠带走。此时，增援乌即城的康居军队已越过葱岭。

月氏国即我们历史教材中的贵霜王朝，中亚大国。康居依附月氏，故不敢得罪月氏。于是，康居军队裹挟忠与他的亲信返回，乌即城的守军投降。

两年后，疏勒前王忠向康居借兵，返回故土，陈兵损中城（乌即城附近），派人向班超诈降。班超识破忠的诡计，将计就计，允许忠带人来谈条件。

疏勒城中设了盛大的宴席，欢迎忠的回归。酒菜正酣时，没等忠的卫队动手，班超的刀斧手先下手砍了忠。忠的卫队被抓捕，忠的人头被送到损中城。康居军队自行回国。

这期间，北匈奴汗国与中原开通了边贸，大且渠伊莫訾王率众驱赶着1万余头牛羊南下，准备到边塞交易。南匈奴单于挛鞮长得到消息，派出部队，从上郡出发，中途拦劫，抢走了大半牲畜。

自此，南匈奴开始频频攻击北匈奴。双方在北匈奴驻地涿邪山发生遭遇战，南匈奴大胜。

针对当时的局势，武威太守上书说，现在北匈奴已经跟中国和解，南匈奴不断地攻击抢劫，可能会让北匈奴单于认为中国毫无诚信，会再次侵边。最好让南匈奴把抢夺的百姓和牲畜归还，以缓解北匈奴的敌意。

官员为这个提议吵翻了天，主要有两种意见。以太尉郑弘、司空第五伦为首的一派认为，不能归还百姓和牲畜。北匈奴连年侵边，抢走的边塞财物何止万头牛羊。以司徒桓虞、太仆袁安为首的一派认为，南匈奴应当归还抢来的百姓和牲畜。他们认为大汉王朝要讲诚信，既然北匈奴已臣服，就当与南匈奴同等对待。

两派因意见不统一大打出手，相互指责揭短，朝堂成为街市。此事长久未决，最后闹到了章帝刘炟处。30岁的刘炟当时已病重，但还是在病榻上做了决定，命人下诏：天下河流千万条，之所以海纳百川，是因为大海的地势低。泱泱大国，就是受点委屈，又有什么关系？这些年，北匈奴一直履行誓约，年年进贡。中国如果违背信义，岂不理亏？命令度辽将军庞奋，用双倍的价格从南匈奴处赎回所俘虏的百姓、牲畜，归还北匈奴。对于南匈奴英勇作战的行动，按惯例，论功行赏。

此时的塞外，北匈奴的势力越发羸弱，官员与民众纷纷背叛逃亡。

南匈奴在南部攻击，丁零人从北部攻击，鲜卑人在东部攻击，班超率联军在西部驱逐匈奴人扶持的西域诸国贵族中的反汉势力。北匈奴四面受敌，开始向更远的地域迁徙。鲜卑人甚至深入北匈奴腹地，大破北匈奴，杀了优留单于后凯旋。北匈奴内部大乱。自建初八年（公元 83 年）起的 4 年时间里，先是北匈奴汗国三木楼訾王率 3 万余人在五原郡边塞归降。之后，北匈奴汗国车利涿部，先后有 73 个小部落归降。屈兰储 58 个部落 28 万人，分别在云中、五原、朔方、北地归降。

远在西域的班超则征调于阗、疏勒等国的部队 25000 人，开始向一直对抗中国的莎车国发动最强势的一次攻击。莎车的盟友龟兹、温宿、姑墨、尉头组成联军增援莎车。

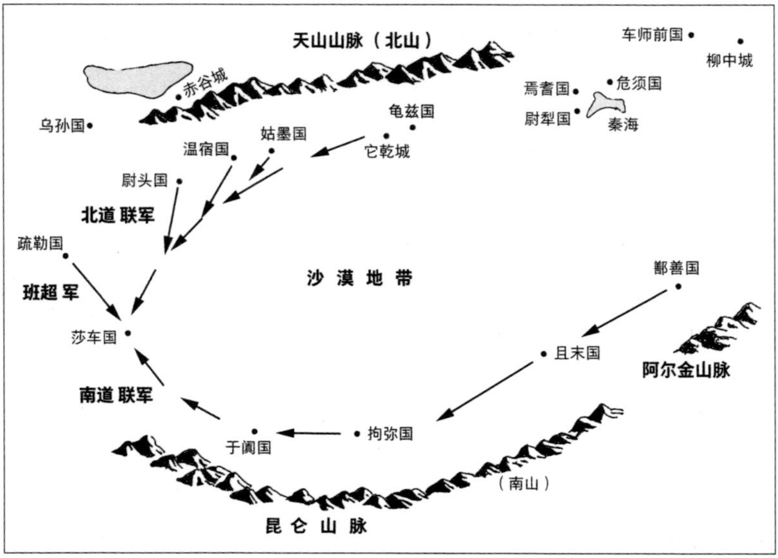

班超率联军击莎车形势示意图　李东绘制

面对敌众我寡的局面，班超召开军事会议。在这次的军事会议上，班超故作忧虑，提出让于阗王率本部先行撤回本国，疏勒军队也返回疏勒城。大家各自坚守，等半夜鼓声响起，各部集结，各自行动。命令下达后，班超安排卫兵故意放走之前的莎车俘虏，让他们“帮忙”传递消息。

龟兹、莎车的联军得到消息后，非常兴奋，提出分歼班超军的计划。龟兹王率 1 万骑兵在西去的道路上伏击班超，温宿王率 8000 骑兵在东归路上伏击于阗王，莎车军队在班超大军解体后击尾。

看着对方军队进行大调动，班超知道对手已中招。他立即封锁消息，集结部队，紧急备战。鸡鸣时，班超军团突然对莎车军营发动拂晓攻势，还在睡梦中的莎车军大败。班超军队斩敌 5000，莎车王投降。

这一战，班超威镇西域。

在中原，章和二年（公元 88 年）的四月九日，汉章帝刘炟在洛阳章德殿驾崩，时年 32 岁。10 岁的太子刘肇继位，为汉和帝。窦太后临朝听制。

刘肇当时并不知道窦太后是他的养母，他的亲生母亲梁贵人在他出生后不久便死于后宫之争。被整死的还有他的舅舅、外公及可能获得权力的娘家亲属。窦太后的美丽面孔下并不是一颗善良的心。

这位 20 来岁就寡居的皇太后，所能依仗和信任的当然是她的娘家兄弟们。大哥窦宪成为窦太后的靠山。慢慢地，窦宪身上恶的本性开始显现。

窦宪已是东汉“窦家班”的第四代人物了，在富贵中长大的窦宪为人睚眦必报。他当权后，对之前得罪过他的人多有报复。窦宪的门客告诫他：生来就富的人骄，生来就贵的人蛮。您生于富贵之家，现在又突然成为朝廷重臣，不可不知汉王朝自创立以来，皇后外戚20家，能全身而退的不过4家。教训不可不记取呀！

窦宪当然没当回事，依旧我行我素。不久之后，发生了一件谋杀案。

年轻的都乡侯刘畅从封国来参加刘炟的葬礼，被年轻的窦太后一眼相中，连连召见。窦宪怕自己的权力被分割，竟然派出刺客，在警卫森严的皇家场所把刘畅暗杀了。

刘畅是皇族，可见窦宪的胆子有多大。经过调查，真相大白，窦宪被禁困在皇宫中。这时候，窦宪怕被杀，请求出击北匈奴，以功赎罪。

为什么要出击北匈奴呢？当时北匈奴汗国发生饥荒，每年有数千人投降南匈奴。此时南匈奴单于是挛鞮屯屠何，史称休兰尸逐侯鞮单于。他看北匈奴破败，就给朝廷上了奏折说：可以趁北匈奴饥荒和内斗之际，出兵讨伐，彻底消灭北匈奴，使中原不再有边塞之忧。南匈奴愿意出兵效力，与中国大军一起远征。

窦太后觉得可行，但是朝中大臣反对。理由很简单，南匈奴与北匈奴并没有本质的区别，差别就在于单于这只领头羊是“狮子”还是“兔子”。如果中国帮了南匈奴，今后南匈奴的单于由“兔子”变成“狮子”，一样是中原的大患。北匈奴的存在其实就是对南匈奴的一种制衡。如果打破这种平衡，对中国来说并不利。何况北匈奴已到了不堪一击的地步，连鲜卑的部落都可以冲进北匈奴领地，任意抢劫、屠杀、攻击，中国只要坐观其变，就可以不出一兵一卒坐享其成。

窦太后并没有什么政治才能和大国视角，但她自己并不这样认为。她想让自己的哥哥完成这档伟业，淡化他杀人之事，以此来堵住众大臣的嘴。

章和二年冬季，十月十七日，杀人犯、皇太后的大哥窦宪被任命为车骑将军。窦宪为主帅，执金吾耿秉为副帅，率兵讨伐北匈奴汗国，抽调精锐部队及边塞 12 郡守军、羌部、南匈奴部集结。

第二年春，大军准备出塞时，三公九卿齐上书劝阻。

官员们认为，北匈奴已多年未侵边，且已向中国示好，连年进贡。目前毫无缘由地劳师远征，空耗国力，只图万里之外建功，这不是为国家未来考虑的举动。应该停止这次军事行动。更有官员在朝堂上摘下官帽据理力争，说，先帝刚去世，朝中正在守丧期间，大举兴兵，不合规制。新帝初登，应当先安内。现今北匈奴部被鲜卑击破，已经远逃，距边塞数千里。乘人之危，这不是正义之师。为什么只为赎窦宪一个人的死罪，而毁灭千万个家庭？北匈奴并没有背叛之意，而今中原时值春耕，需要劳力，突然用兵，百姓们会怨声载道。

此时的窦太后，不但拒绝停止进攻北匈奴，还下令给他的两个弟弟同时兴建豪宅。窦宪趁机打击、杀害反对派。

六月，联军兵分三路，向北匈奴汗国发动总攻。大军出塞 3000 里，登燕然山。窦宪令中护军班固在一块巨石上刻立功绩，记载大捷，这就是《汉书》中著名的《封燕然勒石铭》。汉赋艰涩难懂，以现代文体的韵味对全文编译如下：

皇帝舅父车骑将军窦宪，为人公正，辅助圣君，佑护皇家，总理万事，政清人和。

永元元年（公元 89 年）七月，与执金吾耿秉，奉旨出征，聚鹰

击之将，虎贲之士集结朔方。天子王师，六军俱备，及南匈奴、东胡、乌桓、西戎、氐羌各部首领，共计骁骑10万。

主帅窦宪，指挥若定，战车四路并进，辎重遮蔽道路，达13000辆。大军因地制宜，陈兵八阵，向前推进。神威震撼，铁甲耀目，红旗遮天。

出鸡鹿塞，跨阴山，经碱滩，越盐泽，踏瀚海大漠。

斩温禺王头，祭战鼓，诛尸逐王血，洗剑锋，四方校尉，纵马扬鞭，如入无人之地，以雷霆之势，扫荡万里，无一残寇。

全境征服，凯旋。查地理山迹，穿越涿邪谷、跨过安侯水、抵达燕然山。车碾冒顿宫院，火焚老上祭坛。至上，雪高祖、文帝屈辱，圣君有灵，得以心慰。至下，保万世子孙以平安，开疆拓土，振强汉之天威。

现，封山刊石，刻字铭事，永记丰功。

其辞曰：铄王师兮征荒裔，剿凶虐兮截海外。敻（xiòng）其邈兮亘地界，封神丘兮建隆嵑，熙帝载兮振万世！

这次远征，三路大军会师涿邪山，共杀敌13000，俘获牲畜100万只，北匈奴81个部落20余万人归降。

之后，窦宪派使节携带贵重财物，到达北匈奴王庭西海，以皇帝的名义颁发赏赐，游说北匈奴单于向呼韩邪单于学习，对中国俯首称臣。单于答应率领部众南返。此时，大军已入塞，单于派弟弟右温禺鞮王，携贡物到洛阳当侍子。但是，窦宪认为，单于没有亲自入洛阳，自己很没有面子，就报告窦太后，驱逐北匈奴人质。

自此，窦氏家族更加骄横放纵，祸乱朝政，侵扰百姓。

到了永元二年（公元 90 年），窦宪派副校尉阎砻率 2000 骑兵，攻击驻防伊吾卢的北匈奴部。北匈奴败走，车师国震恐，前王、后王都派出王子到长安入侍。

在汉王朝北征匈奴时，西域的班超则与贵霜王朝打了一仗。

当时贵霜王朝的国王是迦腻色伽一世（约公元 78 年—102 年在位），是之前提到过的大月氏翕侯丘就却的孙子。罗巴塔克铭文记载，此人在先祖的基业上，南征印度，占领了娑枳多、桥赏弥和华氏城，疆土远至室利瞻波。疆域西起现今伊朗边境，东至恒河中游，北起锡尔河、葱岭，南至纳巴达河。迦腻色伽一世在位时，将都城迁至犍陀罗地区的富楼沙（今巴基斯坦的白沙瓦），使这一地区成为帝国的统治中心，人口达到 1000 余万。

迦腻色伽一世开始窥视西域，于是先派出一个使节团，越过葱岭到疏勒面见班超。使节带来了珍宝、狮子、麋鹿等贵重礼物，想与中国和亲，娶汉家公主。

迦腻色伽一世曾帮过班超的忙，说服康居国撤兵，还出兵帮班超打过仗。但是班超直接拒绝了和亲的请求。

为什么迦腻色伽一世想与中国和亲呢？因为当时贵霜王朝处于中亚丝绸之路的交通要道上，是中国丝绸、漆器，东南亚香料，罗马玻璃、麻织品等货物交易的集散地。如果与中国建立了友好的关系，贵霜王朝就可垄断中国货物的进出口市场，在东西贸易上有利可图。

为什么班超直接拒绝了和亲要求呢？班超出身史学世家，非常了解汉初与匈奴冒顿单于、老上单于和亲的历史。和亲是一种无奈的权宜之计，是弱国对强国的示好，但此时的汉王朝已非常强大，四夷臣服。中国公主怎么可以成为他国之妾?

被拒绝之后，迦腻色伽一世派出7万大军，东征西域。消息传来，将士皆慌。当时，班超手下的汉军不过千余人。但是班超很坦然，他采取了以下对策：一是坚壁清野。葱岭就是天然的屏障，7万大军的粮秣供给是大问题，游牧民族习惯以抢劫为生，以战养战，不重视后勤保障。二是伏击月氏人前往西域他国的使节。因为月氏的大军到达，粮秣供给不足，一定会向龟兹等国借买粮草。按班超的估算，月氏大军最多坚持10天。

正如班超所料，月氏军攻城不入，就派使节携带金银去龟兹买粮。结果，中途被汉军伏击，使节的人头被直接送到了月氏军中。于是，月氏将军主动请罪退兵。

这一仗，班超打出了大汉国威。自此，月氏人继续经营他们的贵霜帝国，改变策略，向无障可守的印度西北部开拓疆域。

迦腻色伽一世是虔诚的佛教徒，并未因此战与汉结仇。之后，两国友好往来。大量的佛教徒经过西域商道开始涌入中原传教。凭借贵霜在中亚丝绸之路上的贸易，源自波斯的摩尼教和古罗马的景教（基督教聂斯脱里派）也由此进入西域。

由于北匈奴单于未亲自到洛阳向汉朝示好，这年秋季，窦宪的大军进驻凉州，准备再次攻击北匈奴。

由于送到洛阳的人质被遣返，北匈奴汗国单于再次派使节到边塞，表示归降，请求入朝朝觐汉和帝刘肇。窦宪派班固出塞迎接北单于。

同样得到消息的南匈奴单于派出军队出鸡鹿塞，向北匈奴单于部发动攻击。北匈奴单于苦战，身受重伤，在卫队的保护下逃离。单于的阏氏被俘，北匈奴在此战中损失了 8000 人。

而南匈奴的势力日渐强大。

班固空手而归。而窦宪此时下定决心要将北匈奴彻底消灭。他派左校尉耿夔、司马任尚率军出居延塞，攻击金微山，大破北匈奴主力。北匈奴单于再次逃脱，不知去向。这次远征，汉军出塞 5000 里，自汉对匈奴作战以来，这是出击距离最远的一次。到达的位置大概在今天的阿尔泰山附近。北匈奴单于逃跑的路线，估计由伊犁河上游再迁往锡尔河上游的康居，到达欧洲的边缘。

因为这一支北匈奴逃离了中国的地理范畴，对中国已不构成威胁，但对西方世界来说则是一个灾难。北匈奴最终跑到了哪里呢？

200 多年后，有一支强大的匈人部落突然出现在黑海北岸，再一次引发了多米诺骨牌效应。黑海北岸的西哥特人被驱逐，向西侵入多瑙河上游，而原本在此地的汪达尔人向西攻占罗马帝国，古罗马在这一波波游牧民族的攻击下灭亡。《波斯史》将这群凶悍的游牧部落称为“上帝之鞭”。

至于这些人是不是金微山之战逃亡北匈奴人的后裔，因为无据可考，已成为史学界的未解之谜。

窦宪立了大功，开始任用亲信。全国各地的刺史、太守、县令多由窦氏家族推荐。朝中官员开始见风使舵。

北匈奴单于北逃时，他的弟弟自称单于，率领自己的部落在西域的蒲类海游牧。他派使节到边塞，要求归附。窦宪主张派出使节迎接，封其为单于，与南匈奴同样待遇。朝中大臣仅袁安、任隗（wěi）反对。

袁安、任隗认为：朝廷现在养着南匈奴，已经耗资巨大，如果再树个北单于，负担将更重。应当让南匈奴回王庭，让他们自给自足。消灭北匈奴最早就是南匈奴的建议，现在北匈奴远迁，再立一个北匈奴单于，南匈奴会觉得中国失信，我们还有可能失去乌桓、鲜卑对中国的信任。朝堂上，窦宪与袁安辩驳时，窦宪盛气凌人，当众威胁袁安，但袁安坚持自己的主张。

这一年，汉和帝刘肇刚 14 岁。有官员倡议大家拜见窦宪时称“万岁”。尚书韩棱很生气，警告这些官员说：对上交往不献媚，对下交往不傲慢，这是为人臣的标准。这才避免了一次荒唐的“表演”。

迫于压力，刘肇采纳了窦宪的主张。但是小皇帝已开始谋划下一步计划。

正直的官员，往往会将生死置之度外。司徒袁安的所有奏章都是由主簿周荣起草。窦氏集团就有人威胁周荣：窦家的刺客遍布京师，你小心点！而周荣的回答是：我一介书生，得以为国家服务，纵然被害，也心甘情愿。回家后，周荣告诉妻子：“如果有一天我发生意外，不要收敛我的遗体，就让我的蝼蚁之身，唤醒皇帝！”

年幼的汉和帝心中明如镜，他只是在等待时机。他得到信息，窦氏家族的党羽势力已准备谋杀他。皇帝与大臣们被隔离，少年天子根本没有与袁安这类大臣单独接触的机会。皇帝身边信得过的人只有几名宦官，还有一位值得信任的人就是哥哥清河王刘庆，几人共同研究了汉创立以来外戚的毁灭过程。终于，决定动手了。

这一年的六月二十三日，窦宪从西北返回洛阳。汉和帝刘肇到达北宫，派人出城迎接，同时下达了三道命令：一是，负责京城治安的执金吾及北军的五位将领备战，保护南宫、北宫。窦宪入城后，关闭城门，抓捕窦氏集团的主要成员，立刻诛杀。二是，派人前往大将军府收缴窦宪的印信，改封冠军侯。三是将窦宪的几个兄弟遣送回封国。到达封国后，命他们自杀。

一个 14 岁的皇帝与 15 岁的亲王，外加宦官首领郑众，就可以把权倾一时、占据几乎所有重要岗位的窦氏集团灭了吗？视听政的窦太后为何物？

如果我们做一分析，也许是有这种可能性的。

在任何一件事中，最重要的部分只占整体的一小部分，约 20%，其余 80% 尽管是多数，却是次要的，这就是“二八定律”。以这个标准去分析当时的官员，可以得出结论，朝中重要的官员只占 20%，其中窦氏占 10%，窦氏的反对派占 10%。其他的官员属于哪一派并不重要，因为这占多数的官员每人心中都有一个风向标，正义占主导时，他们欢呼；邪恶处上风时，他们沉默。

窦氏集团有恃无恐，大家看在眼中，敢怒不敢言，只能静观其变。当小皇帝突然决定打击窦氏集团，只要消息传出去，窦氏集团内部会马上分裂，又有 8% 的人急于洗白自己，2% 的人困兽犹斗。但长期以来的自以为是，让这 2% 的“困兽”的耳朵和眼睛早就失灵了。

这样一来，皇权一出手，就会获得绝大部分的支持。虽然，在史料中对此次政变的记录一笔带过，没提汉和帝背后真正的操盘手是谁，但是忠于国家者大有人在。宦官就是联络员，在行动之前，他们以密使的身份打通了所有关节。除了宦官郑众之外，还有一个关键人物，就是发明了纸张的蔡伦，他曾是窦皇后身边的宦官，知道窦皇后谋害其他妃子的全过程。蔡伦看不惯把持朝政的窦氏集团。他当时是和帝刘肇身边的中常侍，是负责传达诏令、掌理文书、参与朝政的高等宦官，可以与其他高官直接进行沟通，在汉和帝的夺权过程中扮演了重要角色。

最终窦氏集团覆灭了。跟着倒霉的还有班固，他与窦宪的其他同党被一并抓进监狱，后死于狱中。班固有何罪？得势时，他的家奴都敢辱骂洛阳令，所以被骂的洛阳令奉命抓捕窦氏门客时，一并把班固也收拾了。

那位还等着当北匈奴单于的挛鞮于除鞬得知窦宪被杀，拔营北返。在刘肇的指挥下，挛鞮于除鞬被追击的汉军所杀。北匈奴留下的大片牧场，鲜卑部落进行了填补，土地上的匈奴百姓也就自称是鲜卑人了。

北匈奴失败后的远徙，给统一西域创造了前所未有的有利条件。

班超打败月氏军团后，兵锋直指龟兹。如果班超联系乌孙，从北越过天山，于阗、鄯善从南越过大漠，疏勒、莎车由西穿过戈壁，一起对付龟兹，以龟兹的实力是无法抵挡的。

现任龟兹王是北匈奴所立的尤利多，他知道曾经称霸西域的梦已不可实现，主动率姑墨、温宿、尉头等国投降班超。

永元三年（公元 91 年）十二月，洛阳。朝议决定，重设西域都护府和戊、己校尉，任命班超为西域都护，徐干为长史。封龟兹侍子白霸为龟兹王，由司马姚光护送白霸回西域。原龟兹王尤利多被送往洛阳。

白霸长期在洛阳生活，熟悉中原的人文法制，酷爱中原的礼乐制度。他登位后，龟兹开始了一个新的发展方向：亲中原、排匈奴、稳商道、重贸易、促农耕、强畜牧……一系列的中原式变革，使龟兹迅速恢复活力。

西域都护府设在龟兹绿洲上，班超移师它乾城，副手徐干屯疏勒。此时的西域，只有焉耆、危须、尉犁因为曾帮北匈奴攻击过西域都护陈睦，怕汉军报复，处于观望状态。西域其他小国，皆已归顺。

班超没有忘记他的战友、前任西域都护陈睦之死。陈睦血洒高昌壁已 20 年了。20 年前，班超带着自己的 36 名勇士纵横西域。20 年后，一场即将爆发的决战，象征着西域全部回归中国。

永元六年（公元 94 年），西域都护班超调集龟兹、鄯善等环焉耆国的八部力量共 7 万人，从四面围攻焉耆国。大军抵达焉耆城下，抓捕焉耆王广、尉犁王泛等。到达高昌壁后，将他们斩杀，以祭奠血战高昌、为国尽忠的陈睦和他的数百名将士。之后，这些小国国王的人头被送往洛阳。

班超立焉耆左侯元孟为王，自己留驻焉耆一年，以稳定局势。

至此，葱岭以东的西域诸国，皆为汉土。东西贸易之路畅通无阻。

尽管货物能从地中海运往中国，但是中国本身在穿越印度洋与罗马的贸易中并没有扮演重要角色。对当时的汉王朝来说，外面的世界还仅限于张骞时代的《大宛列传》里提到的那些国家。还没有一个官员跟着商队走过全线的贸易通道。于是，班超决定派出使节，翻越葱岭，去看看外面的世界。

班超曾翻越葱岭到达悬度，回到它乾城之后，班超派甘英出使大秦。

甘英是班超身边的掾（yuàn）吏。“掾”为属官的通称，“掾吏”即起辅助作用的官吏。定远侯、西域都护班超一统西域诸国后，首要问题就是保持西域的稳定。汉军在西域屯田，应尽量不耗费中原的财力和人力。

了解葱岭以西的世界，寻找可以结盟的朋友，这便是甘英此次出使的目的。

丝路那一端的大秦也许是理想的盟友，只是大秦在哪里？有多远？什么状况？那些远道而来的商人或赞扬或贬低的话似乎都不可信。“大秦”是中国史籍对罗马帝国及周边地区的称谓。当时最远的商人来自罗马，丝路的终端。史料中，罗马帝国先后五次派使者到达洛阳。至公元 284 年后，再无罗马遣使的记录。那时候，匈人进入了欧洲，罗马分崩离析。

在漫长的丝路上，汉商并没有起到主导作用，这是我们的文化基因所导致的。在当时大兴儒学的社会氛围下，实行尊儒、重农、抑商的政策，商业并非汉帝国发展的重心。加之“父母在，不远游，游必有方”的行为准则，离开家乡，远行经商的人并不多。再者，作为天朝大国，中原物产丰富。而西行之路充满了艰难险阻。西来的货物中，除了植物种子外，其他物品如琥珀、犀牛角、金银器之类皆属于奢侈品，并非人民生活的必需品。种种因素，造成中原商人在丝路贸易中没有成为主角。

史料中记载，甘英受班超的命令远行是在永元九年（公元 97 年），但这也许是甘英回归的时间。

我们按甘英的路线图向前推。由都护府它乾城骑马西行至皮山需要15天，从皮山过悬度、经罽宾至乌弋山离需要60余天，又行百余日穿越伊朗高原到达条支国，再行60余日到达安息国。单程需要八个月左右。这个时间乘以二，就是往返时间，可以推出甘英出发的时间应当在永元八年（公元96年）初，并在永元九年年中回归西域它乾城。甘英应当是跟着实力强大且与汉朝关系非常密切的一支商队同行。

甘英到达了西海，现今的波斯湾一带，再没有前行。

在安息国，向导告诉甘英，到“大秦”有两条路，一条是海路，一条是陆路。走海路比走陆路近。

数百年后的《后汉书》中，是这样描述这段故事的：

安息的向导变成了一个水手，给甘英讲述了一段故事。向导说，到大秦必须坐船，如果碰上顺风，需要三个月，如果是逆风，就要2年才能到达，所以去大秦要准备3年的口粮。且海上风浪无测，前途未卜。人在海上，会思慕家乡，还有妖孽作怪，风险极大。甘英听罢，不敢前行，被吓了回来。

从史料分析，安息的向导告诉甘英的应该是一段希腊神话故事。这个故事的主角是塞壬，她是河神埃克罗厄斯的女儿，长着美女的头颅，有着鸟的身体。由于与缪斯比赛歌喉输了，被剪去双翅。失去翅膀的塞壬只好在海中的岛屿上游荡。有时她会变成姿容娇艳、体态优雅的美人鱼，用她动人的歌喉吸引过往水手，使他们迷失方向，触礁死亡。船队通过时，要用蜡封住耳朵，用绳索将身体绑在船桅上才能安全。

这原本是甘英归来时讲的途中趣闻，在《后汉书》中竟变成了甘英不敢前行的原因。

早于《后汉书》百余年的《后汉纪》中，不但记录了向导告诉甘英走海路的路线，还记载了走陆路的路线图。

在《后汉纪》中，安息向导告诉甘英，从安息走陆道绕西海北行也可以到达大秦。这条路上人口密集，治安良好，无盗贼土匪，但有一段路要过平原和山地，常有野兽攻击行人。如果没有百余人的队伍带着武器自卫，很难通过。

可见，当时的安息向导对甘英非常诚恳，极力想促成甘英出使大秦，并告诉了所知的大秦的风土人情、奇闻趣事。

甘英出使，过悬度、越雪山、上高原……历经千险万难到达安息，怎么可能会因为一段吓人的故事就前功尽弃，无功而返呢?

甘英是北方人，这是他第一次见到大海。在古代的地理概念中，这里已是天涯海角。出使前班超自然有交代，要甘英随机而行。此行是为了考察军事地形与结交盟友，而大秦路途遥远，已失去联盟的价值，这应该才是甘英东归的真实原因。

《后汉书》比《后汉纪》的名气大，后人只看到了《后汉书》中的记载，少有人用心去翻阅更接近甘英西行真相的史料对照研究。所以，一位征战西域的勇士，让后人解读成了知难而退的行者，进而上升到“失去一次中国与古罗马直接对话的机会”的高度。

甘英的出使达到了班超的目的。回归后，甘英详细地介绍了西行沿线的军事、兵要、地志、人文、物产。当时，班超之子班勇已成年。他记录了甘英所述的经历，写成了《西域风土记》。班固死于监狱后，妹妹班昭继续修编《汉书》，采用了相关记录。

北匈奴单于部被赶走后，塞北草原上游牧部落的平衡被打破。那几年，南匈奴开始不断叛乱。叛乱的原因是多方面的，先是来自内斗，后是由于负责管理南匈奴的边地官员挑拨离间，割裂匈奴单于向洛阳朝廷控告的渠道，逼迫南匈奴反叛。没有随北匈奴单于逃亡并向汉朝投降的北匈奴部落在此期间再次叛乱，突出边塞，向西北逃离，进入西域。

汉和帝刘肇虽然年少，但天资聪慧，很快发现了问题所在。之后，逼反单于挛鞮安国的两名高官被召回洛阳处死。

甘英出使归来那年，南匈奴一部叛乱，出塞。这一年，在西域，车师后王涿鞮叛乱，攻击车师前王尉卑大。起兵的原因是戊己校尉索頵（jūn）预谋罢黜涿鞮，立破虏侯细致为王。涿鞮认为，是车师前王尉卑大出卖了自己。于是，涿鞮反击车师前国，捕获车师前王尉卑大的家人。

匈奴与汉王朝在西域地区争夺的重点是车师前国、车师后国、东且弥、卑陆、蒲类、移支，也就是争夺对塔里木河以北的“车师六国”的控制权。

“车师六国”的战略地位十分重要，北与匈奴游牧地相接壤，从车师前国向西可以到达焉耆北道，从车师后国向西可以到达乌孙。这个地区的争夺战一直十分激烈。虽然北匈奴单于远逃，但匈奴部落在西域和漠南、漠北依旧大量存在。

永元九年，西域长史王林征发了凉州刺史部六郡的军队以及朝廷可以调动的周边氐羌部落的武力讨伐涿鞮，抓获了车师后国千余人。车师后王涿鞮向北逃入北匈奴牧界，被汉军抓到之后斩首。长史王林随即立涿鞮之弟农奇为车师后国国王。

当时，在羌夷部落也常发生朝廷派出的官员与当地头领不合而引起的叛乱。其实很多叛乱都可以用“官逼民反”来概括。在历史记录中，我们可以看到详细的平叛过程，但只能在只言片语中分析出叛乱的起因。

班超时代，丝路贸易非常繁荣，以致罗马人的购买力对中亚东部的钱币设计产生了影响。丝路货物的集散地在月氏人的贵霜王朝的大都市，这里汇集了来自印度、中亚、中国的各类货物。中国的丝绸成为罗马的贵族时尚。甘英应该专门考察过这里，甘英之后，不断有来自中国的使节到达。

同一时期，中国与波斯的交往变得更加频繁。运往中国的货物一度都被称为“波斯货”。这一切，当然与班超驻守西域、维护这条重要的通道有着极大的关系。

甘英之后，中国与罗马并没有直接的交往。那一时期，中国人对喜马拉雅山脉之外的印度洋和地中海地区知之甚少。罗马帝国的目光也没能越过高山、荒漠盯上中国，而是将波斯视为猎物，以攻占波斯为目标，从而统治世界。显然，那时候罗马人并不知道世界有多大，也不知道中国有多大。

永元十四年（公元 102 年），70 岁的班超给汉和帝刘肇写了一封奏折。在这封折子中，班超很伤感地告诉和帝：“我已老了，不奢望能走到酒泉郡，只敢盼望能活着进入玉门关。现在派庶子班勇随安息王国朝贡的使节团一同入塞。我想在活着的时候，能让儿子亲眼看看祖国的大好河山和家乡的风土人情，再代我祭奠先祖的陵墓。”

妹妹班昭也有 30 年没有见过哥哥了，于是有了班昭为班超请归的奏折。汉和帝刘肇很感动，下令召班超返回洛阳。这年八月，班超抵达洛阳。因疾病缠身，班超于九月去世。

这位投笔从戎的英雄在西域生活了整整 30 年，为西域的统一和稳定耗尽了心血。在他离开后，西域很快就乱了。

四、得失之间

接任班超的是戊己校尉任尚。《后汉纪》记载了班超的《答任尚书》。

出于礼貌，任尚向班超请教：请问，您在西域30余年，肯定积累了宝贵的经验，现在由我来接替您，接下来的事该如何办？我的能力浅薄，向您讨教一下！

班超说：我老了，记忆衰退，智力减弱。你屡次独当一面，担任高官，我怎么能跟你比呀！一定要让我留下点建议的话，我就说说管理西域的办法吧！来西域的官吏、士卒都不是孝子贤孙、奉公守法之辈，基本都是犯了法被发配充军，是以功赎罪之流。而西域各国人心涣散，很难把他们团结在一起，他们容易一哄而散。你的个性太强，性子又急，要明白一个道理，水清则不能养大鱼。明察秋毫的严苛，会让你失去人心。最好的办法就是放宽尺度，力求简单，凡事睁一只眼闭一只眼，不要过于注重细节，也不能在背后做小动作。宽恕他们的过失，把握住大方向就可以了。

其实，班超在西域就是这样做的。

永元六年秋，班超率龟兹、鄯善等环焉耆国的八部力量共7万人击焉耆、危须、尉犁。

大军行到尉犁时，班超派使者通告三国国王："你们要想悔过，国王必须来迎接、犒劳大军。若如此，王、侯都有重赏。"

当时，焉耆王广看到使者送的500匹丝绸，动心了，就让左将北鞬支送来酒肉，迎接班超。班超的部下建议杀了北鞬支。班超说，这个人是焉耆的权贵，如果杀了他，焉耆国就会加强防务，坚守要塞，会造成我方的重大损失。于是，班超送给北鞬支贵重的礼物，放他回去。

焉耆王广见北鞬支平安回来，亲自到尉犁迎接、面见班超，并送上国礼。

班超的目的是降伏焉耆，并不是只要焉耆王广的人头。

焉耆王从尉犁返回后，立即命人拆掉通往焉耆国的桥，但是班超的联军已从旁道进入焉耆国，在距王城20里处驻扎。焉耆王大惊，想带人逃到山中顽抗。焉耆国左侯元孟悄悄派使者向班超报信。为了稳定焉耆国贵族，班超命人杀了元孟的使者。

之后，班超邀请焉耆王广、尉犁王泛等30余名贵族参加宴会，并以贵重物品诱惑。但只来了13个人，危须王、焉耆国相等17人参与过围攻西域都护陈睦的战争，怕被诛杀，逃跑了。

宴会开始后，班超突然发难责问：危须王和焉耆国相为什么逃跑？然后下令抓捕了焉耆王广、尉犁王泛。这只是班超的策略，而之后发生的事，则是班超应对西域联军的办法。

西域各国的军队在焉耆开始了抢掠，最终斩杀5000多人，俘获15000人和30万头牲畜。对于这样的行为，班超不支持、不反对、不表态。原本这些军队就是为抢劫才愿意出征。对没有受过"礼义廉耻"

教育的游牧民族谈“仁义之师”，不是对牛弹琴，而是为了诱发西域联军内斗。

“纵兵抢掠”本就是匈奴与西域诸国鼓励士兵战场杀敌的手段。可以肯定，这种入乡随俗的“征战”，在历次西域战争中，办法一样，效果相同。

为什么立元孟当焉耆王呢？因为元孟曾在洛阳当侍子，亲中原而反匈奴。诛杀焉耆王广，一是因为广参与了攻击陈睦之战，二是因为广曾在匈奴当侍子，亲匈奴而反中原。

这其中的道理，任尚虽然当了戊己校尉，但并不了解。所以，听了班超的经验和忠告后，任尚不以为然，反而私下里对亲信说：“我以为班定远会有奇策，而他的这番建议，竟然如此简单。”

任尚如此傲慢，是因为他有过治理一方的经验和教训。看看任尚在进入西域都护府之前的简历：

章和二年至永元元年（公元 88—89 年），担任护羌校尉府长史。参加了攻击羌人烧当部落首领迷唐的战争。

永元三年（公元 91 年），担任大将军窦宪军队的司马，率兵出居延塞，参加了攻击北匈奴的“金微山之战”。

永元四年（公元 92 年），任中郎将，屯驻西域伊吾卢，持符节护卫北匈奴投降的残部。

永元五年（公元 93 年），北匈奴残部在西域蒲类海重燃战火，任尚率兵翻越天山，参与了平叛战斗，击斩首领於除鞬并勒石记功（《任尚碑》在新疆巴里坤松树塘被发现，史料无记载）。

永元六年（公元 94 年），任乌桓校尉，率鲜卑、乌桓兵参与平定归降的北匈奴再次叛乱的战斗。

后来，任尚调任驻屯车师的戊己校尉。这个时间应该在永元九年（公元 97 年），即在乌桓校尉岗位上任职满三年、汉军平定车师后国涿鞮叛乱之后。

永元十年（公元 98 年），班超回归，任尚出任西域都护。

如果说班超是位儒将，任尚则是位悍将。所谓儒将，是指运筹帷幄，决胜千里，以团队的胜利体现个人价值；所谓悍将，是指急功近利，只顾眼前，以个人的功绩凌驾团队贡献。

任尚与班超的差距在于，任尚习惯于暴力统治，并无文功相辅。他并不具备独当一面的能力，只用了四年时间，他就毁掉了班超三十年的功业。

任尚在西域为所欲为时，中原并不平静。羌人叛乱不断，皇室危机重重。

永元十六年（公元 104 年），北匈奴汗国派使节向中国进贡称臣，请求和亲，愿与汉恢复呼韩邪单于时代的盟约。汉和帝刘肇认为北匈奴多变，并无诚信，拒绝接见北匈奴使节，但仍然给予了重赏。

元兴元年（公元 105 年）冬季，汉和帝刘肇在章德前殿驾崩，时年 27 岁。

刘肇在世时，先后与后宫妃子生有十多个孩子，但是这些孩子不断地夭折。后来就把生下来的皇子送到民间抚养。刘肇死后，两个还活着的皇子被抱回来，立不知名的妃子所生仅百天的刘隆为皇帝，是为汉殇帝。尊皇后邓绥为皇太后。

汉和帝刘肇在位 18 年。在位期间，平窦氏外戚，亲理政务，劳谦有终；赈济灾民，减免赋税，安置流民，清明政治，平定西域，复置都护，降服匈奴，善待羌夷；清理冤狱，恤鳏寡，矜孤弱，薄赋敛。国力鼎盛，史称“永元之隆”。

“光武中兴”“明章之治”“永元之隆”长达 80 年。在四代君主的治理下，和帝刘肇将王朝的弦线拉到了最大值，垦田 732 万顷，人口 5325 万。但盛极必衰，任何一个历史王朝步入顶峰，都面临着衰落。

刘肇在世时，封诛杀窦宪有功的宦官郑众为鄛（cháo）乡侯，食邑 1500 户。这位郑众并非像后世那些无恶不作的太监，而是贤德之人，他开了中国历史上太监封侯的先河。既然封侯，自然干政。隐患的种子就此埋下。自此，外戚与宦官先后登上了历史舞台。

得知汉朝的皇帝死了，北匈奴再一次派使节到敦煌进贡。使节非常可怜地说：匈奴汗国穷苦，没有贵重的礼物，请求中国派使节前往北匈奴，愿派侍子到洛阳为质。此时，太后邓绥按大臣的建议，只给予赏赐，对北匈奴提出的请求不做答复。

北匈奴两次遣使事件，说明北匈奴依旧存在，他们的王庭在哪里呢？西域还是塞北？不知道。选择去敦煌进贡，他们的根据地应该位于天山以北或阿尔泰山之麓的某个天然牧场。显然，窦宪灭北匈奴，只是灭了某个部落而已，北匈奴并没有消失。

汉和帝刘肇去世的第二年，1 岁多的汉殇帝刘隆夭折。皇太后邓绥与哥哥车骑将军邓骘（zhì）、虎贲中郎将邓悝（kuī）密商后，立清河王刘庆 13 岁的儿子刘祜为帝，是为汉安帝。太后邓绥临朝听政。

这一年，北地人梁慬（qín）被任命为西域都护府副校尉。梁慬走马上任，才到河西，求救信就来了。这封求救信是西域都护任尚快马传递而来。西域多国叛乱，联合攻击在疏勒的任尚。西域都护府设在龟兹的它乾城，为何任尚跑到千里之外的疏勒去了？或许这正是任尚行事鲁莽、任意作为的具体表现吧。

梁慬率河西四郡的羌胡骑兵 5000 人驰援。救援的大军刚出玉门关，西域联军闻讯后各自撤退。

对于西域诸国叛乱之事，朝廷意识到任尚处事不当，调他回洛阳，以缓解矛盾，并任命段禧为西域都护。段禧、梁慬等人上任后，固守它乾城。梁慬认为它乾城的城池太小，不够坚固，于是说服龟兹王白霸，迁都护府到龟兹城内。白霸本身就是汉朝任命的龟兹王，愿意与都护府共存亡。但是，龟兹的官员与百姓坚决反对。其中一个原因是，梁慬所带的兵是羌胡人和原西域都护府的汉军，汉军中多是因罪充军的人，所以这些人与强盗无异。

梁慬进入龟兹城，集结军队八九千人。白霸的反对者跟温宿、姑墨两国结盟，集结数万人，围攻龟兹城。数月缠打，梁慬军队胜，斩杀万人，龟兹的局势方定。

段禧、梁慬等人虽然固守龟兹，可是西域北道诸国的抵制不断，切断了由西域通往玉门关的沿途驿站。西域的状况，朝廷全然不知。于是，朝廷官员讨论，认为西域远在天边，又叛乱不断，屯兵垦田的费用庞大，朝廷已无力负担。

永初元年（公元 107 年）六月二十二日，邓太后决定撤销西域都护府。她派骑都尉王弘率关中部队出玉门关，迎接段禧、梁慬和驻伊吾卢、柳中城屯田的将士退入玉门关。在迎接回归将士的队伍里有班超的两个儿子——长子班雄、三子班勇。

丝路之道，再次中断。

任尚接手的是一个和谐稳定、视中原王朝如父母的西域。4 年时间，这里变得一片混乱，以致多国联合起来，武装攻击都护府。史书中并没有调查结论，但我们可以推断，从车师到疏勒，任尚不断实施敲诈、勒索、暴虐、侮辱，以致沿途各国奋起抗暴。

任尚最后的命运是怎样的？

元初五年（公元 118 年），汉朝平定持续多年的羌乱之后，封度辽将军邓遵为武阳侯。因邓遵是邓太后的堂弟，赏赐优厚。时任中郎将的任尚不满，与邓遵争功，因虚报斩杀羌人的数量，接受贿赂，贪污军饷数额巨大等违法乱纪的事遭举报。之后，任尚被押解到洛阳，在闹市中被斩首，暴尸街头，家产归公。这似乎是历史上那些大贪官最后的共同结局。

汉安帝刘祜的时代，可以用一个字概括：乱！天灾与人祸并举。这时候朝廷的情况是：帝幼太后壮，臣弱外戚强。宦官郑众、蔡伦已成为邓太后的心腹。

平心而论，在两汉太后中，年轻的皇太后邓绥是很有爱心和良知的，也有一定的执政能力，邓太后的兄弟们也比较收敛。但对于王朝来说，皇权认知和官员、百姓的想法，原本就有因阶层不同造成的意识上的巨大差距。当权力达到顶峰时，当权者很难听得不同的意见。皇权之错不可纠，当权者宁可失去性命，都不愿失去权力。

光武帝刘秀称帝后，对之前汉王朝皇帝一连数世失去权柄的现象进行了透彻的分析。他认为，这种情况主要是因为高官把持朝政造成的。为了改变这一乱象，他在制度上限制司徒、司空、太尉“三公”的权力，政务实际负责人则成为皇宫直属办事机构尚书，“三公”成为摆设。但是刘秀没有预见到王朝在发展过程中会遇到各种新问题。

刘秀之后，朝中重要大臣失权。当皇帝无能时，实权就转移到了外戚身上，皇帝能宠信的只有身边的宦官。外戚、宦官争相举荐自己人，形成利益集团，把向朝廷举荐人才变成交易，造成官员们打击贤良、贪污腐败、欺压百姓、逼反蛮夷的局面。

两汉是阴阳学说发展的鼎盛时期。元气阴阳学说得以神学化，渗透国家治理、意识形态、自然科学等重要领域。官员、百姓则利用阴阳理论来解释各种天灾与人祸的关系。按“天人感应”的理论，“天地之气，合而为一，分为阴阳，判为四时，列为五行”。天与人之间的阴阳之气可以同类感召，也就是说，天阳则人阳，人阴则天阴。“阳尊阴卑”成为不变的道理。从道德层面上来说，阳是仁、善，阴是恶、暴。

伴随汉军撤离西域，永初元年（公元 107 年）至元初四年（公元 117 年）这十年间，看看中原都发生了哪些重大的天灾及人祸：

公元 107 年，宦官郑众、蔡伦干政。位列九卿之首的太常周章，在殇帝夭折后，因群臣对立刘祜为帝不满，准备关闭宫门，杀外戚、诛宦官、劫尚书、废太后，立平原王刘胜为帝。计划泄露后，周章自杀，死后家无余财。这一年，18 个郡、封国地震，41 个郡、封国大水成灾，28 个郡、封国受到暴风、冰雹的侵袭。

公元 108 年，西羌叛乱。前西域都护任尚受命平叛，大败。湟中粮价大涨，粟米每石 1 万钱，饿死者无数。洛阳及 40 个郡、封国遭遇水灾、风灾、雹灾。12 个郡、封国地震。

公元 109 年，帝都洛阳发生大饥荒，百姓相互残杀、煮食尸体。南匈奴起兵反叛。乌桓、鲜卑部落联合南匈奴攻击五原郡，汉军大败。9 个郡、封国地震。

公元 110 年，南匈奴单于挛鞮檀率军围攻美稷县、常山郡。西羌部落攻击褒中，田地荒芜，百姓无家可归。9 个郡、封国地震，3 个郡遭水灾。

公元 111 年，西羌先零部落攻击河东郡，兵锋直指河内郡。扶余国攻击乐浪郡，高句丽攻击玄菟（tú）郡，安定、北地、上郡官民内迁。不愿内迁的百姓被铲毁庄稼、拆毁房屋、焚毁存粮，百姓流离失所。河西走廊中断，9 个州遭受蝗灾，8 个郡、封国发生暴雨水灾。

公元 112 年，寻找光武帝刘秀时代 28 位功臣的后裔，封爵；10 个州蝗灾，豫章郡山崩。

公元 113 年，18 个郡、封国地震，多地遇蝗灾。

公元 114 年，西羌攻击雍城、武都、汉中、巴郡，蛮夷攻蚕陵。日南郡地裂百余里，洛阳及 5 个郡、封国遭受旱灾、蝗灾。15 个郡、封国地震。

公元 115 年，西羌攻击益州，鲜卑攻击夫黎，澧中蛮夷叛乱；宫女李氏生下皇子刘保，皇后阎氏妒火中烧，毒死李氏。19 个郡、封国蝗虫成灾。

公元 116 年年初，10 个郡、封国地震，洛阳一带发生旱灾。年底，9 个郡、封国再次地震。武陵郡蛮夷叛乱。

……

十来年中，没有黄河决口的记录，得益于“明章之治”时对黄河的治理。

灾祸不断的那段时间，最应该反思的是为何发生战乱。

当时，一个汉奸出现了。一个叫韩琮（cóng）的中原人跟随南匈奴单于挛鞮檀到洛阳朝见，看到中原“人相食”的惨状，就建议南匈奴单于趁中原饥荒，百姓无食，人口下降，发动攻击。于是南匈奴起兵叛乱。

汉朝对南匈奴不薄。当年匈奴内乱，五单于争立，呼韩邪单于到了穷途末路的地步。汉朝并未趁匈奴之危，给予他们致命的打击，而是每年花费1亿余钱供养他们。一养就是几十年，缺食给米，少衣赐布。这并不是因为中国富足，这些钱是大汉百姓从口中省出来的。多年后，得到的回报却是，一旦南匈奴发现中国衰弱，立即反扑过来。出手之狠，翻脸之快，令人震惊心痛。

“国难思良将”，这次反击南匈奴单于挛鞮檀的主帅就有前西域都护府副校尉梁慬，时任度辽将军。当梁慬、耿种率骑步兵，军威雄壮地攻击南匈奴单于部时，挛鞮檀大惊失色，他质问怂恿他起兵叛乱的汉人韩琮：“你不是说中国人都已快死光了吗？现在来的这些将士是哪国人？”之后，挛鞮檀派出使节，请求投降。

挛鞮檀见到受降的使节后，摘下官帽，赤着双脚，向汉军将领下跪求饶，归还掳掠的中原百姓1万余人。朝廷并未因此事诛杀挛鞮檀，仍像以往一样优待。

西域都护、戊己校尉管辖的官署及屯垦部队撤回中原后，西域各国与中原断绝了关系。北匈奴得到消息后，纵兵南下，立即恢复了宗主国地位，率同西域各国军队，攻击中国边塞。

这期间，疏勒王安国病故。安国有一个舅舅叫臣磐，因王权之争，逃到了贵霜王朝，在贵霜静心学习佛法。当时的贵霜王迦腻色伽一世对臣磐非常好。疏勒王安国病故后，其母亲把持国政，与疏勒国人共立安国的表弟、贵族遗腹子为疏勒王。在贵霜的臣磐就求见迦腻色伽一世，说：安国无子，疏勒国力又弱，现在立的是安国的母家兄弟。我是遗腹子的叔叔，要立也当立我呀，请帮助我回国。

贵霜王觉得臣磐潜心学佛，而当时的疏勒人并不信佛教，如果立臣磐为王，佛教便可从疏勒国开始向西域传播。于是，迦腻色伽一世派出军队，护送臣磐回疏勒夺权。

疏勒人原本就拥戴臣磐，加上畏惧贵霜月氏王的军队，便群起攻击遗腹子，夺取印绶，尊臣磐为疏勒王。原本归附于阗的莎车国，见疏勒国有贵霜王朝的支持，背叛于阗，归附疏勒国。

之前，于阗国相继降伏精绝、拘弥、皮山、小宛、戎卢、渠勒、西夜、子合、德若、蒲犁等国，塔里木盆地南沿绝大部分地区为于阗所有。龟兹夺取了姑墨、温宿，控制了塔里木盆地北沿通向西方的通道。在西域，疏勒、龟兹、于阗三国鼎立，成为西域三大强国。

西域都护撤离后，北匈奴势力重新进入西域。龟兹王白霸是汉朝所立，此时，龟兹国内的亲匈奴势力开始占上风。在北匈奴的支持下，白霸被罢黜，亲北匈奴的白英成为龟兹王。

重新据有西域的北匈奴想借西域诸国之力，联合西羌，一起进攻中国。所以，北匈奴一入西域，就强迫各国抽调军队，随其入侵。北匈奴呼衍王常辗转于蒲类到河西郡之间，联合西羌、龟兹、疏勒数次攻击张掖、酒泉、云中各郡，百姓屡被劫掠。之后，北匈奴又与车师入侵河西郡。汉朝无力反击，被迫关闭玉门关、阳关。河西四郡，城门常闭，以绝后患。

到了公元 119 年，羌人叛乱被平定，河西四郡及湟中地区局势得以稳定。敦煌太守曹宗上奏折，请求出兵反击匈奴。于是，敦煌长史索班率军千余人，进驻西域伊吾卢，作为先遣指挥部与各国联系。车师前国、鄯善国马上归附。

鄯善、车师降汉，汉军便可以直接控制盐泽周边诸地，切断北匈奴与西域诸国的通道。数月后，北匈奴将领率车师后王军就攻击伊吾卢，斩杀长史索班，驱逐车师前王及其军队，进逼鄯善，力图恢复对西域主要交通干线的控制，迫使汉军后撤。鄯善国被北匈奴所逼，求救于敦煌太守曹宗，曹宗请求朝廷出兵 5000 击匈奴，一是为长史索班报仇，二是请求收复西域。

此时的中原地区，由于连年灾荒，战乱不断，国力虚弱。但西域的重要性，朝廷非常清楚，若放弃，西域必为北匈奴所害，因此仅作西征姿态，暂不出兵。

朝堂之上，开始了关于西域问题的大争论。

五、子承父业

皇太后邓绥听说军司马班勇有其父班超的胆略，朝会时，召班勇参与关于西域问题的讨论。

班勇在西域长大，性格独特。他熟知西域各国的情况，精通西域的多种语言。当时，朝廷的高级官员们一致主张关闭玉门关，断绝与西域的联系。朝堂上，班勇以低级军官的身份舌战高级官僚。这一年是安帝元初七年（公元 120 年）。

班勇的论述是从 250 年前汉武帝刘彻为什么要通西域开始的。当年，匈奴强大，最重要的原因之一就是西域诸国的支持。作为匈奴的供给地，西域诸国为匈奴提供战争保障，包括军队。所以，武帝通西域，结盟乌孙，就是针对匈奴的“断臂行动”。

光武帝中兴汉室，但无力西顾，匈奴控制着西域各国。到了明帝年间，匈奴多次攻击敦煌，以致河西各郡城门常闭。明帝制定必胜的策略，远交近攻，遣使班超出征西域，窦固、窦宪两代人先后击匈奴，致其远徙，西域全境归汉，中原才得以平安。后来，西域与西羌发生兵乱，朝廷撤回西域都护和戊己校尉，中国与西域的联系再度中断。

现在，北匈奴的势力见西域无中国军队，趁机重返，强迫、勒索各国上缴积欠多年的贡品，清算旧账，还提高价格，把贡品折算成金银，责令各国在限期内交付。鄯善、车师等国积愤难忍，渴望中国力量回归西域，却不知如何请求为好。

西域各国联合攻击都护府事件，是朝廷派出的官员横行一方、压迫各国，没有治理能力所造成。西域各国实质上是“反官”，并不是“反汉”。

如今，敦煌太守曹宗因为部下被北匈奴所杀就急于报仇雪恨，没有吸取历史教训，也没有考虑将面临的问题。目前，国库并不充裕，大军一动，如若粮秣保障不利，人困马倦，恰恰向北匈奴和西域诸国暴露了大汉实力的欠缺与不足。所以，太守曹宗请求出兵，但目前时机还不成熟。

可以采用的办法应当是恢复敦煌郡的驻军，设立护西域副校尉，屯兵敦煌，恢复明帝时的规制，再派出西域长史，率兵500，进驻鄯善国都楼兰以西，控制焉耆、龟兹的交通要道，则南道的于阗、鄯善就会感知到来自中原军事的压力。如此，一可抵挡北匈奴，二可护卫敦煌郡。

文字不可能还原当时的争论现场。史料记载，此时，皇宫尚书台的五位尚书商议后，命班勇详细分析利弊。

班勇说：明帝永平年间，中原与西域的交通恢复，朝廷派中郎将驻防敦煌。后来又命戊、己校尉耿恭、关宠分别屯驻车师前、后国。两个目的，一是协调西域小国之间的冲突，二是防止中原流民对各国的侵扰。所以，西域诸国心悦诚服。当时，北匈奴也畏惧中国的威信。现在的鄯善国王尤还是汉人的外孙。我们如果不帮他，尤还一定会被北匈奴所害。西域国弱民寡，虽然心似鸟兽，难以聚合，但他们懂得趋利避祸。如果派军屯垦楼兰，可以稳定西域人心，此为上策。

卫尉、廷尉、司隶校尉等三位军事和治安官员提出：之前，放弃西域，那是由于西域无法给中国带来任何益处，屯垦的军费反而极大。车师已降北匈奴，鄯善又不可靠，一旦反戈，如何能保证北匈奴不犯边？

班勇答：国家设立地方官员，目的就是维护一方平安。如果有地方官能保证一方的小偷、强盗放弃偷、抢，我愿以人头保证北匈奴不再犯边。汉军进屯西域，北匈奴的势力必然受到牵制，侵犯边塞的力量就会减弱。如果放弃西域，就如同将“宝藏”还给北匈奴，把已砍断的右臂再接上，会加快北匈奴犯边的频次并加大其犯边的强度，哪一种划算？设立护西域校尉、长史，在于安抚、怀柔各国。如果放弃西域，则西域诸国对中国感到绝望，便会依附北匈奴。沿边各郡，将烽烟不断。恐怕河西各地的城门，会再度发生昼夜关闭的状况。如今朝廷不推广恩德，却吝啬屯垦戍边的军费，让北匈奴气势更高，岂是保境安民、长治久安的办法？

太尉府官员质问：如果设置护西域副校尉一职，西域各国就会不断地派使节到中国，提出各种要求，要钱要物，没完没了。答应吧，费用太高。不答应吧，又怕他们背叛中国。一旦北匈奴入侵，西域小国又会请求中国救援，麻烦不断。怎么处理？

班勇答：如果把西域交给匈奴，而匈奴感恩中国，承诺不再侵边，我们不妨就把西域给匈奴吧。可现状是，匈奴得到西域后，不仅得到了西域各国的赋税，还得到了西域强大的兵力，转而来进攻中国边塞。放弃西域是使北匈奴实力壮大的最便利的办法。应设置西域校尉，展示大汉国威，传播恩德，维系各国民心，遏制北匈奴的野心。西域对中国并无特别要求，使节到中国，不过供应他们的食宿而已。如果逼他们投向匈奴，合力攻击并州、凉州，军费又何止千亿？从财力上说，设置西域校尉才是上策。

这场辩论，班勇赢了。

邓太后采纳了班勇的建议，恢复了敦煌郡设置300兵的编制。在敦煌设置护西域副校尉，名义上是维系汉与西域的关系，但并没有按班勇的建议屯兵楼兰。

这之后，北匈奴不断地联合车师国共同劫掠边塞。正如班勇所料，河西走廊各郡受到重大损失。

在西域长大的班勇虽在父亲班超的教导下熟知中国文化，但并不精于中原的人际关系。此次的朝堂大辩论，班勇驳倒的是他的上级。虽然班勇辩胜了，但这次辩论埋下了仇恨的种子。这粒种子在关键时就会发芽。班勇也由此成了"有争议"的人。

这一年，永昌郡界外的掸国国王雍由调再次派遣使者，给洛阳皇室送来了乐队和魔术师。这些魔术师自称来自罗马帝国，可以表演口中喷火、爬杆、头体分家、牛头换马面之类的魔术。掸国人还牵来了大象作为贡品。

掸国前身是哀牢国，这个地方占据着"蜀身毒道"。这条路没开通之前，这些魔术师均是由西域进入中原。当年，哀牢王柳貌附汉，哀牢国成为永昌郡。但是，派驻永昌郡的官员经常欺压哀牢人，没能做到以仁德服蛮夷。之后的哀牢王类牢叛乱。汉军平叛后，哀牢的王族渡江西迁，到达伊洛瓦底江东岸达光，与当地以哀牢人为主体的邑国联盟形成了掸国（今上缅甸）。由于汉的强大，为防周边国家的侵扰，掸国大君长雍由调附汉，汉朝赐给他金印紫绶，授予汉大都尉的官职。

在魔术表演的现场有位术学家叫张衡，时任太史令。这场景被记录在他的文章《西京赋》中："乌获扛鼎，都卢寻撞。冲狭燕濯，胸突铦（xiān）锋。跳丸剑之挥霍，走索上而相逢。"这段记录是说魔术表演的内容有吞剑、吐火、走钢丝这类的杂技，以此来讽刺当时官场的娱乐风气。因为这一年，京师洛阳及 33 个郡、封国大水成灾。西羌部落劫掠张掖。

永宁元年（公元 120 年），皇太后邓绥的堂弟、越骑校尉邓康，认为姐姐临朝听政的时间太久了，邓氏家族的势力达到了顶峰，这不是好事，恐太后死后邓氏家族迎来灭顶之灾。于是，邓康上书皇太后，请求皇太后归政于安帝刘祜。此时的刘祜已 26 岁。

邓太后不予理睬。邓康就称病不上朝。邓太后安排身边的一名宫女去探望邓康。这位宫女原是邓康家的婢女，因跟皇宫中的宦官勾搭，被邓康臭骂过，对邓康怀恨在心。回来后就报告太后：邓康装病，还口出狂言。邓太后大怒，下令把邓康免职，开除出邓氏家族，在家谱中删除邓康的名字。

安帝刘祜小的时候非常聪明，所以邓太后才选他当了皇帝。可是，随着年龄渐长，刘祜的劣根性暴露，变得非常邪恶，这让邓太后很失望。

在邓康被免职后的第二年，邓太后去世。邓氏家族在朝为官的哥哥、弟弟们全部被逼自杀或被贬到偏远地区。被开除邓籍的邓康躲过一劫，被召回洛阳，提为太仆。

建光元年（公元 121 年），汉安帝亲政的第一年，大批宦官、奸人被封侯重用，就连刘祜的奶娘都被封君。洛阳及 27 个郡、封国大雨成灾，35 个郡和封国地震。鲜卑部落、西羌部落、西南蛮族、高句丽继续攻击边塞州郡。

中原兵荒马乱，连年灾害。北匈奴汗国联合车师国，不断地攻击河西走廊。朝中官员再一次提议关闭玉门关、阳关，认为与西域隔绝，就可以永绝外患。

刘祜亲政后，皇后阎姬的兄弟们同时受到重用，均担任卿、校等重要职务。之前是皇太后家族的舅辈当权，自刘祜开始，妻族兄弟开始当权。刘祜身边的宦官江京，仅因为当时邓太后派他去接过刘祜，就被封为乡都侯。这些被封侯的宦官开始攀比，逐渐变得贪婪、凶残、暴虐。连刘祜奶娘的女儿都加入了攀比的团队。这些人开始为非作歹、祸害一方。

到了安帝延光二年（公元 123 年），因为北匈奴与车师的入侵，敦煌太守张珰（dāng）上书，言辞恳切。

张珰说，在洛阳为官的时候，我与绝大多数朝臣的意见一样，支持放弃西域。现今，我在这块土地上为官，才真正体会到，如果放弃西域，河西不可能单独存在。为此，献上、中、下三策，供朝廷参考：

上策：北匈奴的呼衍王，游荡于西域的蒲类海与秦海（今新疆维吾尔自治区博斯腾湖）之间，控制了整个西域。他联合西域各国，共同劫掠中国边境。朝廷应当动员在酒泉属地屯垦的兵团 2000 人，进抵昆仑塞，先行攻击呼衍王，铲除西域各国的靠山。然后征调鄯善国的军队 5000 人，威胁车师后国。

中策：如果不能出动大军，则应当先行设立军司马，统率 500 兵，由河西四郡供给牛马农具、粮秣，出塞屯兵柳中城。

下策：如果连柳中城也不能据守，则放弃车师前国交河城，把鄯善国的百姓全体迁入玉门关内。

刘祜对这些事根本不感兴趣，于是让官员提出意见。

尚书仆射陈忠表达了自己的看法：西域各国向东仰望，派人到玉门关、阳关打探出兵消息，说明他们对北匈奴不满，急切地盼望中国出兵西域。现在，北匈奴已攻陷车师，下一步，一定是南下打击鄯善。如果放弃鄯善，不派兵援助，西域各国将全线归附北匈奴。到那时候，北匈奴的实力大增，将直接与西羌部落建立密切的联盟关系。这样，河西四郡将陷入险境。如果河西四郡危险，朝廷就不得不发兵救援，到那时，田赋捐税，差役民夫，要超过现今出兵的数百倍。那些在朝中口若悬河的官员，只想到西域远在天边，开支巨大，却看不到武帝当年经营西域的初衷。当前，敦煌处于危机之中，向朝廷求援。如果不管，如何对得起边疆的官吏与百姓，又何以向西域各国显示威信？这样下去，结果就是伤国不利民，且会丢失已拥有的土地。我认为，应当恢复敦煌校尉，增加河西四郡的屯垦部队，安抚西域各国。

刘祜的心并不在西域上，所以，同意了敦煌太守的派兵建议。不选上策，放弃下策，就按中策执行。再议派谁去合适。与张珰想法一致的班勇成为不争的人选。于是，班勇被任命为西域长史，率 500 人，进驻柳中城。

柳中城的位置非常特殊，距车师国交河城近，且柳中城在车师国中土地最为肥沃，产桑麻五谷，军事地位重要。占据此地，可联络北道诸国，夺取车师前国，再以车师前国为战略支点，利用西域亲汉诸国和河西四郡的军力控制车师后国，阻断匈奴进入西域的通道。可达到稳定西域、孤立匈奴的效果，能扭转被动的局面。

为什么没有选择伊吾卢呢？因为那里与匈奴游牧地蒲类海距离近。柳中城与蒲类海之间有东天山相隔，危急时，可以进退两便。

班勇所率的500兵为“弛刑士”。这些人并不是正规军，而是解除刑罚的罪犯，去西域是为戴罪立功的。柳中城城防尚可，当年已校尉关宠的数百人就曾坚守柳中城，等待援军。

班勇之勇，在于他将张珰的中策运筹成了上策。

汉安帝延光三年（公元124年）春，西域长史班勇抵达楼兰。鄯善国归附。班勇给鄯善王颁发了有三条绣带的印信。然后班勇越过沙漠到达龟兹，龟兹国王白英犹豫不决。班勇因在西域长大，知道龟兹王的顾虑，他说服了白英。之后，白英率姑墨、温宿两国国王自缚双臂请罪，向班勇归降。从时间上推算，班勇在它乾城长大，极有可能与白英等人是青少年时代的玩伴。

班勇遂调龟兹、姑墨、温宿等国步骑兵1万人，由西线进攻车师前国，在伊和谷（今新疆维吾尔自治区巴仑台镇一带）击败北匈奴伊蠡王部，俘获车师所属部队5000人。于是车师前国门户重开。

此时的王朝内部也发生了变动。安帝刘祜竟然在奶娘、宦官的谗言下，把10岁的皇太子刘保废黜。刘祜只有这一个儿子，朝廷官员齐声反对，但官员的建议已不如刘祜奶娘、宦官的管用。

于是，太尉来历与朝中的数十位高官相约到皇宫门前谏诤：太子是国之本，无过被废，全因小人陷害。

后宫的宦官们觉得这些官员此举可能会引发大事。于是，寝宫的中常侍出面威胁众臣：废立太子，是为了国家。来历等人不识大统，喧哗胡闹，表面忠心，不过为谋求今后的福祉。掩盖邪恶，违背正义，岂是为臣之道？大臣可言论自由，不予追究。如果仍执迷不悟，国法伺候！

此言一出，参与谏诤的大臣已经看到了刀光剑影。他们脸色大变，一个个悄悄退出。来历大怒，怒斥这些官员：你们这些当朝的高官，因蒙受国恩才过着荣华富贵的生活。面临动摇国本之事，竟然首先选择自保，国家供养你们有何用？

最后，只有来历一人一连几天守在皇宫的鸿都门下静站示威。

刘祜下令，让朝中大臣弹劾来历。于是来历与其兄弟们全被免职罢官。

罢黜来历的第二年，刘祜死在了外出游玩乘的轿子里，时年31岁。

恶毒的阎皇后当初毒死了太子刘保的母亲。为了把握大权，她任命哥哥阎显为车骑将军，又立一个亲王的儿子幼童刘懿为帝，是为汉少帝。朝中大权落入外戚阎家班。汉王朝开始了血腥的内讧。

此时，西域长史班勇征发敦煌、张掖、酒泉三郡的骑兵6000人，以及鄯善、疏勒、车师前国军队攻击车师后国。大破车师后国军队，生擒国王军就和北匈奴使臣，把他们押到长史索班五年前被杀的伊吾卢斩首，为索班和阵亡的千余名将士报仇雪恨。之后，班勇命人将人头送往洛阳。

这个时候，洛阳朝中根本无心西顾，因为又一次宫变发生了。少帝刘懿夭折。一群宦官挟持废太子刘保发动了“十一月政变”，复辟成功，刘保成为汉顺帝。

外戚阎氏家族全体被诛杀，刚成为皇太后的阎姬被吓死。参与政变的 19 位宦官被封侯，史称“十九侯”。主谋中常侍宦官孙程还被封为汉帝国的骑都尉，也就是骑兵总司令。

而在西域血战沙场的班勇却没有机会万里封侯。攻陷车师后国后，班勇立贵族加特奴为国王。然后出兵诛杀东且弥国王，遴选亲汉的东且弥贵族为王。天山以北的卑陆，蒲类，东且弥，移支，车师前、后国全部归附东汉。

一方安定后，班勇再组成西域联军攻击北匈奴汗国。北匈奴呼衍王逃走，2 万余部众向班勇投降。作战中生擒的北匈奴单于的哥哥，班勇命车师后王加特奴亲手诛杀，目的是播下车师后国与北匈奴的仇恨，断其后路，以保证车师后国附汉的决心。

北匈奴单于率万余人反击，进入车师后国，前锋抵达金且谷，被击溃。联军斩杀北匈奴骨都侯。北匈奴呼衍王被驱逐至枯梧河。自此，北匈奴势力撤出了车师后国国境。

在班勇进入西域的第三年，西域除焉耆王元孟所统的焉耆、尉犁、危须三地尚未归附之外，其他诸国又恢复到班超时代的统一局面。

班勇上报朝廷，对西域的最后一战即将打响。

这一战，班勇却失误了。当时的焉耆王元孟是班超所拥立，也许班勇写一封信就可以解决焉耆问题，但他却毁于此战。

朝廷接到班勇的奏报后，命敦煌太守张郎率河西四郡的 3000 兵力配合班勇行动。班勇则集中了西域联军 4 万人。班勇从南道，张郎从北道夹击焉耆，按约定会师焉耆城后同时进攻。

太守张朗是因罪被贬官到敦煌的，他立功心切，在约定日期之前就到达了爵离关。他命军司马先行攻击。焉耆王元孟得知汉军已至，怕城破后被杀，于是派人请求投降。张朗军顺利进入焉耆，受降后返回。然后张郎马上派儿子带重礼到洛阳上贡，打通关系。张朗因此战功被免罪。而班勇按期到达时，焉耆已投降。

按当时的军法，在约定之前发动攻击的是死罪，张朗按律当斩。但张朗在朝中有人，打点到位，并未因此事受罚。班勇虽鏖战西域，但他并不了解官场上的人情世故，一世英名，毁于官场上的妒忌与交易。史料上没有记录张朗上奏折给朝廷报功时说了班勇什么坏话，但班勇因此事被调回洛阳，免职，关进大牢。汉顺帝永建二年（公元127年）七月一日，出现日食。正午时分，天空中的太阳突然隐去，洛阳城漆黑一片！班勇困死狱中。

永元三年（公元91年），“金微山之战”灭北匈奴时，窦宪位高权重，附会之士夸大了窦宪的功绩。这之后的35年中，北匈奴的残余势力一直盘踞在西域，直到班勇任西域长史，在西域多次发动针对北匈奴的战争，北匈奴才渐渐淡出了中国历史。

班勇重新打通了丝绸之路，其功绩远在窦宪之上。

六、守望中原

班勇之后至东汉灭亡，史料中对西域的记录不多。由于北匈奴退出了历史舞台，西域各国归附中原。虽然汉王朝内部纷争不断，但对西域的影响不大。西域各国开始信奉佛教，佛教的传播带来了平和与安逸的人文环境。

永建六年（公元 131 年），汉朝恢复伊吾卢屯垦，设置伊吾司马，清除盘踞在蒲类海周边的北匈奴势力。

阳嘉三年（公元 134 年）夏季，车师后国屯垦军司马与车师后国王加特奴，突袭北匈奴所在地阊（chāng）吾陆谷，大破北匈奴。北匈奴汗国呼衍王报复，侵袭车师后国，敦煌太守出兵援助。

这之后，可以用 24 个字概括中原王朝的情况：皇帝无权，太后主政，外戚骄横，宦官乱政，官逼民反，危机不断。南匈奴、西羌、鲜卑、乌桓不断挑事。叛乱，投降，再叛乱，再投降。

建康元年（公元 144 年），顺帝刘保驾崩，时年 30 岁。两岁的太子刘炳被立为皇帝，是为汉冲帝。刘保的皇后梁妠（nà）升格为皇太后，成为帝国实际的操盘手，她的哥哥梁冀开始了外戚专权时代。

即位仅一年，3 岁的汉冲帝就夭折了。皇太后和梁氏兄弟又立了只有 8 岁的刘缵（zuǎn）为帝，是为汉质帝。这位幼儿皇帝在朝会上看到梁冀，说了句“你是个跋扈将军”，梁冀怀恨在心，便命人毒死了他，立了可以保证梁氏家族安全的刘志为帝，是为汉桓帝，并立妹妹梁女莹为皇后。

在大将军梁冀专权的 20 年中，他主要的事迹就是打击忠良、陷害贤臣、贪暴残忍、荒淫凶恶、任用亲信。同时，他经常花天酒地、兴建豪宅、秘密偷情。这个跋扈的将军只怕一个人，就是自己的老婆，他经常被他老婆追着打。

梁翼的专横到达了极点，人命在他眼中还不如一只兔子值钱。他在洛阳近郊各县大兴园林，在洛阳城西建了一个“兔苑”，面积纵横数十里，专门养兔子。有敢冒犯“兔苑”中兔子的人，就是犯了死罪。有一位西域商人，不知道有这样的规定，抓了只兔子吃掉了，皮毛没处理，扔了。梁冀命人追查此案，不知情的百姓在严刑拷打下胡乱指控，仅因此事被诛杀的就有十多人。

元嘉元年（公元 151 年），北匈奴呼衍王攻击伊吾卢，击败伊吾司马毛恺。敦煌太守马达率军驰援，大军抵达蒲类海，北匈奴败退。

元嘉二年（公元 152 年），西域发生了一件大事，西域长史王敬在于阗被杀了。

前任西域长史叫赵评，在于阗国病逝。赵评的儿子到于阗迎父亲的棺椁回家乡时经过拘弥国。拘弥王成国就设了离间计。他告诉赵评的儿子说：你父亲不是病死的，是被于阗王害死的。你父亲只是长了疮，于阗王安排匈奴医生给你父亲治病，医生把毒药抹在伤口上，你父亲就这样被害死了。

赵评的儿子深信不疑，进了玉门关就把这事告诉了敦煌太守马达。马达安排新任西域长史王敬到于阗后秘密调查事件真相。

那阶段，朝廷中被提拔上来的官员都是大将军梁冀的人。这些人出钱买官，虽为官员，并没有真才实学，所以王敬自然缺少谋略。

王敬任职路过拘弥国时，拘弥王就把这件事添油加醋地重复了一遍，并说：于阗国的百姓打算拥戴我来当王，如果你借此事把现任的于阗王建杀了，我必有重谢。

拘弥王为什么将西域长史当棋子替自己办事呢?

拘弥国就是之前的扜弥国。于阗、疏勒、龟兹崛起后，于阗在与疏勒争夺莎车中失败，便把打击目标锁定为拘弥国。

永建四年（公元 129 年），于阗王放前击杀拘弥王兴，封自己的儿子当了拘弥王，派使节到洛阳朝贡，说明情况。敦煌太守徐由请求出兵讨伐，顺帝刘保则下诏赦免了于阗王放前擅自诛杀之罪，命放前从拘弥国撤军，但于阗王放前不予理会。

无奈的敦煌太守徐由采用“借刀杀人”之策，利用于阗与疏勒的矛盾解决拘弥问题。徐由密令疏勒王臣磐攻打拘弥国。臣磐率兵攻入拘弥，赶走了于阗王的儿子，立拘弥贵族成国为拘弥王，为了有效地监视于阗，西域长史派驻于阗。

于阗与拘弥之间由此产生大恨。虽事隔 23 年，于阗王放前已故而时任于阗王是建，其间发生了很多故事，史料无从记录，但拘弥王成国没有忘记仇恨，他想借西域长史的手灭了于阗。

这位西域长史王敬也想学傅介子、班超这类的英雄，斩杀国王，以扬大名。到于阗后，王敬大摆宴席，请于阗王建来聚会，然后秘密布下武士。但是，消息泄露，有人将此消息告诉了于阗王。于阗王不相信，对报信人说，我又没有什么过失，长史为什么要杀我？于是照常带人赴宴。

酒过三巡，菜过五味，于阗王起身敬酒。这时，王敬大吼：把于阗王建抓起来！武士冲出，按倒于阗王建。于阗的官员起身逃跑。同在宴席上的拘弥国派出的主簿秦牧抽出佩刀，冲上前把于阗王杀了。

逃出的官员立刻报告辅国侯输僰（bó）。于是，输僰集结军队攻击西域长史府。王敬提着于阗王建的人头登上高处，宣布：杀于阗王建是天子的命令。但辅国侯输僰根本不理这套，带人冲上去就把王敬和秦牧剁了，人头悬于街市。之后，输僰自立为于阗王。但是，这位输僰平时不得人心。于阗王族攻杀了输僰，立建的儿子安国为于阗王。

消息传到敦煌，太守马达得知王敬被杀，准备率军攻击于阗。当时，梁太后已死，桓帝刘志亲政，他怕马达冲动惹祸，就调马达回洛阳，任命宋亮为敦煌太守。宋亮到任后，派使者通知新任于阗王安国：如果想得到中国的宽恕，就把辅国侯输僰杀了，把人头送到敦煌。于是，已腐烂的输僰的尸体从土中被挖出来，砍下头颅，送到了敦煌。这事算了结了。

敦煌太守宋亮在任期间还处理过一件大事。

车师后王阿罗多与戊校尉手下的戊部侯严皓关系不好。这位严皓经常欺辱阿罗多。阿罗多无法忍受，率兵攻击东汉的屯垦部队，杀伤士兵。然后，这幕剧的后半场是车师后国的后部侯炭遮停止攻击，向中国屯垦军投降。阿罗多进退两难，率 100 卫士投奔了北匈奴。敦煌太守上奏折，请示朝廷，让故王军就在洛阳的侍子卑君返回车师后国为王。

后来，阿罗多南下回到车师后国，跟卑君争夺王位。戊校尉阎详怕阿罗多争权失败后会引北匈奴的势力进入车师后国，就跟阿罗多谈判，说愿意再扶持阿罗多登上王位。于是送卑君和他的支持者回敦煌，还拨付了 300 个帐篷，让他们在敦煌安家。

边塞烽火不断，而朝中外戚当权。正义的官员或辞职隐居，或被贬被杀。

洛阳的朝廷中，梁氏家族一门出了 7 个侯爵、3 个皇后、6 个贵人、2 个大将军。称夫人封君的女性 7 人，家族子弟娶了 3 位公主，担任高官的有 57 人。所有文武官员的升迁调任都由梁冀说了算。杀人在梁冀眼中如同碾死蝼蚁一样简单，他已习惯了滥杀朝中反对自己的高官。

失权多年的汉桓帝刘志在忍无可忍的情况下，与身边的五名宦官歃血为盟，准备灭了梁冀。惊险的行动之后，五名立功的宦官被封侯，史称“五侯”。梁氏家族及其党羽被灭。数日之后，朝堂中的官员被抓尽，竟然无人上朝。

汉恒帝刘志是靠宦官夺取的权力，而他本人好酒色，疏于朝政。外戚下台后，宦官上台。王朝的治理乱七八糟。

到延熹十年（公元 167 年），桓帝刘志自觉身体出现问题。为图吉利，他改年号为永康，希望自己的身体永远健康，也希望汉王朝永远稳固。然而，这一愿望没能实现，不久之后（永康元年，即公元 168 年）他就病死于洛阳宫中，时年 36 岁。汉王朝此时也已病入膏肓，气数在慢慢散尽。

这一年，在西域的疏勒国，国王被杀，疏勒人和得自立为王。

消息传到敦煌，才从宦官手中买了个官的凉州刺史孟佗，命从事任涉率敦煌驻军，会同戊己司马曹宽、西域长史张宴，调动焉耆、龟兹、车师等国军队 3 万人，讨伐疏勒，攻击桢中城。未克，粮秣耗尽，撤军。疏勒国至此内乱不息，国王一连被谋杀。

中原内乱，已无力西顾。

于阗王安国始终记得拘弥王成国命手下刺杀父亲的深仇大恨。熹平四年（公元 175 年），安国起兵攻打拘弥国，杀死了拘弥王成国。戊己校尉、西域长史分别出兵援救拘弥国，之后封拘弥送到洛阳的侍子定兴为拘弥王。

此时，洛阳宫中的皇帝是汉灵帝刘宏。灵帝朝堂一团污气，灵帝身边的 12 个宦官把持朝政，人称“十常侍”。这些人卖官鬻爵，横征暴敛。国内叛乱不断。中平元年（公元 184 年），终于爆发了黄巾大起义。

中平六年（公元 189 年），灵帝去世，时年 33 岁。外戚何进立灵帝的嫡长子刘辩为少帝。

曾经担任过西域戊己校尉而擢升为并州牧的董卓，受大将军何进的命令，进京讨伐“十常侍”，废汉少帝刘辩为弘农王，立年仅 8 岁的陈留王刘协为汉献帝。

董卓废少帝立献帝第二年（初平元年，即公元 190 年）的正月，各地的刺史、州牧、太守起兵。董卓怕他们以迎废帝弘农王刘辩复位为名讨伐自己，计划将刘辩毒死。

初平元年三月六日，董卓命郎中令李儒献毒酒给弘农王刘辩，说：服此药，可辟邪！刘辩说：我没病，你们这是想杀我吧！于是，刘辩召集妻唐姬及随从饮宴告别。唐姬起舞而歌。刘辩起身，吟唱了一曲悲歌："天道易兮我何艰，弃万乘兮退守蕃。逆臣见迫兮命不延，逝将去汝兮适幽玄。"歌毕，刘辩对唐姬说：你是我的妻，之后，再不可成为官员或百姓的妻。自己保重，永别了！然后刘辩端起毒酒，一饮而尽。时年 14 岁。

汉朝名存实亡!

历史进入了三国时代。汉献帝刘协从未掌握过朝政，只是个"招牌皇帝"，被枭雄们挟持着东奔西走，以令诸侯。延康元年（公元 220 年），曹丕称帝，刘协被贬为山阳公，汉亡。

此时，西域戊己校尉、西域长史依旧存在，与西域诸国以"认庙不认神"的心态守望中原!

结语　和平，中国对世界最大的贡献

对于汉王朝来说，最大的边患来自北方的匈奴。

西域之路，启自偶然。一位降汉的匈奴人告诉汉武帝刘彻，月氏王曾被匈奴人所杀，月氏人含泪西迁，对匈奴心存怨恨。这个信息，为汉武帝提供了新的思路，就是联合月氏，打击匈奴。

建元二年（公元前 139 年），张骞应募出使西域。没人预见到，一个全新的世界自此向汉王朝徐徐展开。

派张骞出使西域是出于军事目的。历经千辛万苦后，张骞带回来的信息让汉武帝对中国之外的世界产生了浓厚的兴趣，直接影响了汉帝国对边疆的战略部署。由最初的“夹击匈奴”到“断臂计划”，到设立西域都护府，汉王朝开疆拓土，大规模探索西域。

西域探索为帝王们构筑了一幅美好的愿景：让汉王朝的威德遍布四海，“大一统”思想扩展至域外，构建更为宽广的天下秩序，营造四夷来朝的盛世。

随着汉王朝在西域的影响力扩大，一条贸易之路意外地被打通，中西双方互通有无的需求日益增加。汉王朝对西域的经营，形成了“使者相望于道”“商胡贩客，日款于塞下”的景象。

西域各国为汉之广大、物博及灿烂的文明所吸引。到了汉宣帝时代，西域多国已仿照汉家服饰、制度。

对汉王朝来说，维护中西道路的畅通，最重要的就是驱逐匈奴势力。为此，汉王朝采取了一系列的军事行动和政治措施。

公元前60年，西域都护府设立，标志着西域政局已经完全处于汉王朝的控制之下。

西域，弱国林立，政权分散。城郭国、游牧国分界而居，界线是戈壁、荒漠、雪山。受地理环境影响，西域强国的实力及财富可以偶尔攻击、占领一两个绿洲，但没有任何机制可以将他们串联起来。各城邦小国虽然相似，却独立发展。匈奴掠夺性的统治无法打破各国独立发展的状态，对西域的政治、经济没有产生实质性的影响。所以一旦匈奴势弱，双方极易反目。

随着汉王朝对西域的开拓与经营，西域诸国对汉王朝表现出了积极依附的姿态。那时候的贸易之路被称为“汉道”。西域都护、西域长史、戊己校尉的设置，就是要维护“汉道”的畅通。

西域都护总领一方，作为中央王朝的代言人，负责任命、册封、奖励、罢免西域官员甚至国王，协调西域各国之间的冲突。为了与汉保持友好或寻求安全的保障，西域各国不断遣子入侍，一方面是迫于匈奴的军事压力，想寻求保护；另一方面是为了贸易带来的利益。在长安或洛阳长期接受中原文化熏陶的这些王子，长于京师，学于中原，返回西域后都亲汉，排斥匈奴。

在贸易方面，西域各国多以朝贡的方式与中原进行物资交换。借朝贡为名，行贸易之实。而对汉王朝来说，朝贡是大汉威德遍布四海的体现。

汉王朝屯田的目的，一是守护“汉道”，二是自给自足，三是保障往来商旅的供给，四是减轻朝廷的财政压力，五是为经营西域提供保障。西域屯田地往往是切断匈奴与西域联系的交通要塞。

大汉帝国重礼仪、轻贸易。每每接受西域各国的朝贡，都会赐予他们帛锦，而丝绸、漆器的外输给民间百姓带来了福祉。各国商队为了自身利益，多次参与汉对西域小国的战争。通过这条贸易之道，西域良马被引进，成为战略装备；蔬菜、瓜果类植物被引进，丰富了中原人的饮食；西方建筑方式被引进，引导了中原建筑由土木向砖石结构发展。此外，还有金银器皿、皮质铠甲、毛织品、药物、染料、歌舞艺术等被引进，影响了中原人的生产、生活习惯。

西域贸易，开始影响西方的古罗马。古罗马史学家塔西佗在其《编年史》中记录了元老院某次会议的决定：不许用黄金制造食具，男子不应再穿东方的丝织品。

原来，当时古罗马每年对外贸易支出的财富合计 1 亿塞斯特提（古罗马的货币，铜质。当时 1 塞斯特提可以购买 1 千克小麦），巨大的贸易逆差让罗马付出了代价。这些钱使安息、贵霜帝国的商人富足，也让中国的纺织业进入了鼎盛时期。汉朝的官员与士卒也常参与边塞贸易。

两汉时期，“大一统”的政治基础刚确立，尚未涵盖宗教信仰，给佛教的传入提供了便利条件，佛经的翻译为其传播和被接受提供了土壤。“因果论”“善恶论”“轮回论”……满足了人们在精神层面上的追求。人不可能长生不老，终将一死，药物只能起到延缓的效果。对于死后的世界，让信奉“佛”的人心中存有美好的向往。逝去的人，存在于另一个世界。“死者行阴，生者行阳”，各有分划，不能交换。佛教的轮回观，无疑给中国人的生死观提供了一个新的视角。佛教传入之初，中国人在“黄老”的思想基础上去理解、接受。不同文化背景下发生的跨文化传播，不可能原版输入，思想必将发生变异。佛教的“因果轮回”与道家的“清静无为”、儒家的“积极向上”有机结合，形成了中国独特的禅学。

对于来自西方的“胡风”，汉王朝采取了开放、包容、吸收的态度。汉灵帝刘宏就喜欢胡服、胡帐、胡床、胡座、胡饭、胡乐、胡舞，于是京城贵族纷纷效仿，相互攀比。

东西文明的交流与碰撞带动着世界朝未知方向变化，这一系列的变化与大汉王朝国力的强盛有着密切的关系。

东西贸易之路，汉王朝不仅是开拓者、主导者，还是维护者。这条“路”对中亚、西亚乃至罗马的政治、地理格局都产生了重要的影响，拉近了不同种族之间的距离，游牧民族与农耕民族之间的关系日益紧密。通过西域的扩展，经商的商人与屯垦的士兵之间的人员流动，相互传播着各自的文化、艺术，交换着各自的武器，连接起西端的罗马帝国和东方的大汉帝国。

张骞大约在公元前 129 年到达大夏，这个时间正是安息国国王弗拉亚特斯西征安条克王朝、中亚游牧民迁徙入侵安息之时。

张骞第二次出使西域时，欧亚的格局初定。汉使可以到达安息、月氏、康居、大宛。东汉末年，安息、条支等国与汉王朝依旧保持着友好往来。

为了垄断丝绸之路的贸易及争夺西亚的霸权，安息与罗马进行了长达 3 个世纪的战争。遥远国度的战争与汉王朝似乎毫无关系，但当汉王朝内部动荡不安而无力经营西域，导致丝路中断、贸易不畅时，也正是安息与罗马关系极为紧张之时。欧亚大陆已形成庞大的利益体系，汉王朝以丝绸投石问路，通过政治、外交、军事等政策直接或间接地对这些地区施以影响。欧亚大陆各国不再是一个个孤立的个体，而是形成了一个相互依赖的共同体。

彪悍的匈奴在其强盛之时侵扰汉边，掠夺了大量的农产品、手工业制品。汉王朝的反击使匈奴人失去了河西走廊、西域，这对匈奴来说是致命的打击。在汉王朝的打击下，匈奴不断西迁，引发了多米诺骨牌效应，造成了欧亚民族的大迁徙。

依附中国的西域，地广人稀，小国寡民，不易控制。通过东西贸易，西域吸收着各方文明，出现了多样化发展。

汉军的屯垦，使东方文明极大地促进了西域的生产方式改革，加快了西域水利、农耕的发展。而安息、贵霜成为罗马与中国的贸易交流中最大的获利者。贵霜帝国即史料中的大月氏国，富强之后的大月氏人的势力曾想重返西域，但被西域都护所击溃。之后，他们的目光投向了印度。

汉王朝自东向西的开拓，大宛、康居、安息、贵霜与汉王朝建立了直接的联系。域外对中国商品的需要，远远超过了中国对域外商品的需求，这种情况一直延续到 19 世纪。

公元 1 世纪，古罗马的学者是怎么评价中国的？

那时候，他们称中国为赛里斯国。

斯特拉波在其《地理学》中记载："赛里斯人从他们那里的树叶上（古罗马人认为蚕丝来自树上）采集下了非常细的丝，制成绚丽的罗绮。""有人声称赛里斯人比能活一百三十岁的穆西加尼人还要长寿。"

梅拉的《地方志》中说，赛里斯人是一个充满正义的民族，由于其贸易方式奇特而出名。

普林尼在《自然史》中对中国的描述则是这样的："赛里斯人以他们森林里所产的丝而威名远传。他们向树木喷水而冲刷下树叶上的白色绒毛，然后再由他们的妻室完成纺丝和织布这两道工序。由于在遥远的地方有人完成了如此复杂的劳动，罗马的贵妇们才能够穿上华丽的衣服，出现在大庭广众之下。"

希腊史学家马尔塞林描述说，赛里斯美不胜收！那里疆域辽阔，物产丰富，应有尽有。赛里斯人完全不懂得进行战争和使用武器。赛里斯人最喜欢安静地修身养性，所以他们是最容易和睦相处的邻居。在那里，白天晴空万里，夜晚皓月明朗，气候宜人，即使刮风也不是凛冽的寒风，而是和煦的微风。

那个时代，长安和洛阳成为国际大都市，来自周边各国的商人在这里云集。

中华文明对于提高世界文明水平、改变世界格局起过决定性的作用。中国对世界的这一贡献，是其他国家与文明无法相比的。

除了丝绸，汉王朝的铁器及冶炼技术也领先于世界。在冷兵器时代，铁是打制兵器的最好材料。汉王朝的胜利，也是生产力的胜利。

铁器不单能做刀剑，还能做犁铧（huá）。中国人对和平的理解就是"铸剑为犁"。

我们的故事讲完了吗？没有，才刚刚开始。张骞凿空的"汉道"，在他去世 2000 年后被德国地理学家李希霍芬命名为"丝绸之路"。时至今日，畅通无阻！

参考文献

专著：

[1] 司马迁 . 传世藏书・史库・史记 [M]. 海口：海南国际新闻出版中心，1996.

[2] 司马光 . 传世藏书・史库・资治通鉴 [M]. 海口：海南国际新闻出版中心，1996.

[3] 班固 . 传世藏书・史库・汉书 [M]. 海口：海南国际新闻出版中心，1996.

[4] 范晔 . 传世藏书・史库・后汉书 [M]. 海口：海南国际新闻出版中心，1996.

[5] 王利器 . 新编诸子集成本 [M]. 上海：中华书局，1992.

[6] 赵善论 . 说苑疏证 [M]. 上海：华东师范大学出版社，1985.

[7] 郭璞 . 穆天子传注 [M]. 上海：中华书局，1985.

[8] 周祖谟 . 洛阳伽蓝记校释 [M]. 上海：中华书局，1963.

[9] 葛洪 . 传世藏书・史库・西京杂记 [M]. 海口：海南国际新闻出版中心，1996.

[10] 郦道元 . 传世藏书・史库・水经注 [M]. 海口：海南国际新闻

出版中心，1996.

[11] 黄本骥 . 历代职官表 [M]. 上海：上海古籍出版社，1980.

[12] 松田寿男 . 古代天山历史地理学研究 [M]. 陈俊谋，译 . 北京：中央民族学院出版社，1987.

[13] 余太山 . 西域通史 [M]. 河南：中州古籍出版社，2013.

[14] 曾问吾 . 新疆文库・中国经营西域史 [M]. 乌鲁木齐：新疆大学出版社，2014.

[15] 陈世明 . 新疆文库・二十四史西域史料辑注 [M]. 乌鲁木齐：新疆大学出版社，2014.

[16] 刘学铫 . 少数民族史新论 [M]. 台北：南天书局，2014.

[17] 王治来 . 中亚通史 [M]. 乌鲁木齐：新疆人民出版社，2004.

[18] 方英楷 . 中国历代治理新疆国策研究 [M]. 乌鲁木齐：新疆人民出版社，2006.

[19] 周伟洲 . 西域史地论集 [M]. 兰州：兰州大学出版社，2012.

[20] 薛宗正 . 西域史汇考 [M]. 兰州：兰州大学出版社，2014.

[21] 弗兰科潘 . 丝绸之路 [M]. 邵旭东，译 . 杭州：浙江大学出版社，2016.

[22] 张星烺 . 中西交通史料汇编 [M]. 上海：中华书局，1977.

[23] 张安福 . 历代新疆屯垦管理制度发展研究 [M]. 北京：中国农业出版社，2010.

[24] 冯承钧 . 西域南海史记考证论著汇集 [M]. 上海：中华书局，1963.

[25] 尼・维・鲍戈亚夫连斯基 . 长城外的中国西部地区 [M]. 新疆大学俄语教研室，译 . 北京：商务印书馆，1980.

[26] 童书业 . 中国疆域沿革略 [M]. 上海：开明书店，1949.

[27] 田卫疆 . 历史上的鄯善 [M]. 乌鲁木齐：新疆人民出版社，2007.

[28] 莫尼克·玛雅尔 . 古代高昌王国物质文明史 [M]. 耿昇，译 . 上海：中华书局，1995.

[29] 曹尚亭 . 吐鲁番五千年 [M]. 乌鲁木齐：新疆大学出版社，2007.

[30] 刘学铫 . 新疆史论 [M]. 台北：知书房，2013.

[31] 张安福，王零辉 . 西域屯垦人物论稿 [M]. 北京：中国农业出版社，2011.

[32] 马登杰 . 新疆历史与发展 [M]. 乌鲁木齐：新疆人民出版社，2010.

[33] 谷苞 . 新疆历史人物 [M]. 乌鲁木齐：新疆人民出版社，2006.

[34] 丝绸之路考察队 . 丝绸之路 [M]. 兰州：甘肃人民出版社，1983.

[35] 逯钦立 . 先秦汉魏晋南北朝诗 [M]. 上海：中华书局，1983.

[36] 甘肃省文物考古研究所 . 敦煌汉简 [M]. 上海：中华书局，1991.

[37] 胡之 . 内蒙古居延汉简 [M]. 重庆：重庆出版社，2008.

[38] 林梅村 . 中国所出佉卢文书（初集）[M]. 北京：文物出版社，1983.

[39] 王国维 . 流沙坠简 [M]. 上海：中华书局，1993.

[40] 谢桂华，李均明 . 居延汉简释文合校 [M]. 北京：文物出版社，1987.

[41] 安作璋 . 两汉与西域关系史 [M]. 济南：山东人民出版社，1959.

[42] 常青 . 西域文明与华夏建筑的变迁 [M]. 长沙：湖南教育出版社，1992.

[43] 常任侠 . 丝绸之路与西域文化艺术 [M]. 上海：上海文艺出版社，1981.

[44] 方明 . 丝绸之路 [M]. 合肥：黄山书社，2014.

[45] 马克章 . 西域汉语通行史 [M]. 兰州：甘肃教育出版社，2016.

[46] 高荣 . 河西通史 [M]. 天津：天津古籍出版社，2011.

[47] 葛承雍 . 胡汉中国与外来文明 [M]. 北京：三联书店，2019.

[48] 耿振华 . 贵霜为大月氏考 [M]. 北京：三联书店，2019.

[49] 郭朋 . 汉魏两晋南北朝佛教 [M]. 济南：齐鲁书社，1986.

[50] 韩康信 . 丝绸之路古代居民种族人类学研究 [M]. 乌鲁木齐：新疆人民出版社，1993.

[51] 霍旭初 . 西域佛教文化论稿 [M]. 乌鲁木齐：新疆美术摄影出版社，2002.

[52] 贾文丽 . 汉代河西经略史 [M]. 北京：中国社会科学出版社，2017.

[53] 林幹 . 匈奴史 [M]. 呼和浩特：内蒙古人民出版社，2007.

[54] 王功恪，王建林 . 龟兹古国：遗落的西域故地文明探秘 [M]. 重庆：重庆出版社，2007.

[55] 孟凡人 . 新疆考古与史地论集 [M]. 北京：科学出版社，2000.

[56] 彭丰文 . 先秦两汉时期民族观念与国家认同研究 [M]. 北京：中国社会科学出版社，2016.

[57] 卢苇 . 中外关系史 [M]. 兰州：兰州大学出版社，2014.

[58] 马长寿 . 北狄与匈奴 [M]. 北京：三联书店，1962.

[59] 马大正 . 中国边疆经略史 [M]. 郑州：中州古籍出版社，2000.

[60] 陈梧桐，李德龙，刘曙光 . 中国军事通史：第五卷　西汉军事史 [M]. 北京：军事科学出版社，1998.

[61] 李明伟 . 丝绸之路贸易史 [M]. 兰州：甘肃人民出版社，1997.

[62] 李肖冰 . 丝绸之路服饰研究 [M]. 乌鲁木齐：新疆人民出版社，2009.

[63] 梁启超 . 梁启超中国佛学研究史 [M]. 长春：吉林人民出版社，2013.

[64] 刘光华 . 汉代西北屯田研究 [M]. 兰州：兰州大学出版社，1988.

[65] 王子今 . 匈奴经营西域研究 [M]. 北京：中国社会科学出版社，2017.

[66] 沃尔特・施德尔 . 罗马与中国：比较视野下的古代世界帝国 [M]. 李平，译 . 南京：江苏人民出版社，2018.

[67] 让・诺埃尔・罗伯特 . 从罗马到中国：恺撒大帝时代的丝绸之路 [M]. 马军，宋敏生，译 . 桂林：广西师范大学出版社，2005.

[68] 狄宇宙 . 古代中国与其强邻：东亚历史上的游牧力量的兴起 [M]. 贺严，高书文，译 . 北京：中国社会科学出版社，2010.

[69] 麦高文 . 中亚古国史 [M]. 章巽，译 . 上海：中华书局，2004.

[70] 江上波夫 . 骑马民族国家 [M]. 张承志，译 . 北京：光明日报出版社，1988.

[71] 杉山正明 . 游牧民族的世界史 [M]. 黄美蓉，译 . 北京：中华

工商联合出版社，2014.

[72] 余英时，何俊，侯旭东 . 东汉生死观 [M]. 上海：上海古籍出版社，2005.

[73] 希罗多德 . 历史 [M]. 王以铸，译 . 北京：商务印书馆，1959.

[74] 塔西佗 . 编年史 [M]. 王以铸，崔妙音，译 . 北京：商务印书馆，1998.

[75] 德勒热 . 丝绸之路东方和西方的交流传奇 [M]. 吴岳添，译 . 上海：上海书店，2000.

[76] 鲁保罗 . 西域的历史与文明 [M]. 耿昇，译 . 乌鲁木齐：新疆人民出版社，2006.

[77] 斯坦因 . 西域考古记 [M]. 向达，译 . 北京：商务印书馆，2013.

[78] 拉乌尔・麦克劳克林 . 罗马帝国与丝绸之路 [M]. 周云兰，译 . 广州：广东人民出版社，2019.

[79] 崔瑞德，鲁惟一 . 剑桥中国秦汉史 [M]. 杨品泉，张书生，陈高华等译 . 北京：中国社会科学出版社，1992.

[80] 宋超 . 汉匈奴战争三百年 [M]. 北京：华夏出版社，1996.

[81] 勒内・格鲁塞 . 草原帝国 [M]. 赵晓鹏，译 . 北京：中国致公出版社，2019.

[82] 张大可，郑之惠 . 西域使者张骞 [M]. 北京：商务印书馆，2018.

[83] 武斌 . 丝绸之路全史 [M]. 沈阳：辽宁教育出版社，2017.

[84] 葛剑雄 . 从此葡萄入汉家：史记・大宛列传 [M]. 北京：海豚出版社，2012.

[85] 蓝勇 . 南方丝绸之路 [M]. 重庆：重庆大学出版社，1992.

[86] 陈炎 . 海上丝绸之路与中外文化交流 [M]. 北京：北京大学出版社，1996.

[87] 崔乐泉 . 中国古代百戏杂技发展史 [M]. 台北：文津出版社，2010.

[88] 崔连仲 . 古印度帝国时代史料选辑 [M]. 北京：商务印书馆，1989.

[89] 佚名 . 世界古代史地图 [M]. 北京师范大学历史系翻印，1979.

[90] 朱玲玲 . 地图史话 [M]. 北京：中国大百科全书出版社，2000.

[91] 中国疆域变迁与地图发展编辑委员会 . 地图的见证：中国疆域变迁与地图 [M]. 北京：中国地图出版社，2012.

[92] 黄文弼 . 西域史地考古论集 [M]. 北京：商务印书馆，2017.

[93] 小谷仲男 . 大月氏：寻找中亚谜一样的民族 [M]. 王仲涛，译 . 北京：商务印书馆，2017.

[94] 鲍尔 . 世界的故事 [M]. 王宝泉，译 . 天津：天津社会科学院出版社，2009.

[95] 朱增泉 . 战争史笔记（秦汉）[M]. 北京：人民文学出版社，2009.

[96] 郭利民 . 中国古代史地图集 [M]. 北京：星球地图出版社，2017.

[97] 侯灿 . 高昌楼兰研究论集 [M]. 乌鲁木齐：新疆人民出版社，1990.

[98] 侯灿，杨代欣 . 楼兰汉文简纸文书集成 [M]. 成都：天地出版社，1999.

[99] 沈福伟 . 中国与欧洲文明 [M]. 太原：山西教育出版社，2018.

[100] 陈正祥 . 河西走廊 [M]. 南京：国立中央大学研究院，1943（民国三十二年）.

[101] 彭无情 . 西域佛教演变研究 [M]. 成都：巴蜀书社，2016.

期刊：

[1] 高佳莉 . 敦煌汉简中的卑爰疐及相关问题研究 [J]. 兰州文理学院学报，2020（5）.

[2] 王玉平 . 西汉和亲对当朝和西域各国的政治影响 [J]. 散文百家，2019（3）.

[3] 陈君 . 汉代车师国史表（前 108~191）[J]. 江苏师范大学学报，2017（5）.

[4] 颜世明，刘兰芬 . 甘英出使大秦研究 [J]. 西北民族大学学报，2015（6）.

[5] 陈霞 . 丝绸之路的开通及其对新疆历史的影响 [J]. 西域研究，2013（3）.

[6] 丁忠林 . 汉代西域进行都护设置年代考 [J]. 历史教学问题，1988（3）.

[7] 高荣 . 汉代对西北边疆的经营管理 [J]. 中国边疆史地研究，1994（4）.

[8] 龚骏 . 两汉与罗马丝贸易考 [J]. 文史杂志，1942（5）.

[9] 韩香 . 两汉时期中亚人的东来及活动 [J]. 西北民族论丛，2013（1）.

[10] 郝树声 . 简论敦煌悬泉汉简“康居王使者册”及西汉与康居的关系 [J]. 敦煌研究，2009（1）.

[11] 申超 . 汉代西域长史略论 [J]. 中国边疆史地研究，2015（1）.

[12] 胡岩涛 . 汉帝国西域屯垦与国防的战略选择 [J]. 西北民族大学学报，2017（4）.

[13] 霍巍 . “西南夷”与南方丝绸之路 [J]. 中华文化论坛，2008（2）.

[14] 黄靖 . 大月氏的西迁及其影响 [J]. 新疆社会科学，1999（2）.

[15] 贾丛江 . 西汉属部朝贡制度 [J]. 西域研究，2003（4）.

[16] 姜生 . 汉代神祇考 [J]. 江西社会科学，2015（1）.

[17] 黎小龙 . 战国秦汉西南边疆思想的区域性特征初探 [J]. 中国边疆史地研究，2004（4）.

[18] 李大龙 . 汉武帝“大一统”思想的形成及实践 [J]. 北方民族大学学报，2013（1）.

[19] 丘进 . 汉代中西交往与社会开放 [J]. 学术研究，1988（5）.

[20] 李大龙 . 如何诠释边疆：从僮仆校尉和西域都护说起 [J]. 西南民族大学学报，2020（7）.

[21] 李遇春 . 从出土文物看新疆和祖国的关系 [J]. 民族团结，1964（9）.

[22] 苗普生 . 略论东汉三绝三通西域 [J]. 新疆师范大学学报，1985（2）.

[23] 李炳泉 . 两汉戊己校尉建制考 [J]. 史学月刊，2002（6）.

[24] 王宗维 . 秦汉之际河西地区的民族及其分布 [J]. 兰州大学学

报，1984（4）.

[25] 李云泉 . 汉唐中外朝贡制度述论 [J]. 东方论坛，2002（6）.

[26] 林海村 . 公元 100 年罗马商团的中国之行 [J]. 中国社会科学，1991（4）.

[27] 林英 . 域外探索：班超的梦想 [J]. 文史知识，2013（9）.

[28] 王庆宪 . 匈奴冒顿单于的军事活动及其政治影响 [J]. 内蒙古社会科学，2002（4）.

[29] 刘弘 . 西南丝绸之路上的汉代移民 [J]. 东南文化，1991（6）.

[30] 刘衍钢 . 古典学视野中的“匈”与“匈奴”[J]. 古代文明，2010（1）.

[31] 刘运动 . 论西汉对匈奴与西域诸国的经济文化渗透 [J]. 石河子大学学报，2007（6）.

[32] 罗帅 . 贵霜帝国的贸易扩张及其三系国际贸易网络 [J]. 北京大学学报，2016（1）.

[33] 王泽文 . 汉代西域屯田与汉语汉文的传播使用 [J]. 新疆地方志，2003（3）.

[34] 马智全 . 论汉简所见汉代西域归义现象 [J]. 中国边疆史地研究，2012（4）.

[35] 莫任南 . 甘英出使大秦的路线及其贡献 [J]. 世界历史，1982（1）.

[36] 石云涛 . 汉代良马的输入及其影响 [J]. 社会科学战线，2014（6）.

[37] 王旺祥 . 敦煌悬泉置汉简所记永光五年西域史事考论 [J]. 西

北师大学报，2009（1）.

[38] 吴焯 . 关于早期佛教传播史料钩稽 [J]. 中国史研究，1994（4）.

[39] 肖小勇 . 丝绸之路对两汉之际西域的影响——以考古学为视角 [J]. 西域研究，2010（4）.

[40] 于志勇 . 尼雅遗址的考古发现与研究 [J]. 新疆文物，1996（1）.

[41] 余太山 . 匈奴、鲜卑与西域关系述考 [J]. 西北民族研究，1989（1）.

[42] 张德芳 . 长罗侯费用簿及长罗侯与乌孙关系考略 [J]. 文物，2000（9）.

[43] 张绪山 . 甘英西使大秦获闻希腊神话传说考 [J]. 史学月刊，2003（12）.

[44] 周永卫 . 蜀商・汉使・胡人——试论两汉中外文化交流的三个时期 [J]. 历史教学问题，2011（2）.

[45] 朱葆珊 . 论东汉三通西域 [J]. 内蒙古大学学报，1981（1）.

[46] 朱绍侯 . 两汉屯田制研究 [J]. 史学月刊，2012（10）.

[47] 林雪丽 . 从古希腊城市规划的演变看政治因素的影响 [J]. 烟台师范学院学报，2005（7）.

[48] 贾文丽 . 对东汉时期张珰经营西域之“三策”及相关史实的分析 [J]. 新疆大学学报（人文社会科学版），2016（4）.

[49] 李芳 . 建国以来月氏、乌孙研究综述 [J]. 西域研究，2010（3）.

[50] 苏北海 . 吐鲁番盆地柳中城的历史发展 [J]. 西北民族研究，2019（2）.

[51] 戴春阳 . 乌孙故地及相关问题考略 [J]. 敦煌研究，2009（1）.

[52] 丁杰 . 两汉西域诸国户数、人口、胜兵情况的统计及蠡测 [J]. 昌吉学院学报，2011（3）.